感 言

宏观视角全面回眸改革开放进程,理性思维准确观瞻经济发展走势。

——陈　澍(重庆社会科学院院长、研究员)

1978 年,我家的三亩麦苗多么需要一场雪;1988 年,我为区委书记捉刀工业开门红的讲话稿;1998 年,我猛踩自行车经过新华门,右转人民大会堂,进东门聆听政府工作报告;2008 年及至未来,我,以及每一个走过来的中国人,都可以在这套书中找寻自己的印记。

——王佳宁(《改革》杂志社执行总编辑、编审)

不觉而立奔花甲,再颂改革佑中华。

——李晓西(北京师范大学经济与资源管理研究院院长、教授)

改革开放 30 年,中国经济持续数十年高增长,中国历史不多见。文景之治是 38 年,贞观之治仅 23 年,而且今天的成就,并非昔时可比,政通人和,国泰民安。所以,不管将来历史学家怎么看,但我相信后辈子孙对这一段的评价不会差。

——王东京(中共中央党校经济学部主任、教授)

改革始于农村,农村发展落后于城市,惠农强农任重道远。

——韩　俊(国务院发展研究中心农村经济研究部部长、研究员)

改革多艰辛,必世而后成。

——张文魁(国务院发展研究中心企业研究所副所长、研究员)

由计划体制向市场体制的转型不是个别国家或地区的事件,而是国际性的、全方位的。中国的转型以其独特性和成功性向世人展示:30 年的改革开放已经将中国推上了一个新的历史起点。

——周立群(南开大学滨海开发研究院常务副院长、教授)

改革开放 30 年,使中华民族伟大复兴的曙光升起在世界的东方。

——贾　康(财政部财政科学研究所所长、研究员)

30 年的改革开放使中国经济金融发展超出了几乎所有人最初的想象,未来的改革和发展将站在新的平台上。虽然"改革"和"转型"的任务依然艰巨,但"确立"和"定型"以及在"新型式"下经济金融更好更快发展的前景已经显现。

——王广谦(中央财经大学校长、教授)

改革,作为一种建设性的革命行为,既体现了国人直面历史和现状的勇气和智慧,也是中国未来发展的必然选择。

——高新才(兰州大学经济学院院长、教授)

改革开放 30 年,为中国腾飞插上了翅膀,开启了华人睿智的心扉。

——唐任伍(北京师范大学管理学院执行院长、教授)

社会保障,保障民生,是构建和谐社会的制度基础,是落实科学发展观的制度保障。

——董克用(中国人民大学公共管理学院院长、教授)

30 年来取得的巨大成绩是来之不易的,我们每一个人都应珍惜改革开放所带来的幸福生活。作为理论工作者,应该认真总结改革实践,推动中国经济改革进一步深入发展。

——白永秀(西北大学经济管理学院院长、教授)

今天看来策划出版《中国经济改革 30 年》丛书是十分正确的。且不说中央已决定要隆重纪念改革开放 30 年,这套书在纪念活动中的影响力,仅看看这套书的史料价值,就足以让人们为之肃然。因此,可以说没有 3 年前的冲动就没有今天这洋洋洒洒的 500 万字。

——张鸽盛(重庆大学出版社社长、编审)

(感言以丛书书目为序)

中国经济改革

30年

资源环境卷

重庆大学出版社

主编　白永秀　副主编　徐波

30

1978
—2008

中国经济
改革30年

内 容 简 介

　　本书系统回顾中国环境与资源领域30年改革的历程,从背景、过程、阶段、成就等角度透视环境与资源管理体制、政策法规、产业发展、理论研究、国际合作五大领域的改革实践和重大事件,客观描述解决环境与资源问题的思路与措施的演进过程,对环境与资源领域未来五年的研究动态和演化趋势进行展望。本书力图理清认识环境与资源问题的重要性、紧迫性、复杂性的脉络,给出解决资源和环境问题的思考路线图,提供阅读环境与资源权威研究文献指南。

　　本书适合于关心中国环境与资源改革的人士阅读,尤其适合于高等院校经济管理、公共管理以及环境管理专业师生,环境与资源问题研究者,各级政府综合经济管理部门以及环境资源管理部门的管理者阅读。

图书在版编目(CIP)数据

　　中国经济改革30年.资源环境卷/白永秀主编.—重庆:
重庆大学出版社,2008.4(2008.7重印)
　　ISBN 978-7-5624-4399-5

　　Ⅰ.中…　Ⅱ.白…　Ⅲ.①经济改革—概况—中国②自然
资源—资源管理—概况—中国③自然环境—环境管理—
概况—中国　Ⅳ.F12　X372

　　中国版本图书馆CIP数据核字(2008)第016005号

中国经济改革30年
资源环境卷

主　编　白永秀
副主编　徐　波

责任编辑:柏子康　　版式设计:柏子康
责任校对:夏　宇　　责任印制:赵　晟

*

重庆大学出版社出版发行
出版人:张鸽盛
社址:重庆市沙坪坝正街174号重庆大学(A区)内
邮编:400030
电话:(023)65102378　65105781
传真:(023)65103686　65105565
网址:http://www.cqup.com.cn
邮箱:fxk@cqup.com.cn(市场营销部)
全国新华书店经销
重庆升光电力印务有限公司印刷

*

开本:710×1020　1/16　印张:24.25　字数:410千　插页:16开1页
2008年4月第1版　　2008年7月第2次印刷
印数:3 001—6 000
ISBN 978-7-5624-4399-5　定价:59.00元

中国改革开放的波澜画卷

——《中国经济改革30年》丛书总序

　　改革开放以来的30年,是中国历史上最为辉煌的时期之一。系统总结我国改革开放的伟大历史进程和宝贵经验是一件十分有意义的事。在迎接具有划时代意义的中国改革开放30年之际,重庆市新闻出版局、《改革》杂志社、重庆大学出版社联袂推出《中国经济改革30年》丛书,以兹纪念,以兹献礼。

　　党的十一届三中全会召开之前,中国刚刚经历了"文化大革命"十年内乱,整个经济实际上是处于停滞状态,我国经济实力、科技实力与国际先进水平的差距明显拉大。邓小平同志曾经说:我们要赶上时代,这是改革要达到的目的。这就把改革开放的目的说得很透彻、很深刻。

　　改革开放加快了当代中国从传统社会向现代社会的整体性、根本性转型。经济体制发生了带有根本性质的变化,已经由计划经济体制转变为市场经济体制;全方位对外开放的格局已经形成,已经由封闭半封闭型经济转变为开放型经济;经济结构实现重大调整,已经进入工业化中期阶段和城市化快速发展时期。伴随中国市场化、工业化、城市化、经济国际化的快速推进,中国社会不再是均质性社会,不再是单一的同构性社会,中国社会空前活跃起来,人民的积极性、主动性、创造性极大地迸发出来,精神得到了大解放。

　　2007年,中国成为世界第四大经济体,成为世界第三大贸易国,成为世界第一大外汇储备国。改革开放给中国人民带来的是生活状况的极大改善。改革开放初期,中国的人均GDP不到200美元,还没有解决温饱问题。到了1998年,中国GDP总值达到1万亿美元,人均达到近1 000美元,基本温饱问题得到解决。目前,中国的人均GDP达到了2 600美元,与1978年相比,人均收入增长了30多倍。改革开放以来中国取得的发展成就超过了任何大胆预言家的想象。

　　通过这场伟大革命的洗礼,中国在世界经济中的影响力不断上升,中华民族大踏步赶上了时代前进的潮流。这就是中国改革开放总设计师邓小平对我们国家的期待。

中国过去30年的巨大变化,从根本上讲,归功于我们找到了一条符合中国国情、顺应时代潮流、体现人民意愿的发展道路,这就是中国特色社会主义道路。

中国过去30年取得的成就是举世瞩目的,但我们不能陶醉其中,而是要清醒地看到差距和不足,清醒地认识到高速发展中遇到的新问题和挑战。中国仍然是一个发展中国家。中国的GDP总值虽然已经位居世界前列,但由于人口众多,人均GDP仍排在世界100名以后。中国的人口太多,底子太薄,要根本改变落后的面貌,还有相当长的路要走。

今天,改革开放已进入一个新的阶段。落实科学发展观,建设和谐社会,对改革开放提出了更高的要求。在走向现代化的今天,反省过去30年的改革历程,最要紧的,是获得一份警醒、一份自觉:无视世界大势,故步自封,作茧自缚,就会导致国家和民族的衰亡;以博大的胸怀面对世界、走向世界,我们的事业就能够不断开拓前进。胡锦涛总书记在中国共产党十七大报告中指出:"改革开放符合党心民心、顺应时代潮流,方向和道路是完全正确的,成效和功绩不容否定,停顿和倒退没有出路。"这段话可谓高屋建瓴,斩钉截铁,为中国继续推进改革开放一锤定音!

由《改革》杂志社执行总编辑王佳宁同志担任总策划的《中国经济改革30年》丛书,具有很高的思想理论水平,兼具原创性、学术性和史料性。对中国经济改革30年的进程不仅进行客观的描述,而且从一定的理论层次上进行分析、总结和前瞻。这样的策划在社会科学类丛书中实属罕见。丛书作者均为中国经济理论界知名专家学者,可谓阵容强大,权威性强,丛书很好地展现了他们长期关注中国改革开放的前沿思想。丛书分为《源头沧桑》《市场化进程卷》《政府转型卷》《对外开放卷》《农村经济卷》《国有企业卷》《民营经济卷》《区域经济卷》《财政税收卷》《金融改革卷》《资源环境卷》和《社会保障卷》,以及《抚脉历程》,共计13卷。从《源头沧桑》对改革开放的20个发源地的全面回访,进而诠释意义,前瞻走向,及至《抚脉历程》,全景再现中国经济改革进程中影响重大的历史事件。其他各卷也悉数囊括相应领域进程中的亮点、难点、热点,以及前瞻方略。

全面、客观、准确地对改革开放30年的理论与实践进行总结和研究,是意义重大而十分艰巨的任务,本丛书只是在这一方面作了初步的尝试,但愿它能起到承上启下的作用,并对关心中国改革开放进程的各界读者有所裨益。

《中国经济改革30年》丛书编委会主任　韩　俊

2008年3月

目 录

环 境 篇

总 论 篇

ZONG LUN PIAN

1

中国资源环境领域改革 30 年回顾

党的十一届三中全会以后,中国进入了全面改革阶段,资源环境管理体制也在改革开放思路的指导下开始了全面革新。在此之前,由于人们对资源环境问题的认识还停留在肤浅的阶段,资源环境公有、无价、无偿使用等传统观念根深蒂固,影响着人们的经济社会活动,同时缺乏保护自然资源和环境的有效政策,引发了资源环境的过度开发、严重破坏、无效或低效利用等问题,致使中国丰富的资源存量在短时期内大幅降低,生态环境逐年恶化。自 1978 年改革开放以来,伴随中国经济社会的飞速发展,自然资源的需求量越来越大,生态环境的承载负荷与日俱增,资源相对匮乏和生态环境恶化逐渐危及到人类的生存与可持续发展。为此,中国开始关注资源环境问题,资源环境体制改革也开始有条不紊地进行。经历了 30 年改革,中国对资源环境问题的认识越来越深刻,资源环境管理体制从无到有,从蹒跚学步的初步确立阶段到积极学习探索的可持续阶段,再到目前结合中国实际提出自己理论创新的科学发展阶段,中国资源管理体制改革开始走上了稳步前进的道路……

1.1 中国资源环境改革的背景

1.1.1 改革前中国资源环境状况

1)改革前中国自然资源状况

自然资源就是自然界中能为人类所利用的物质和能量的总称,包括全球范围内的一切要素,如土地、矿藏、海洋、生物、水利等。自然资源是人类生活和生产资料的来源,是人类经济社会发展的物质基础,同时也是构成人类生存环境的基本要素。改革前,由于生产力不断提高、人口数量急速增加、经济社会持续发展等因素,人类对自然资源的需求量呈几何级数增长,加之对自然资源低效利用和过度开发,导致自然资源供求矛盾凸显,严重威胁到人类的生存和可持续发展。

中国国土总面积960万 km²(平方公里),约占世界陆地面积的1/15,亚洲面积的1/4。但是,中国国土大部分是山地、高原及沙漠,平原面积很小,耕地数量更少。在这些土地中,被用作天然草地的面积最大,其次是林地和耕地,不易利用的土地以及沙漠戈壁、石山裸地、冰川和永久积雪、海拔3 000 m以上的高寒土地比重很大,占了国土总面积的1/2以上。按照现代科学技术水平,中国土地资源中可作为农林牧渔和工交城乡建设利用的土地约6.1亿 hm²(公顷),占国土总面积的63.5%[1]。可耕地数量和土地肥沃程度直接影响着农产品的产量和质量,人口的增加和经济的发展都需要不断增加粮食的供应。加之,中国是人口大国,有限的可耕地数量被庞大的人口数量分摊后就使中国人均耕地数量很低。建国后,为促进经济发展,大量耕地被工业发展占用,现有土地资源也遭到工业污染,水土流失严重、土地利用过度、生态平衡破坏等因素使可耕地急剧减少。据调查,建国后中国水土流失面积增加了31.8%,每年地表土流失量达50亿t以上,相当于全国耕地每年剥去1 cm厚的肥土层,损失氮、磷、钾相当于数万吨化肥[2]。尽管建国后进行了大量的毁林开荒的活动,造田面积远远超过了基本建设占地和自然损毁土地面积,耕地面积绝对数量的增加一直持续到20世纪80年代初,然而人口规模的迅速扩张使人均耕地面积骤然下降[3]。1949年,中国有人口5.4亿,可耕地面积0.98亿 hm²,人均耕地面积18 150 hm²/人,而到1977年,人口增加到9.4亿,而可耕地面积仅为0.99亿 hm²,人均耕地面积10 532 hm²/人,仅为1949年的58%[4]。

矿产资源是人类赖以生存与发展的物质基础。中国幅员辽阔,地质条件多样,是世界上矿产资源比较丰富、矿种比较齐全的少数几个国家之一,改革前已探明134种有用矿种,钨、锑、锌、钒、稀土、煤、石棉、菱镁矿等矿产

①曲格平,李金昌.中国人口与环境[M].北京:中国环境科学出版社,1992:51.
②颜世赟,赵旭东,祁兵.环保浪潮与中国对策[M].北京:世界知识出版社,1999:148.
③曲格平,李金昌.中国人口与环境[M].北京:中国环境科学出版社,1992:51.
④数据来源:似乎有知识网站.http://www.cnobel.com/index.asp.

储量居世界前列,其中钨矿、铝矿、煤矿、汞矿已探明储量居世界第一位。铅、镍、锰、铜、铁等矿产也占有重要地位。中国矿产资源虽然丰富,但是铬、铂、钾盐、金刚石等矿种还不能满足国内需要。一部分矿种富矿少、贫矿多,如全国铁矿的中、贫矿占 95% 以上,富矿则不到 5%,富矿比例远低于苏联(约 20%)、巴西(90% 以上)、澳大利亚(100%)的富矿比例。此外,中国矿产资源还存在存量结构不合理、后备探明储量不足、资源开发利用效率低、浪费严重等问题。因此,尽管中国矿产资源绝对数量充足,但是由于以上种种原因,现有矿产存量远远不能满足经济社会快速发展的需要。

中国原是森林资源丰富的国家,然而人们为了生存不断与自然作斗争,通过狩猎、采集、砍伐等活动从森林中获取最基本的生活资料,使森林资源急剧下降。上古时代,辽阔的土地上几乎到处覆盖着茂密的森林。春秋战国时期,森林覆盖率达 42.9%。从战国时期到鸦片战争的漫长封建社会中,由于生产力的提高、农业的发展、战争的破坏、统治阶级大兴土木和其他一些因素的影响,森林开始被越来越严重地破坏,森林面积不断减少。鸦片战争以后,中国沦为半殖民地半封建社会,在"三座大山"的重重压榨下,中国大量的森林变成荒山、荒地,森林面积逐年萎缩。新中国成立后,一方面,政府号召"植树造林、绿化祖国",加强山河绿化步伐,营造了大面积人工林;另一方面,因耕地扩大、木材需求增加,森林赤字有增无减。建国以来,中国发生了两次大规模毁林事件:一次是大跃进时期,为大炼钢铁和大修工程毁坏了大面积林木;另一次是"文化大革命"时期,大批的知识青年下乡毁林开荒,使中国森林覆盖率大大降低[1]。到 1978 年,中国森林覆盖率仅为 12.7%,在当时世界大约 160 个国家和地区中居第 116 位,低于亚洲的森林覆盖率平均值(19%),更低于工业发达、人口密集的欧洲地区(29%),苏联、美国和日本等工业发达国家的森林覆盖率也都在 20% 以上,只有丹麦、英国、荷兰等几个国家的森林覆盖率低于中国;同期,由于中国人口数量庞大,人均拥有的森林面积仅居世界第 121 位;木材蓄积量居世界第 5 位,而人均木材蓄积量只有 10 m^3,远低于加拿大(825 m^3)等国家[2]。

中国境内的海洋、草地、河流、生物等其他自然资源都与耕地、矿产、森林等面临着相似的情况:绝对数量不低,但人均占有不足;原有数量不少,但

[1]曲格平,李金昌. 中国人口与环境[M]. 北京:中国环境科学出版社,1992:68-69.
[2]中国林业科学研究院科技情报研究所. 我国是怎样由多林变为少林的[J]. 新疆林业,1979(6):23.

是由于经济发展、过度开发、战争破坏等因素使这些资源不断减少并且受到不同程度的破坏和污染;对这些资源的开发利用不当,缺少相应合理的管理体制,利用效率低。这些问题的存在,亟待中国重新面对和正确认识自然资源的开发和利用,采取必要的手段解决资源数量降低、难以满足经济发展需求的问题。中国资源体制改革势在必行。

2)改革前中国生态环境状况

生态环境是人类生产和生活的场所,也是人类生存与发展的物质基础。自然资源是生态环境的重要组成部分,而生态环境是各种自然资源构成的总体,资源与环境是人类文明和进步的重要影响因素。自然界给人类的生存和发展提供了丰富的自然资源,然而由于人类对资源环境认识的局限性、片面性,认为资源环境是无穷无尽的,可以无限满足人类生存与发展的需要,因此,一方面大量消耗自然资源而打破生态环境系统的平衡,另一方面将经济增长所带来的大量废弃物及有毒物质排弃在环境之中,破坏了生态文明。

新中国成立后,面对的是长期战争破坏后的烂摊子,而工业的迅速发展和"大跃进"运动造成了生态环境的进一步破坏。从20世纪60年代中叶开始的"文化大革命"又导致了一场全局性和长期性的灾难,国民经济到了崩溃的边缘,许多过去依靠行政手段建立起来的规章制度也被否定,在这种无政府状态下,中国的环境污染和生态破坏也达到了历史高峰:空气、水污染严重,工业废渣排放量越来越大,环境污染问题给国民经济和人民生活带来了越来越大的损失。国家卫生标准规定每月每 km^2 的降尘量是 6~8 t,但几乎所有的城市都超过了这项标准,一般都在 30~40 t,有的高达百吨,某些工业区甚至高达数百吨甚至上千吨。由于尘埃量积存过大,曾发生压塌厂房的事件。兰州曾是大气污染比较严重的城市,特别在冬季,整个城市被烟雾所笼罩,昏昏沉沉,日月无光,有时白天行车也要开灯。当时水资源污染也相当严重,仅工业污水每天排放即高达近 8 000 万 t,由于不加处理就任意排放,使水源受到了不同程度的污染。全国 27 条主要河流中,有 15 条受到比较严重的污染,有的江河(或其段落)、湖泊成了鱼虾绝迹的"死水",如作为上海饮用水源的黄浦江,每天要接纳 400 万 t 的工业和城市污水,每到夏季,江水发黑发臭。不仅地面水受到了污染,地下水源也受到了污染,根据对 44 个城市地下水源的调查,有 41 个受到污染,许多有害物质的含量超过了饮用水标准①。严重的水污染对工农业生产和居民身体健康都造成了巨大的损失,如 1972 年大连湾污染告急,每年损失海参 1 万多 kg,贝类 10 多万 kg,蚬子 150 多万 kg;1974 年农民用蓟运河水浇小麦,由于河水中含有过量的有害物质,致使近 5 万亩(1 亩 = 0.066 7 hm²)小麦枯死;北京发生了鱼污染事件,市场出售的鱼有异味;松花江发布污染报警,一些渔民食用江中含汞的鱼类、贝类,已经出现了水俣病(甲基汞中毒)的症兆②。

中国每年排放各类工业废渣 4 亿多 t,加以综合利用的很少,仅煤矸石积存量就达 10 亿 t 以上,形成了一座座小山,占用了大量田地。工业废渣经风吹雨淋,继续污染周围环境。有些地方和单位把废渣用水冲至江河湖泊,污染范围和危害就更大,如火力发电厂,每年有数百万吨的粉煤灰直接排入江河湖泊,不仅严重污染了水源,而且妨害了防洪,淤塞了航道。

1.1.2　改革前中国对资源环境问题的认识与实践

1)改革前中国对资源问题的认识与实践

"资源人本位"思想长期处于统治地位,人们认为资源是上天赐予的,人是自然的主人,可以任意处置,无限使用资源,认为资源是取之不竭,用之不尽的。建国后,在"资源人本位"思想影响下,"资源廉价"、"资源无限"、"资源无价"等传统观念处于统治地位。公有制经济决定了中国国内各种资源都属于国家所有,国家可以对各种资源具有绝对的所有权,国家可以无偿占有和使用,或无偿拨付给企业或组织,因此,在生产核算中没有把资源计入成本,造成了资源的过度开发和无效利用。建国初期,鼓励人口增长的政策更加剧了资源的利用和匮乏,这一时期较为重视对作为农业命脉的自然环境要素的保护,并且以公有制为基础确立了自然资源的全民所有制形式,当时施行的国家《宪法》(1954 年)规定:"由法律规定为国有的森林、荒地和其他资源,都属于全民所有"。在自然资源管理的法制建设方面,国家较为重视对水土保持、森林保护、矿产资源保护等方面的行政管理,并制定了若干法律和制度,如 1950 年颁布了第一部矿产资源法规——《中华人民共和国矿业暂行条例》,1953 年颁布了《国家建设征用土地办法》,1956 年颁布了《矿产资源保护试行条例》,1957 年颁布了《中华人民共和国水土保持暂行

---

① 曲格平. 中国环境问题和对策[M]. 北京:中国环境科学出版社,1984:223-226.
② 中国生态环境网. http://www.cneco.com/research/env/concepts/hjbh/2006-06-01/1809.html.

纲要》①。但是,建国初期人们对自然资源的保护意识不强,也缺乏必要的环境意识,认为"浓烟滚滚"是建设热潮的表现,并加以极力赞美。面对伤痕累累、百废待兴的新中国,在党和人民政府的领导下,广大人民激发了空前的建设热情,经历了"大跃进"、"大炼钢铁"、"移山填海"、"围湖造田"等恢复生产的活动,造成了自然资源的过度开发利用,使国内资源存量迅速减少。为实现工业化,"超英赶美"对自然资源进行了大量的开发:石油、铁矿、天然气等矿产资源不断被勘探和开发;大量荒山荒地被开垦,现有耕地不断改良;一片片森林被砍伐并运往工地……

2)改革前中国对环境问题的认识与实践

建国后二十多年间,中国初步建立了自己的工业体系。但是,工业发展及工业三废的任意排放,"大跃进""十年动乱"等对资源的破坏使环境问题凸显,国家和政府开始逐步认识到环境保护的重要性,中国的环保事业开始萌芽。中国政府采取了一系列解决措施,主要集中于农田水利建设和工业三废处理。

——卫生部和国家建设委员会在1956年联合颁发了《工业企业设计暂行卫生标准》,它是预防环境污染的一种非强制性技术规范;1959年颁布了《生活饮用水卫生规程》和《放射性工作卫生防护暂行规定》②。

——1960年4月10日,在第二届全国人民代表大会二次会议上通过了《全国农业发展纲要》,纲要明确指出要兴修水利,发展灌溉,防止水旱灾害,大力增加农家肥料和化学肥料,改善土壤,保持水土,绿化荒山荒地等③。

——1962年北京工业卫生研究所在放射卫生研究室内设立了由秦苏云、孙江成负责的环境卫生(与劳动卫生相对应)研究组,研究解决核污染问题。

——1963年5月,国务院颁发了《森林保护条例》,促进了林业生产的发展;同年,上海市在环境卫生管理局设置了废渣管理所和废水废气管理处。

——1969年,受日本公害事件的影响,周恩来总理敏锐地意识到中国在进行工业化过程中面临的环境问题,指示要在国民经济计划中注意"公害"问题,并责成当时负责国民经济计划的国务院计划起草小组负责此项工作。

---

①曲格平.环境与资源法律读本[M].北京:解放军出版社,2002:40.
②曲格平.环境与资源法律读本[M].北京:解放军出版社,2002:40.
③中国环境科学研究院.中华人民共和国环境保护研究文献选编,1983.

——1971 年，针对工业"三废"污染问题，国家计划委员会设立了"三废"利用领导小组，主要对工业"三废"开展综合利用工作，这是新中国建立以后成立的第一个环境保护机构。

——1972 年，中国政府派人参加在斯德哥尔摩召开的人类环境会议，中国代表团提出环境保护的三十二字方针，即"全面规划，合理布局，综合利用，化害为利，依靠群众，大家动手，保护环境，造福人民"。从此之后，对环境保护的研究与认识逐步深入，人们开始正视环境问题，领悟到环境问题对中国经济发展的重要性①。

——1973 年 8 月 5 日到 22 日，在周总理的亲自过问下，在北京召开了中国第一次环境保护会议，掀开了中国环境保护的序幕。会议反映和审视了中国环境污染和生态破坏的情况，指明了环境问题的严重性。会议产生了 3 项主要成果：一是做出了环境问题"现在就抓，为时不晚"的结论；二是审议通过了"全面规划，合理布局，综合利用，化害为利，依靠群众，大家动手，保护环境、造福人民"的环境保护工作方针；三是会议通过了中国第一个保护环境的文件——《关于保护和改善环境的若干规定》②，该文件经国务院以"国发〔1973〕158 号"文批转全国，是中国历史上第一个由国务院批转的具有法规性质的环境保护文件。《关于保护和改善环境的若干规定》共有 10条，第 1 条和第 2 条提出"做好全面规划，工业合理布局"；第 3 条"逐步改善老城市的环境"，要求保护水源，消烟除尘，治理城市"四害"，消除污染；第 4条"综合利用，除害兴利"规定预防为主治理工业污染，要求努力改革工艺，开展综合利用，并明确规定："一切新建、扩建和改建企业，防治污染项目，必须和主体工程同时设计，同时施工，同时投产"（即"三同时"）。其余各条对于加强土壤和植被的保护、加强水系和海域的管理、植树造林与绿化祖国、开展环保科研和宣传教育、环境监测工作以及环保投资、设备和材料的落实也都做了明确规定。

——1973 年 11 月 17 日，由国家计委、国家建委、卫生部联合颁布了中国第一个环境标准——《工业"三废"排放试行标准》（GBJ 4—73），这是一种浓度控制标准，共 4 章 19 条③。

——1974 年 10 月，经国务院批准正式成立了国务院环境保护领导小

①中国环境教育的发展与方向［OL］．腾龙远程教育网．http：//news．tenglong．net/jgzh/lwhj_view _215．html．

②广州环境保护局公众网．http：//61．144．36．8/index．asp．

③中国生态环境网．http：//www．cneco．com/research/env/concepts/hjbh/2006-06-01/1809．html．

组,由国家计委、工业、农业、交通、水利、卫生等有关部委领导人组成,余秋里任组长,谷牧任副组长,下设办公室负责处理日常工作,它是专门的环境保护机构。它标志着国家一级的环境保护行政机构从此在中国诞生。当时国务院环境保护领导小组的主要职责是:负责制定环境保护的方针、政策和规定,审定全国环境保护规划,组织协调和督促检查各地区、各部门的环境保护工作。国务院环境保护领导小组成立后,各地也相继建立了环境管理机构和环保科研、监测机构①。

1.1.3 改革前国际社会对资源环境问题的认识与实践

1)改革前国际社会对资源问题的认识与实践

20世纪中期,西方发达国家由于战后经济迅速发展和工业化进程的加速,导致了对资源的大规模开发利用以及由此带来的一系列生态问题,人口、资源、环境与发展问题日益受到重视,人们对资源的认识从"资源人本位"、"资源无限观"逐步转变到"资源有限观"和"资源保护论",到20世纪70年代发展到可持续发展的资源观。

工业化和城市化进程的加快使人口数量和资源消耗量急剧增长,原来无限的资源开始变得越来越稀少,逐渐不能满足人们日益增长的需求,使现代工业社会的人们感受到了资源并非取之不尽,用之不竭。尽管技术进步和资本积累的增加在一定程度上弥补了资源不足的缺憾,但从1970年前后,石油、煤炭、钢材等多种重要资源的供应量极限正为人们所认识,资源合理利用与有效保护的重要性逐渐被人们认识和接受。英国学者福格特(W. Voget)的《生存之路》在1949年出版后曾一版再版,他认为,现代世界人口增长已超过土地和自然资源的承载力,人类面临灭顶之灾;美国生物学家卡尔逊(K. Carson)1962年发表的《寂静的春天》全面阐述了空气、海洋、河流、土壤、动植物等自然资源的退化和环境污染与人类活动之间的关系,率先敲响了资源环境危机的警钟;鲍尔丁(K. B. Baulding)1966年的《来自地球宇宙飞船的经济学》和埃里希1968年的《人口爆炸》等都阐述了资源的有限性;创建于1968年的罗马俱乐部1972年发表的《增长的极限》指出如果在世界人口、工业化、污染、粮食生产和资源消耗方面以现在的趋势继续下去的话,地球上的增长极限将在今后100年内发生。这种资源相对于人类需求的有限性正是资源枯竭与危机的根源,因此人类必须合理利用和保护有限的自然

---

①曲格平. 环境与资源法律读本[M]. 北京:解放军出版社,2002:52.

资源①。20世纪70年代以来,全球范围内有关资源有限与无限、资源利用与保护之间的争论越来越激烈,拉开了人类进入当代资源科学史观的序幕,也逐步在全球范围内对资源可持续利用、人类可持续发展达成共识。1972年6月,联合国在斯德哥尔摩召开第一次人类环境会议,发表了《人类环境宣言》,唤醒了人类从哲学和科学高度更加系统地认识资源环境。从此以后,以资源可持续利用为核心的全球可持续发展观逐渐成为人类发展观的主流和主旋律。

2)改革前国际社会对环境问题的认识与实践

早在19世纪环境污染就开始发生,如英国泰晤士河的污染、日本足尾铜矿的污染事件等。20世纪50年代前后,相继发生了比利时马斯河谷烟雾、美国洛杉矶光化学烟雾、美国多诺拉镇烟雾、英国伦敦烟雾、日本水俣病和骨痛病等环境污染公害事件。当时人们对环境问题没有给予足够的认识,而且尚未搞清这些公害事件产生的原因和机理,所以一般只是采取限制措施,如英国伦敦发生烟雾事件后,制定了法律,限制燃料使用量和污染物排放时间。

20世纪50年代末至60年代初,发达国家环境污染问题日益突出,在一些经济发达的国家中出现了反污染运动,人们对环境保护概念有了初步的理解。当时大多数人认为,环境保护只是对大气污染和水污染等进行治理,对固体废物进行处理和利用(即所谓"三废"治理),以及排除噪声干扰等技术措施和管理工作,目的是消除公害,使人体健康不受损害。于是对环境污染预防和治理的研究和相关政策不断涌现,各发达国家也相继成立环境保护专门机构。但由于当时的环境问题还只是被看作工业污染问题,所以环境保护工作主要就是治理污染源、减少排污量。因此,在法律措施上,颁布了一系列环境保护的法规和标准,加强法治。在经济措施上,采取给企业补助资金,帮助企业建设净化设施;并通过征收排污费或实行"谁污染、谁治理"的原则,解决环境污染的治理费用问题。在这个阶段,投入了大量资金,尽管环境污染有所控制,环境质量有所改善,但所采取的末端治理措施,从根本上来说是被动的,因而收效并不显著。

到了70年代中期,人们逐渐从发展与环境的对立统一关系来认识环境保护的含义,认为环境保护不仅是控制污染,更重要的是合理开发利用资

①罗丽丽. 20世纪资源观的历史回顾与展望[J]. 经济师,2006(3):256-257.

源,经济发展不能超出环境容许的极限。由巴巴拉·沃德和雷内·杜博斯两位执笔,为1972年人类环境会议提供的背景材料——《只有一个地球》一书,提出环境问题不仅是工程技术问题,更主要的是社会经济问题;不是局部问题,而是全球性问题。于是"环境保护"成为科学技术与社会经济相结合的问题,这一术语也被广泛采用。70年代末,有环境专家提出:"环境保护从某种意义上说,是对人类的总资源进行最佳利用的管理工作"。所以,环境保护不仅是治理污染的技术问题、保护人群健康的福利问题,更是一个经济问题、政治问题。1972年,联合国召开了人类环境会议,通过了《人类环境宣言》,这次会议加深了人们对环境问题的认识,扩大了环境问题的范围,成为人类环境保护工作的历史转折点。《人类环境宣言》指出,环境问题不仅仅是环境污染问题,还应该包括生态破坏问题。它冲破了以环境论环境的狭隘观点,把环境与人口、资源和发展联系在一起,从整体上来解决环境问题,对环境污染问题,也开始从单项治理发展到综合防治。1973年1月,联合国大会决定成立联合国环境规划署,负责处理联合国在环境方面的日常事务工作。从1974年世界环境日"只有一个地球"的呼吁后,保护水资源、臭氧层破坏等成为倍受关注的问题,各国也为了长远的发展,为了保护人类生存的环境开始采取相应的措施。

1.2 中国资源体制改革的回顾

1.2.1 初步确立资源管理体系

1978年到1992年是中国资源管理体系改革的起步阶段。在此期间,建立了保护和开发利用资源的法律法规体系,资源保护明确写入《宪法》,一些资源法规相继诞生;资源从绝对公有、无偿授予到有偿转让;资源管理从原来的计划体制逐步转向市场体制;资源开采从无偿到有偿,第一代资源税产生。

1)初步确立资源法律体系

1978年和1982年中国分别颁布了第三部和第四部《中华人民共和国宪法》,确立了资源保护和合理使用的法律地位,增加了一些合理开发利用自然资源的条款。如1982年《宪法》规定:"国家保障自然资源的合理利用,保护珍贵的动物和植物……","一切使用土地的组织和个人必须合理地利用土地……"等。1979年9月通过的《中华人民共和国环境保护法》是中国第一部环境法律,该法也规定了很多保护和合理利用资源的相关内容,如"……保护、发展和合理利用水生生物……","开发矿藏资源,必须实行综合勘探、综合评价、综合利用,严整乱挖乱采","……保护和发展森林资源,进行合理采伐……","保护、发展和合理利用野生动物、野生植物资源……"等。这些法律的颁布走出了资源管理法制化的第一步,为后来中国全方位的资源立法提供了依据。1982年制定了《海洋环境保护法》和《文物保护法》,1984年制定了《中华人民共和国森林法》(1979年制定《森林法(试行)》),1985年制定了《草原法》,1986年制定《土地管理法》(1988年修正)、《矿产资源法》和《渔业法》,1988年制定《野生动物保护法》和《水法》,1991年制定《水土保持法》,这些资源法律的制定初步确立了资源管理的法律体系,使资源管理工作由原来的纯粹的行政计划走上了法制化的道路①。此外,在国家一些重要的民事、行政和诉讼等基本法律与企业法律中也规定了环境保护的内容。例如,在《中华人民共和国刑法》中专门设立了一节"破坏环境资源保护罪",确立了由于污染造成的环境事故或破坏自然资源所要承担的刑事责任②。

2) 资源产权改革萌芽——从"产权法制化"到"转让使用权"

改革开放前,中国矿藏、森林、土地、水流等自然资源都是属于国家所有,实行全民所有制,对资源产业的管理也是纯粹的计划经济体制,由国家通过行政命令的手段进行管理,资源无偿使用。当时中国对自然资源的界定以及占有、使用、分配等规定不明确,产权关系模糊,资源产权制度并没有确立,如中国第一部宪法(1954年)第一章第六条仅笼统地规定"矿藏、水流,由法律规定为国有的森林、荒地和其他资源,都属于全民所有",这样就造成了资源产权不明确,出现了自然资源的无序、无节制开发以及破坏和浪费现象严重。改革开放后,中国开始着手资源管理规范工作,逐步创设了自然资源产权制度,确立了自然资源的全民所有制,资源管理从原来的行政管理慢慢转化为法律规范。尤其是20世纪80年代以后,土地、矿产、草原、森林等自然资源开始逐步放开计划管理,管理体制走向市场化,允许依法"转

---

① 崔金星. 自然资源保护立法研究[D]. 昆明理工大学法学硕士学位论文,2005:21-23.
② 曲格平. 环境与资源法律读本[J]. 北京:解放军出版社,2002:43-44.

让使用权"。

1982年《宪法》第一章第9条和第10条规定"矿藏、水流、森林、山岭、草原、荒地、滩涂等自然资源,都属于国家所有,即全民所有;由法律规定属于集体所有的森林和山岭、草原、荒地、滩涂除外","农村和城市郊区的土地,除由法律规定属于国家所有的以外,属于集体所有;宅基地和自留地、自留山,也属于集体所有"。1986年《民法通则》第80条和81条规定了土地、森林、矿山等自然资源的公有制形式,这些全民所有和集体所有的资源受国家法律保护,不得非法转卖。另外在《森林法》(1984)、《草原法》(1985)、《渔业法》(1986)、《矿产资源法》(1986)、《土地管理法》(1986)、《野生动物保护法》(1988)和《水法》(1988)以及大量行政法规、地方法规和行政规章中都对自然资源的产权做出了相关的规定。这些法律、法规和规章正式安排了中国自然资源产权制度,实现了自然资源管理的规范化和法制化,也表明在中国已形成了自然资源管理的法律体系,以及各种资源产权制度。中国的自然资源管理开始进入"产权法制化"阶段。

伴随产权法制化和市场经济发展的步伐,中国为提高资源开发利用效率,解决政府计划经济和行政管理的弊端,在资源体制改革中也逐步放开对资源的管理,实现资源市场化。这主要表现在自然资源产权交易市场的发展。1982年中国颁布的《中华人民共和国对外合作开采海洋石油资源条例》明确规定"允许外国企业参与合作开采中华人民共和国海洋石油资源",允许"通过组织招标,采取签订石油合同方式,同外国企业合作开采石油资源",这可以看作是资源开发权依法转让的萌芽。1988年,中国《宪法》第10条第4款修改为"任何组织或者个人不得侵占、买卖或以其他形式非法转让土地。土地的使用权可以有偿转让。"宪法的这次修改对中国自然资源法律制度的变迁具有极为重要的影响,它标志着中国自然资源产权交易开始起步,产权市场开始发育。之后,《土地管理法》也随之作了修正。《土地管理法》(1988)第2条和第7条确立了土地有偿使用制度,明确规定了土地使用权出让、转让、出租、抵押制度,并划出了土地使用权交易与划拨的界限。这一新的法律制度安排使土地开发利用权成为最早进入交易的自然资源产权。自此以后,中国自然资源产权市场逐步形成并发展起来,自然资源开始允许在法律许可的范围内"转让使用权"。这一改革是中国资源管理体制的一大进步,为资源市场化奠定了基础。

3) 资源税费改革——第一代资源税,从"无偿开发"到部分"有偿开
    发"

改革开放前,中国普遍认为资源完全"公有",不允许私自转让,对资源
的使用由国家计划指导,采取"无偿授予"、"无偿开采"的手段。改革开放
后,中国逐步走向市场经济,同时也认识到资源是稀缺的,对经济发展起着
至关重要的作用,因此资源体制也开始走向市场化、资产化。1980 年五届人
大三次会议上中国首次提出开征资源税问题;1982 年 1 月,国务院发布了
《中华人民共和国对外合作开采海洋石油资源条例》规定,"参与合作开采海
洋石油资源的中国企业、外国企业,都应当依法纳税,缴纳矿区使用费",这
可以看作是有偿开采的萌芽;1984 年 9 月 18 日国务院正式发布了《中华人
民共和国资源税条例(草案)》,标志着资源税在中国的正式建立。此后,中
国开始对自然资源征税。当时征收范围较小,实际上仅对原油、天然气、煤
炭和铁矿石征收,至于对盐征税,不包括在资源税范围内。但是该《条例》建
立的思路完全是为了调节级差收益,把起征点定为销售利润率的 12%,也就
是说对没有获得 12% 以上的销售利润的企业,国有矿产资源都可以无偿开
采。但 1984 年资源税制度的建立在客观上维护了国家对于矿产资源的部
分权益,推动了改革的前进。1986 年 3 月 19 日,六届全国人大常委会第十
五次会议通过并公布了《中华人民共和国矿产资源法》,进一步明确规定,
"国家对矿产资源实行有偿开采。开采矿产资源,必须按照国家有关规定缴
纳资源税和资源补偿费。""税费并存"的制度从此以法律的形式确立了下
来。这一制度的确立,尽管是对西方国家经验的简单移植,确立的调节级差
收益的思路不能从根本上消除"无偿开发",只是符合一定条件的部分"有偿
开发",但这也是中国资源体制的一项重大改革和进步,对中国矿产资源保
护和生态环境建设具有良好的促进作用[1]。

1.2.2　建立可持续发展的资源管理体系

1992 年联合国召开环境与发展大会以来,可持续发展成为全世界普
遍认同的一个经济社会发展的基本方略和指导思想。之后,中国开始组织
编制《中国的 21 世纪议程》,可持续发展时代到来。1994 年 3 月 25 日,国
务院通过了《中国 21 世纪议程——中国 21 世纪人口环境与发展白皮书》;

---

①杨人卫. 促进我国环境资源可持续利用的资源税费体系改革研究[D]. 浙江大学硕士同等学
历毕业论文,2005:21-22.

1995 年十四届五中全会把可持续发展纳入"九五"和到 2010 年中长期国民经济和社会发展计划;1996 年通过的《"九五"国民经济和社会发展计划和 2010 年远景目标规划纲要》明确提出实施可持续发展战略;党的十五大、十六大也将可持续发展列为重大战略决策。在可持续发展战略思想指导下,中国资源管理体制也迈入了可持续发展阶段,可持续发展思想成为指导资源管理的核心思想。为改善资源管理体制,党中央从 1999 年到 2003 年共召开了五次中央人口资源环境工作座谈会,期间,资源管理法律体系更趋完善,资源产权改革也从"转让使用权"阶段发展到"可交易"阶段,第二代完全的"有偿开发"资源税制产生,资源管理进一步走向市场化。

1)可持续发展与中央人口资源环境座谈会

1992 年以后,传统的"高投入、高消耗、高污染"的发展模式已经走到了尽头,取而代之的是可持续发展的战略思想。中国是一个人口众多、资源相对短缺、经济基础和技术能力相对薄弱的发展中国家,在工业化和城市化双重压力下如何解决人口、资源与环境问题对中国是一个巨大的挑战。在可持续思想指导下,为解决人口、资源与环境的矛盾,中国于 1999 年将原来每年三月份的中央计划生育环境保护工作座谈会改为中央人口资源环境工作座谈会,以期指导中国协调人口、资源、环境与经济发展的矛盾,尤其是 2002 年以后,座谈会把如何实现经济社会的可持续发展,协调人口、资源与环境的发展作为重要议题。在 2002 年 3 月 10 日中央人口资源环境工作座谈会上,江泽民总书记强调:"为了实现我国经济和社会的持续发展,为了中华民族的子孙后代始终拥有生存和发展的良好条件,我们一定要按照可持续发展的要求,正确处理经济发展同人口、资源、环境的关系,促进人和自然的协调与和谐,努力开创生产发展、生活富裕、生态良好的文明发展道路。实现可持续发展,核心的问题是实现经济社会和人口、资源、环境的协调发展。发展不仅要看经济增长指标,还要看人文指标、资源指标、环境指标"。胡锦涛总书记在 2003 年中央人口资源环境工作座谈会上指出:"建立健全适应可持续发展要求的资源调查评价体系、法律体系、规划体系、科技创新体系和行政管理体系,全面提高资源保护和合理利用水平","十六大把实施可持续发展战略,实现经济发展和人口、资源、环境相协调写入了党领导人民建设中国特色社会主义必须坚持的基本经验,强调实现全面建设小康社会的宏伟目标,必须使可持续发展能力不断增强,生态环境得到改善,资源利用效率显著提高,促进人与自然的和谐,推动整个社会走上生产发展、生活富裕、生态良好的文明发展道路"。

2）完善资源法律体系

实施中国资源可持续发展战略，完备的法律支持和依据必不可少，从1992年到2004年中国制定、颁布或修订了多项资源法律，使中国的资源法律体系趋于完善，促进了中国资源管理体制走向市场化、科学化。具体来讲，1993年制定了《农业法》；1996年制定了《煤炭法》，修订了《矿产资源法》；1997年制定了《防洪法》《节约能源法》；1998年修订了《土地管理法》《森林法》；1999年制定了《气象法》《水污染防治法》；2000年制定了《种子法》，修订了《渔业法》；2001年制定了《防沙治沙法》《海域使用管理法》；2002年制定了《农村土地承包法》，修订了《草原法》《水法》《农业法》《文物保护法》；2004年制定了《公路法》，修订了《种子法》《野生动物保护法》，再次修正了《土地管理法》等。这些资源法律的颁布从法律上确定了中国资源的占有、使用和开发利用方式，推动了中国资源管理体制的市场化改革。如1998年修改过的《森林法》指出，"森林、林木、林地使用权可以依法转让"，"进行勘查、开采矿藏和各项建设工程应当不占或者少占林地……"，"国务院林业主管部门和省、自治区、直辖市人民政府，应当在……，划定自然保护区，加强保护管理"，"国家根据用材林的消耗量低于生长量的原则，严格控制森林年采伐量"等，这些修改从法律上规定了森林资源如何开发和利用。其他诸如《土地管理法》《渔业法》《矿产资源法》《煤炭法》《野生动物保护法》等也都是为促进中国资源管理体制市场化改革而做出的规定和修改，主要包括从资源产权和交易、开发方式、资源保护等方面的规定，资源"依法交易"和"有偿开发"等规定都是为推动资源市场化，提高资源利用效率，保护资源环境和达到中国资源环境的可持续发展服务的。

3）深化资源产权改革——从"转让使用权"到"可交易"

20世纪80年代中国资源产权改革从"转让使用权"掀开帷幕，自海洋石油允许国外开发开始，中国政府逐步放开资源管制，致力于资源市场化改革。在可持续发展思想指导下，中国资源产权改革也迈开了一大步，从"转让使用权"阶段发展到产权"可交易"阶段，尤其到90年代中期，国家允许对矿山、土地等自然资源在一定条件下通过拍卖、出售等方式交易使用权，至此，资源产权市场初步形成并完善起来。20世纪90年代初，中国政府在财税体制改革中加强了对矿产等资源的征税力度，在一定程度上规范了自然资源的开发,提高了资源利用效率。1996年8月29日第八届全国人民代表大会常务委员会第二十一次会议对1986年的《中华人民共和国矿产资源法》进行了修正,确认了矿产资源的采矿权和探矿权在法律规定的范围内"有偿取得"和"依法转让"的制度,并且规定了国家鼓励扶植集体矿山企业和个体开采国家指定范围内的矿产资源。1996年《中华人民共和国矿产资源法》的修正标志着中国自然资源产权进入了"可交易"阶段,是资源管理体制改革的一大进步。1998年2月国务院出台了《矿产资源勘查区块登记管理办法》《矿产资源开采登记管理办法》和《探矿权采矿权转让管理办法》三个行政法规,这对贯彻实施矿产资源法,实行探矿权、采矿权有偿取得和依法转让法律制度进行了进一步的规范,也在法律上确认和规范了产权交易市场,对建立适应社会主义市场经济体制下的矿业权管理制度具有重要意义。除矿产资源外,中国相继修改《森林法》《土地管理法》等相关法律法规,对这些资源的产权的"可交易"也作了相关规定,并且相继出台相关法规以规范这些资源产权交易办法。1999年3月,为加强对探矿权、采矿权评估行为的管理,国土资源部颁布《探矿权采矿权评估管理暂行办法》。至此,中国自然资源产权交易市场逐步形成,对自然资源的管理逐步走向市场化。同时,为了规范资源管理,1998年对国务院各行政主管部门、特别是关于环境与资源保护行政主管部门进行了调整和改革。在这次国务院机构改革中,除了将原林业部调整为国家林业局外,还成立了新的"国土资源部",以统一对国家国土资源的管理。

4)资源税费改革——第二代资源税从部分"有偿开发"到完全"有偿开发"

在资源可持续利用思想指导下,中国更加注重资源的保护和有效利用,认识到原有的资源"有偿开采"的具体形式不够完备,调节级差收益的思路使征税不够彻底,还存在着大量"无偿开采"的现象,税费征收力度不够,不能有效起到控制资源盲目开采、提高开发利用率的目的,而且资源税的征收范围太窄,财税管理制度不够健全,征税执行力度不够,所有这些情况都有悖于资源可持续利用的原则,不利于经济可持续发展。为此,在1993年的全国财税体制改革中,对1984年的第一代资源税进行了重大修改,形成了第二代资源税制度。1993年12月,国务院发布了《中华人民共和国资源税暂行条例》及《中华人民共和国资源税暂行条例实施细则》,把盐税扩展到资源税中,并且扩大了资源税征收范围,包括原油、天然气、煤炭、其他非金属原矿及盐等七种①,其核心是不再按超额利润征税,而是按矿产品销售量征税,并且为每一课税矿区规定了适用税率,几乎是一矿一税率。自 1994 年 4 月 1 日起实施的《矿产资源补偿费征收管理规定》具体落实了《矿产资源法》中有偿开采的原则,并在《附录》中列出了我国当时已发现的全部 173 种矿产及其补偿费率。尽管由于要考虑矿山企业的承受能力,我国的资源补偿费率比许多国家的权利金征收率要低得多,但这毕竟是划时代的进步,无偿开采到此结束,覆盖全部矿种的有偿开采制度从此奠定了基础。第二代资源税对所有资源企业征收"级差收益"的资源税,包括没有获得超额利润,低于平均利润甚至亏损的企业,这样就与资源税"调节级差收益"的初衷存在着一定的矛盾,也有一定的不合理性和不公平性,但不管怎样,第二代资源税彻底改变了"无偿开发"现象,对资源的保护和持续利用起到了关键性的作用②。1996 年 8 月 29 日,八届全国人大常委会第二十一次会议对《矿产资源法》进行了修改,确立了探矿权和采矿权的"有偿取得"和"有限范围内转让"的制度,使中国矿产资源财产权制度向前迈进了一大步。除矿产资源外,中国还根据《土地管理法》《水法》《电力法》《森林法》《野生动物保护法》《渔业法》等相关法律制定了一系列相关的税费制度,使中国资源真正达到了完全"有偿开发",更符合资源开发利用的可持续原则。

1.2.3 建立科学发展观指导的资源管理体系

2004 年以后,科学发展观和建立资源节约型社会成为指导中国资源管理工作的核心思想,和谐社会、清洁生产、循环经济等理念逐步深入人心,中国资源管理体制开始走向科学化。党的十六大提出了"树立和落实科学发展观、构建社会主义和谐社会"的重大战略思想,十六届三中全会更明确地提出了"坚持以人为本,树立全面协调可持续的发展观",中共中央十六届五中全会提出"建设资源节约型与环境友好型社会"的目标,并将节约资源作为基本国策。2004 年以后中国资源管理进入了"科学发展"阶段,在这一阶段,科学发展观和资源节约型社会深入人心,新的税费改革如火如荼。

1)科学发展观与资源节约型社会

2003 年,科学发展观的理念开始萌芽并逐步成为日渐成熟的理论体系。

---

①杨人卫. 促进我国环境资源可持续利用的资源税费体系改革研究[D]. 浙江大学硕士同等学历学位论文,2005.

②蒲伟芬. 我国矿产资源税费改革研究[D]. 中国地质大学硕士学位论文,2004.

近几年,在全国范围内形成了对科学发展观的理论研究与学习、讨论的热潮,科学发展观的应用范围也逐步渗透到经济、政治、社会生活的方方面面。在百度中输入"科学发展观"一词,可以找到 1 530 万个相关的网页;由此,这一观念应用范围之广可见一斑。2003 年 4 月 15 日,胡锦涛总书记在广东考察时说,要坚持全面的发展观。7 月 28 日,胡锦涛总书记在全国防治非典工作会议上指出,要更好地坚持协调发展、全面发展、可持续发展的发展观。10 月中旬,中共十六届三中全会明确提出了"坚持以人为本,树立全面、协调、可持续的发展观,促进经济社会和人的全面发展",强调"按照统筹城乡发展、统筹区域发展、统筹经济社会发展、统筹人与自然和谐发展、统筹国内发展和对外开放的要求"。

从 2004 年开始,科学发展观开始应用到资源管理领域。2004 年 3 月 10 日,胡锦涛总书记在中央人口资源环境工作座谈会上指出,要"坚持用科学发展观来指导人口资源环境工作,实现经济发展和人口、资源、环境协调发展,要强化管理、完善市场机制、发挥政策杠杆的作用、完善法律规范"。温家宝在会议上指出,"必须强化中国人口多、人均资源少和环境保护压力大的国情意识,强化经济效益、社会效益和环境效益相统一的效益意识,强化节约资源、保护生态和资源循环利用的可持续发展意识,进一步增强做好人口资源环境工作的责任感和紧迫感"。

在 2005 年 3 月 12 日中央人口资源环境工作座谈会上,胡锦涛总书记指出"环境保护工作要大力推进发展循环经济,加快推行清洁生产,努力建立资源节约型、环境友好型社会",他强调,全面落实科学发展观,进一步调整经济结构和转变经济增长方式,是缓解人口资源环境压力、实现经济社会全面协调可持续发展的根本途径。要加快调整不合理的经济结构,彻底转变粗放型的经济增长方式,使经济增长建立在提高人口素质、高效利用资源、减少环境污染、注重质量效益的基础上,努力建设资源节约型、环境友好型社会。温家宝在座谈会上指出,"要坚持以科学发展观统领经济社会发展全局,把做好人口资源环境工作与搞好宏观调控结合起来,与深化改革结合起来,加快调整经济结构和转变经济增长方式,稳定低生育水平,加强资源开发管理和综合利用,加大环境保护和生态建设力度,促进经济社会全面协调可持续发展,建设和谐社会"。国家环保总局局长解振华还强调,"2005 年必须全面落实科学发展观和正确政绩观,坚持环境保护基本国策,大力推动发展循环经济,积极倡导生态文明,构建资源节约型和环境友好型社会。并且要继续严肃查处环境违法行为"。

为在资源管理领域贯彻落实科学发展观与建设资源节约型社会,中国政府做了大量的工作,在《国民经济和社会发展第十一个五年规划纲要》中也做了长远的规划和布局。《纲要》提出"把节约资源作为基本国策,发展循环经济,保护生态环境,加快建设资源节约型、环境友好型社会,促进经济发展与人口、资源、环境相协调";指出未来五年经济社会的发展目标为提高资源利用效率和可持续发展能力,同时对如何保护资源环境,提高资源利用效率,强化资源管理等方面做了部署。

2)新的资源税费改革

中国原有的资源税费政策不健全,资源税费存在着税基小、税率低、征税管理不规范和税费不平衡等问题,自2004年科学发展观和资源节约型社会提出以后,为提高资源利用效率,减少资源浪费,中国政府开始不断改进资源财税政策,以期用财税杠杆协调资源分配和使用。因此,2004年以来,中国以财政部和税务总局为主的政府相关部门对资源税费政策开始进行改革。"十一五"规划提出"建设资源节约型、环境友好型社会"的目标以后,资源税费改革的呼声越来越高,国务院总理温家宝在2006年"两会"上做政府工作报告时也指出,"要综合运用各种手段,特别是价格、税收等经济手段,促进节约使用和合理利用资源"。

2004年开始,财政部和国家税务总局联合下发一系列通知,对相关矿产资源和盐的资源税进行调整,中国资源税费管理体制改革开始轰轰烈烈地展开。2004年7月中国税务局首次宣布将陕西部分地区煤炭资源税上调至每吨2.3元,随后又宣布将兖州煤业股份有限公司的煤炭资源税自2004年1月1日起从每吨1.2元上调到2.4元,拉开了资源税率上调的序幕,结束了中国煤炭资源税额20年不变的历史。2004年12月,财政部和国家税务总局发出通知,规定从2004年7月1日起,调高山西、青海省和内蒙古煤炭资源税税额。此后,财政部和国家税务总局又自2005年5月1日起,提高了河南、安徽、宁夏、福建、山东、云南、贵州和重庆的煤炭资源税税额标准,这是煤炭资源税改革的又一重大举措。2005年8月,财政部、国家税务总局联合发布了《关于调整原油天然气资源税税额标准的通知》,规定从2005年7月1日起,在全国范围内调整油田企业原油和天然气资源税税额标准。

2006年以来,中国财政部和国家税务总局发布多项调高煤炭资源税的通知:自2006年1月1日起,对湖北、广东、湖南和内蒙古四省区的煤炭资源税、冶金矿山铁矿石资源税、有色金属矿资源税等做出调整;4月调高陕西、江苏、江西和黑龙江四省煤炭资源税;8月调高甘肃的煤炭资源税税率;9月调高了辽宁省煤炭资源税。2006年11月,国务院公布了《关于深化煤炭资源有偿使用制度改革试点实施方案》,提出建立与资源利用水平挂钩的浮动费率制度,并根据不同采区回采率实行不同的费率,实行累进费率,而且选择了山西、内蒙古、黑龙江、安徽、山东等省参加试点工作,试点的确定将成为中国更大规模资源税费改革的起点。目前,中国资源税费改革正在如火如荼地进行,可以说,2006年是中国资源税费改革年,未来几年内,中国资源税费改革将会取得更大的成就。

在资源产权改革方面,中国自"十一五"以后也开始了重大革新。"十一五"期间中国政府将全面推行矿产资源有偿使用制度,规定新设置的资源开采权都要通过市场方式有偿取得。北京规定新设采矿权将实行招标拍卖等方式选定"矿主",这将率先在全国结束矿山开采权免费时代。2005年8月,中国颁布《国务院关于全面整顿和规范矿产资源开发秩序的通知》,对矿产资源的开发利用做出了严格的规范和整顿。为了进一步规范矿业权出让管理,2006年1月国土资源部做出了《关于进一步规范矿业权出让管理的通知》,补充了《矿产勘查开采分类目录》,分类出让探矿权采矿权,并对原来的矿权出让方式作了补充修改,如将原来的"主管部门不得以招标拍卖挂牌的方式授予"的规定,明确改为"经批准允许以协议方式出让"。这也是中国资源产权改革的一大进步。

1.3　中国环境体制改革的回顾

1.3.1　初步确立环境保护体系

1978年到1992年是中国环境保护体系建立阶段。在此期间,党和国家对环境保护工作给予了高度重视,将环境保护写入《宪法》,明确提出保护环境是社会主义现代化建设的重要组成部分,确立了环境保护的基本国策,并初步确立了环境保护的管理体系和法律法规体系。1978年12月18日,党的十一届三中全会的召开,实现了全党工作重点的历史性转变,开创了改革开放和集中力量进行社会主义现代化建设的历史新时期,我国的环境保护事业也进入了一个改革创新的新时期。当年12月31日,中共中央批准了国务院环境保护领导小组的《环境保护工作汇报要点》，指出："消除污染，保护环境，是进行社会主义建设，实现四个现代化的一个重要组成部分……我们绝不能走先建设、后治理的弯路。我们要在建设的同时就解决环境污染的问题"。这是中国共产党历史上，第一次以党中央的名义对环境保护做出的指示，它引起了各级党组织的高度重视，推动了中国环保事业的发展。

1）建立环境保护法律体系

1979 年 9 月，五届人大十一次常委会通过新中国的第一部环境保护基本法——《中华人民共和国环境保护法（试行）》，中国的环境保护工作开始走上法制化轨道。1982 年，国家又对《宪法》做出修改，在宪法第 26 条规定："国家保护和改善生活环境和生态环境，防治污染和其他公害"。与 1978 年宪法相比，新的宪法将环境的对象予以了扩大，同时还增加了一些合理开发利用自然资源的条款。所有这些，为后来中国全方位的环境立法提供了依据。在环境污染防治立法方面，制定了《海洋环境保护法》（1982 年）、《水污染防治法》（1984 年）、《大气污染防治法》（1989 年），《国务院关于进一步加强环境保护工作的决定》（1990 年）、《环境保护行政处罚办法》（1992 年）等；在环境管理方面，制定了《征收排污费暂行办法》（1982 年）、《全国环境监测管理条例》（1983 年）、《环境保护标准管理办法》（1983 年）、《关于开展资源综合利用若干问题的暂行规定》（1985 年）等。同时为了加强环境的定量管理，20 世纪 80 年代颁布了一批具有规范性的环境质量标准、污染物排放标准、环保基础标准和环保方法标准。此外，在国家一些重要的民事、行政和诉讼等基本法律与企业法律中也规定了环境保护的内容。例如，在《民法通则》有关侵权责任的规定，就有关于危险作业和污染环境造成他人损害应承担民事责任的规定；在《中华人民共和国刑法》中专门设立了一节"破坏环境资源保护罪"，确立了由于污染造成的环境事故或破坏自然资源所要承担的刑事责任[1]。到 1992 年，国家规定了各项环境标准共 300 多项[2]。

2）确立环境保护管理体系

1981 年 2 月 24 日，国务院作出《关于在国民经济调整时期加强环境保护工作的决定》。这个决定的基本精神就是要加强环境保护工作，这是具有

①曲格平. 环境与资源法律读本[M]. 北京：解放军出版社，2002：43-44.
②解振华. 中国的环境问题和环境政策[J]. 中国软科学，1994(10)：3-4.

战略性的决定,也是我们今后相当长一段时间内开展环境保护工作的基本依据。1982年中国进行机构改革,将国务院环境保护领导小组撤销,办公室并入城乡建设环境保护部,名为环境保护局(作为部内设的司局级机构)。另外,在国家计划委员会内又增设了与环境保护工作有关的国土局。这样,就形成了由环境保护局、国土局和其他工业、资源、卫生等部门共同负责的国家环境与资源保护行政管理体制。1984年5月成立国务院环境保护委员会,由副总理李鹏兼任主任,1984年11月成立环保局,作为国务院环境委员会的办事机构,曲格平兼任办公室主任。在职权和分工方面,国家环境保护局负责全国的环境保护规划、协调、监督和指导工作。另外,国家计委、国家经委和国家科委负责国民经济、社会发展计划和生产建设、科学技术发展中的环境保护综合平衡工作;其他各有关部委和军队负责本系统的污染防治和生态保护工作。以此为动力,各地方政府、各部委和中国人民解放军成立了环保机构,具有中国特色的环境管理、监理、监测机构遍及全国各地,从中央到地方形成了国家级、省级、市级、县级和乡(镇)级五级环境管理机构,其中国家级、省级和市级还建立了科学研究、监测和教育宣传中心等配套机构,环境保护管理体系不断完善,各级政府的环境管理部门负责制定环境保护规划,监督环境法律法规的执行,协调各方面的关系和指导各方面环境保护工作。1988年,在国务院机构改革中设立国家环境保护局,并被确定为国务院直属机构。

3)重大环境会议

1983年12月31日至1984年1月7日,在北京召开了第二次全国环境保护会议。这次会议是中国环境保护工作的一个转折点,为中国的环境保护事业做出了重要的历史贡献。这次会议确立环境保护是中国现代化建设中一项基本国策,提出"经济建设、城乡建设和环境建设同步规划、同步实施、同步发展",实现"经济效益、社会效益与环境效益的统一"的方针,确定了"预防为主、防治结合、综合治理","谁污染谁治理","强化环境管理"的环境政策,并且提出了到20世纪末的环保战略目标。这次会议在中国环境保护发展史上具有重大意义,标志着中国环境保护工作进入发展阶段。

1989年4月底至5月初,国务院在北京召开第三次全国环境保护会议,提出了"努力开拓有中国特色的环境保护道路",并且在总结第二次全国环保会议以来的强化环境管理经验,在已有的、行之有效的环境管理制度的基础上,确定了八项有中国特色的环境管理制度,即继续实行环境影响评价、

"三同时"、排污收费制度这三项老制度基础上,又创造了环境保护目标责任制、城市环境综合整治定量考核制、排放污染物许可证制、推进污染集中控制和对污染源推行限期治理等五项新制度,对于深化管理、控制污染、推动环境保护工作上新台阶有重要作用。

1.3.2　建立可持续发展的环境保护体系

1992年到2004年是中国认识和实现可持续发展的环境保护阶段。期间,中国的环境体制改革进一步深化,确立了走可持续发展的环境保护道路,形成了清洁生产、循环经济、绿色核算、协调发展等新的解决环境问题的对策,完善了环境保护的法律法规体系和管理体系,中国的环境保护工作迈上了新台阶。

1992年,中国派出庞大的代表团出席了在里约热内卢举行的联合国环境与发展大会。会前为了申明中国对环境与发展的主张邀请了41个国家的部长参加了在北京举行的会议,并发表《北京宣言》。会后,由当时的环保局局长曲格平组织起草了《中国环境与发展十大对策》的政策报告。在这个报告中,明确提出中国在实现现代化过程中,必须实施可持续发展战略①。随后,由国家计委和国家科委为组长单位、国家经贸委和国家环境保护局为副组长单位、国务院有关部门为成员单位的领导小组,组织和指导编制了《中国21世纪议程》,把可持续发展战略作为中国长期发展的指导方针。1994年3月25日国务院常务会议讨论并原则通过了《中国21世纪议程》,标志着中国的环境保护开始走向可持续发展阶段。

1)完善环境保护法律法规

1994年到2004年,中国的环境保护法律法规体系逐步完善,为实现可持续发展的环境保护政策提供了完善的法律支持。国家制定或修订了包括《水污染防治法》(1996年)、《海洋环境保护法》(1999年)、《大气污染防治法》(1995年和2000年两次修订)、《环境噪声污染防治法》(1996年修订为《环境噪声污染防治法》)、《固体废物污染环境防治法》(1995年)、《防沙治沙法》(2001年)等法律,以及环境影响评价、放射性污染防治和水、清洁生产、可再生能源、农业、草原和畜牧等与环境保护关系密切的法律;国务院制

①曲格平. 梦想与期待:中国环境保护的过去与未来[M]. 北京:中国环境科学出版社,2004:18-19.

定或修订了《建设项目环境保护管理条例》《水污染防治法实施细则》《危险化学品安全管理条例》《排污费征收使用管理条例》《危险废物经营许可证管理办法》《野生植物保护条例》《农业转基因生物安全管理条例》等50余项行政法规;国务院有关部门、地方人民代表大会和地方人民政府依照职权,为实施国家环境保护法律和行政法规,制定和颁布了规章和地方法规660余件①。

2) 完善环境管理体系

在此期间,中国政府不断完善环境规范、监测和执法等管理工作,使环境管理体系更加完善。颁布了800余项国家环境保护标准,北京、上海、山东、河南等省(市)制定了30余项环境保护地方标准;不断加强环境执法检查和行政执法,国家连续对环境保护、大气污染防治、水污染防治、固体废物污染环境防治等法律实施情况进行检查,推动重点地区污染治理,建立起环境保护行政执法责任制度,并连续三年开展整治违法排污企业、保障公民健康环保专项行动,开展矿山生态环境保护和海洋环境保护专项执法检查;实行各级政府对当地环境质量负责,环境保护行政主管部门统一监督管理,各有关部门依照法律规定实施监督管理的环境管理体制。1998年中国政府将原国家环境保护局升级为国家环境保护总局(正部级),作为国务院主管环境保护工作的直属机构,负责对中国环境保护工作实施统一监管。国家建立了全国环境保护部际联席会议制度,并建立了区域环境督查派出机构,以加强部门和地区间的协调与合作。各省(自治区、直辖市)、市、县级政府设置了环境保护议事协调机构。全国有各级环保行政主管部门3 226个,从事环境行政管理、监测、科学研究、宣传教育等工作的总人数达16.7万人;有各级环境监察执法机构3 854个,总人数达5万多人。各级政府综合部门和资源管理部门以及多数大中型企业也设有环保机构,负责本部门和企业的环境保护工作,从业人员达30多万②。

3) 重大环境会议及文件

1994年3月25日国务院第16次常务会议讨论通过了《中国21世纪议程——中国21世纪人口、环境与发展白皮书》,从中国实际情况出发,制定

---

① 国务院新闻办公室. 中国的环境保护(1996—2005),2006-06-05.
② 国务院新闻办公室. 中国的环境保护(1996—2005),2006-06-05.

了经济建设、城乡建设和环境建设同步规划、同步实施、同步发展,实现经济、社会和环境效益相统一的战略方针;实行预防为主、谁污染谁治理和强化环境管理三大政策。为了有效实施《中国 21 世纪议程》,广泛争取国际社会对《议程》及其第一批优先项目计划在资金和技术方面的支持,经国务院批准,国家计委、国家科委、外交部与联合国开发计划署于 1994 年 7 月 7 日至 9 日在北京联合召开了"中国 21 世纪议程高级国际圆桌会议"。会议经过中外代表的共同努力和积极参与,获得了圆满成功。外方代表高度赞扬中国在走可持续发展道路上取得的成绩,认为《议程》是 1992 年环发大会后第一部国家级的可持续发展战略,值得别国效法。1995 年,我国制定了《中国环境保护 21 世纪议程》,提出应改变以大量消耗资源和粗放经营为特征的传统发展战略,进行内涵型扩大再生产;要重视对自然资源环境的保护,不能走"先污染、后治理"的路子。

1996 年 7 月在北京召开了第四次全国环境保护会议,这次会议进一步明确了控制人口和保护环境是我国必须长期坚持的两项基本国策,在社会主义现代化建设中,要把实施科教兴国战略和可持续发展战略摆在重要位置,确立了"九五"期间全国主要污染物排放总量控制计划和中国跨世纪绿色工程规划。在这次会议中,江泽民同志指出环境保护是关系我国长远发展和全局性的战略问题,在加快发展中绝不能以浪费资源和牺牲环境为代价,并强调要做好节约资源、控制人口、建立合理的消费结构、加强宣传教育和保护自然生态 5 个方面的工作;李鹏同志在讲话中首先重申了到 2000 年力争使环境污染和生态破坏加剧的趋势得到基本控制,部分城市和地区的环境质量有所改善,2010 年基本改变环境恶化的状况,城乡环境有明显改善的跨世纪环境保护目标,又强调了实现环境保护奋斗目标必须严格管理,积极推进经济增长方式的转变,逐步增加环保投入,加强环境法制建设。

第四次全国环保会议后,国务院发布了《国务院关于环境保护若干问题的决定》,内容主要包括:到 2000 年,全国所有工业污染源排放污染物要达到国家或地方规定的标准;各省、自治区、直辖市要使本辖区主要污染物排放总量控制在国家规定的排放总量指标内,环境污染和生态破坏的趋势得到基本控制;直辖市及省会城市、经济特区城市、沿海开放城市和重点旅游城市的环境空气、地面水环境质量,按功能区分别达到国家规定的有关标准(概括为"一控双达标");要重点保护好饮用水源,水域污染防治的重点是三湖(太湖、巢湖、滇池)和三河(淮河、海河、辽河);重点防治燃煤产生的大气污染,控制二氧化硫和酸雨加重的趋势(依法尽快划定酸雨控制区和二氧化硫污染控制区)等。

1999年3月,在北京召开了"中央人口资源环境工作座谈会",这是一次贯彻可持续发展战略的新部署,表明了中央领导解决好中国环境与发展问题的决心。时任中共中央总书记、国家主席的江泽民同志发表了重要讲话,他指出:"促进我国经济和社会的可持续发展,必须在保持经济增长的同时,控制人口增长,保护自然资源,保护良好的生态环境","要全面落实《全国生态建设规划》,抓紧编制和实施全国生态环境保护纲要,根据不同地区的客观情况,采取不同的保护措施"。此次会议为可持续发展时代的中国环境保护工作指明了方向。在2003年3月9日中央人口资源环境工作座谈会上,胡锦涛同志强调:"要加快转变经济增长方式,将循环经济的发展理念贯穿到区域经济发展、城乡建设和产品生产之中,使资源得到最有效的利用。最大限度减少废气物排放,逐步使生态步入良性循环。"胡锦涛同志在2004年3月10日中央人口资源环境工作座谈会上强调指出:"经济发展需要数量的增长,但不能把经济发展简单地等同于数量的增长。要充分运用我国的体制资源、人力资源、自然资源、资本资源、技术资源以及国外资源等方面的有利条件和有利因素,推动经济发展不断迈上新台阶。同时,发展又必须是可持续的,这样我们才能保证实现我国发展的长期目标。这就要求我们在推进发展中充分考虑资源和环境的承受力,统筹考虑当前发展和未来发展的需要,既积极实现当前发展的目标,又为未来的发展创造有利条件,积极发展循环经济,实现自然生态系统和社会经济系统的良性循环,为子孙后代留下充足的发展条件和发展空间……循环经济和生态省建设开始起步,人民群众环境保护意识明显增强……组织部门要会同有关部门抓紧研究考核标准,尽快把人口资源环境指标纳入干部考核体系。严格执行党纪国法,对违反人口和计划生育政策、乱批乱征耕地、纵容破坏资源和污染环境的干部,不仅不能提拔,还要依照纪律和法律追究责任"。

2001年12月经国务院批准,国家环境保护总局制定了《国家环境保护"十五"计划》。该《计划》对"九五"期间环境保护工作完成情况以及当前环境形势作了分析,指出了"十五"期间环保工作的指导思想以及主要工作任务,同时指出建立综合决策机制,完善环境保护法规体系,政府调控与市场机制相结合和规范环保产业市场等十条保障措施。为贯彻落实《国家环境保护"十五"计划》,部署"十五"期间的环境保护工作,2002年1月,第五次全国环境保护会议在北京召开。会议要求把环境保护工作摆到同发展生产力同样重要的位置,按照经济规律发展环保事业,走市场化和产业化的路子,并对环境保护工作做了全面的调整与部署。

1.3.3 建立科学发展观指导的环境保护体系

2004年到2006年是中国的环境保护工作的过渡和转折时期。十六大以来,中央提出了树立和落实科学发展观、构建社会主义和谐社会的重大战略思想;提出建设资源节约型、环境友好型社会,加快转变经济增长方式,大力发展循环经济;要求明确不同区域的功能定位,形成各具特色的区域发展格局。这些战略决策表明,中国环境与发展的关系从此开始发生重大变化,环境容量成为区域布局的重要依据,环境管理成为结构调整的重要手段,环境标准成为市场准入的重要条件,环境成本成为价格形成机制的重要因素,这些重大变化,标志着环境保护成为优化经济增长的重要内容。2005年12月3日,《国务院关于落实科学发展观加强环境保护的决定》的出台掀开了用科学发展观解决环境问题的序幕,2006年第六次全国环保大会的召开标志着中国的环境保护进入了一个新的时代,从此之后,中国的环境保护理念升级到一个新的高度,环境改革工作也开始进入了一个新的阶段。

1)科学发展观的提出及在环境保护中的运用

2003年以来,科学发展观的理念开始萌芽并日渐成熟。2003年4月15日,胡锦涛总书记在广东考察时说,要坚持全面的发展观。7月28日,胡锦涛总书记在全国防治非典工作会议上指出,要更好地坚持协调发展、全面发展、可持续发展的发展观。10月中旬,中共十六届三中全会明确提出了"坚持以人为本,树立全面、协调、可持续的发展观,促进经济社会和人的全面发展";强调"按照统筹城乡发展、统筹区域发展、统筹经济社会发展、统筹人与自然和谐发展、统筹国内发展和对外开放的要求",推进改革和发展。2004年2月21日,中共中央政治局常委、国务院总理温家宝在省部级主要领导干部"树立和落实科学发展观"专题研究班结业式上发表题为"提高认识,统一思想,牢固树立和认真落实科学发展观"的讲话,强调各级领导干部一定要提高认识,统一思想,自觉地用科学发展观来指导我们的各项工作,推进中国特色社会主义事业顺利发展。3月10日,胡锦涛总书记在中央人口资源环境工作座谈会上发表讲话,阐述了科学发展观的深刻内涵和基本要求。他说,坚持以人为本,就是要以实现人的全面发展为目标,从人民群众的根本利益出发谋发展、促发展,不断满足人民群众日益增长的物质文化需要,切实保障人民群众的经济、政治和文化权益,让发展的成果惠及全体人民。

至此,科学发展观的理论体系越来越完善,关于这一思想的学习讨论也开始逐步深入。

2005年12月3日,《国务院关于落实科学发展观加强环境保护的决定》(以下简称《决定》)出台,《决定》把环境保护重要性提到前所未有的高度,开始了把科学发展观应用到环境工作的第一步。《决定》提出了"四个是"、"五个有利于",把环境保护摆上更加重要的战略位置。《决定》指出,加强环境保护是落实科学发展观的重要举措,是全面建设小康社会的内在要求,是坚持执政为民、提高执政能力的实际行动,是构建社会主义和谐社会的有力保障。加强环境保护,有利于促进经济结构调整和增长方式转变,实现更快更好地发展;有利于带动环保和相关产业发展,培育新的经济增长点和增加就业;有利于提高全社会的环境意识和道德素质,促进社会主义精神文明建设;有利于保障人民群众身体健康,提高生活质量和延长人均寿命;有利于维护中华民族的长远利益,为子孙后代留下良好的生存和发展空间[1]。

科学发展观提出和《决定》出台以后,用科学发展观处理环境问题成为中国环境工作的一项重要内容,全国掀起了坚持科学发展观,建设环境友好型社会的热潮。全国各地区、单位尤其是环保企业和与环境相关的单位广泛深入地学习科学发展观,真正把科学发展观的思想深入贯彻到环境工作中去。从此,"科学发展观"、"绿色GDP"、"循环经济"、"清洁生产"、"生态省、生态市和生态示范区建设"、"和谐社会"、"环境友好社会"等主题日益成为学术界、政府、企业等社会组织和单位学习讨论的热门话题,科学发展观逐步深入人心,把科学发展观落实到生态环境保护中,也成为一个非常重要而紧迫的议题。

2)《国家环境保护"十一五"规划纲要》及第六次全国环保大会

2006年4月14日,国家环保总局召开了局长专题会议,审议《国家环境保护"十一五"规划纲要》和《国家"十一五"环境监管能力建设规划》。会议对《国家环境保护"十一五"规划纲要》进行了讨论,认为规划有很大的突破和创新,充分体现了分类分区指导原则,具有很强的可操作性。会议认为《国家环境保护"十一五"规划纲要》充分体现了《国民经济与社会发展第十一个五年规划纲要》和《国务院关于落实科学发展观加强环境保护的决定》的精神,明确提

---

①王玉庆. 新时期我国环境保护形势与对策[R]. 在中国环境科学学会2006年学术年会上的讲话,2006-07-07.

出了 2010 年的环境保护目标,"十一五"时期的环境保护"十大任务"、"八大工程"和"六大措施"。会议原则通过了《国家环境保护"十一五"规划纲要》和《国家"十一五"环境监管能力建设规划》。

第六次全国环境保护大会于 2006 年 4 月 17 日至 18 日在北京召开。这是深入贯彻党的十六届五中全会和十届全国人大第四次会议精神,以科学发展观为指导,贯彻落实国务院关于加强环境保护的决定,部署"十一五"时期环保工作的一次重要会议。这次大会的召开是环境保护工作进入新的历史发展阶段的一个重要标志。这一新阶段有两个重要的特征:一是人口、资源、环境问题成为中国社会主义初级阶段的主要矛盾之一。温家宝总理在第六次全国环境保护大会上作了《全面落实科学发展观,加快建设环境友好型社会》的重要讲话,指出,"我国在发展中面临着两大矛盾:一个是不发达的经济与人们日益增长的物质文化需求的矛盾,这将是长期的主要矛盾,解决这个矛盾要靠发展。另一个是经济社会发展与人口资源环境压力加大的矛盾,这个矛盾越来越突出,解决这个矛盾要靠科学发展。"二是国家对处理环境保护与经济社会发展关系上的指导思想进行了重大调整,把环境保护摆在了更加重要的战略地位上。温家宝总理在第六次环保大会上讲话一开始就明确提出"必须把环境保护摆在更加重要的战略位置"。温家宝总理又强调,做好新形势下的环保工作,关键是要加快实现三个转变:一是从重经济增长轻环境保护转变为保护环境与经济增长并重,把加强环境保护作为调整经济结构、转变经济增长方式的重要手段,在保护环境中求发展;二是从环境保护滞后于经济发展转变为环境保护和经济发展同步,做到不欠新账,多还旧账,改变先污染后治理、边治理边破坏的状况;三是从主要用行政办法保护环境转变为综合运用法律、经济、技术和必要的行政办法解决环境问题,自觉遵循经济规律和自然规律,提高环境保护工作水平[1]。这标志着中国环境与发展的关系正在发生战略性、方向性、历史性的转变。国家环保总局周生贤局长在接受人民日报记者采访时说,"通过这次会议,统一了思想、提高了认识、明确了目标、提出了措施、落实了任务、坚定了信心,这是我国环保事业发展进程中的一次盛会"[2]。

---

① 温家宝. 全面落实科学发展观,加快建设环境友好型社会[R]. 第六次全国环境保护大会上的讲话,2006-04-17.

② 坚持科学发展观 努力建设环境友好型社会——国家环保总局局长周生贤答记者问[OL]. 国家环保总局网站[2006-04-21]. http://www.zhb.gov.cn/ztbd/hjbhdh/xgbd/200604/t20060421_76023.htm.

　　2007 年 11 月 22 日,《国家环境保护"十一五"规划纲要》公布。该规划阐明"十一五"期间国家在环境保护领域的目标、任务、投资重点和政策措施,重点明确各级人民政府及环境保护部门的责任和任务,同时引导企业、动员社会共同参与,努力建设环境友好型社会。

② 中国资源环境30年理论研究进展

中国资源环境体制改革走过了近30年的历程,在这30年中,中国理论界对资源环境问题的研究逐步深入。从局限于对自然资源的开发与环境保护研究的初步阶段,到资源环境理论体系逐步形成的深入研究阶段,再到资源环境理论体系完善提升阶段,使资源环境理论逐渐成为指导中国实践的科学依据。到目前为止,中国理论界主要从制度视角、产业视角、可持续发展视角等出发研究资源环境问题,创新和丰富了资源环境理论,提出了一系列解决实践问题的有效思路。然而,在世界范围内,资源环境理论毕竟是一门新兴的科学,发展历史比较短,现有研究也存在着各种不足和局限性,整个理论体系还有待进一步完善和发展。本章在回顾中国资源环境研究历史的基础上,阐述了中国资源环境理论研究的主要内容,并对现有理论研究的领域和成果作了简要评价。

2.1 中国资源环境研究的历史考察

30年来,中国理论界、教育界、政府相关部门以及社会公众对资源环境问题给予了越来越多的重视和关注,从改革前对资源环境问题听之任之到对资源环境问题的重新认识,再到广泛研究中国资源环境问题并应用于实践,最后把资源环境问题提升到战略的高度来认识和解决。总体来说,中国对资源环境问题的研究经历了以下三个阶段。

2.1.1 对资源环境问题的初步研究阶段(1978—1992)

伴随着改革开放的步伐,中国经济开始进入全面腾飞阶段。随之而来的是对资源的需求与日俱增,人类的经济活动对生态环境的破坏也越来越严重。与此同时,资源逐步枯竭,环境不断恶化,给经济发展带来了不可避免的遏制和损害。正是在这样的背景下,中国对资源环境问题的研究开始起步。这一阶段的研究主要集中于对自然资源的开发利用与环境保护问题,其发展特点是资源环境研究书籍的出版和研究机构的大量涌现。

改革前,在资源环境研究方面,中国理论界主要是翻译一些国外研究文献和对中国自然资源的调查报告。1978年以后,在继续翻译国外文献的基础上,中国的学者开始结合中国实际,研究中国自然资源和环境问题,出版了一大批相关书籍,同时广大学者也纷纷在各报刊杂志上发表文章。例如,仅1985年就出版了《海南岛农业自然资源与区划》《深圳市自然资源与经济开发图集》《自然资源研究的理论和方法》《我国的自然资源及其合理利用》《中国环境保护法汇编》《发展中国家环境保护法评价文集》等。该阶段有代表性的研究成果还有地质矿产部矿产开发管理局组编的《矿产资源保护问题》(1982年),金永春、程连生编著的《自然资源和资源保护》(1987年),黄奕妙、樊永廉编著的《资源经济学》(1988年),牛文元编著的《自然资源开发原理》(1989年),法学教材编辑部编审的《环境保护法教程》(1986年),曲格平主编的《中国环境问题及对策》(1984年)、《中国的环境管理》(1989年),等等。

这一阶段,随着对资源环境问题认识和研究的深入,一些专门的研究机构开始建立并创办了一批资源环境类研究刊物。1978年5月5日,中国环境科学会成立,黑龙江和四川成立了自然资源研究所;1980年,中国自然资源协会成立;1981年,中国农业生态环境保护协会成立;1991年,中国大洋协会成立等。这些研究机构的成立不仅推动了中国对资源环境问题的重视和研究热情,也使对中国资源环境研究更加系统化、专业化。自1979年黑龙江科学院自然资源研究所创办《国土与自然资源研究》杂志以后,中国资源环境刊物如雨后春笋般相继出现:1979年,《林业资源管理》创刊;1980年,《资源调查与环境》和《再生资源研究》创刊;1981年,《资源环境与工程》创刊;1982年,《中国资源综合利用》创刊;1983年,《中国资源经济》创刊;1984年,《国土资源科技管理》创刊;1985年《资源开发与市场》和《水资源保护》创刊;1986年,《自然资源学报》创刊等。

2.1.2 对资源环境问题的深入研究阶段(1992—2004)

进入1992年以后,伴随着可持续发展理念的引入,人们对资源环境问题的认识和研究越来越系统化、理论化、专业化。这阶段对资源保护、资源合理开发和利用、资源经济发展、环境保护、生态经济、环境经济等方面都做了大量的研究。该阶段的特点是资源环境经济理论的体系化以及可持续发展观念在资源环境问题的应用，其表现为资源环境著作的广泛出版和相关文章的大量发表。

在著作出版方面，一方面，资源环境研究更加专业化、深入化。如国家计委国土开发与地区经济研究所联合国家计委国土地区司编著《'96 中国人口资源环境报告》和《'97 中国人口资源环境报告》，对中国人口、资源、环境问题进行了全面报道，用可持续发展理念把人口、资源、环境问题统一起来；国土资源部政策法规司编著《国土资源管理体制改革》(1999 年)，专门研究中国国土资源管理体制改革问题；毛文永、金瑞林、汪劲编著《中国环境与自然资源立法若干问题研究》(1999 年)；白选宏、李忠编著《自然资源法》(1999 年)；肖国兴、肖乾刚编著《自然资源法》(1999 年)；李光禄等编著《自然资源开发利用与环境保护法律问题研究》(2001 年)，从法律角度研究资源环境问题；钱阔、陈绍志编著《自然资源资产化管理——可持续发展的理想选择》(1996 年)；中国环境与发展国际合作委员会编著《中国自然资源定价研究》(1997 年)；武吉华等编著《自然资源评价基础》(1999 年)；焦必方主编《环保型经济增长：21 世纪中国的必然选择》(2001 年)；曲格平编著《能源环境可持续发展研究》(2002 年)；王焕校、常学秀主编《环境与发展》(2003 年)等。这些论著站在可持续发展的高度，研究如何实现中国资源的可持续利用与环境的可持续发展。另一方面，在借鉴国外相关理论的基础上，中国的资源环境学科理论方面的论著也大量出现，由不同专家、学者、研究机构编著的《自然资源学》《资源经济学》《环境与自然资源经济学》《环境经济学》《环境学》等资源环境学理论论著与教科书相继出现，大大丰富了中国资源环境理论研究，推动了相关学科的发展与资源环境人才的培育。

在论文发表方面，中国理论界对资源环境问题的研究讨论可谓百家争鸣、百花齐放。《国土资源信息化》《资源科学》《自然资源学报》《自然资源》《中国人口、资源与环境》《长江流域资源与环境》《资源环境与工程》《环境与可持续发展》《环境科学》《环境科学研究》《环境保护》《环境科学与管理》《环境保护科学》《重庆环境科学》《环境科学与技术》《环境工程与科学》《绿叶》等资源环境专业杂志和《经济评论》《经济学动态》《改革》《经济学家》《中国改革》《经济管理与研究》等经济管理类杂志，《21 世纪经济报道》《经济观察》《光明日报》等报刊，以及各大综合性期刊、报纸、学报刊登了数以万计的文章，展现了中国在资源环境方面研究的积极性和丰硕成果。

2.1.3 对资源环境问题研究的提升阶段(2004年以后)

2004年以后,在坚持可持续发展战略,努力实现中国资源环境可持续发展的基础上,资源环境产业化、循环经济、科学发展观、和谐社会、资源节约社会、环境友好型社会等理念与发展思路开始深入人心并逐步贯彻到实践中,中国对资源环境的研究进入了进一步提升的阶段,并逐步走向成熟。

这一时期的资源环境著作主要有冯之浚的《循环经济导论》(2004年)和《循环经济与浦东发展》(2004年),张凯的《循环经济理论研究与实践》(2004年),徐业滨、秦慧杰的《新型工业化道路与循环经济》(2005年)等循环经济方面的论著;阮文彪的《科学发展观与农业可持续发展》(2005年),李春才的《科学发展观与绿色产业论》(2005年),崔铁宁的《循环型社会及其规划理论和方法:构建和谐社会——新学科、新观念、新思路》(2005年),朱志刚的《迈向资源节约和环境友好型社会——论环境资源有偿使用制度改革》(2006年)等相关论著。这一阶段关于资源环境理论的论文、报告更是频频见于《光明日报》《人民日报》《绿叶》《资源科学》《中国人口资源与环境》等各报刊杂志。

2.2 中国资源环境理论研究的主要内容

2.2.1 资源环境的制度视角

20世纪90年代,以强调制度因素对经济影响的新制度经济学在世界范围内获得了广泛认可并快速发展,中国也开始应用制度工具分析经济问题的研究。在资源环境领域,广大专家学者从资源环境的产权、立法、管制等方面展开了广泛的研究,以期用资源环境法律规范、产权界定、资源环境定价等制度手段解决目前中国资源匮乏、环境恶化等问题。主要代表人物有肖国兴、萧乾刚、吕忠梅、钱阔、陈绍志、江平、厉以宁、张世秋、戴星翼等。

肖国兴、肖乾刚、吕忠梅、汪劲等是中国资源环境立法的带头人,从资源环境立法的角度研究中国资源管理问题。中国法学会环境资源法研究会常务理事肖国兴教授从自然资源立法和产权制度方面研究中国自然资源管理问题,与肖乾刚教授合作先后出版了《能源法》(1997年)和《自然资源法》(2000年)两本资源立法方面的专著,在《煤炭经济研究》《环境保护》等期刊先后发表《论国家煤炭资源所有权的实现》(1993年)、《我国煤炭开发利用行政权制度研究》(1994)、《论中国自然资源产权制度的经济理性》(1997年)等十几篇主要论文;著名法学专家肖乾刚教授主要研究自然资源法、能源法和经济法,曾先后主持和参与我国《水法》《节能法》《煤炭法》《石油法》等十余项国家立法工作,出版《经济法学》《自然资源法》《能源法》等多部学术著作和全国统编教材;中南政法学院教授吕忠梅是中国资源环境法学科带头人,在资源环境法律方面先后出版了《环境法教程》(1996年)、《环境法》(1997年)、《环境资源法》(1999年)、《环境资源法学》(2004年)等十几本论著,在各大相关杂志、报纸上发表了《论环境法的本质》(1997年)、《再论公民环境权》(2000年)、《环境权力与权利的重构——论民法与环境法的沟通和协调》(2000年)等几十篇论文。北京大学法学院教授汪劲在攻读博士学位期间,曾先后公派赴瑞典国乌普萨拉大学法学院研修环境法方法论、赴日本国法政大学大学院社会学部留学攻读环境法学理论,主要相关论著有《中国环境法》(1998年)、《中国环境与自然资源立法若干问题研究》(1999年)、《绿色正义——环境的法律保护》(2000年)、《20世纪环境法学研究评述》(2003年)等。

　　20世纪中国在资源环境产权方面的研究并不多,但进入21世纪,涌现出一大批资源环境产权方面的论著和论文。早期的主要代表人物有钱阔、陈绍志、肖国兴、肖乾刚、江平等。资源经济学家钱阔和陈绍志在《自然资源资产化管理——可持续发展的理想选择》一书中从可持续发展的高度分析了中国自然资源管理问题,指出了自然资源也是资产,应该"将资源作为生产资料构成的资产来管理"[①],书中详细论述了实行自然资源资产化管理的理论基础、目标、原则、要求以及自然性资产的管理和自然资源核算等问题,他们在《国土与自然资源研究》《国有资产管理》《经济研究参考》等杂志上发表了《国有土地的资产化管理》(1994年)、《资源性资产管理的几项基础性工作》(1995年)、《自然资源资产核算及纳入国民经济核算体系的理论认识》(1997年)等一系列论文。肖国兴、肖乾刚等的资源环境法律论著中部分地涉及了资源环境产权问题。中国政法大学江平教授的《中国矿业权法律制度研究》(1991年)中从探矿、采矿权的法律制度方面研究了矿产资源的开发与管理问题。

---

① 钱阔,陈绍志.自然资源资产化管理——可持续发展的理想选择[M].北京:经济管理出版社,1996:40.

中国对资源环境定价的研究始于 20 世纪 90 年代初。1993 年,中国环境与发展国际合作委员会下属工作组资源核算与价格政策专家工作组成立,该专家组可谓中国资源环境制度研究的佼佼者。该组的中方组长是中国著名经济学家厉以宁教授,中方专家包括王恩涌教授、李金昌研究员、陈良焜教授、王其文教授,工作组的学术秘书是章铮,行政秘书是高级工程师吴安,先后参加工作组研究工作的中方人员包括张世秋、王新、冯东方、雷明、崔成、武亚军、刘少成、余立新和任勇等。1997 年,工作组第一阶段的成果《中国自然资源定价研究》由经济管理出版社正式出版,书中用机会成本定价法研究了水资源、煤炭资源、原木等资源的定价问题。2004 年,第二阶段的成果《中国的环境与可持续发展 CCICED 环境经济工作组研究成果概要》由经济科学出版社出版,该书在第一阶段成果基础上对自然资源定价问题进行了更为深入和细致的研究,同时增加了环境定价的研究,把环境成本、环境核算、环境保护等问题纳入其中。围绕中国资源环境定价问题,该小组中方人员还有其他一些成果,如《环境经济学》(厉以宁、章铮,中国计划出版社,1995 年)、《中国自然资源定价研究》(厉以宁、陈良焜等,中国环境科学出版社,1997 年)、《环境管理中的经济手段》(张世秋,中国环境科学出版社,1996 年)、《可持续发展下的绿色核算——资源经济环境综合核算》(雷明,北京第六届哲学社会科学优秀成果著作二等奖,地质出版社,2000 年)等。

复旦大学环境科学研究中心与工程系戴星翼教授在他的论著《走向绿色的发展》(1998 年)中用了大量制度分析工具研究环境问题,他对环境外部性、环境产权、环境定价、森林价值、资源产业、绿色核算、政府管制等方面作了深刻的论述[1];在他的其他资源环境论著以及《可持续发展与自然资源的定价问题》(1996 年)、《污染权市场化》(1996 年)等文章中也体现了资源环境问题的制度解决手段。

2.2.2 资源环境的产业发展理论

20 世纪 90 年代以来,资源环境产业迅速兴起,日益受到人们的关注,中国对资源产业和环境产业的研究论述也开始起步。中国资源环境产业理论的主要代表人物是李金昌、成金华等。

资源产业研究的早期代表人物是浙江工商大学李金昌教授和中国地质大学成金华教授。从事环境保护工作近 30 年来,李金昌教授除了在建立环

---

[1]戴星翼. 走向绿色的发展[M]. 上海:复旦大学出版社,1998.

境价值理论和环境、资源、生态的定价与核算方面外,他在资源产业发展方面,也做出了突出的贡献,堪称该领域的开拓者和奠基者。早在1992年,他在与曲格平合著的《中国人口与环境》(中国科学出版社出版)中提出了"发展资源产业,补偿资源消耗"的观点。1995年,他在环境资源产业理论方面的代表作《资源经济新论》(重庆大学出版社出版)中构建了资源价格论、资源资产论、资源产业论和资源核算论"四位一体"的新的资源经济理论体系,对资源产业的运行机制、发展途径等问题进行了详尽的讨论。中国地质大学资源环境经济学教授成金华在他的论著《市场经济与我国资源产业的发展》(1997年)中对发展资源产业的重要性,中国资源产业发展战略,中国资源产业产权制度、市场结构、投资体制、效率、供给能力等方面进行了研究论述[1]。1998年12月,他又编著并出版了《我国资源产业的产权关系与市场结构》一书,论述了资源产业产权关系和市场结构,中国资源产业的产权关系、市场结构、配套改革等问题[2]。他的论述为以后理论界对资源产业研究提供了重要的理论参考,也为中国资源产业发展提供了理论支撑。

　　中国理论界对环境产业的研究滞后于环境产业本身的发展。早在20世纪70年代中国环境产业就在国家相关部门的支持下缓慢成长,但环境产业理论形成却比较晚。20世纪90年代中后期曲格平、潘家华、徐嵩龄、王宏英等在《中国环保产业》《经济师》《环境导报》等杂志发表了为数不多的环保产业、环境产业方面的研究文章,而且没有环境产业发展方面的论著出现。直到21世纪初,理论界对环境产业理论、环保产业理论的研究才开始多了起来,也出现了《崛起中的二十一世纪中国环保产业》(王扬祖主编,中国环境科学出版社,2001年8月)、《环保产业——21世纪的绿色浪潮》(杨冠琼等著,贵州人民出版社,2004年5月)、《环境产业持续发展与中国环境法律政策创新》(何卫东,上海科技教育出版社,2005年2月)等论著。

2.2.3　资源环境的可持续发展理论

　　可持续发展概念的提出就是以考虑资源存量不断减少和环境破坏为基础的,1992年联合国环境与发展大会之后,可持续发展概念开始被引入中国并且引起了广泛的讨论与研究。中国学者在借鉴国外可持续发展理论的基础上,结合中国资源环境实际,用可持续的视角来看待和研究中国的资源环

---

①成金华. 市场经济与我国资源产业的发展[M]. 北京:中国地质大学出版社,1997.
②成金华. 我国资源产业的产权关系与市场结构[M]. 北京:中国地质大学出版社,1998.

境问题,形成了中国的资源环境可持续发展理论。从可持续发展角度看待
中国资源环境问题始于 20 世纪 90 年代初,早期的主要代表人物有曲格平、
董辅礽、厉以宁、牛文元、解振华、洪银兴、戴星翼、诸大建等。

曲格平教授早在他的论著《中国的环境与发展》中就广泛融入了可持续
发展的思想,他指出,"走经济、社会和环境协调发展的道路,是人类的正确
选择,是促进经济社会持续发展的康庄大道"①,"对全球环境问题的关注和
重视,促进全球范围内工业发展向着无害于环境的、在生态上可持久的方向
转变②"。在可持续发展理论开始引入中国之后,他开始广泛研究可持续理
论在环保工作中的运用,在 1994 年的论著《困境与选择:中国环境与发展战
略研究》一书中明确提出了可持续发展观,并用可持续发展的观点对中国环
境问题进行了大量研究,随后又陆续出版了《我们需要一场变革》(1997
年)、《梦想与期待——中国环境保护的过去与未来》(2000 年)、《能源环境
可持续发展研究》(2003 年)等论著;在《中国人口、资源与环境》《世界环境》
《中国环保产业》等期刊发表了《加速战略转移推进持续发展》(1993 年)、
《关于可持续发展的若干思考》(1995 年)、《实施可持续发展的政策选择和
法律框架》(1997 年)等文章。

董辅礽教授和厉以宁教授都是中国国务院环境保护委员会的科学顾
问,董辅礽教授参加了 1992 年的里约热内卢会议和 1995 年的哥本哈根会
议。董辅礽教授的《改革与发展中国经济》(1995 年)、《中国经济纵横谈》
(1996 年)和厉以宁教授的《环境经济学》(1995 年)都阐释了他们关于可持
续发展的论点,展现了他们在资源环境发展方面的研究成果。为进一步阐
述他们对可持续发展的理解,他们先后发表了《应提倡可持续的消费方式》
(1995 年 3 月)、《什么是可持续的生产方式》(1995 年 4 月)、《〈可持续发
展〉序》(1997 年)、《可持续发展问题的有益探索——论董辅礽教授在可持
续发展理论研究中的创见》(1997 年)等文章③。

中国科学院牛文元院士在 1994 年出版了可持续发展理论专著《持续发
展导论》(科学出版社);同年,受李政道、周光召二位教授委托组织了"21 世
纪中国环境与发展高级研讨会",并作为执行主编出版专著《绿色战略》。
1998 年,作为中国科学院"八五"重点研究项目和国家自然科学基金资助项

①曲格平. 中国的环境与发展[M]. 北京:中国环境科学出版社,1992:21.
②曲格平. 中国的环境与发展[M]. 北京:中国环境科学出版社,1992:107.
③董辅礽经济科学奖励基金. 追求彻底的理论创新——董辅礽经济思想评述[M]. 北京:经济
科学出版社,1997:167-177.

目,与毛志锋合著《可持续发展理论的系统解析》。先后在《管理世界》《自然资源学报》《地理知识》等期刊发表了《中国式持续发展战略的初步构想》（1994年1月）、《中国农业资源的可持续性分析》（1996年4月）、《21世纪中国环境与可持续发展能力》（1997年6月）等文章,阐述了他在中国资源环境可持续发展方面的研究成果。

在20世纪90年代后期解振华、洪银兴、戴星翼、诸大建等也都先后投入到资源环境的可持续研究,纷纷发表文章、出版专著,大大推动了中国可持续发展理论在资源环境方面的研究进程。

2.2.4　资源环境研究的新发展

进入21世纪以来,伴随中国对可持续发展理论的广泛应用和中国资源环境可持续发展战略的推进,人们对资源环境问题研究的内容更加丰富化。循环经济、科学发展观、和谐社会、资源节约与环境友好型社会等概念不断引入到资源环境领域,这些理论不断完善化、体系化,不断深入人心,日益成为理论研究、企业规划、政策制定的指南。《循环经济理论与实践》（张坤,2003年）、《论循环经济》（毛如柏、冯之浚,2003年）、《循环经济导论》（冯之浚,2004年）、《循环经济理论研究与实践》（张凯,2004年）、《新型工业化道路与循环经济》（徐业滨、秦慧杰,2005年）、《循环经济与浦东发展》（冯之浚,2005年）等循环经济论著,《科学发展观与农业可持续发展》（阮文彪,2005年）、《科学发展观与构建社会主义和谐社会》（周永学,2005年）、《科学发展观与绿色产业论》（李春才,2005年）、《新理性时代——对开发、环境与和谐社会的思考》（甘峰,2005年）、《循环型社会及其规划理论和方法:构建和谐社会——新学科、新观念、新思路》（崔铁宁,2005年）、《迈向资源节约和环境友好型社会——论环境资源有偿使用制度改革》（朱志刚,2006年）等从全新的角度研究资源环境问题,成为这些新的研究领域的代表性成果。

2.3　中国资源环境理论研究的简要评价

2.3.1　对中国不同阶段资源环境理论研究的评价

中国资源环境理论研究经历了1978年到1992年的初步发展阶段、1992年到2004年的深入发展阶段以及2004年以后的资源环境理论提升阶段。

在不同阶段,中国的资源环境理论研究有不同的特点和侧重点,同时也展现出中国资源环境改革的历程。

1)1978年到1992年

这一阶段是中国改革开始的十四年。大刀阔斧的改革以前所未有的速度推动了中国经济的发展,尤其是工农业经济的发展,这就必然增加对煤矿、石油等矿产资源以及森林、水、土地、动植物资源的需求;同时,飞速发展的工业化、城市化也必然造成了废水、废气、废渣对环境的污染以及对自然环境的破坏。在越来越严重的资源环境压力下,中国理论界开始越来越多地关注到资源环境理论的研究。

这一阶段的研究内容比较肤浅。在资源研究方面,研究内容大多数限于对中国现有自然资源的调查。各地区在自然资源开发的同时,尽管认识到中国将面临资源匮乏的问题,但是不能明确提出解决资源问题的办法,尚未找到良好的解决方案,没有系统的资源开发和利用理论。在环境研究方面,仅局限于环境保护的重要性以及如何通过政府规章、法律、制度等行政手段来降低污染、保护环境,尽管提出了"避免先污染、后治理"的观念,但所采取的行政手段却不能有效从源头上制止、避免甚至减缓环境污染和破坏。因此,这一阶段中国资源环境研究其实是出于一种"认识问题"的阶段,仅仅认识到了资源环境问题对中国经济发展的重要性,开始着手于资源环境理论研究,但是尚未找到解决问题的有效手段。

2)1992年到2004年

这一阶段是中国改革转型的十二年,是国有体制改革和资源环境体制改革共进的十二年。在这一阶段,工农业经济继续快速发展,对资源环境的需求和破坏日益增加,资源环境形势依然严峻。1992年世界环境与发展大会召开后,可持续发展概念逐步应用到资源环境领域,人口、资源与环境协调发展,经济、社会与资源环境共同发展的观念日益成为资源环境研究的出发点与最终目标。

在自然资源方面,认识到经济发展应该与资源存量协调发展,为了避免资源的过度开发和利用,理论界提出了自然资源也是一种生产要素,应该对资源进行产权改革,实行资源定价和有偿使用资源制度,实行资源成本核算,鼓励和促进资源产业化,这就推动了中国资源税费改革和资源体制改革的进程,在一定程度上减缓了资源的盲目开发、低效利用等问题。但是,这阶段无偿占有资源现象仍然普遍存在,资源税制仍存在税费过低、范围过窄、结构不合理等现象;理论研究仍存在着很大的不足:不同资源如何进行科学的价值核算和衡量、实际操作中如何避免"寻租"现象、资源产权如何界定等问题仍未能很好地解决,需要进一步探索。

在环境保护方面,除了继续以法律、规章、行政管制等手段进行环境保护外,认识到了环境也是生产投入要素应当使企业对环境破坏进行付费,把以往环境治理主要由国家和社会承担转移到企业和个人身上,通过对生态环境进行定价、向排污企业征收排污费、发展环保产业等经济手段来缓解环境压力。这一阶段的研究把以往单一的行政治理手段改变为行政管制与税费等经济手段相结合,在一定程度上缓解了日益严峻的环境问题,可以从源头上避免或减轻污染及其对环境的破坏。但是,这一阶段的环境保护理论体系和环保工作仍存在以下不足:一是对污染物"总量控制"原则认识不到位,其法律基础薄弱,不能得到严格执行;二是仅认识到企业要取得排污权才能排污,对排污权的取得方式仍停留在行政授予上,对排污费征收标准的核算研究不足,排污权无偿取得以及征费过低造成了环境的无偿或廉价使用;三是对企业环境成本内部约束机制的研究缺乏,环境成本内部化理论不健全,"先排污,后收费"的排污费征收方式使得政府处于被动局面,政府和社会过多的承担环境成本[①]。

这一阶段中国资源环境理论由原来的"认识问题"阶段发展到开始探索"解决问题"手段的阶段,找到了一些解决问题的方法并逐步应用于实践。但由于中国资源环境体制改革正处于探索阶段,理论研究仍不成熟,解决资源环境问题的手段仍不够科学合理,存在着各种各样的弊端,需要不断地探索和完善。

3)2004 年以后

中国对资源环境的研究进入了进一步提升的阶段,并逐步走向成熟。这一时期的研究主要集中于如何实现资源环境产业的发展,如何运用循环经济理论推动经济的发展,如何应用科学发展观促进社会的全面进步,通过大力鼓励和推动环保产业发展,创建循环经济产业园,推广清洁生产技术,实行产业对接,建立资源节约和环境友好的财税制度,完善排污权交易市

①朱志刚. 深化资源和环境有偿使用制度改革,全面贯彻落实科学发展观[N]. 人民日报理论版,2006-05-31.

场,加快资源环境管理体制改革等手段来贯彻和谐社会和科学发展理论。其特点是研究内容更加专业、具体,实际操作性更强,改变了以往仅仅停留于理论层面的研究,而且更加科学,更加符合中国经济发展实际,对中国经济的长期、健康发展有着更深刻而长远的影响。目前的这些研究都是非常有意义的,尽管相关理论研究刚刚起步,仍未能广泛运用于改革实际,但是随着时间推移,中国资源环境理论将逐步走向成熟化、立体化、体系化和专业化。

2.3.2 对中国资源环境研究内容的评价

中国资源环境改革的 30 年也是中国资源环境理论研究不断进步的 30 年。20 世纪 90 年代中期之前资源环境理论研究尚处于萌芽阶段,研究内容单一,集中在自然资源调查、环境保护管制等方面,研究成果很少,主要是自然资源区划、环保政策以及资源环境文件等内容,以及翻译国外一些资源环境方面的论著,尚未形成自己的资源环境理论体系。20 世纪 90 年代以后,尤其是可持续发展引入中国以后,中国资源环境理论开始丰富起来,并逐步体系化、专业化。

1)中国资源环境制度学派及其评价

厉以宁、李金昌、张世秋、肖国兴、肖乾刚、吕忠梅、汪劲、钱阔、陈绍志、江平等从制度的角度研究中国资源环境问题,是中国资源环境研究的制度学派。他们利用制度经济学的相关理论,应用产权、法律、制度安排等工具来说明并解决资源环境问题。

厉以宁、李金昌、张世秋等人是中国资源环境制度研究的创始人,他们的论著和大量文章都引用了制度经济学的研究方法,对中国自然资源的产权、定价、环境成本、环境核算、环境保护等问题进行了深入细致的研究;肖国兴、肖乾刚、吕忠梅、汪劲等是中国资源环境立法的带头人,从资源环境立法的角度研究中国资源管理问题,指出资源环境立法可以规范企业的生产经营行为,从而迫使企业保护和合理利用资源,提高资源利用效率,降低污染,从而达到缓解资源环境问题的目的;钱阔、陈绍志、江平等人对资源环境定价的问题进行研究,从可持续发展的高度分析了中国自然资源管理问题,指出自然资源也是资产,应该将资源作为生产资料构成的资产来管理,进行自然资源核算。

中国资源环境问题的制度研究不断深入化,但是就目前来看,理论体系不够成熟,实际操作性不够强,理论研究与中国实际情况还有一定差距。主要表现在:一是自然资源的产权归属仍不明确,尽管人们认为自然资源可以通过拍卖、租赁、转让、出售等方式改变以往单一的自然资源国有制,但是仍没有人能真正说清楚经过改造的自然资源的产权花落谁家;二是制度经济学是从西方发达国家引入的,相关的制度理论是否符合中国实际,而且广泛存在于中国大陆的非市场经济思想、企业与政府间千丝万缕的联系等是否能够接受这些先进的经济理论,这些都是这些研究者未能解决的问题;三是产权定价、环境成本、环境核算的研究还停留于理论层面,在实际工作中如何进行核算、资源环境怎样定价才是合理的、环境成本核算体系如何建立等具体操作问题仍需要进一步研究。

2)中国资源环境产业学派及其评价

浙江工商大学李金昌和中国地质大学成金华教授主要从事资源环境产业方面的研究,他们继承和发展了制度学派的一些观点,应用资源环境制度学派的产权、定价等分析工具,提出大力发展资源环境产业,通过实行资源产业化、环境产业化来解决中国目前的资源环境问题。

李金昌教授除了在建立环境价值理论和环境、资源、生态的定价、核算方面外,他在资源产业发展方面,也做出了突出的贡献,堪称该领域的开拓者和奠基者,构建了资源价格论、资源资产论、资源产业论和资源核算论"四位一体"的新的资源经济理论体系。成金华教授研究了中国资源产业发展战略,中国资源产业产权制度,资源产业市场发展以及配套改革等问题。中国环境产业理论形成却比较晚,直到20世纪初,理论界对环境产业理论、环保产业理论的研究才开始多了起来。

中国资源环境研究的产业理论主要还是基于制度经济学的视角,主要研究资源环境价值、资源环境核算和资源环境产业产权等方面,资源产业学和环境产业学理论尚未形成,更没有形成矿产资源产业、水资源产业、森林资源产业、环境治理产业、环境保护产业等具体的理论分类。目前研究内容比较笼统,在未来的研究中尚需继续深入化和专业化,并且要逐步脱离单一的制度分析方法,从各不同类型的产业的具体特点出发,形成一系列的产业经济学理论体系。

3)中国资源环境研究的新兴学派及其评价

20世纪末可持续发展理论的异军突起,为国内外研究资源环境问题找到了新的理论依据和分析工具。可持续发展理论是基于自然资源和生态环境的可持续发展的,而可持续发展理论同样为中国理论界研究资源环境问题找到了新的突破点和落脚点。20世纪90年代,可持续发展理论引入中国并开始广泛传播,广大专家学者纷纷以可持续发展理论研究中国资源环境问题,成为以可持续发展理论为指导的资源环境新兴学派。这一学派人数众多,影响广大,他们以可持续发展理论为依据和运用其主要分析工具研究中国资源环境的现实问题。

中国资源环境的可持续发展理论虽然仅仅只有十几年时间,但在资源环境产业方面的运用远胜于制度分析和产业分析,可持续发展包含的范围更广,站的角度更高,理论体系发展迅速。可持续发展理论在中国资源环境研究和体制改革中一如既往地起着关键性的作用。曲格平、董辅礽、厉以宁、牛文元、刘思华、解振华、洪银兴、戴星翼、诸大建等一大批著名的经济学家和环保学家都纷纷著书、发表论文,阐明自己在资源环境可持续发展方面的心得和研究成果,也带动了一大批专家、学者在此方面的研究。可以说,可持续发展理论是不但适合于中国,而且适合于全世界;不但适合于资源环境领域,而且适合于经济、社会的任何领域的一种伟大理论。中国未来几十年、几百年的发展都将离不开可持续发展理论。但是,这一理论毕竟只有十几年的发展历史,从1962年《寂静的春天》发表,可持续发展思想从萌芽到现在也不过40多年。尽管牛文元、刘思华、解振华、戴星翼等开始从可持续发展理论研究中国资源环境问题,但是他们的研究仅停留在翻译、借鉴国外相关理论,停留在对发展理论和可持续发展理论的介绍上,理论创新不足,未能形成完善的可持续发展理论。比如,可持续发展理论缺少理论基础,如何评价可持续是否能实现、未来人偏好是怎样的、可持续发展的模式是什么、当代经济发展以资源环境的多大代价才是合理等问题还没有形成统一的理论。因此,资源环境的可持续发展理论体系还不完善,在可持续发展评价、发展模式、制度创新等理论基础方面,以及可持续发展理论与中国实际相结合等方面都有待继续探索和发展。

资 源 篇

ZI YUAN PIAN

3

中国资源问题的基本判断

············· ❖ ·············

　　沿袭中国理论界一贯的认识,本书所涉及的自然资源,是指在特定的技术条件下自然界中对人类有用的一切物质和非物质要素的总和,具体包括耕地资源、水资源、草原资源、森林资源、海洋资源等。受制于经济条件和技术水平的限制,已经被人类社会和生产需要利用的自然要素,称为"资源";而那些暂时难以利用的自然要素,则是"潜在资源"①。资源一般被分为可再生资源和不可再生资源两类,前者主要指能够不断繁衍生长的生物资源和可循环利用的自然资源;后者则是指储量有限、形成速度极其缓慢、一般需要几万年甚至上亿年时间才能形成的自然资源,相对于人类历史而言,可视其为不可再生的,如矿产资源。但二者的划分也绝不是一成不变的,可再生资源在一定时期内耗用无度,就可能打断资源再生循环的"链条",使其处于耗竭状态。如中国的森林砍伐和近海捕捞都曾有向大自然攫取过渡的倾向,土地资源也存在滥用浪费现象。不同的可再生资源,其再生恢复的速度是不同的。如自然形成 1 cm 厚的土壤腐殖质层需要几百年,砍伐森林的恢复一般需要数十年到百余年。由于科技进步和技术水平的提高,不可再生资源的可利用储量还可以进一步提高,两种资源间的替代使用能力提高,如酒精替代石油,或从植物纤维中提炼燃油。资源有以下三个客观属性。一是稀缺性。资源是针对人类的需要来界定的,在整个人类社会系统内部是不可逆的。这就从本质上规定了资源的"单流向"特征,即资源只能是供体,社会系统是受体。作为供体的资源总是被消耗的,也就总是稀缺的,即使是可再生的资源,当社会需求的增长速度

①郎一环.全球资源态势与中国对策[M].武汉:湖北科学技术出版社,2000:1.

超过资源再生增值能力,也会表现出稀缺。二是不均性。资源的质和量往往是不可能均匀地出现在任一空间范围,他们总是相对集中在某些区域,表现出其自然丰度差异和地理分布差异。三是循环性。各类自然资源之间是相互联系,并按照各自所固有的规律运动,保持一定的平衡关系。故资源的循环受到破坏,失去平衡,就会引起某一特定区域严重的资源短缺或是枯竭,短时间内难以恢复。

3.1 中国自然资源的基本态势

3.1.1 中国自然资源供给基本态势

1)绝对供给量大,但人均供给量小

我们一贯为中国的"地大物博"而自豪,但殊不知,在巨大的人口压力面前,中国不得不正视人均资源拥有量的稀少,远远落后于俄罗斯、加拿大、美国、澳大利亚和巴西(见表 3.1)。

表 3.1 中国主要资源人均占有量与主要国家的比较

	矿产储量总值/万美元	耕地和园地面积/hm²	永久草地面积/hm²	森林和草地面积/hm²	可开发水能量/kW	河川径流量/万 m³
世界平均	1.77	0.31	0.66	0.84	0.47	0.97
中国	1.04	0.10	0.27	0.13	0.36	0.25
加拿大	12.58	1.84	1.22	12.85	3.72	12.30
美国	5.67	0.8	1.01	1.11	0.78	1.24
巴西	1.90	0.56	1.22	4.15	0.67	3.83
澳大利亚	17.57	3.10	27.95	6.76	—	2.22
印度	—	0.22	0.02	0.09	0.09	0.23
中国占世界平均数的百分比/%	58.8	32.3	40.9	15.5	76.6	25.7

资料来源:程鸿.中国自然资源手册[M].北京:科学出版社,1990.

中国的各类资源总量一般居世界前列,如矿产资源居世界第 3 位,森林资源居世界第 6 位,耕地面积居世界第 4 位,草原资源居世界第 2 位;但人均资源拥有量在世界主要国家和地区的排序如下(见表 3.2)。

表 3.2　中国主要资源人均占有量在世界 144 个国家的排序

资源种类	排　序
土地面积	110 位以后
耕地面积	126 位以后
草地面积	76 位以后
森林面积	107 位以后
淡水资源量	55 位以后
45 种矿产潜在价值	80 位以后

资料来源:中国的自然资源(http://www. hw-ts. com/html/zszc/200609221742493374. html).

2)资源种类多,但高品质资源供给较少,地域分布不均衡,开发利用成本大

中国各类资源在供给种类上比较齐全,但供给的质量不高,原始再生能力较低。例如在土地资源中,供给量最大的是山地,据不完全统计,中国 1 000 m 标高以上的山地面积占全国面积的 58%,2 000 m 标高以上的占 33%,而美国山地只占 15%,原苏联只有 10%。在矿产资源中,供给量较多的是采选比较困难的贫矿,可以直接入炉的富铁矿石只占探明储量的 2%;含铜量 1% 以上的富矿储量只占探明储量的 33.3%,含铜量 2% 以上的只占 6.4%,这就加大了采、选、冶的耗能成本。

同时,由于中国地域广阔,资源的地域分布又极不均衡,更加重了资源的开发利用难度。如长江流域及其以南地区,水资源量占全国 80% 以上,耕地面积只占 36%;相应长江流域以北的地区,水资源量只占全国的 18%,耕地面积占全国的 64%;特别是黄淮海地区,耕地占全国的 40%,但水资源只占全国总量的 6.6%。加上"南涝北旱"的影响和北方的土地沙漠化,致使大片土地难以充分开发利用。又如矿产资源,煤炭储量的 69% 集中于晋、陕、蒙三省;铁矿储量的 60% 集中于辽、冀、晋、川四省;磷矿储量的 70% 集中于云、贵、川、鄂四省;还有一些大型矿床也多集中在边远地区,如新疆、内蒙的煤,西藏、新疆、内蒙的铬矿,西藏的铜矿,青海的盐湖资源等。这样的边缘

化分布格局相应增加了配套水、电、运等基础设施的需求总量。

3）长期的综合开发供给潜力巨大

尽管中国资源的质量比较差,但共生伴生资源较多,有利于进一步综合开发利用,加之科技进步和生产力水平的不断提高,从长期看中国的资源供给潜力巨大。中国已探明矿床中,伴生两种以上有用矿产的矿床占80%,有些大型综合性矿床的伴生矿,其经济价值远远超过主元素的价值。在铜矿床中共生伴生有钼、铅、锌、镍、磷、钴、铂族金属和金、银贵金属;在铁矿中综合矿床占1/4;在铅、锌矿床中伴生共生有用元素多达50种;在煤矿共生伴生有硫、磷、粘土、铝土矿、油页岩等矿产。钨矿床中伴生共生有用组分30多种,伴生铜储量占总储量的1/4,伴生银矿床储量占80%以上,伴生金储量占总储量的43%以上。土地资源中尽管有68%的不宜开发农业种植业的山地、丘陵和高原,但却具有综合开发林木业的巨大潜力。下面分别就各种自然资源的供给态势做一些简要判断[①]。

——耕地资源　中国现有耕地面积18.31亿亩,居世界第四位,但人均耕地拥有量为1.4亩,远低于世界人均5.5亩的平均水平。中国耕地面积约占全国土地面积的10.02%,占世界耕地面积的7%。全国水土流失面积达356万 km^2,沙化土地174万 km^2。全国宜农荒地仅有5亿亩左右,尚不到世界未垦宜农地的2%。由于中国人口众多,但人均耕地、林地、牧草地的数量只有世界平均数的44%、18%和35%,用世界7%的耕地养活着近1/4的世界人口。

——水资源　中国多年平均年水资源总量为28 124亿 m^3,其中河川径流约占94%,约占全球径流总量的5.8%,居世界第6位。平均径流深为284 mm,为世界平均值的90%,居世界第7位。平均每人每年占有的河川径流量2 260 m^3,不足世界平均值的1/4,人均占有量分别是美国的1/6,前苏联的1/8,巴西的1/19和加拿大的1/58。平均每 hm^2 耕地的河川径流占有量约28 320 m^3,为世界平均值的80%。用世界6%的淡水资源养活着世界上22%的人口。

——森林资源　据联合国粮农组织统计,目前世界森林面积为34.54

[①]以下有关中国自然资源基本判断的数据是根据《2005中国国土资源公报》《我国未来森林资源需求特点与林业发展对策分析》《2004中国水资源公报》《中国统计年鉴》《中国草地资源》《中国农业统计资料(1998)》《2005年中国海洋经济统计公报》等资料整理而成。

亿 hm^2，森林覆盖率平均为 26.6%，森林蓄积量为 3 831.27 亿 m^3。中国森林面积仅占世界的 3.9%，森林蓄积量不足世界总蓄积量的 3%，森林覆盖率为 13.92%，人均森林面积和人均蓄积量都低于世界平均水平，分别排列在世界的 120 位和 121 位，森林覆盖率排在 142 位，可以认定中国是一个缺材少林的国家。中国的林业用地率不高，森林面积仅占有林地面 50.49%，而瑞典为 98%，日本为 96%，美国为 95%。全国每 hm^2 蓄积量为 7.83 m^3，而世界平均水平为 114 m^3。中国人工林面积虽已达 3 410 万 hm^2，约占世界的 1/4，居世界之首，但平均每 hm^2 蓄积量只有 33.3 m^3，仅为世界平均水平的 1/3。

——草地资源　中国拥有各种天然草地 3.928 亿 hm^2，占国土面积的 41% 左右，主要分布在东北、西北和青藏高原地区；其中质量相对较差的干旱、半干旱区和高寒地区的草地，约占 70% 以上。中国草地资源生产力水平较低，全国平均每 hm^2 可利用草地的年产草量仅为 911 kg（干草），单位面积草地产值只相当于澳大利亚的 1/10，美国的 1/12，荷兰的 1/50。在全国 12 个生态区之间，草地生产力现状相差悬殊。江南区、华南区及长江中下游区草地平均单产均在 3 000 kg/（hm^2·年）（干草）以上，而西北区和青藏高原区平均单产仅为 584 kg/（hm^2·年）和 577 kg/（hm^2·年），相差 5 倍以上。理论载畜量最大的分别是江南区和青藏高原区，其次是云贵高原和内蒙古高原及长城沿线区，全国草地理论载畜量约为 4.5 亿个羊单位。

——矿产资源　目前中国已发现矿产 171 种，其中探明储量的矿产 158 种。稀土、钨、锡等金属矿产和许多非金属矿产储量位居世界前列。根据《各国矿产储量潜在总值》的估算，中国矿产资源储量潜在总值为 16.56 万亿美元，居世界第三位，但人均矿产储量潜在总值为 1.51 万美元，只有世界平均水平的 58%，居世界第 53 位，而且人均资源数量和资源生态质量仍在继续下降和恶化，如 35 种重要矿产资源人均占有量只有世界人均占有量的 60%，其中石油、铁矿、铝土矿分别只有世界人均占有量的 11%、44%、10%。中国人均矿产资源消费量一直很低，中国人均石油消费只有美国人均数的 1/18。

——海洋资源　中国有海洋生物两万多种，海洋鱼类 3 000 多种；海洋石油资源储量约 240 亿 t；天然气资源储量 14 万亿 m^3；滨海砂矿资源储量 31 亿 t；海洋可再生能源理论蕴藏量 6.3 亿 kW。中国海岸线长度为 1.8 万 km，居世界第四位；大陆架面积位居世界第五；200 海里专属经济区面积为世界第十。从单位陆地面积平均拥有的海岸线长度来看，中国只居世界第 94 位。

如果按照可管辖的海域面积与大陆面积之比,世界沿海国家平均为 0.94,中国仅为 0.3,不到平均水平的三分之一;而中国的邻国日本超过 11,朝鲜为 2.17,越南为 2.19,菲律宾为 6.31,都大大超过中国。至于人均海洋面积,世界沿海国家平均为 0.026 km²,而中国只有 0.002 9 km²,只是世界平均数的 1/10,而与中国相邻的海洋国家的平均数都超过中国的 10 倍以上。此外,中国的海洋资源多集中于东海大陆架和南海海域这两个多有"争议"的区域,引来一系列开采上的不便。

3.1.2 中国自然资源需求基本态势

中国是一个发展中国家,正处于经济快速增长的工业化时代和城市化建设的快速推进时期,特别是在全面建设小康社会和推进社会主义现代化的新时期,自然资源的需求总量迅速增长。由于目前高新技术的应用局限性还很大,传统能源消耗型增长模式在短期内仍将持续,传统耗能型企业也不可能在短期内完全退出市场,这些都将进一步促使对能源的需求。所以,资源需求量不断攀升和资源的有限供给导致的巨大资源缺口是中国现在已经面临和未来不容回避的现实问题。据预测,在未来的几十年内,中国的自然资源中除了海洋资源(水产资源除外)、草地资源、部分矿产资源相对富足外,耕地资源、水资源、森林资源、大宗矿产资源、优质草地资源都将出现较大缺口,形势相当严峻。

1)矿产资源

国际方面对于中国矿产资源消费需求的预测和近年来实际发生的矿产资源消费数量远远超过了中国自己的估计。有资料分析,到 2010 年中国现有与人民生活息息相关的主要大宗矿产中,石油、天然气、铝、铁、铜、黄金、镍、硫、硼、铀、磷、石棉、铬、钾、富锰等无法满足国内需求。到 2020 年中国短缺的矿产资源将增至 39 种,供需矛盾十分严峻。根据全球矿产资源战略研究中心提供的报告预测,与中国未来二三十年主要矿产的巨大需求相比,中国目前探明的主要矿产储量显得严重不足,而且矿产资源对中国经济社会的保障程度正在出现下降趋势,45 种主要矿产可利用的资源储量大幅度减少。专家认为,某些重要资源长期依赖进口,增加了国民经济和社会发展的不确定因素,也影响到国家安全。

2) 石油消费

据中国石油天然气集团公司有关专家预测,中国石油需求量 2000 年为 1.86 亿 t,2010 年为 2.68 亿 t,2020 年为 3.05 亿 t。国际能源机构(IEA) 2020 年中国能源展望报告,预测中国石油需求将以年均 4.6% 的速度增长, 到 2020 年市场份额将大幅增加,年消费量可达 5 亿 t 以上。国家计委产业 经济研究所预测,到 2050 年,中国石油需求量将达到 4.5 亿 t,是目前 1.6 亿 多 t 消费量的 2.8 倍。据中国石油天然气集团公司对中国石油供需平衡的 预测分析,国内原油的自给率将从 2000 年的 82% 降低到 2020 年的 60%,到 2020 年缺口将达到 1.3 亿 t。另据国际能源机构(IEA)预测,中国石油产量 从 2010 年之后开始下降,到 2020 年石油产量将下降到约 1.01 亿 t/年,石油 进口将达到 4.04 亿 t/年以上,成为世界石油市场的主要进口国。

3) 水资源

由于水资源人均供应量少、实际利用效率低、浪费相当严重等多种原 因,中国 660 座城市中有 400 多个城市面临着不同的缺水问题,其中 108 座 城市是严重的缺水地区。北京市的人均水资源拥有量不足 300 m^3,比以色 列还要缺水。据水利部《21 世纪中国水供求》分析,2010 年中国总需水量在 中等干旱年为 6 988 亿 m^3,供水量 6 670 m^3,缺口 318 亿 m^3。表明 2010 年 后中国将开始进入严重的缺水期,2030 年将缺水 400 亿~500 亿 m^3,进入缺 水的高峰期[①]。

4) 森林资源

据有关方面预测,2010 年中国木材总需求量为 2.6 亿~2.8 亿 m^3,实际 可能供给量为 1.42 亿 m^3,缺口 1.18 亿~1.38 亿 m^3,扣除薪材等和实行天 然林保护工程调减的木材产量,工业用木材供需缺口将达 6 000 万 m^3。中 国木材消费总量虽然很大,但人均占有量水平很低,只有 0.22 m^3。而当今 世界人均木材消费量为 0.68 m^3,美国和俄罗斯等国在 1 m^3 以上,瑞典高达 6 m^3,可见中国人均消费量与世界的差距。为缓解木材供需矛盾,中国每年 不得不花费大量外汇进口木材及其制品。如原木进口量则由 1992 年的 300

①水利部南京水文水资源研究所,等.21 世纪中国水供求[M].北京:中国水利水电出版社, 1999:113.

多万 m³ 猛增到 2004 年的 2 631 万 m³ 以上,花外汇为 28.04 亿美元。由于中国林产品进口量逐年增长,目前中国原木进口量已占世界原木进口总量的7.47%,成为仅次于日本的世界第二大原木进口国。据预测,到 2010 年中国工业用原木的消费量将达到 19 400 万 m³,占亚太地区消费总量的 33%。中国锯材消费量将达到 4 426 万 m³,占亚太地区消费总量的 20.5%。

5)耕地资源

按照国务院新闻办公室 1996 年发布的《中国的粮食问题》预测,2010 年全国人口 14 亿,按人均占有粮食 390 kg 计算总需粮 5.5 亿 t;2030 年,人口 16 亿,按人均 400 kg 计算总需粮 6.4 亿 t。最大缺口在 7 000 万 t 左右[①]。根据土地资源潜力分析,到 21 世纪 30 年代中国耕地可维持在 18.7 亿亩,人均占有耕地将下降到 1.1 亩,按照联合国粮农组织的标准,人均占有耕地少于 0.8 亩为耕地的警戒线,基本可保证农用土地的需要,接近耕地资源安全的临界值。

3.2   中国自然资源供需面临的挑战

在对中国自然资源供需现状有了基本判断的基础上,我们不难看出这种供需体系自身存在的矛盾已十分突出,面对未来中国经济增长和人口增长刚性的要求,这种现存的供需体系还将面临以下严峻的挑战。

3.2.1   人口持续增长的挑战,使原本就少得可怜的人均资源供应量愈显得紧缺

在中国人口数量达到零增长之前,还将面临 40～50 年的人口持续增长。1989 年中国内地总人口突破 11 亿,1994 年突破 12 亿人,2000 年突破 13 亿人,2020 年将达到 15 亿人。这种持久性的人口增长数量必将对各类资源提出严格刚性的需求。而随着中国经济的快速增长,人均收入水平也在不断提高。1980 年人均国民生产总值约 300 美元(1980 年美元价格,下同),属于典型的低收入大国;2000 年中国人均国民生产总值是 750～760 美元,相当于目前的下中等收入国家水平;预计 2020 年中国人均国民生产总值有可

①孔祥智,等.谁来养活我们[M].北京:中国社会出版社,1999:9.

能达到1 700~1 800美元,相当于目前上中等收入国家水平①。这种不断趋高的收入必将导致人均各类资源需求量迅速上升。因此,新增人口的基本需求和基础人口改善生活质量的递增需求都对资源供应量提出了更高的要求和更多的压力。通过上一节对中国资源供给现状的回顾,我们不难看出无论是总量上,还是品质上,或是地域分布上,这种资源供给态势在短时间内都不可能大幅调整。所以,未来相当长一段时期内,人口增长刚性将带给资源供给无法回避的巨大压力。

3.2.2 经济持续快速增长的挑战,使资源供应总量和供应模式都显得较为迟滞

中国的经济增长速度不断攀升。1980—1990年中国国民生产总值(按1980年不变价格计算)增长了1倍多,1990—2000年中国国民生产总值平均增长率为6%~7%,预计2000—2020年中国国民生产总值年平均增长率为4%~5%,属于世界上经济增长速度较快的国家。但与其相适应的经济增长模式在短期内尚未得到配套的改善,依然是粗放型的企业经营模式带动的粗放的经济增长模式占据主要比重,这种状况在短期内不可能得到转变,还将在未来一段时期内存在,这种不断上涨的经济总量必然要求大量的资源供给总量的支持(见表3.3)。

表3.3 中国经济增长与能源消费预测

	1995	2000	2010	2020	2030	2050
国内生产总值/亿元	58 478	89 468	200 844	305 688	707 704	1 680 000
人均GDP/元	4 854	7 086	14 286	20 938	45 000	113 514
人均能耗(标煤)/kg	1 066	1 164	1 474	—	2 031	—
人均耗电/kW·h	800	1 102	1 929	—	4 575	—
能源消费总量(标煤)/亿t	12.9	14.78	20.63	—	31.08	38.26
耗电总量/亿kW·h	9 681	14 000	27 000	—	70 000	125 000

资料来源:李成勋.1996—2050中国经济社会发展战略[M].北京:北京出版社,1997:246-273.

中国的经济增长结构随着居民的消费导向不断调整。中国居民消费结构已发生了明显变化,由贫困型、温饱型逐步转向小康型、富裕型消费,而且

---

① 中国科学院国情分析研究小组.机遇与挑战[M].北京:科学出版社,1995:36-37.

这四种消费形态还将在较长一段时期内共存。农村居民食品支出占生活费用支出比重1980年在60%以上,属于绝对贫困型;1989年为55%左右,已属于温饱型;2000年是49%,接近于小康型;预计2020年降至42%左右(见表3.4)。这种消费结构的转变必然引起产业结构和投资结构相应的一系列变化,同时也对各类资源数量和资源质量提出了不同的需求。

表3.4 城乡居民家庭人均收入及恩格尔系数

年份	农村居民家庭人均纯收入/元	城镇居民家庭人均可支配收入/元	农村居民家庭恩格尔系数/%	城镇居民家庭恩格尔系数/%
1978	133.6	343.4	67.7	57.5
1980	191.3	477.6	61.8	56.9
1985	397.6	739.1	57.8	53.3
1989	601.5	1 373.9	54.8	54.5
1990	686.3	1 510.2	58.8	54.2
1991	708.6	1 700.6	57.6	53.8
1992	784.0	2 026.6	57.6	53.0
1993	921.6	2 577.4	58.1	50.3
1994	1 221.0	3 496.2	58.9	50.0
1995	1 577.7	4 283.0	58.6	50.1
1996	1 926.1	4 838.9	56.3	48.8
1997	2 090.1	5 160.3	55.1	46.6
1998	2 162.0	5 425.1	53.4	44.7
1999	2 210.3	5 854.0	52.6	42.1
2000	2 253.4	6 280.0	49.1	39.4
2001	2 366.4	6 859.6	47.7	38.2
2002	2 475.6	7 702.8	46.2	37.7
2003	2 622.2	8 472.2	45.6	37.1
2004	2 936.4	9 421.6	47.2	37.7
2005	3 254.9	10 493.0	45.5	36.7

资料来源:中国统计年鉴,2006。

面对如此强大的多方需求和转型,中国资源型产业的应对难度很大。原因在于资源型企业多是计划经济条件下垄断经营的后裔,企业内部的市场化改革进展比较缓慢,公司管理体制和治理模式比较落后,导致巨大的资源供给成本和资源供应总量的巨大浪费,资源供需缺口在一定时期内不会消失,"电荒"、"煤荒"和"油荒"的现象在一定时期内还会阻碍经济的发展并威胁人民的生活。资源型产业必须尽快调整产业结构和企业经营模式,在管理和技术上创新,以应对资源的巨大需求,提高资源供给能力。

3.2.3 国民环境意识提高的挑战,使资源开发和利用的短期成本剧增

随着国民受教育程度的普遍提高,环境教育的普及使国民的环境保护意识不断提高,尤其在2003年"非典"(SARS)事件后,频繁的自然灾害也使国民不断觉醒,意识到环境安全和环境质量也是生存所必需关注的重要因素,国民已经开始自觉维护自身所拥有的环境权利。当然,政府已经充分意识到了这一点,在以政务公开为主要内容的民主建设过程中也已经注意到了环境管理的公众参与。来自政府和民众两方面的压力,使资源的开发和利用必须与之相协调,资源型企业不得不转变原有的粗放经营模式,加大开发的技术投入和基础设施投入的力度,这无疑增加了企业固定资产投资的成本;同时,还需要淘汰一批技术不达标企业的开采资格,2002年开始中央政府下令关闭了一批"小煤窑",之后,对于油田、有色金属矿产品的开采也进行了严格的清理和整顿。短期内是引起了资源供应总量的下降和相对价格的上涨,但长期看这是服务于公民环境权和经济可持续发展所必须做出的一个转型调整。

3.2.4 世界经济和资源市场的挑战,使中国不得不直面国际资源市场的需求和竞争

全球经济一体化和资源全球化配置,以及当前正在发生的大国强权政治和国际政治经济格局的变化,使得中国的资源安全面临严峻挑战,世界各国对战略性资源的争夺越来越激烈。中国已经正式加入了世界贸易组织,并不断履行其入世的承诺,这就要求我们不得不面对这种激烈的国际资源市场的纷争。1999年,世界上约有1/3的国家发生了与资源特别是石油相关的战争与冲突,世界上围绕资源的争端多是在发达国家之间、发达国家与第三世界国家之间,而且也发生在工业化国家之间或发展中国家之间,主要在于各种自然资源的争夺,特别是对土地(领土)、水及油气等战略性资源的控制和争夺(见表3.5)。

表 3.5　一些典型的资源争夺与冲突

资源类型	冲突国家或地区	原　因
石油及天然气	伊拉克与科威特 伊朗与阿联酋 沙特阿拉伯与也门 巴林与卡塔尔	领土及石油 关于阿布穆萨三岛石油 边界石油 边界石油
水资源	埃及、苏丹和埃塞俄比亚 伊拉克与叙利亚 印度与巴基斯坦 泰国、老挝、柬埔寨和越南 阿根廷与巴西 玻利维亚与智利	尼罗河饮水 幼发拉底河上游大坝截流 印度河及苏特里杰河的引水灌溉 湄公河流量问题 巴拉那河上游的大坝 劳卡河之争
水环境破坏	以色列与约旦 美国与墨西哥 捷克与德国 匈牙利与罗马尼亚 法国、荷兰和德国 印度与孟加拉国	约旦河水源保护地——戈兰高地之争 格兰德河农业灌溉的污染 易北河 索莫什河 莱茵河 恒河泥沙淤积

资料来源:中国科学院国情分析小组.(国情研究第八号报告)两种资源两个市场[M].天津:天
　　　　 津人民出版社,2001.

　　综合以上各方面因素给中国能源供需市场带来的巨大挑战,整体表现
为资源(尤其是战略性资源)的供需缺口加大,短缺威胁显而易见。表 3.6
是中国的主要战略性资源(水、粮、油)供需缺口的有关预测结果。

表 3.6　中国战略性资源 2010—2050 年的供需预测

资源种类	供需平衡	2010 年	2020 年	2050 年
石油/亿 t	需求量	2.8	3.5	10
	供给量	1.8	2.1	5
	缺口	1	1.4	5
天然气/亿 m³	需求量	900	2 000	3 600
	供给量	800	1 500	2 700
	缺口	100	500	900

续表

资源种类	供需平衡	2010 年	2020 年	2050 年
铁矿石/亿 t	需求量	3.99	10	24
	供给量	3.29	5	9
	缺口	0.7	5	15
铝土矿/万 t	需求量	1 120	1 655	3 000
	供给量	805	1 456	2 000
	缺口	315	199	1 000
铜矿(金属)/万 t	需求量	170	210	290
	供给量	90	115	134
	缺口	80	95	156
钾盐(KCl)/t	需求量	640	802	1 450
	供给量	100	125	160
	缺口	540	677	1 290
粮食/亿 t	需求量	5.8	6.5	12
	供给量	5.5	6	8
	缺口	0.3	0.5	4
水/亿 m³	需求量	5 850	7 200	7 550
	供给量	5 400	6 640	6 850
	缺口	450	560	700

资料来源:宋瑞祥.96 中国矿产资源报告[M].北京:地质出版社,1997.

阎长乐.中国能源发展报告(1997)[M].北京:经济管理出版社,1997.

中国能源战略研究课题组.中国能源战略研究(2000—2050 年)分报告[M].北京:中国电力出版社,1997.

1)水资源

《中国 21 世纪议程》指出,本世纪中叶以前,中国人口将达到高峰值 16 亿,经济发展要求达到中等发达国家水平,城镇人口可能接近总人口的一半。届时供水将主要满足 16 亿人口的吃粮所需要的生产用水、工业现代化用水和城乡居民生活用水。工业用水取决于国民经济增长和工业用水水平。中国 2000—2010 年平均经济增长率为 8%,2010—2020 年为 7%,2020—2030 年为 6.3%。按此预测,全国万元 GDP 用水平均定额可参照美

国 1995 年的指标,计算结果显示,2030—2040 年中国工业用水将达到 2 500
亿 m³ 左右,比 2000 年工业用水多 1 361 亿 m³。城乡居民生活用水 2030 年
前后估计将达到 1 100 亿 m³。全国生态环境用水需求量大约为 800 亿 ~
1 000亿 m³。总之,到 2030 年前后,中国在大力节水及充分利用废污水等的
前提条件下,农业、工业和生活用水需求量将在 7 400 亿 ~7 600 亿 m³,与先
进的供水能力比较,相差 1 800 亿 ~2 000 亿 m³。农业用水的供需缺口也很
大(见表 3.7)。

表 3.7　全国农田灌溉用水供需关系　　　　　　(单位:亿 m³)

年份	方案	农田灌溉可用水量	供需平衡		农田灌溉毛用水量	农田灌溉净用水量
			余水量	缺水量		
2010	低方案	3 982	419.87	−397.9	3 959.43	2 331.44
	高方案	3 982	382.12	−440.89	4 040.16	2 378.11
2030	低方案	4 011	680.07	−277.55	3 608.38	2 362.07
	高方案	4 011	598.16	−306.34	3 719.08	2 431.7

资料来源:石玉林,卢良恕. 中国农业需水与节水高效农业建设(中国可持续发展战略研究报告之
　　　　三)[M]. 北京:中国水利水电出版社,2000.

2)矿产资源

中国已探明储量的矿产多为贫矿或难选矿,使开发利用的难度加大,短
缺量逐年加大,进口量逐年攀升,进口耗汇大幅增加,而且多是大宗矿产品
的进口。从 1990 年海关进口矿产品 100.9 亿美元到 2000 年是 245.22 亿美
元,增幅达 2.45 倍;到 2004 年进口矿产品是 671.01 亿美元,短短 4 年间较
2000 年增长近 3 倍。在全国的进口贸易中矿产品比例一直保持在 18% 左
右,其中石油、铁矿石、锰矿石、铜、钾消费对外依赖程度进一步上升。随着
经济的持续增长,面对供需缺口和进口依赖的挑战将更加严峻,未来 2010 年
和 2020 年中国 15 种重要矿产资源大多数将难以保证经济建设的需要(见表
3.8 和表 3.9)。

表 3.8　中国 15 种重要矿产资源对经济建设的保证程度预测

	2010 年		2020 年	
	预计产量/预计需求	保证程度	预计产量/预计需求	保证程度
煤(原煤)/亿 t	19/18.5	充分保证	24/22	充分保证
石油(原油)/亿 t	1.8/2.8	难以保证	2.1/3.5	难以保证

续表

	2010 年		2020 年	
	预计产量/预计需求	保证程度	预计产量/预计需求	保证程度
天然气/亿 m³	800/900	难以保证	1 500/2 000	难以保证
铁（矿石）/亿 t	3.29/3.99	难以保证	5.0/4.5	充分保证
锰（矿石）/万 t	472/750	难以保证	407/890	难以保证
铬（矿石）/万 t	28/140	难以保证	29/196	难以保证
铝土（矿石）/万 t	805/1 120	难以保证	1 456/1 655	难以保证
铜（金属）/万 t	90/107	难以保证	115/210	难以保证
铅（金属）/万 t	/45	可以保证	/55	可以保证
锌（金属）/万 t	/120	可以保证	/152	可以保证
金（金属）/t	320/	缺口较大	640/	缺口较大
银（金属）/t	2 200/2 300	难以保证	4 245/3 400	充分保证
硫（硫标矿）/万 t	2 175/3 809	难以保证	2 692/4 510	难以保证
磷（矿石）/万 t	5 285/4 400	可以保证	7 046/5 285	可以保证
钾盐（KCl）/万 t	100/640	难以保证	125/802	难以保证

资料来源:宋瑞祥.96 中国矿产资源报告[M].北京:地质出版社,1997.

阎长乐.中国能源发展报告(1997)[M].北京:经济管理出版社,1997.

表3.9　中国 21 世纪中叶钢和铁矿需求预测

	2010 年	2020 年	2030 年	2050 年
人均 GNP/美元	>1 500	>2 500	>5 000	>8 000
钢材消费系数	1.32	1.22	0.8	0.24
钢消费总量/亿 t	2.4	4	3.2	2.88
人均钢消费量/kg	171.4	274	209.2	194.6
铁矿石消费总量/亿 t	8.4	14	11.2	10.1
备注	按国产铁矿石计,吨钢消耗铁矿石 3.5 t			

资料来源:宋瑞祥.96 中国矿产资源报告[M].北京:地质出版社,1997.

阎长乐.中国能源发展报告(1997)[M].北京:经济管理出版社,1997.

中国能源战略研究课题组.中国能源战略研究(2000—2050 年)分报告[M].北京:中国电力出版社,1997.

3)能源资源

石油在中国能源消费中占有突出的地位。目前的能源消费是以煤炭为

主,占71.6%,石油虽占19.8%,但消费量很大,接近2亿t,自1993年再度
成为石油净进口国后,中国石油进口量逐年攀升,石油消费对国外资源的依
赖程度越来越高,由1993年的7.5%上升到1998年的15.5%。从耗汇的角
度分析,中国石油进口额由1993年的46.5亿美元上升到1998年的56.8亿
美元。到2010年石油缺口将达8000万t左右,国内石油资源供应长期短缺
(见表3.10)。

表3.10 1978—2005年中国能源消费总量和生产总量

年 份	能源消费总量(标准煤)/万t	能源生产总量(标准煤)/万t
1978	57 144	62 770
1980	60 275	63 735
1985	76 682	85 546
1989	96 934	101 639
1990	98 703	103 922
1991	103 783	104 844
1992	109 170	107 256
1993	115 993	111 059
1994	122 737	118 729
1995	131 176	129 034
1996	138 948	132 616
1997	137 798	132 410
1998	132 214	124 250
1999	130 119	109 126
2000	130 297	106 988
2001	134 914	120 900
2002	148 222	138 369
2003	170 943	159 912
2004	197 000	184 600
2005	223 319	206 068

资料来源:中国统计年鉴,2006。

3.3 中国自然资源开发、利用与保护的主要成就和问题

3.3.1 中国自然资源开发、利用与保护的主要成就

1) 自然资源开发、利用的效率不断提高

随着科学技术的不断进步,其在自然资源领域里的应用也愈来愈广泛,综合调控资源在时间和地域分布上的供应能力大为改善,使得资源的开发利用程度和效率大大提高,工业和农业生产中的单位资源耗用量不断降低,资源的回收利用、重复利用率不断提高。

——水资源的利用 中国人均水资源占有量仅为世界平均水平的1/4,北方地区整体利用水平高于南方地区。地表水开发利用程度比较高,部分河流开发利用率超过国际警戒线,黄河、淮河、辽河水资源开发利用率已超过60%,海河超过90%。地下水的开发利用程度略低,海河平原浅层地下水利用率达83%,黄河流域为49%。河流的利用率较低,如长江只有16%,珠江15%,浙闽地区河流不到4%,西南地区河流不到1%。中国近几年来,水资源重复利用率已达到较高水平,如大连市为79.5%,青岛为77.3%,太原为83.8%,但整体水平还比较低,平均工业用水重复利用率仅为20%~30%。北京也曾修建过类似的"中水道"系统回收利用城市污水。随着技术进步,人们可以采用建造水库、跨流域调水、地下蓄水、海水淡化、恢复流域水质等方式相应地增加了可靠供水量(见表3.11)。

表3.11 1997—2005 年水资源利用指标

	人均用水量 /m^3	万元 GDP (当年价)用水量 /m^3	城镇人均 生活用水量 /(L·人$^{-1}$·d^{-1})	农村人均 生活用水量 /(L·人$^{-1}$·d^{-1})	农田灌溉亩 均用水量 /m^3
1997	458	726	220	84	492
1998	435	683	222	87	488
1999	440	680	227	89	484
2000	430	610	219	89	479
2001	436	580	218	92	479
2002	428	537	219	94	465

续表

	人均用水量 /m³	万元 GDP（当年价）用水量 /m³	城镇人均生活用水量 /(L·人⁻¹·d⁻¹)	农村人均生活用水量 /(L·人⁻¹·d⁻¹)	农田灌溉亩均用水量 /m³
2003	412	448	212	68	430
2004	427	399	212	68	450
2005	426	306	211	68	448

资料来源：中国水资源公报 1997—2005。

——能源的利用　能源利用效率提高主要表现在能源消费结构调整步伐加快。煤炭在能源总消费量中的比重由 1990 年的 76.2% 下降到 2001 年的 67.0%，石油、天然气和水电等清洁能源消耗比重由 1990 年的 1/4 上升到 2001 年的 1/3。单位能源的产出效率提高。1991—2001 年中国 GDP 年均增长 9.9%，同期能源消费仅 2.6%，能源消费弹性系数从 20 世纪 80 年代的 0.55 下降到 20 世纪 90 年代的 0.26，2001 年全国万元 GDP（按可比价格计算）能源消耗量仅为 1990 年的 1/2。

——海洋资源的利用　海洋资源开发利用步伐加快。主要表现在：海洋产业快速发展，从 20 世纪 80 年代初至 90 年代末，全国主要海洋产业总产值翻了五番，2000 年达到 4 134 亿元，年均增长 20% 以上，为全国经济增长速度的 2 倍，成为新的经济增长点。海洋产业体系初步形成，中国形成了以海洋水产为主，海洋交通运输、海洋油气资源开发、滨海旅游和海盐业全面发展的海洋资源开发利用格局，其中海洋盐业、海洋渔业、造船业和海运业已进入世界前列。同时，海洋化工、海洋医药、海洋农牧业、海洋能发电、深海采矿等新兴海洋产业将逐步形成和发展。

2）与自然资源开发利用相配套的法制建设不断完善

自然资源开发、利用和保护需要相应的法律保障体系，国家先后出台了一系列的法律规范，大大加快了资源开发、利用和保护的法制化建设的步伐，同时也加大了执法力度。中国已基本形成了一个由法律、行政法规，以及中国加入国际条约等各层次具备的法律法规体系。为适应建立社会主义市场经济体制和实施可持续发展战略的需要，近几年中国陆续制定和修订了一批资源保护法律，如《中华人民共和国矿产资源法》《中华人民共和国森林法》《中华人民共和国土地管理法》《中华人民共和国防洪法》《中华人民共和国节约能源法》《中华人民共和国气象法》《清洁生产促进法》《环境影响评价法》《防沙治沙法》《水污染防治法》等。与其相适应的管理制度方面也在不断创新,"十五"期间,一些地方实行了建设项目环保预审制、环保"一票否决"等制度,对污染产品税、生态补偿制度、排污交易制度等环境经济政策进行了积极探索。中组部、国家环保总局开展了把资源消耗和生态环境保护指标纳入到干部考核体系的相关研究和试点工作。由于法规的不断完善和政府管理制度的严格,使得企业在执法力度不断加大的过程中已经意识到了节约能源、降低开采成本等是今后必须长期关注的问题,因此,企业也在逐渐与政府一起共同推进能源领域里的技术创新。

3)自然资源开发利用的国际化进程不断深入

中国在自然资源开发、利用领域里的国际化进程起步较晚,但改革开放以来发展迅速。尤其是面对巨大的能源供需缺口,经济的快速增长更加剧了能源的需求,我们不得不在国际市场中寻求供给。1992 年,李鹏在联合国环境与发展大会上代表政府签署了《气候变化框架条约》和《保护生物多样性公约》。同年,中国首航东北太平洋海区从事国际海底多金属矿藏勘探调查的"海洋四号"科学考察船成功返航,这是中国人第一次在国土之外的地区从事自然资源的开发活动。1994 年,中国海洋石油总公司购买美国阿科公司在印尼马六甲海峡合同区 32.58% 的石油产品分成合同权益,成为该油田合同的最大的股权者,这是中海油开拓国际市场、投资海外的第一个项目。2000 年,江泽民访问土库曼斯坦,重点商讨土库曼斯坦向中国出口天然气的事宜。2001 年成功加入世界贸易组织后,中国与世界其他国家在能源领域里的合作更加广泛和深入,特别是政府层面,高端领域里的对话与合作正在加速推进着中国能源领域的国际化进程。2005 年,胡锦涛主席、温家宝总理、曾培炎副总理等国家领导人先后 12 次出席环保能源国际合作活动;全年安排国家环保总局领导出访和参会团组 14 次,接待国外部级以上来访团组 31 次;全年派出 494 个团组 1 379 人次出访 60 个国家和地区,邀请 61 个国家 714 人次外宾来华访问;为全国环保系统提供境外培训 230 人次;全年落实利用境外资金达 1.45 亿美元,正式核准中国加入《生物安全议定书》。这些政府间的合作协议框架几乎都会涉及到自然资源领域里的合作,很好地引导了中国企业在微观领域里的"走出去和引进来",尤其是在能源领域里的合作更为迫切。关于资源国际化的详细内容可参阅本章的第 7 节内容。

3.3.2 中国自然资源开发、利用与保护中存在的主要问题

1) 粗放式资源经营导致环境污染问题十分突出,自然灾害频发

人们在开发、利用自然资源追求经济增长的过程中,尽管已经开始意识到了环境保护出现的短期障碍,但严重的环境污染和频繁的自然灾害还是不断地昭示着我们,这已经成为中国自然资源开发、利用和保护中存在的一个重要问题。

大江大河源区生态环境质量日趋下降、水源涵养等生态功能严重衰退;北方重要防风固沙区植被破坏严重,沙尘暴频发,从 20 世纪 50 年代到 90 年代,每年土地沙化扩大面积从 560 km² 扩展到 2 460 km²,而中国强沙尘暴每十年发生的次数也由 8 次增加到 23 次,仅 2000 一年就发生了 12 次。江河洪水调蓄区生态系统退化,调蓄功能下降,旱涝灾害频繁发生;湿地面积减少、功能退化;森林质量不高,生态调节功能下降;生物多样性锐减。中国现有自然保护区建设质量和管理水平不高,物种濒危和灭绝的速度加快,生物遗传资源流失严重,林草和生物品种单一化问题突出。目前濒危或接近濒危的高等植物已占高等植物总数的 15% ~ 20%。外来物种入侵危及生态系统安全,造成巨大经济损失。资源开发活动对生态环境破坏严重。

——海洋灾害 海洋灾害造成了巨大的经济损失(见图 3.1),特别是 2005 年中国海洋灾害频发,影响范围广,沿海 11 个省(直辖市、自治区)全部受灾,造成经济损失为 1949 年以来最严重的一年。风暴潮、赤潮、海浪、溢油等灾害共计 176 次,造成直接经济损失 332.4 亿元,死亡(含失踪)371 人(见表 3.12)。

——旱灾 旱灾是中国频发的四类气象灾害之首,造成的经济损失占总损失的一半左右。中国北方地区自 1999 年以来几乎每年都发生旱情。1998 年 9 月至 1999 年 3 月,中国长江以北、西南东部和华南南部降雨量较常年偏少 40% ~ 90%①,全国春旱面积达 2 266.67 万 hm²,1999 年全国作物因旱灾受灾面积达 3 013.33 万 hm²,成灾面积达 1 660 万 hm²,粮食减产 333 亿 kg。2005 年,宁夏、甘肃东部发生连续 5 年严重春旱;云南发生近 20 年来最重冬春旱情;重庆、四川出现了 1951 年以来最严重的夏伏旱,直接经济损失超过 160 亿人民币。

---

① 中国水资源公报 1999. http://www.c-water.com.cn/skill/statistic/019.htm.

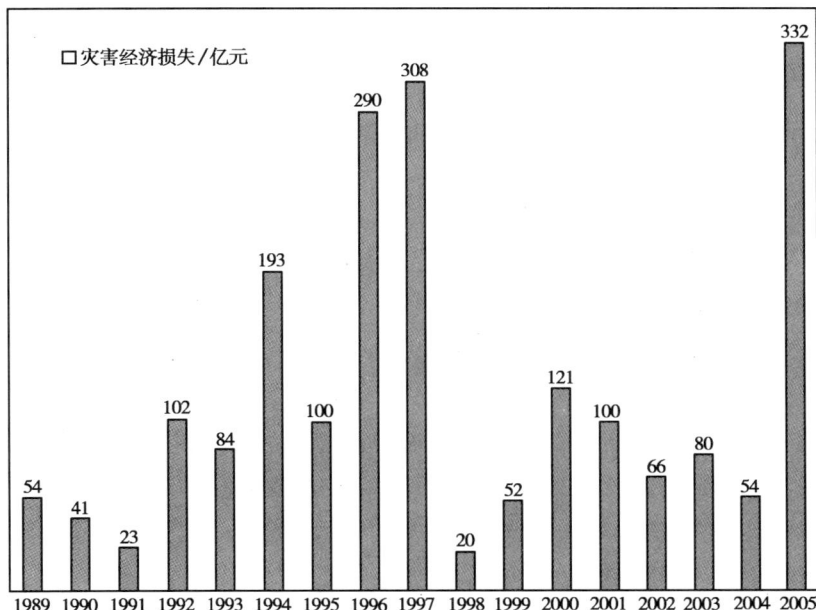

图 3.1　1989—2005 海洋灾害经济损失

表 3.12　2005 年主要海洋灾害损失统计

灾　种	发生次数/次	死亡(失踪)人数/人	直接经济损失/亿元
风暴潮(含近岸台风浪)	20	137	329.8
赤潮	82	无	0.69
海浪	66	234	1.91
溢油	8	无	—
海冰	—	—	—
合　计	176	371	332.40

资料来源:2005 年中国海洋灾害公报. http://www.soa.gov.cn/hygb/2005hyzh/.

　　——水灾　近 30 年来,中国防洪减灾取得巨大成就,但洪涝面积年均达 893.33 万 hm^2,成灾面积 466.67 万 hm^2。建国以来至 1998 年受灾面积超过 666.67 万 hm^2 的年份有 28 年,成灾面积超过 666.67 万 hm^2 的年份超过 9 年,其中长江流域从 1951—1998 年,48 年间有 22 年出现不同程度的涝灾,重涝年份 7 年[1]。1981 年长江大水 53 个县以上城市、580 个城镇、2 600 多座

————————

①1949—1995 年中国灾情报告[M].北京:中国统计出版社,1995.

工厂企业、83.3 万 hm² 耕地受淹,倒房 160 万间。淮河在历史上每 2 至 3 年即发生一次水灾。1991 年,江淮及太湖流域梅雨期暴雨洪涝成灾,安徽、江苏、河南、湖北、湖南、浙江、上海等省市受灾人口达 1.3 亿,死亡 1 200 多人,伤 25 万多人,仅安徽、湖北两省 55 个县市受淹,直接经济损失 600 多亿元(见表 3.13)。

表 3.13　1976—1998 年中国旱灾、水灾受灾面积和成灾面积

年份	水灾受灾面积 /千 hm²	水灾成灾面积 /千 hm²	旱灾受灾面积 /千 hm²	旱灾成灾面积 /千 hm²
1976	4 200	1 330	27 490	7 850
1977	9 100	4 990	29 850	7 010
1978	2 850	920	40 170	17 970
1979	6 760	2 870	24 650	9 320
1980	9 150	5 030	26 110	12 490
1981	8 620	3 970	25 690	12 130
1982	8 360	4 460	20 700	9 970
1983	12 160	5 750	16 090	7 590
1984	10 630	5 400	15 820	7 020
1985	14 200	8 950	22 990	10 060
1986	9 160	5 580	31 040	14 760
1987	8 690	4 100	24 920	13 030
1988	11 950	6 130	32 900	15 300
1989	11 330	5 920	29 360	15 260
1990	11 800	5 600	18 180	7 810
1991	24 600	14 610	24 910	10 560
1992	9 420	4 460	32 980	17 050
1993	16 390	8 610	21 100	8 660
1994	17 330	10 740	30 430	17 050
1995	12 731	7 630	23 455	10 401
1996	18 145	10 855	20 151	6 247
1997	11 414	5 840	33 514	20 250
1998	22 292	13 785	14 236	5 060

资料来源:中国自然资源数据库. http://www.data.ac.cn/newzrzy/.

2)21 世纪以来的国家资源安全问题凸现

资源安全是由资源短缺演变的产物。资源短缺是一个与经济社会发展水平,与人类对自然、环境和客观世界的认识及利用相关的经济范畴。在一定时空范围内和一定技术经济条件下,因资源需求量大、供给量小而产生明显的资源供需缺口。随着人口的急剧增加和经济社会的快速发展,资源供给已越来越不能满足日益增长的资源需求,并由此导致人们对资源安全的担忧。资源安全首先表现为石油危机。20 世纪 70 年代初,国际上发生的石油危机,把整个资源安全问题推向政治关注的前沿,特别是非再生资源的短缺被看作是经济发展的最主要威胁[①]。未来资源市场的下游产品加工和技术尖端领域的竞争日趋复杂,已成为各国能源竞争的焦点。除了少数资源禀赋"特别优越"的国家(如中东石油国家),可以依靠出卖资源致富外,其他任何国家都不能摆脱这种竞争的现实。而中国现在有优势的初级资源产品在人均资源占有量方面却已十分稀少,在世界资源产业上下游一体化的角逐中,表现出资源生产能力庞大、需求弹性小、资源附加值低的窘境。因此,中国不得不关注十分凸显的国家资源安全问题,规划自己的中长期资源安全战略。

从中国近 30 年来资源的供需态势可以看出,中国的资源安全问题不仅仅表现为数量上的缺口,更主要的是反映在资源质量和资源开发技术方面的不足,尤其是战略性资源的安全表现更不容乐观。水资源估计到 2030 年全国人均水资源量将靠近用水紧张的国际标准,即人均 1 700 m^3;眼下的年取水量已超过 5 000 亿 m^3,约占多年平均水资源总量的 18% ,是世界水资源平均利用程度的 2.6 倍[②]。中国的石油进口主要集中在中东、非洲,2004 年从中东和非洲的石油进口量分别占总进口量的 46% 和 29% ,有 90% 的进口原油经海上运输,而中东和非洲却是目前国际政治经济局势动荡的主要地区,中国进口石油运输通道受到严峻的威胁[③]。能源技术相对落后,表现在可再生能源、清洁能源、替代能源等技术的开发相对滞后;节能降耗、污染治理等技术的应用还不广泛;一些重大能源技术装备自主设计制造水平还不高。致使中国的能源利用效率目前仅为 33% ,比发达国家落后 20 年,相差 10 个百分点。能源消费强度大大高于发达国家及世界平均水平,约为美国

①成升魁,等.2002 中国资源报告[M].北京:商务印书馆,2003:21.

②贾绍凤,等.中国水资源安全问题及对策[J].中国科学院院刊,2004(5):347-351.

③瞿泓滢,葛振华.2005 年中国石油进出口贸易分析[J].国土资源情报,2006(9):1-5.

的3倍,日本的7.2倍①。中国的单位产值能耗是世界上最高的国家之一,每千克标准煤产出的国内生产总值仅为0.36美元,而日本为5.58美元,世界平均值为1.86美元。中国依然没有走出以高增长、高消耗、高污染,粗放型扩张和以外延为主的经济增长方式。巨大的人口压力和工业化、城市化进程以及多变的国际能源市场更加剧了国家资源安全隐患。

3)现存的资源管理体制很难适应长期资源市场化和国际化的竞争需要

中国现行的国有自然资源管理体制是以传统的经济体制和运行机制为基础,以资源的非资产化管理为特点建立起来的,这与社会主义市场经济发展不相适应,更与长期的资源市场化和国际化竞争不相适应。

自然资源的产权管理虚置,所有权管理夹杂在行政权、经营权管理之中被严重的弱化。法律规定中国的自然资源归国家所有,但在各种产权关系缺乏明确界定的条件下,国家所有权更多的被各个经济利益主体进行了多元分割,这种分割的后果导致了经济利益难以协调一致。具体表现为各职能部门、综合部门管理职能交叉;政出多门造成自然资源利用中出现抢掠资源和掠夺性开采。自然资源的权属纠纷增加必然导致对自然资源的破坏程度加剧,环境污染不断增加等一系列严重的后果。但这种虚置的国有自然资源产权形成的长期自然垄断性使国有自然资源的产权不能参与商品流动过程,难以实现国有自然资源的最优配置。

自然资源的资产化管理没有得到彻底落实,造成国有资源资产的大量流失,同时也影响了国家抵御自然灾害能力。长期以来没有真正落实自然资源的所有权归属,无法真正对资源实施资产化的管理,资源使用不计或是少计成本代价,但其收益却经过多种途径和渠道转化为一些部门、地方、企业甚至个人的利益,造成国有自然资源资产的大量流失。同时也使得国家对自然资源的再生和补偿资金严重不足,对自然资源工程的建设和维护难以有效地进行,一定程度上也导致愈来愈频发的自然灾害。如我国的森林资源不断地被滥砍盗伐,野生动物被大量地非法捕杀贩卖,城乡土地资源流失更为严重,各类矿产资源也在加剧流失。

国有自然资源使用权的约束弱化,致使自然资源的综合利用低效。自然资源的所有者缺位以及非资产化管理模式,必然弱化其使用权的监管和

---

①中国的能源效率仅为33%[N].中国青年报,2007-04-13.

约束力度,致使资源使用权被滥用和乱用甚至错用。资源管理多行政手段少经济手段,不仅导致了自然资源的重采重用、轻保护和轻管理,而且使自然资源的综合利用效益难以实现持续提高,自然资源开采企业经济效益不断下降。以此相应,国家还在不断加大对自然资源产业的投入力度,但是,这些持续不断的巨大投入在失效的约束机制面前并不会完全转变为国有资产,又一次导致了国有资产的流失。

4 中国资源问题研究文献述评

　　中国资源经济学研究起步较晚,20 世纪 80 年代以前,对资源经济问题的研究一般仅局限于自然资源综合考察、区划和地理研究。真正较系统地研究资源经济学是在改革开放后,鉴于中国经济所处的过渡经济体制特征,理论界的研究主要围绕自然资源的价格理论和使用制度(主要是产权制度)这两大主题展开。改革开放后,中国资源经济学的研究基本可以划分为两个阶段:第一阶段为 1978—1993 年,本阶段我国资源经济学研究最明显的一个特点是,较注重政府管理研究,忽视市场机制研究。第二阶段为 1994 年至今,在这个时期,中国资源经济学不仅强调综合运用新制度经济学来研究自然资源优化配置问题,而且注重与计量经济学的融合,此时的研究大多集中在产权制度改革、市场机制和激励性规制手段等方面,着重研究了公共资源补偿机制、外部性激励与抑制机理、资源代际管理、可持续发展经济机制、环境经济手段、排污权交易、经济激励机制、资源产权市场化等方面的内容。纵观中国资源经济学的研究历程,不仅体现了对自然资源的开发利用由粗放转向集约的特点,也体现了中国由计划经济向市场经济转变的特点。本章将主要对中国改革开放 30 年来,国内学者在自然资源价值评估、自然资源产权制度、自然资源与经济增长等研究领域所开展的工作和取得的研究成果作一综述。

4.1　自然资源的价值核算

4.1.1　自然资源价值理论的研究

　　关于自然资源有无价值,国内外学者众说纷纭。自然资源是否有价值,在中国迄今为止并无统一的看法,争论的焦点集中于马克思的"劳动价值论"与西方的"效用价值论"。中国学者关于自然资源的价值可归结为四种不同的观点:第一种观点认为,自然资源无价值但有价格,自然资源的价格是地租的资本化①。第二种观点认为,自然资源是有价值的,这种价值决定于自然资源对人类的有用性、稀缺性和开发利用条件。这样确定的自然资源价值或价格,应该包括两个部分:一是自然资源本身的价值;二是社会对自然资源进行的人财物投入的价值。前者可根据地租理论确定,后者可根据生产价格理论确定②·③·④·⑤。第三种观点在肯定劳动价值论的前提下,认为自然资源在人类经济社会初期没有价值,但在当代却有价值⑥。第四种观点将地租与代际补偿问题联系在一起,认为地租就是自然资源的价值⑦。此外,还有一些学者提出了自然资源多价值理论或"综合价值论",认为自然资源具有存在价值、经济价值和环境价值(或生态价值)⑧·⑨·⑩·⑪。

4.1.2　自然资源的价格及其核算方法

　　所谓自然资源定价就是根据价格理论确定自然资源价格。基于对自然

　　①胡昌暖.资源价格研究[M].北京:中国物价出版社,1993:21.
　　②李金昌,仲伟志.资源产业论[M].北京:中国环境科学出版社,1990:46.
　　③朱沁夫,江延球.论可持续前提下的自然资源价值问题[J].当代经济研究,2002(8):7-12.
　　④吴新民,潘根兴.自然资源价值的形成与评价方法浅议[J].经济地理,2003(3):323-326.
　　⑤晏智杰.自然资源价值刍议[J].北京大学学报(哲学社会科学版),2004(6):70-77.
　　⑥钱阔,陈绍志.自然资源资产化管理——可持续发展的理想选择[M].北京:经济管理出版社,1996:52.
　　⑦余瑞祥.自然资源的成本与收益[M].武汉:中国地质大学出版社,2000:24.
　　⑧徐蒿龄.论市场与自然资源管理的关系[J].科技导报,1995(2):19-11.
　　⑨王庆礼,邓红兵,钱俊生.略论自然资源的价值[J].中国人口·资源与环境,2001(2):25-28.
　　⑩许功,孙俊贻,罗平.自然资源价值探讨[J].重庆建筑大学学报,2003(6):100-103.
　　⑪罗丽艳.自然资源价值的理论思考——论劳动价值论中自然资源价值的缺失[J].中国人口·资源与环境,2003(6):19-22.

资源价值理论的认识,目前我国价格理论主要有两种:马克思主义的价格理论和市场经济价格理论。前者的核心是劳动价值论,它认为价格是价值的表现形态,价值是价格的基础,制定价格必须以价值为基础,而价值量的大小决定于所消耗的社会必要劳动时间。因此,任何商品的价格都可用下式表示:

$$P = C + V + M$$

式中,P 为价格;C 为已消耗的生产资料价值;V 为劳动者为自己的劳动所创造的价值;M 为劳动者为社会所创造的价值。

而市场经济价格理论的核心是效用价值论,它认为在市场经济中,决定市场价格的是供给和需求,任何商品的实际的市场价格是供给和需求相等时的价格,即均衡价格。

1)基于马克思劳动价值论的自然资源定价模型

马克思劳动价值论指出:租金是使用缺乏弹性的生产要素的报酬。因此,资源(如土地等可出租带来租金的资源)的租金是缺乏供给弹性的,任何一种资源的服务价格,假设资源在其剩余的使用年限内可出租给生产者,那么它的所有者就可以获得一系列的租金收入,这一系列租金收入的贴现值就可以用来估算该资源的现期价值。估计模型建立如下:

$$V_t = \sum_{T=t}^{t+n} \frac{Q_T N_T}{(1 + r)^{T-t}}$$

其中,V_t 为未来资源租金收入在 t 年的贴现,即 t 期资源价值的现值;Q_T 为各期预期开采量;N_T 为单位资源的租金;r 为贴现率。

为实现资本投资收益最大化,资本在不同生产要素之间不断发生转移,直到在各要素上实现的利润率相等,则应有:

$$N_{t+1} = N_t(1 + r)$$

所以,$V_t = \sum_{T=t}^{t+n} Q_T N_T$

$$V_{t+1} = \sum_{T=t}^{t+n} Q_T N_{T+1}$$

比较 V_t 与 V_{t+1},可以发现 $t+1$ 期资源价值或价格高于 t 期,可以解释为某一资源的价值或价格随着消耗引致的稀缺性不断上升。

由于受马克思主义政治经济学的影响,中国学者于 20 世纪 80 年代中期,以劳动价值论为出发点,开始研究资源价格。目前在中国资源定价实践中影响最大的是北京环境保护科学研究所的资源价格理论。刘文等人在《资源价格》一书中对之作了详细说明。他们认为,自然资源具有价格不违背马克思主义经典作家的价值理论。因为,自然资源具有价格的内在依据是自然资源具有形成经济资源的本质功能与属性,它们对人类社会具有使用价值、物质性效用的特性①。自然资源价格的外在依据是它们的有限性②。他们认为,资源价格应当根据中国的实际情况,确定以劣等自然条件的中期生产成本为基础,以包括开发、恢复、保护等费用在内的完全成本为依据,并以国际市场价格作为参考来加以确定。以此为根据,参照西方有关理论,他们提出一些资源价格的计算公式。

资源价格 $= K + P + R$

式中,K 为成本;P 为利润;R 为资源税③。

此外,付廷臣从供求关系的角度,以劳动价值论为基础,指出资源价格由资源价值决定,同时受供求关系影响。资源价值由自然资源自身价值、生产资料价值和产品基本价值三部分构成。如果分别用 V, V_1, V_2, V_3 表示它们并用 P 表示资源价格的话,则有:

$$P = V = V_1 + V_2 + V_3$$

其中,V_1 表示资源自身价值,它是当代人为了提高环境更新能力,发现新资源,补偿资源的消耗而付出的资源税,是一种间接的补偿;V_2 表示生产资料价值,相当于劳动价值论中的 C 部分;V_3 表示资源的使用价值(而不是经济学中所讲的价值),它由生产满足合理需求的商品所应当花费的劳动时间决定④。

谢地和邵波在传统劳动价值论的基础上,通过引入"代际公平,合理补偿"的思想,指出自然资源的理论价格计算公式为:

$$P = L + C + S + K$$

其中,L 是自然资源勘探、开采、运输、初加工过程中的人类劳动(物化劳动与活劳动)耗费及增值;C 是资本化的自然资源产权收益;S 是用来填充自然资源产出地区由于过度开采、资源枯竭造成的产业损害补偿基金、发展接续产业准备基金等项支出;K 发挥杠杆作用,主要用来防止对自然资源的廉价滥用,从而把低效益使用自然资源的商品生产者排挤出局。而只有那些

①刘文,等.资源价格[M].北京:商务印书馆,1996:7.
②刘文,等.资源价格[M].北京:商务印书馆,1996:7-9.
③刘文,等.资源价格[M].北京:商务印书馆,1996:93.
④付廷臣.资源价格本质的一个解释[J].北京大学学报,2001:185-189.

能够给自然资源使用带来足够收益的商品生产者才能获得"稀缺"的自然资源使用权①。

2）基于市场价格理论的自然资源定价模型

基于市场价格理论的自然资源定价模型主要包括：影子价格模型、边际机会成本模型、均衡价格模型、效益换算定价模型等七种模型。中国学者从不同的研究角度，结合中国资源开发利用过程中存在的具体问题，以提高资源配置效率为目标，扩展和发展了一些新的资源定价模型。

中国学者李金昌在综合效用论、劳动价值论和地租论的基础上，建立了独具特色的自然资源的定价模型。该模型的基本内容是：自然资源的价值 P 包括两个部分，一是自然资源本身的价值，即未经人类劳动参与的天然产生的那部分价值 P_1；二是基于人类劳动所产生的价值 P_2，即：

$$P = P_1 + P_2$$

根据地租论，设 R_0 为基本地租或租金；a 为代表自然资源丰度和开采利用条件即地区差别、品种差别和质量差别的等级系数，则该自然资源的地租或租金 $R = aR_0$；I 为平均利息率，则该自然资源本身的价值 $P_1 = aR_0/I$；P_2 可以根据生产价格理论来确定。该模型符合完全的生产价格应该等于成本加利润再加地租的原则，尤其是从资源租金角度把自然资源本身的价值考虑进去，使自然资源本身的价值有所体现。

4.2 自然资源产权制度

改革开放以来，随着新制度经济学传入中国，中国的自然资源经济研究集中于利用现代西方新制度经济理论，尤其是产权理论，对中国自然资源的传统管理制度进行分析，并提出了各自的产权制度模式。构成中国自然资源产权制度基础的经济理论主要有：劳动价值论、国家自然资源永久主权论和自然资源的公有制理论。这些经济理性构成了中国自然资源产权制度的基本选择②。纵观中国资源经济学中关于自然资源产权制度的研究主要集中于以下几个方面：

①谢地,邵波.论我国自然资源价格形成机制的重构[J].学习与探索,2005(6):161.
②肖国兴.论中国自然资源产权制度的经济理性(上)[J].环境保护,1997(9):33-35.

4.2.1　对中国自然资源产权制度的分析

建国后,中国建立了自然资源产权共同所有制度。这种自然资源产权制度安排虽然有着至高无比的公共性,但由于其逐渐不适应中国经济发展,对自然资源的配置效率逐渐降低。为此,中国自然资源产权市场开始了适应性的制度变迁。然而,自然资源产权至今尚没有真正走出公共所有、政府管制的计划供给的模式,自然资源产权市场运行基本还停留在"公"权市场阶段,"私"权进入和交易自然资源产权仅局限于一些狭小的领域,整个自然资源产权市场还没有真正发育起来。目前,中国学者一致认同中国自然资源的非法使用现象是在当前中国自然资源公有产权制度和审批制度约束下,不同的利益集团——上级政府、地方政府和非法使用者之间为了各自收益最大化而相互博弈的结果。总体来看,中国自然资源产权市场仍存在以下几个方面问题。

1)强制性公共产权和合理性公共产权界定模糊

产权是法律规定的各项权利和法律保护利益的总和,因而,自然资源的产权不仅包括所有权,而且包括使用权、经营权等多项权利①。而在中国,由于大部分自然资源以国有产权为主体,国家对大部分自然资源拥有所有权。作为一个社会主义国家,中国从建国伊始就在宪法中明确规定了中国自然资源的公有产权制度②,所以自然资源的产权制度安排以强制性公共产权为主。当自然资源以公共产权形式出现时,人们必须通过集体行动来行使并实现其公共的特征。在公有产权体制下,自然资源公共产权的代理主体为国家,集体产权的代理主体为集体组织,在公共产权代理主体的制度安排下,每个人都可以分得自己相应一个份额的资源产权。在中国经济转型过程中,对自然资源进行管制,中央政府的目的可能是为了控制资源朝着高效率的方向配置和使用,但在实际运作中,各级地方政府管制的结果往往与中央政府的初衷背道而驰。中央政府以实现公共利益为其行为的宗旨,而地方政府却以政府管制为其行为的出发点。因此,在自然资源的公有产权制度和政府审批制下,掌握资源控制权但并不获得控制权收益的地方政府在执行权利的过程中,其行动的目的可能更多的是为了自己的利益,导致地方政

---

① 王万山,廖卫东.中国自然资源产权市场应如何"转轨"[J].改革,2002(6):26-33.
② 代吉林.我国的自然资源产权、政府行为与制度演进[J].当代财经,2004(7):19-23.

府通过控制权的转让,而设立门槛,向企业寻租。假设"公"、"私"两种产权的运行效率一样,则后者明显多了个多余的公共产权组织环节,无形中增加了交易成本。正是这种强制性的公共产权的存在,导致了自然资源从人人皆有变成了人人皆无,从而引发了委托失灵和代理失灵,致使经济效率严重受损。

2)使用权和经营权的"二公"双重误区

所谓中国自然资源使用权和经营权的"二公"双重误区是指,在中国自然资源使用和经营中普遍存在的"公有公用"和以此为基础的"公用公营"的误区。由于中国自然资源的所有权界定主要是国有产权形式,即属于全体人民所有,所以每个人都应同等地享受资源带来的收益。但是,在中国现行资源利益分配机制中,利益分配明显地忽视了地方政府和资源所在地居民的利益。一方面,由于中央企业垄断资源开发经营权从而导致大部分资源开发的经济收益直接上缴国家,地方政府在资源开发与经营中得到的收益较少;另一方面,资源所在地居民得到的利益较少,处于一种"丰裕中的贫困"。因此,"公有"的存在,使资源得以无偿免费使用;"公用"的存在,使资源受到掠夺式的开发和使用,"公有公用"是导致自然资源过度开发和浪费使用的直接原因。"公有公用"的第二个误区就是"公用公营",即自然资源的经营权大多掌握在资源型国有企业手中,这种特权的存在,又会衍生控制权创租、卖租等机会主义行为,从而增加净效率损失。

3)自然资源交易权的缺位

交易权"缺位"是中国自然资源产权市场低效的主要制度根源。中国自然资源交易权安排中,只有土地和矿产资源在有条件下可以交易,对矿产资源交易权附加的条件是禁止牟利性交易。因此,在中国真正意义上的可交易产权还不存在。产权最主要的功能就是保护财产不受侵害和交易增值,产权交易是市场的基础,否定可交易的所有权,就相当于否定了市场机制的作用。自然资源交易权的缺位,一方面将导致资源市场价格扭曲所带来的资源市场竞争动力降低;另一方面将导致自然资源市场出现"公地悲剧"以及由此带来的效率损失。这种不恰当的制度安排既赋予企业开发和利用资源的权利,同时又限制其使用这种权利,导致企业在使用免费分配来的自然资源产权时,没有经济利益上的激励和约束。

4.2.2 对中国自然资源产权市场转轨的路径分析

中国大部分学者一致认同,传统计划经济体制下形成的自然资源产权制度制约了自然资源作为一种资产在区域间"自由流转"和优化配置,但由于中国目前还不具备能使自然资源顺利转化成可进行交换的资本化要素的相应制度安排和制度环境,资源优势很难在区域发展中发挥应有的作用。从中国的总体制度背景和经济市场化程度来看,虽然有着强烈的自然资源产权变革的制度需求,但却不具备自发形成自下而上的产权制度变迁的可能,而政府作为强制性制度变迁的供给者,按照这一要求做出相应的自然资源产权制度的改革,既是必要的,也是合乎经济发展内在规律的。

在中国自然资源产权市场化改革方向已成为共识的情况下,理论界对自然资源产权市场具体模式、机制的分析研究逐步展开。关于资源产权市场的性质,主流的观点认为应该是使用权交易市场。对于改变中国目前自然资源产权制度的缺陷,不同学者从不同的切入点给出了不同的政策建议。一种观点认为,中国的自然资源产权改革应完全引入西方经济学中市场化的理念。持这种观点的学者认为,要想解决目前中国自然资源管理中存在的非法使用现象,最根本的一点是要对自然资源的产权制度和政府的审批制度进行制度创新,把自然资源作为一种资产,通过市场化的方式引导其合理地开发使用,提高自然资源的使用效率,维护国家的权利收益,增加各级政府的权利收益,同时也减少政府的寻租行为[①]。另一种观点从中国资源和经济发展的实际情况出发,认为资源产权应是一个多层次的权利关系体系,包括国家有偿出让资源经营权给资源经营者,资源经营权在经营者之间的流转等层次[②]。持这种观点的学者认为,中国自然资源产权制度安排的优化可着眼于以下几个方面:一是建立多元化的自然资源所有权体系,对于产权界限比较清晰的自然资源,应在平衡公共利益和所有者与使用者利益前提下,根据其使用、经营的公共性和外部性大小,将自然资源的所有权分配或拍卖给不同的产权主体;对于产权边界模糊而难以界定、外部性很大的自然资源,应继续以公共产权主体为所有者,但需要改变目前政出多头的所有权结构。二是要打破传统的"公有"—"公用"—"公营"的运行范式,改变自然资源使用权无偿获取的产权安排制度。三是引入自然资源产权代理者竞争

①代吉林.我国自然资源产权、政府行为与制度演进[J].当代财经,2004(7):19-23.
②孟昌.对自然资源产权制度改革的思考[J].改革,2003(5):114-117.

机制,形成公私产权对接完善的自然资源产权混合市场。这一研究为中国自然资源政府管制与市场对接的混合市场安排提供了理论依据,对中国至今仍然保持强大"计划"惯性的自然资源管理体制如何引入市场机制以建立政府—市场—企业(农户)相融合的中国自然资源"混合市场"制度具有重要参考价值。

4.3 自然资源与经济增长关系

一个国家自然资源开发利用状况和科学研究方向通常与一个国家经济发展水平是相对应的,这是资源经济学研究的时代特征。在经济相对落后的条件下,中国自然资源开发利用是粗放型的。自然资源与经济增长的关系表现为:通过自然资源数量上的开发利用来促进经济的快速增长,经济增长方式表现为对资源的严重依赖,是资源依赖型的增长方式。随着经济的增长,中国的工农业生产水平和科技水平有了较大程度的提高,同时自然资源同经济增长的矛盾开始变得突出起来,资源获取的成本上升。在这样的背景条件下,单纯依靠资源的大量投入与消耗来实现经济增长变得困难重重。自此,中国在生产要素数量投入的基础上开始注重技术进步的作用,通过提高要素的技术含量,生产高附加值的产品,走内涵式扩大再生产道路,采取集约型经济增长方式成了中国在新型工业化过程中经济生活的必然选择。在经济社会的实践中,中国对资源的开发利用开始由粗放型转向集约型,在实现经济增长目标时,自觉地将自然资源因素纳入到经济增长体系中,减少经济发展对资源的依赖。在自然资源的研究中,中国的学者也开始重视对自然资源与经济增长关系的研究,在理论认识和实践工作中取得了重大的研究成果。

4.3.1 理论认识

在理论研究方面,近年来,随着内生经济增长理论的提出与可持续发展研究的深入,资源环境问题与经济增长关系的研究成为资源环境经济领域研究的重要方面。

刘凤良等(2002)认为,资源的可耗竭性对持续的经济增长起到严重的制约作用①。抵消资源耗竭对经济增长的负面影响只能依赖技术进步。他指出,在内生经济增长的框架中,引入知识积累将抵消资源耗竭的作用,实现经济的持续增长。同时,由于自主决策会产生低效率,因而需要借助于政府干预,促进知识积累,抵消资源耗竭对经济增长的影响。

周海林(2001)从经济发展理论的发展脉络出发,指出经济增长模型及经济发展理论是以"资源不是经济增长的决定因素,而总是可以被替代"为理论基础的,虽然技术可以使资源的利用效率提高及其替代性增加,但是在资源不断被利用和数量日益减少时,资源将是经济增长和发展的限制因素,自然资源问题不只是"经济发展的成本"问题②。自然资源被利用、开发,数量不断减少,由于相互牵制的关系,经济系统所处的自然环境系统发生变化,变得脆弱,进而使得整个"经济增长、发展"的基础发生动摇。所以,从资源本身特性出发,经济发展、增长是受到自然资源限制的。而这种极限也不可能由知识、技术等得以突破或对资源进行替代。他认为新的经济增长模式应该包括资源利用的约束方程,市场上资源价格应包括其"未来成本"(系统的持续供给的特性变量)。

4.3.2 模型构建

在模型构建方面,中国学者根据经济增长方式转变的实际,借鉴国外研究成果,提出了考虑自然资源和环境的经济增长模型。

焦必方(2001)把环境作为经济增长的内生变量,构建了一个环保型内生经济增长模型③:

$$U(Y,a) = AK^{\alpha}H^{\beta}(\mu L)^{1-\alpha-\beta} - C(a)$$

其中,$U(Y,a)$为效用函数,Y为长期的产出增长率,A为技术进步,K为物质资本积累,H为耗竭性资源,L为人力资本,A,K,H,L均为经济增长的内生变量,μ为每个生产者从事生产必须的一定比例的时间,$C(a)$是环境的负效用或环境的污染成本。$0<\alpha<1,0<\beta<1,1-\alpha-\beta>0$;$C(a)>0,C''(a)>0$。

从上式可以看出,要在环境保护的前提下实现经济增长的目标,使效用函数极大化,至少必须注意两个方面的问题:一是必须充分合理地利用耗竭

①刘凤良,郭杰.资源可耗竭、知识积累与内生经济增长[J].中央财经大学学报,2002(11):64-67.

②周海林.经济增长理论与自然资源的可持续利用[J].经济评论,2001(2):35-38.

③焦必方.环保型经济增长——21世纪中国的必然选择[M].上海:复旦大学出版社,2002:78.

性资源,在此基础上,使 $AK^{\alpha}H^{\beta}(\mu L)^{1-\alpha-\beta}$ 取得极大值,这是保持经济持续增长的前提;二是须将因污染环境而必须支付的环境成本纳入生产函数,体现环境资源的稀缺性,消除其外部性。

范金(2002)基于 Olson(1990)、Muse and Lines(1995)以及 Rubio and Geotz(1998)的研究思路,建立了基于广义资本,即物质资本、人力资本和生态资本的最优经济增长模型,并得出了一些有益的认识。他认为,存在唯一的一条可持续发展下的最优经济增长路径[①],沿着此均衡路径,生态资本最优分配的必要条件是生态资本的边际生产力等于其边际成本;从世代交叠角度,每一代的边际时间偏好率必等于其所面临的物质资本的利息率;劳动分工的结果是:个人将调整其生态产品和非生态产品的生产——消费行为,使得系统趋于均衡。在此调整过程中,交易效率系数和反馈敏感系数具有相同的效果;环保意识的提高将导致消费水平的提高和资本存量水平的下降。

观凤峻(2004)利用资源产业产值与工农业总产值的比,表示了自然资源对经济总量的贡献,纠正了以往研究中与国民生产总值(GDP)对比可能夸大自然资源贡献的误区,又利用资源产业对国民生产总值增长贡献的大小,表达自然资源对经济增长率的贡献。从总量和增量两个方面,定量地研究了自然资源对中国经济发展的贡献,研究结论表明,最近15年来,自然资源对中国经济总量的贡献在30%左右[②]。

从现有研究情况看,中国资源经济学在自然资源与经济增长方面的研究,基本继承了西方学者的研究成果,在资源最适耗竭理论方面也取得了一些进展,尤其是矿产资源的耗竭问题。刘朝马(2001)等针对矿产资源最适耗竭问题,将矿产资源的勘探和发现引入到最优耗竭理论,建立以全社会利益最大化为目标的矿产资源最优利用模型,并应用现代控制理论中的庞特里雅金最大值原理获得矿产资源的最优利用条件,寻求资源环境与经济协调发展的规律,以期实现资源的可持续利用[③]。魏晓平、王新宇(2002)根据非再生资源的最佳开采条件、最佳存量条件,以资源的价值、价格为中心,以需求、供给为影响因素,对矿产资源的耗竭过程进行经济分析,研究表明:第一,边际开采成本不变,可耗竭资源的储量可以被耗尽;而在边际开采成本

①范金.可持续发展下的最优经济增长[M].北京:经济管理出版社,2002:65.
②观凤峻.自然资源对中国经济发展贡献的定量分析[J].资源科学,2004(4):24-27.
③刘朝马,刘冬梅.矿产资源的可持续利用问题研究[J].数量经济技术经济研究,2001(1):39-43.

不断增加的情况下,有些资源会因边际开采成本太高而不被开采,昂贵的成本会将需求逐渐逐出市场而为其他替代品所取代。第二,当边际开采成本不变,边际使用成本随时间呈指数增长,表明资源迅速耗减;当边际开采成本迅速增长,边际使用成本不变或呈下降趋势,表明资源品味正在下降,经济可采资源已经枯竭;当边际开采成本、边际使用成本同时增长,表明资源品味下降,劣等资源也即将枯竭①。芮建伟(2001)等从候太龄定律入手,根据矿产资源的价值理论,建立了同时考虑资源开发过程中开采和勘探两方面因素的矿产资源价值动态经济评价模型,给出了模型求解的过程,得到了模型的微分解,指出矿产资源动态经济评价的解其实也就是矿产资源的最佳开采与勘探路径②。

对于可再生资源而言,中国学者对"动态优化"问题也进行了初步尝试。谢正磊、林振山和齐相贞(2005)运用非线性理论,建立了可再生资源二次非线性收获的动力模型,研究结果表明:为了保证可再生资源的可持续利用、收获,必须把收获强度控制在一定的水平上,由此,可以得到持续的最大产量;虽然对可再生资源的收获策略有线性和非线性之分,但是得到的可再生资源的最大持续收获量是相同的。因此,必须采用合理的可再生资源收获策略,避免可再生资源的过度利用和枯竭③。陶前功(2004)根据可再生资源的特点,分别从产量、效益、长期效益的要求出发,建立了可再生资源生长的数学模型。通过对该模型的分析,指出了可再生资源被过度开采以致成为不可再生资源的条件,即当 $p > \dfrac{2c}{N}$ 时(资源价格为 p;c 为单位开采强度的成本;N 为环境允许的最大资源量),临界开采强度大于最大持续开采强度,将导致资源枯竭④。此外,通过在长期效益模型中引入折扣因子,说明了政府或合法的资源拥有者,为使资源循环再生不致于枯竭,可以利用市场价格、银行利率等进行适当调控,具有一定的现实指导意义。卢秀军、朱永红(2003)研究了在产权私有的前提下,无税收、线性税率和非线性税率三种情况下的最优开采期,认为线性税率影响到可再生资源的最优开采期,因而不可能是中性的,但是非线性税率可以通过累进(退)性特点保证税收的中性,

①魏晓平,王新宇.矿产资源最适耗竭经济分析[J].中国管理科学,2002(5):78-81.
②芮建伟,王立杰,刘海滨.矿产资源价值动态经济评价模型[J].中国矿业,2001(2):31-33.
③谢正磊,林振山,齐相贞.可再生资源非线性收获的策略问题研究[J].中国人口·资源与环境,2005(1):8-11.
④陶前功.可再生资源合理利用的数学模型[J].工程地球物理学报,2004(6):287-291.

即可再生资源的最优开采期与没有税收时一样①。此外,雒志学、何泽荣(2003)利用 Pontryagin 极大值原理,研究了污染环境中可再生资源的最优分配方案——处理资源种群体内毒素的努力度与收获资源种群的努力度的分配方案,使经营者的经济收入达到最大,同时也得到次最优均衡解②。

4.4 自然资源的安全问题

资源安全至今没有公认的定义,但其核心内容包括 3 个方面:一是资源的数量;二是供应的稳定性;三是价格的合理性。国外对资源安全非常重视,许多国家都把能源安全战略作为国家安全战略的重要组成部分。西方国家资源安全战略关注的焦点是对资源供应风险的防范上,更注重在国家政策如何应对和化解资源供应中的风险问题。国内有关资源安全方面的研究,根据研究者的背景和研究工作侧重点不同,可分为以下几个研究方向:一是从国际政治和国际关系的角度研究资源安全相关的问题。以张文木(1998)、张蔚斌与马磊(1998)、叶自成(1998)、阎学通(1999)等为代表的国内研究学者将研究工作侧重于国际关系中的军事、政治安全等方面,但其中有许多研究者对国际关系中的非传统安全问题、中国资源地缘战略等问题都有独到的见解。二是从经济或者金融角度研究资源安全问题,研究者以经济界和金融界的人士为主,如文军(1999)、张幼文(1999)、张如海(2000)、姜彦福(2000)、胡鞍钢(2000)等,研究的重点内容是经济或金融安全问题形成的原因,预防经济和金融安全的主要应对措施等。尽管他们研究的重点不是资源安全,但他们在研究过程中,或多或少都涉及到资源安全问题,而且有的研究者把资源安全作为经济安全的一个组成部分。三是将能源安全和粮食安全作为资源安全的研究重点,资源、环境领域的研究者为主要研究力量。徐小杰(1998)、段晋军(2000)、张雷(2001)、任兴州和王杰(2001)等学者对能源安全进行了深入的研究,重点探讨了世界油气地缘政治、建立资源(石油)储备的必要性、建立风险采购屏障等。粮食安全研究侧重于粮食贸易与粮食安全,粮食储备的合理规模等问题(康小光,1997;朱泽,1998;李

①卢秀军,朱永红.可再生资源的最优开采期[J].中国地质大学学报(社会科学版),2003(6):41-42.

②雒志学,何泽荣.污染环境中可再生资源的最优收获问题[J].生物数学学报,2003,18(3):269-274.

志强,1998;胡靖,1998;陈百明、周小萍,2005;陈秀端、任志远,2006;东梅,2006)。

近几年,在能源安全研究的基础上,对水资源安全(王铮、马皓洁、许世远,2001;夏军、朱一中,2002;闵庆文,2004;沈满洪,2006),生态安全,矿产资源安全(谷树忠、耿海清、姚予龙,2002;何贤杰,2005)等也做了一些研究工作。资源安全的综合性研究工作有了一定的进展,在资源安全概念的界定,资源安全研究的主要内容体系,中国资源安全态势与战略等方面做了一些基础性的研究工作。

4.5　自然资源的管理体制

中国学者对自然资源管理体制的研究主要集中在两个方面:一是关于中国自然资源管理体制演进历程、特点和发展趋势的研究。李胜兰和王维平(1998)认为,中国自然资源管理体制呈现出条块分割严重、管理集中而实际分散、缺乏资源的综合管理、管理缺乏科学性、行政管理方法落后、管理方式单一、缺乏市场管理等七大特征[①]。苏迅和方敏(2004)认为,从建国到2003年国务院行政机构进行了重大改革,每次改革都涉及到自然资源管理体制的调整。因此,中国自然资源管理体制的演进呈现出管理机构的规模逐渐呈减少、管理体制服从同时期经济体制、资源管理与产业管理界限逐渐清晰的特征[②]。此外,肖国兴(1997)、周景博(1999)、王万山和廖卫东(2002)、王万山(2003)、孟庆瑜(2003)、孟昌(2003)等学者认为中国自然资源管理体制不完善,还突出反映在产权管理上的混乱,使用权与所有权混为一谈,自然资源的所有权管理被使用权管理所代替、所淡化,造成所有权管理的缺位,而计划经济时期形成的使用权的专业部门条块分割和缺乏灵活的产权转让机制,使得自然资源的自由流动和优化配置根本无法实现。关于中国自然资源管理特征,钱丽苏(2004)等通过对比分析加拿大、澳大利亚和俄罗斯等国自然资源管理演化与发展、机构设置和职能、管理发展和手段,指出中国现行自然资源管理体制(模式)的特点是:将土地、矿产、海洋等大部分国土资源集中统一由国土资源部管理;而水、石油、天然气、森林、动

[①]李胜兰,王维平.中国自然资源行政管理体制需要改革[J].中国行政管理,1998(8):27-30.

[②]苏迅,方敏.中国自然资源管理体制特点和发展趋势[J].中国矿业,2004,13(12):24-26.

物等其他自然资源则分部门管理,且实行的是中央与地方分级管理。这一管理模式的优点是有利于发挥自然资源的整体功能,提高其利用效率,逐步与国际接轨,实现中国自然资源管理国际化。其缺点表现在:自然资源各管理部门的职能存在交叉现象,其职责难以明确①。二是关于中国自然资源管理体制改革方式的研究。随着中国经济体制由计划经济体制向市场经济体制的转轨和可持续发展战略的实施,目前自然资源行政管理体制安排明显不能满足对自然资源合理开发、利用、保护、补偿的要求。因此,中国广大学者对中国自然资源传统管理体制进行反思的同时,也在此基础上提出了一些适合国情的体制安排。李胜兰和王维平(1998)、周景博(1999)、孙亦军(2004)认为,中国自然资源行政管理体制的改革思路应为:首先,正确处理和划分自然资源管理中的资源化管理与资产化管理的界限和范围,将资产化管理从传统自然资源管理中分离出来;其次,应加强自然资源的统一管理与综合协调管理;再次,自然资源的计划管理应与市场配置相结合,并互相分工;第四,制定自然资源基本法,把自然资源行政管理体制安排及对自然资源的行政管理纳入综合管理和治理的轨道;第五,建立全国自然资源行政管理的综合性机构。

---

①钱丽苏.自然资源管理体制比较研究[J].资源·产业,2004(2):11-13.

5

中国资源管理体制改革历程及其绩效

❖

　　自然资源作为资源性国有资产、经营性国有资产和非经营性国有资产,都是国有资产的重要组成部分,但是自然资源同经营性国有资产和非经营性国有资产相比又有很大的区别。这种区别主要在于自然资源未经人为劳动开发与加工,不是人类劳动的最终产物,而以其自然形态存在,表现为自然界自身运动的结果,而传统自然资源管理正是以此为理论支撑对自然资源实施管理的。随着经济社会的快速发展,传统管理方式越来越不适应和满足人类的需要,对旧的自然资源管理方式的创新已成为时代的要求。正是基于上述客观实际,中国开始进行了自然资源管理体制的改革进程。

5.1　中国资源战略模式的转变历程及其绩效

　　在中国经济和社会发展进程中,自然资源的开发、利用及管理始终是一个重大的战略问题。自然资源对经济社会发展有重要的支撑作用,是经济社会持续、健康和快速发展的基本保障,同时,它亦具有重要的约束作用,其承载能力反过来会制约经济社会发展的速度、结构和方式。目前,水、能源、耕地等资源的短缺,已经成为制约中国经济社会发展的瓶颈。在今后的发展中,资源约束将代替资本约束逐步上升为经济社会发展中的瓶颈。因此,实现自然资源开发利用和管理的战略转变已刻不容缓。在这个关键时刻,细致梳理中国自然资源战略模式的转变历程、客观评价其转变绩效具有重要意义。

　　中国自然资源战略模式的转变经历了以下三个阶段:

　　第一阶段为建国初期到20世纪80年代。在这个阶段,由于旧中国长期受到剥削、掠夺,建国初期又受到国外经济封锁,因此,中国发展经济时强调自力更生,极力避免受到别国控制,加之受中国人传统形成的"地大物博"资源观的影响,国民经济在很长一段时间内采取了封闭的发展模式。在此时期,对外贸易发展缓慢,进口产品以成套技术装备为主,资源型产品较少。因此,这一阶段的资源战略也带上了封闭的色彩。这一时期的资源战略具有高耗、低效和封闭的特点。

第二阶段为20世纪80年代末中国实行改革开放开始至90年代末。由于受到改革开放的影响,中国经济发展模式发生转变,资源战略模式也发生了相应的转变。在经济发展目标上,从速度型向效益型转变,由过去单纯追求产量、产值增长,不顾资源(包括能源、原材料)的高消耗,转向降低消耗,提高效益。在发展策略上,从过去的不协调发展转向有重点的、相对平衡的发展,资源利用由过去仅注重与重工业直接相关的某些资源转变为全面综合利用土地、水、矿产和生物等资源,使农、轻、重和基础设施建设全面发展,资源利用效率全面提高。在发展方式上,从过去以外延为主,加大资源开发强度,粗放型扩大再生产,转向以内涵为主,通过集约型扩大再生产,提高工艺技术水平,不断提高资源加工深度和广度,充分合理利用资源。在利用国外资源上,在继续进口国外先进技术装备的同时,扩大资源性产品的国际贸易,一方面,积极引进国外资金和技术,鼓励外商投资开发中国的优势资源,另一方面,积极进口国外资源型产品,向国外投资开发中国短缺资源。这一资源战略可称为低耗、高效、开放式资源战略。

第三阶段从中国提出可持续发展开始至今。本时期中国的资源战略从可持续发展及国际竞争力的特点和内涵出发,以资源承载力和经济安全预测为基础,在经济全球化趋势下,结合中国自身资源禀赋特点,建立了资源综合开发利用机制以满足构建和谐社会的需要。这个时期中国资源战略主要是通过优化和整合国内区域之间的资源配置,以促进资源与区域经济之间的平衡发展;通过合理开发和利用现有潜在资源,以解决资源过度消耗和低效使用的难题;通过提高利用国际资源的能力,保证中国资源安全和短缺资源的国际供应;依靠科技进步缓解资源紧张局面;通过最大限度地提高资源的利用率,切实克服严重浪费资源的现象,大幅度提高资源的利用效率;加强对资源的管理、保护与高效利用,帮助中国走出资源困境。这一时期的资源战略可称为全球化、均衡化、开放式资源战略。

50多年来,中国初步建成了一套门类比较齐全完整的、立足本国并以全球化的视角为主的、开放式的自然资源供需体系。该体系立足国际国内资源,面向国际国内市场,出口部分资源及其产品换取外汇,为国家经济建设提供外汇资金积累,支持了中国经济发展,为中国建立独立完整的工农业生产体系起了决定性作用。

5.2　中国资源管理体制改革历程、特点及绩效

5.2.1　自然资源管理体制的改革历程及特点

中国自然资源管理体制演进与历届政府机构改革相伴而行,走出了一条"合—分—合"的发展轨迹。从建国到2008年国务院机构改革,共进行了9次重大变革,每次变革都涉及自然资源管理体制的调整[①]。

第一次:建国初期到1956年。建国初期,国家政权机关处于初创阶段,对于机构如何设立还缺乏经验。

第二次:1956—1959年。中央提出了《关于改进国家行政管理体制的决议(草案)》,从而开始了较大规模的政府机构改革。1958年,中国以中央地方下放权利、扩大自主权为主要内容,对经济管理体制做了适当改革,对行政机构进行了相应的调整。

第三次:1960—1981年。由于1959年的政府机构精简受"大跃进"等"左"的政策干扰,产生了中央宏观失控等一系列问题,从1960年起,中央再次强调集中统一,下放的权力又重新集中回到中央,到1965年底,国务院工作部门增至79个,成为新中国成立后政府机构数量的第二次高峰。

第四次:经济体制改革尚未全面开展的1982年改革。党的十一届三中全会以后,中国进入了一个新的发展时期,开始了彻底的经济体制改革和对外开放的探索工作。

第五次:以强调转变政府职能为特征的1988年改革。这次政府机构改革是以强调转变职能为特征的,是在经济体制和政治体制改革不断深化的条件下进行的。

第六次:作为1988年改革的继续和发展的1993年改革。这次机构改革把适应社会主义市场经济发展的要求作为改革的目标。其中,将专业经济部门的改革分为三类:一类是改为经济实体,不承担政府的行政管理职能;

---

①苏迅,方敏.中国自然资源管理体制特点和发展趋势探讨[J].中国矿业,2004(12):24.

一类是改为行业总会,作为国务院的直属事业单位,保留行业管理职能;一类是保留或新设的行政部门,主要职能是规划、协调、服务和监督其下设部门的工作。

第七次:职能定位取得突破性的1998年改革。这次机构改革的目标是:建立办事高效、运转协调、行为规范的行政管理体系,完善国家公务员制度,建设高素质的专业化行政管理干部队伍,逐步建立适应社会主义市场经济体制的有中国特色的行政管理体制。

第八次:稳步推进的2003年改革。本次机构改革涉及7个方面:深化国有资产管理体制改革;完善宏观调控体系;健全金融监管体制;继续推进流通管理体制改革;加强食品安全和安全生产监管体制建设。此次机构改革对自然资源管理体制最大的影响是将国土资源管理部门定位宏观调控部门。与自然资源有关的部门为:国家发展与改革委员会、国土资源部、农业部、水利部、国家林业局等。

第九次:推进政府职能转变的2008年改革。本次改革的主要任务是围绕转变政府职能和理顺管理部门职责关系,探索实行职能有机统一的大部门体制,合理配置宏观调控部门职能,加强能源环境管理机构。本次改革设立了高层次的议事协调机构——国家能源委员会,负责研究拟定国家能源发展战略,审议能源安全和能源发展中的重大问题。同时,组建国家能源局,不再保留国家能源领导小组及其办事机构。

我国自然资源管理体制演进体现了以下几个特征:

第一,尽管政府机构改革历经"精简—膨胀—再精简"的循环,但自然资源管理机构的规模总体上仍呈下降趋势(建国初期除外),从社会主义改造完成后1956年的15个,逐步下降为最近两次改革的5个,资源管理机构占整个国务院机构数量的比例总体上也呈下降趋势,这在一定程度上说明,自然资源管理在向相对集中统一的方向演进(见图5.1)。

第二,资源管理体制服从于同期的经济体制,也与当时的经济发展阶段有关。建国初期,尽管面临着百废待兴的局面,但自然资源管理并不是国家稳定和发展的主要矛盾,也就没有成立专门的自然资源管理机构。随着大规模经济建设活动的开展,对自然资源开发利用的强度加大,自然资源的管理问题也逐渐被重视起来,相应的管理机构应运而生。

第三,政府的职能定位问题作为一条红线,贯穿于自然资源管理体制演进的整个过程,资源管理与产业管理的界限始终是历次资源管理机构改革的焦点。究竟是要实现资源到产业的纵向管理还是实现在横向上集中所有

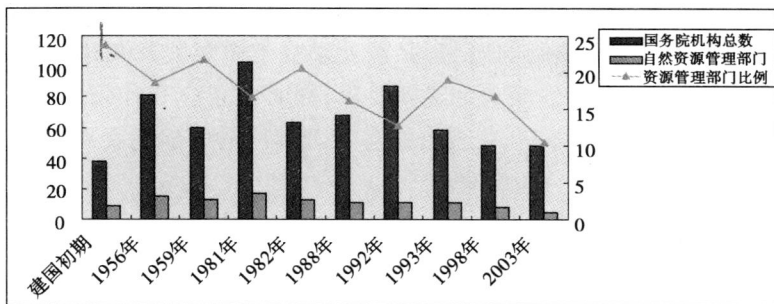

图 5.1　中国历次自然资源管理机构变动情况

资源的管理而放弃对资源产业的管理,还未形成一致的意见。这个问题表现在实践中,就是对于资源管理而言,既有称资源部门的,也有称产业部门的,也有资源产业并举的。由于定位不同,资源管理的效果也不尽相同,对社会经济的影响也不一样。

　　第四,自然资源管理体制的调整过程也是部门利益的调整过程,也正因为如此,每次资源管理体制改革,都因平衡各方利益关系而带有“过渡”的性质。即使是实行社会主义市场经济后的 1998 年改革,尽管实现了资源的相对统一管理,但仍被公认为过渡方案。

5.2.2　自然资源管理体制改革的绩效

　　新中国成立后,由于当时中国经济体制选择的是高度集中单一计划的经济体制,从而建立的自然资源管理体制是分散的、互相牵制的、耗散管理体制。自 1998 年中国政府新一轮机构改革后,组建了中华人民共和国国土资源部,将土地、矿产、海洋等自然资源的规划、管理、保护与合理利用管理职能集中统一由该部履行。至此,中国从陆地到海洋、从土地到矿产实行了集中统一管理。中国自然资源管理体制也由过去分散互相牵制耗能管理向相对集中互相协调聚能管理转变迈出了坚实的一步。

　　中国现行自然资源管理体制的特点是:将土地、矿产、海洋等大部分国土资源集中统一由国土资源部管理;而水、石油、天然气、森林、动物等其他自然资源则分部门管理,且实行的是中央与地方分级管理。就国土资源来讲,中央一级设立国土资源部,主要负责土地资源、矿产资源、海洋资源等自然资源的规划管理保护和合理利用;地方一级在各省设立国土资源厅,主要负责矿产资源、土地资源及本地区内能源资源的开发利用与规划、管理和保护工作。这一管理模式的优点是有利于发挥自然资源的整体功能,提高其利用效率,逐步与国际接轨,实现中国自然资源管理国际化。其缺点表现在:作为一个集权管理体制的国家,必然要求自然资源实行集中统一管理,目前尝试的管理模式尚不能满足这一要求,同时由于原有计划经济体制固有的深层矛盾尚未完全解决,自然资源各管理部门的职能还会有交叉,且存在有些职责难以明确等负面影响。

5.3　中国自然资源管理改革历程及绩效的评价

　　自然资源的管理,在市场经济条件下,包括资源化管理(或资源性管理)与资产化管理(或资产性管理)两种。资产化管理是把自然资源作为商品,作为资产,作为生产要素,投入社会的再生产,为经济发展提供服务,以获取资产收益或合理的生产要素收入分配。它包括资源资产的产权管理、经营管理和收益管理等。其目标是资源资产的保值与增值,使资源资产收益最大化。资产管理不仅是加强自然资源管理的重要手段,而且是我国市场经济发展的内在要求。而资源管理是把自然资源作为资源,它不一定直接投入社会的再生产,但它的存在却可以为社会生产提供服务,它包括资源的价值管理、生态管理等。它的目标就是为可持续发展提供资源库,达到资源生态价值的最大化。资源化管理是传统的自然资源管理的主要手段之一,是保障资源资产化管理的前提和条件。中国自然资源资产化管理和资源化管理方面历经多次改革,在实践工作中不断进行制度创新,取得了众多成就。当然,随着中国经济发展步伐不断加快,自然资源管理工作也尚存不足之处。

5.3.1　主要成就

　　改革开放以来,随着由计划经济向市场经济渐进步伐的加快,中国自然资源管理历经多年的制度变迁,对资源管理的方式和方法都取得了很大成就,主要体现在以下三个方面:

　　在自然资源资产化管理方面:一是正确处理和划分了自然资源管理中的资源化管理与资产化管理的界限和范围,将资产化管理从传统自然资源管理中分离开来。二是产权制度得到了进一步的完善。历经50多年的制度变迁,中国自然资源产权制度从公有产权的二元结构安排发展到开发利用产权安排,从开发利用产权无偿委授发展到有偿交易。三是制定了多项自然资源法,将自然资源行政管理体制安排及对自然资源的行政管理纳入综合管理和治理的轨道,使自然资源管理有法可依,违法必究。四是自然资源的计划管理与市场配置相结合,并互相分工。一些关系国计民生的重大资源,主要由国家控制卖方垄断市场,在资源的开发、利用、保护方面,都以计划调节为主;而那些一般性的自然资源,基本上充分发挥市场在配置资源过程中的基础性作用,资源价格已成为资源的市场调节信号。

在自然资源的资源化管理方面:一是资源管理与生态保护同步发展。中国改革开放30年来,在强调加强对资源的资产属性管理的同时,开始注重协调资源开发与生态保护之间的关系,并且二者之间在管理上表现出综合的趋势。资源管理在生态上的日趋耦合,体现在中国资源管理观念和理念的转变历程上,从提出可持续发展,到理性发展,再到生态安全战略,循环经济理念,几乎无一不与资源的生态问题紧密相连。二是管理理念由传统走向现代化。树立了理性发展理念,在资源开发利用和分配过程中更加强调考虑长远利益和子孙后代的福利;树立了资源与生态安全理念;树立了循环经济理念,强调最有效利用资源和保护环境,表现为"资源—产品—再生资源"的经济增长方式。三是倡导经济效益中性化,如在矿产资源开发利用中,不仅考虑经济目标,还要评估其开发利用过程中对当地自然环境产生的影响。

在自然资源的管理方法和手段上:中国逐步综合运用法律、行政、经济等方法手段对本国的自然资源及其开发利用活动进行管理。其目的是合理、有序地开发利用各种自然资源,充分发挥自然资源的社会、经济、资源和环境效益;同时协调和平衡各方面的长远和当前利益,保护了经济社会的可持续发展。从法律方法和手段来看,中国已经形成了一套不断完善的、内容无所不含的、条文规定严谨而详细准确的、数量繁多的各种自然资源法规体系;从行政方法和手段看,通过国家行政权力机关制定并颁布执行的、有关各种自然资源的政策、决定、指令、规划、区划等文件,中国已经开始对主要的自然资源进行直接协调管理;从经济方法和手段看,主要是通过一些经济手段,如税费、资助、补贴、信贷、价格评估、经济制裁等,按照经济规律对自然资源的开发利用活动进行调控与管理。

5.3.2 存在的难题与解决办法

近年来,自然资源供需矛盾的加剧,严重地制约了中国经济社会的可持续发展,随着时间的推移,这种矛盾将更加尖锐,并最终成为国民经济发展的"瓶颈",促使人们寻求更有效的途径来开发、利用、保护自然资源。特别是建立和完善社会主义市场经济体制,要求传统的计划分配自然资源的管理制度模式向市场配置资源的制度模式转变,推动自然资源管理的理论创新。

首先,在产权制度方面,对自然资源实行多种所有制与多元经济并存是克服中国自然资源浪费严重的根本性制度。根据现阶段中国社会主义市场经济的特点,中国的自然资源产权制度应该是"一个体系,两个层次,多种形式"的模式。"一个体系"是指中国的自然资源产权制度必须是一个完整的、有机的、动态的体系。在保证国家对自然资源统一、有序管理的前提下,建立明晰的自然资源产权关系。"两个层次"是指区分天然性自然资源和商品性自然资源两个层次。在天然性自然资源层次上,根据中国自然资源公有这一性质,可以在不放弃终极所有权公有这一前提下,自然资源所有权可以通过国家一级市场出让。比如,通过招标等形式,与微观经济主体订立长期合约,明确微观经济主体占有、支配、使用并获取收益的权利。在商品性自然资源层次上,自然资源使用权可以在二级市场流转,按私人产权制度方式运作商品性自然资源。使自然资源的有限性和经济增长需求不断增加的冲突在竞争和博弈中得到解决。而"多种形式"是指在自然资源产权制度创新的具体方式上,应不拘形式、灵活多样。

其次,在资源管理方面,强化自然资源的资产化管理是保障资源合理有偿使用的前提。自然资源资产化管理的目的就是根据自然资源的实际,从资源的开发利用到资源的生产和再生产的全过程,按照市场经济规律进行投入产出管理,以确保资源所有者权益不受损害、自然资源保值增值。目前,中国对部分自然资源实行资产化管理,但是在实践中还存在着许多问题。比如,自然资源资产价值理论及其量化问题没有得到有效解决;长期以来形成的"资源无价"的传统价值观念,阻碍资源资产化管理进程;在计划经济体制下产生的资源管理模式根深蒂固,在相当长的一段时间内可能自觉地或不自觉地发挥作用,适应市场经济条件下的资源管理模式在短时间内难以形成和起主导地位;现行的资源资产化管理制度的可操作性较差等问题大量存在。这些问题需要我们在自然资源产权制度创新过程中逐步加以克服。

再次,在税收制度方面,要从对劳动征税转向对经济活动中使用的自然资源征税,发挥税收的调节作用,向生产者和消费者发出正确的市场信息,使微观经济主体能够纠正落后的生产方式和消费方式,使其与自然资源管理目标一致。中国现行税收制度在解决能源问题方面呈现出低效率的缺陷。中国现行的资源税课税范围只有 7 个税目①,不仅没有专门的能源税种,而且现行税种对能源问题"关注"也不够,有的规定还不利于解决能源问题。增值税法规定:对暖气、冷气、热气、煤气、石油液化气、天然气、居民用煤炭制品按 13% 低税率计征增值税,与对能源消耗征高税节约能源消费的要求不符;消费税只对汽油、柴油和直接消耗能源的摩托车、小汽车等少数产品征税,不仅范围窄,而且立法目的并不明确指向节能;资源税虽然对石油、天然气、煤炭征税,但税率不高,征税的目的主要是调节级差收入,对其合理开发和节约消费重视不够。因此,目前亟待建立一整套绿色税收制度。绿色税收制度是指有利于节约自然资源,防治污染,保护环境,促进社会经济可持续发展的税收制度。它不是一个单一的税种改变,而是一整套的、系统的税收制度安排。税收立法要体现节约自然资源的目的,税基、税率、纳税人等税收要素的设计要有绿色的理念。除开增有关节约自然资源、保护环境的税种外,在一些传统的税种中也要加入节约自然资源的绿色理念。

第四,在价格制度方面,应该实行自然资源有偿使用制度。虽然目前中国已经实行了矿产资源补偿费制度、国有土地有偿使用制度、煤价开放,油价与国际接轨等制度,但是自然资源管理的模式和运行机制绝大部分仍采用计划经济的形式,价格管理制度亟待改变。主要问题表现为:一方面,管理体制和价格关系混乱。中国自然资源管理体制的所有权、行政权和经营权混乱,以行政权、经营权代替所有权的管理。国家自然资源所有权受到条块分割,自然资源产权虚置或弱化,各种产权关系缺乏明确的界定。各个利益主体之间关系复杂,协调难度大。职能交叉重叠,政出多门。自然资源行政主管部门也存在政企、政事不分的情况,由于混乱的自然资源管理体制形成了自然资源价格管理的混乱。另一方面,价格水平明显偏低。长期实行自然资源无偿供给、低价供给、成本供给方式。由于自然资源价格偏低,造成了自然资源的巨大浪费,使自然资源的可持续开发利用受到限制。所以,自然资源价格制度创新的方向是实行自然资源的有偿使用制度,要以公开市场价格和最大经济社会回报率作为目标,培育和规范自然资源市场,制定和完善自然资源的市场运行规则,逐步营造公平、公开、公正的自然资源市场环境,形成统一、开放、有序的自然资源市场;推进自然资源资产化管理,建立政府调控市场、市场引导企业的自然资源流转运行机制;打破"国家投资我找矿,找到矿藏归国家"的传统做法。取消自然资源一级市场供给的双

①谭宗宪.自然资源管理制度创新[J].国土资源科技管理,2005(1):19.

轨制(行政无偿出让和有偿出让),实行在政府监督下的完全市场化,按照市场游戏规则确立价格出让,积极推进自然资源勘探权、开采权招标拍卖制度,实现自然资源国家所有在经济上的权益,使自然资源向优势企业集中;进一步规范自然资源二级市场,充分发挥市场配置自然资源的基础作用。

第五,在政府调控制度方面,必须相应强化政府宏观调控职能和微观的监控职能。强化政府宏观调控职能和微观监控职能的实质是通过政府行政调控制度的创新,对不同环节、不同经济形态、不同管理层次的利益进行分配和调节,促进微观主体合理开发、利用和保护自然资源。它是一个利益的提出、分配,调节过程。因此,在坚持利益原则,尽可能满足人们合理利益要求的同时,必须采取严格的自然资源行政管理措施,加强政府对自然资源的管理。一是建立健全协调一致的自然资源综合管理机构,加强自然资源的科学化、现代化管理。制定并实施有效的、综合的规范和管理制度,要把对稀缺性自然资源的管理放在首位。二是建立自律的社会团体、民间组织等机构和监督体系,鼓励公众参与自然资源管理活动,更好地协调宏观经济管理与微观市场运行间的矛盾。三是寻求有效的激励机制,调动人们对自然资源依法开发和保护的积极性、创造性。四是完善自然资源开发利用、保护的法规体系,实现自然资源保护利用的规范化、制度化,使自然资源宏观管理具有政策权威性。五是建立自然资源管理、保护和合理利用等决策所需的信息系统。

5.3.3　未来资源管理的趋势

中国未来的资源管理面临着三大背景:一是自然资源不再单独作为经济要素而存在,而是经济、社会、生态要素的综合体。在自然资源开发利用中,不能仅考虑经济目标,还要评估其开发利用过程中对资源所在地自然环境所产生的影响,同时还需要对开发后的社会经济以及环境影响进行预评价。二是科学发展观的提出赋予了未来自然资源管理新的内涵。这就是在资源开发利用和分配过程中,要考虑长远利益和子孙后代的福利,同时,还树立了资源与生态安全、循环经济等新的理念,为资源管理提供了新的经济手段和政策工具。三是资源产业的市场特殊性及其产权的垄断性决定了自然资源配置同时兼备了市场配置和宏观调控的特征。以上三点决定了中国自然资源管理的三大发展趋势,即自然资源综合管理趋势、资源管理与生态保护协调发展趋势、资源管理与资源产业管理理性耦合趋势。

1）自然资源综合管理趋势

所谓自然资源综合管理就是以整体的自然资源为管理对象，以不同门类自然资源的共性及其相互关系为基础，利用一种综合的运行机制统一管理不同门类的资源。资源的综合管理不仅仅是简单的机构合并，而是各个资源管理部门之间的相互协调、相互牵制。综合管理的效果集中体现在制度效率的提高和交易成本的降低。不同门类的自然资源具有内在的经济与法律关系（如矿业权与土地使用权的关系），综合管理那些彼此具有一定内在经济和法律关系的资源，是当前国际自然资源管理体制的发展趋势之一。如美国内政部不仅管理公共土地资源，还负有管理公共土地上的矿产资源、能源、森林资源和水资源以及野生动植物资源等职能。但是，综合管理的资源种类和集中程度与经济发展水平、资源综合调查水平以及技术发展水平密切相关。资源的综合管理有不同的实现方式，最直接的一种方式就是通过机构合并，将资源管理职能统一到同一个资源管理部门，这种途径的实质是综合管理基础上的集中统一管理，即在大的综合管理部门下按照不同的资源属性设立不同的机构进行绝对集中管理。虽然通过机构合并实现资源综合管理的改革成本较高，但是能够更好地达到资源综合管理的目的，是一种比较彻底的改革方式。

2）资源管理与生态保护耦合趋势

资源管理与生态保护协调发展需要将各种资源看成是相互联系的整体，把建立健康的、具有生产力的多样化生态系统以及健康的人类社会作为终极目标。通过生态灾害的预防、控制以及受损生态系统的恢复，保障生态系统的良性循环和健康发展，实现保障国家资源、生态安全与经济发展的双赢目标。生态系统是由多种自然资源和环境组成的有机统一体，仅仅依靠单门类资源管理机构推进生态保护的效果毕竟是有限的，传统的单一追求生态系统维持最大产量的资源利用观点已经不再适合当前社会经济发展的需要。生态系统的保护客观上要求对各种联系紧密的多门类自然资源进行综合管理，实现自然资源生态系统的综合保护。随着人类社会对资源的认识从"狭义的资源观"到"资源的生态观"，世界上大多数国家对资源的管理也经历了一个从"数量管理→质量管理→顺序开发→生态管理"的发展趋势，逐渐注重协调资源开发与生态保护之间的关系。资源管理与生态保护的耦合首先体现在资源管理观念和理念的转变，从可持续发展到科学发展，

再到生态安全战略、循环经济理念,无一不与资源的生态问题紧密相连。

3)资源管理与资源产业管理耦合趋势

正确处理资源管理与资源产业管理的关系仍是中国未来资源管理体制改革必须面对的选择。产业管理的内容主要包括两个方面,即宏观的法律、制度、政策、规划管理和微观的产权、市场和价值管理。随着经济的快速发展和科学发展观的逐步落实,促进资源管理在纵向上的延伸,实现资源管理与资源产业管理的理性耦合,必将是中国自然资源管理的合理选择。

中国资源管理政策与法规建设

------------------------❖------------------------

　　从新中国成立始,中国逐步制定一些有关自然资源的政策法规,指导和规范人们对自然资源的合理利用、保护。由于关于自然资源的政策法规涉及范围较广泛,为突出资源的保护、管理,本章主要着眼于与资源紧密相关的政策、法律、法规和相关部门规章,对于其他部门法中涉及的内容和地方性法规不做阐述。并且,本章立足于自然资源的合理利用、保护以及管理的政策法规的发展,有关自然资源污染防治将在环境保护政策法规章节予以阐述。

6.1　改革开放前中国资源政策法规历史回顾

6.1.1　从建国初期到 20 世纪 70 年代

　　从 20 世纪 50 年代到 70 年代的 20 多年中,中国没有专门的自然资源法,但有关自然资源的政策和法律规范形成雏形,包括以下几个方面的内容:

1) 有关土地资源利用保护的政策法规

　　相继出台《中华人民共和国土地改革法》(1950 年),《关于发动群众继续开展防旱、抗旱运动并大力推行水土保持工作的指示》(1952 年),《关于国家建设征用土地办法》(1953 年),《中华人民共和国水土保持暂行纲要》(1957 年),《国家建设征用土地办法》(1958 年)。这一时期,中国土地政策法规主要针对水土流失、土壤盐碱化、沙漠化、土壤污染、土地所用权和使用权的分离、节约土地等方面。

2）有关水资源利用和保护政策法规

相继出台了《关于根治黄河水害和开发黄河水利的综合规划的报告》（1955年），《中华人民共和国水土保持暂行纲要》（1957年），《关于加强水利管理工作的报告》（1961年），《关于黄河中游地区水土保持工作的决定》（1961年）。

3）有关森林资源的政策法规

相继出台了《政务院关于全国林业工作的指示》（1950年），《关于严防森林火灾的指示》（1952年），《关于发动群众开展造林、育林、护林工作的指示》（1953年），《关于保护和发展竹林的通知》（1956年），《国有林主伐试行规程》（1956年），《天然森林禁伐区（自然保护区）划定草案》（1956年），《关于进一步加强护林防火的通知》（1957年），《森林保护条例》（1963年）。

4）有关矿产资源的政策法规

相继出台了《矿业暂行条例》（1951年），《矿产资源保护试行条例》（1956年）。

5）有关野生动植物资源政策法规

相继出台了《国内植物检疫试行办法》（1957年），《对外贸易部关于珍贵动物出口问题的指示》（1959年），《林业部关于国营林场经营管理狩猎事业的几项规定》（1962年），《国务院关于积极保护和合理利用野生动物资源的指示》（1962年）。

6）有关渔业资源的政策法规

相继出台了《国务院关于渤海、黄海及东海机轮拖网渔业禁渔区的命令》（1955年），《水产部对渔轮侵入禁渔区的处理指示》（1957年），《水产资源繁殖保护暂行条例（草案）》（1957年）。

7）有关草原资源的政策法规

这一时期，中国没有制定专门的有关草原资源的政策法规，相关内容散见于1956年到1967年全国农村发展纲要。

总之，这一阶段，资源政策法规以自然资源保护、利用立法为主；资源法规的效力等级或立法级别较低,主要是一些行政法规和行政规章;资源法规内容较原则,法规的可操作性、可执行性较差。

6.1.2　从 20 世纪 70 年代至改革开放

对自然资源利用和保护的政策法规主要有《育林基金管理暂行办法》(1972 年)、《国家计划委员会、国家基本建设委员会关于贯彻执行国务院有关在基本建设中节约用地的指示的通知》(1973 年)、《森林采伐更新规程》(1973 年)、国务院环境保护领导小组转发水利电力部《关于水源保护工作情况和今后工作意见的报告》、《全国供销合作总社关于配合有关部门做好珍贵动物资源保护工作的通知》(1975 年)等。

总的来说,在这一阶段中国现代意义上的环境法开始起步,国务院及其有关部门制定的政策法规在保护资源的实践中发挥了重要作用,并为 70 年代末期以后中国环境与资源保护法的迅速发展奠定了基础。

6.2　改革开放后中国资源政策法规建设的历程

1978 年至今是中国现代自然资源政策迅速、全面发展的阶段。1978 年中国修改后的《宪法》规定:"国家保护环境和自然资源,防治污染和其他公害。"这一宪法规定,标志着中国对自然资源的保护进入法制轨道。其后,逐步发布了若干资源类的政策法规。为方便了解资源政策法规演进的历程和全貌,以下做一简要概述。

6.2.1　土地资源的政策法规建设历程

土地资源具有多样性和复杂性的特征,有关土地资源的政策法规也具多样性。改革开放以来,针对中国土地资源存在的问题,国家制定了众多的保护土地的政策法规,以下按时间顺序分类阐述:

——有关土地资源综合性政策法规　《中华人民共和国土地管理法》(1986 年颁布,1988 年第一次修正,1998 年修订,2004 年第二次修正)、《1986—2000 年全国土地利用总体规划纲要》《1997—2010 年全国土地利用总体规划纲要》等。

——有关水土保持的主要政策法规　1982 年的《水土保持工作条例》、1991 年的《水土保持法》、1993 年国务院发布的《水土保持法实施条例》等。

——有关农村承包责任制的政策法规　1983年中央下发的《当前农村经济政策的若干问题》、1993年的《农业法》、2002年的《中华人民共和国农村土地承包法》等。

——有关土地保护的政策法规　1978年的《农村人民公社工作条例》,1981的《关于制止农村建房侵占耕地的紧急通知》,1982年的《村镇建房用地管理条例》、《国家建设征用土地条例》,1986年的《中共中央国务院关于加强土地管理,制止乱占耕地的通知》,1994年的《基本农田保护条例》,1997年的《关于进一步加强土地管理,切实保护耕地的通知》,2000年国土资源部出台的《关于加大补充耕地工作力度,确保实现耕地占补平衡的通知》,2001年国土资源部发出的《关于进一步加强和改进耕地占补平衡工作的通知》,2005年国土资源部、农业部、国家发展和改革委员会、财政部、建设部、水利部、国家林业局联合发布的《关于进一步做好基本农田保护有关工作的意见》。

——有关土地管理的政策法规　除《中华人民共和国土地管理法》《土地管理法实施条例》中的规定外,主要有1987年的《耕地占用税暂行条例》、1988年的《城镇土地使用税暂行条例》、1995年的《自然保护区土地管理办法》和《土地监察暂行规定》、1996年国家计委和国家土地管理局联合发出的《建设用地计划管理办法》、1999年国土资源部公布的《土地利用年度计划管理办法》、2001年国土资源部公布的《建设项目用地预审管理办法》和国务院发布的《关于加强国有土地资产管理的通知》、2003年5月8日国土资源部印发的《国土资源标准化管理办法》、2004年国务院发布的《关于深化改革严格土地管理的决定》和国土资源部发出的《关于加强农村宅基地管理的意见》及《土地利用年度计划管理办法》、2006年国务院发布的《关于建立国家土地督察制度有关问题的通知》和《关于加强土地调控有关问题的通知》。

——有关土地复垦的政策法规　1988年的《土地复垦规定》、2000年国土资源部发布的《农业综合开发土地复垦项目管理暂行办法》。

——有关土地权属以及流转的政策法规　1990年的《城镇国有土地使用权出让和转让暂行条例》、1994年的《中华人民共和国城市房地产管理法》、2003年6月国土资源部发布的《协议出让国有土地使用权规定》等。

30年来,土地资源政策法规的建设历程,与改革开放的逐步深入密切相关。从主要关注于农村土地的保护,到农村和城镇土地资源保护并重;从末端治理到源头控制和加强事后监管;从国有土地资源划拨到实行国有土地有偿使用制度,逐步规范土地使用权的流转,加强土地资源的管理;从注重行政手段到行政措施与经济措施并重;从突出公共利益到多元利益的兼顾。就具体制度而言,逐步制定和完善土地资源的管理制度,主要有土地用途管制制度、土地调查统计制度、土地统计制度、国有土地有偿使用制度、土地利用总体规划制度、耕地保护制度、农村集体土地使用权登记、土地权属变更登记制度、农村土地经营承包制度、征地补偿和安置制度、土地管理和耕地保护责任制度、问责制、土地监察制度、工业用地出让最低价标准统一公布制度等。

6.2.2 水资源政策法规建设历程

改革开放以来,为了合理开发、利用、保护水资源,防治水害和水污染,保护和改善环境,实现可持续发展目标,中国出台了许多有关水资源的政策法规。2002 年中国《水法》的修订,确立了"合理开发、利用、节约和保护水资源,防治水害,实现水资源的可持续利用,适应国民经济和社会发展的需要"的水资源利用、保护立法的宗旨及"全面规划、统筹兼顾、标本兼治、综合利用、讲求效益,发挥水资源的多种功能,协调好生活、生产经营和生态环境用水"的开发、利用、节约、保护水资源和防治水害的原则。

1)有关水资源的基本法律

《中华人民共和国水法》,1988 年 1 月 21 日第六届全国人民代表大会常务委员会第二十四次会议通过,2002 年 8 月 29 日第九届全国人民代表大会常务委员会第二十九次会议修订。

《中华人民共和国水土保持法》,1991 年 6 月 29 日第七届全国人民代表大会常务委员会通过。

2)有关水资源的政策法规

1984 年国务院发布《关于大力开展城市节约用水的通知》;1988 年 6 月 10 日国务院颁布《河道管理条例》;1988 年 12 月 20 日建设部发布《城市节约用水管理规定》;1991 年 3 月 20 日国务院颁布《水库大坝安全管理条例》,对预防和治理水土流失,保护和合理利用水土资源加以基本规定;1993 年 8 月 1 日国务院发布《水土保持法实施条例》;1994 年 1 月 22 日水利部、国家计委、国家环保局联合发布《开发建设项目水土保持方案管理办法》;1995 年水利部发布《开发建设项目水土保持方案编报审批管理规定》,进一步对防止人为造成新的水土流失和保护水土资源做出了更加具体的规定;1996 年国务院发出《关于治理开发农村"四荒"资源进一步加强水土保持工作的通知》;1993 年 9 月 1 日国务院发布《取水许可制度实施办法》;1995 年水利部发布《取水许可水质管理规定》;1996 年《取水许可监督管理办法》和国务院发布的《取水许可和水资源费征收管理条例》;2000 年国务院发出《关于加强城市供水节水和水污染防治工作的通知》;2001 年国家经贸委发布《工业节水"十五"规划》;2002 年水利部、国家发展计划委员会联合发布《建设项目水资源论证管理办法》;2003 年水利部发布《水功能区管理办法》;2005 年8 月 17 日国务院发出《关于加强饮用水安全保障工作的通知》,对水功能区进行分级和分类管理。

3)地方政策法规

全国绝大多数省、直辖市、自治区地方人大,制定了《中华人民共和国水法》实施办法、《中华人民共和国水土保持法》实施办法,如 1993 年 12 月 15日四川省第八届人民代表大会常务委员会就通过了《四川省〈中华人民共和国水土保持法〉实施办法》,2005 年 4 月 6 日四川省第十届人民代表大会常务委员会第十四次会议通过《四川省〈中华人民共和国水法〉实施办法》。

6.2.3 森林资源的政策法规建设历程

30 年以来,逐步确立"营林为基础,普遍护林,大力造林,采育结合,永续利用"的林业建设方针,确立以生态建设为主的林业可持续发展道路,完善植树造林、林木采伐、森林防火、森林病虫害防治等规定和措施。对林地使用权的转让,林权证书的发放,征用或者占用林地的管理,森林生态效益补偿基金、珍贵树木及其制品、衍生物的进出口管理,政府工作人员违法行为的处罚等都做出了相应规定,确立了森林公安机关、森林武装警察部队在森林执法中的地位与任务,突出了林业在生态环境建设中的主体作用,强化了保护森林资源的法律措施,维护了森林资源所有者和使用者的合法权益,加大了森林资源的法律保护力度。

1)有关森林资源的法律法规

有关森林资源的国家级法律法规主要是:《中华人民共和国森林法》《中华人民共和国森林法实施细则》和《中华人民共和国森林法实施条例》。1979 年 2 月 28 日第五届全国人民代表大会常务委员会第六次会议原则通过了《中华人民共和国森林法(试行)》;1984 年 9 月 20 日第六届全国人民代表大会常务委员会第七次会议通过了《中华人民共和国森林法》,1998 年又做了部分修正;1986 年国务院批准林业部发布了《中华人民共和国森林法实施细则》;2000 年国务院发布了《中华人民共和国森林法实施条例》。

2)有关森林资源的主要政策

有关森林资源的政策仅以中共中央和国务院以及主管部委的政策为限,主要有:1980 年中共中央、国务院发布《关于大力开展植树造林的指示》,1981 年中共中央、国务院发布《关于保护森林发展林业若干问题的决定》,1981 年第五届全国人大第四次会议通过《关于开展全民义务植树运动的决议》,1982 年国务院发布《关于开展全民义务植树运动的实施办法》,1987 年中共中央、国务院发出《关于加强南方集体林区森林资源管理坚决制止乱砍滥伐的指示》,1987 年林业部发布国务院批准的《森林采伐更新管理办法》,1988 年国务院发布《森林防火条例》,1989 年国务院发布《森林病虫害防治条例》,1993 年 6 月 6 日国务院发出《国务院批转林业部关于进一步加强森林防火工作报告的通知》,1994 年国务院发出《关于加强森林资源保护管理工作的通知》,1998 年国务院发出《关于保护森林资源制止毁林开垦和乱占林地的通知》,2000 年国务院批准《长江上游、黄河上中游地区天然林资源保护实施方案》以及《东北、内蒙古等重点国有林区天然林资源保护工程实施方案》,2003 年中共中央、国务院发出《关于加快林业发展的决定》,2004 年国务院办公厅发出《关于进一步加强森林防火工作的通知》,2006 年 1 月 14 日发布《国家处置重、特大森林火灾应急预案》等。

3)地方政策法规

2000 年以来,各省、直辖市、自治区都纷纷颁布了贯彻执行《中华人民共和国森林法》《中华人民共和国森林法实施条例》的实施办法,如《辽宁省实施〈中华人民共和国森林法〉办法》等。

6.2.4 矿产资源的政策法规建设历程

30 年以来,中国矿产资源的政策法规确立了"矿产资源国家所有、有偿开采的原则",以及"矿产资源的勘查、开发实行统一规划,合理布局,综合勘查,合理开采和综合利用的方针"。逐步建立健全探矿权、采矿权有偿取得和依法转让制度,矿产资源勘查区块登记管理制度,开采登记管理制度,矿产资源补偿费制度等。

1）有关矿产资源的法律法规

《中华人民共和国矿产资源法》是中国矿产资源开发、利用以及保护的基本法。1986年3月19日第六届全国人民代表大会常务委员会第十五次会议通过，1996年8月29日第八届全国人民代表大会常务委员会第二十一次会议予以修正。该法规定了国家对矿产资源的勘查、开发实行统一规划，合理布局，综合勘查，合理开采和综合利用的方针，具体规定了矿产资源属于国家所有，由国务院行使国家对矿产资源的所有权，对探矿权和采矿权有偿取得和依法转让制度、矿产资源区块登记制度、矿产资源开采审批制度等项制度做出了规定。新一轮的《矿产资源法》修订工作正在加紧进行。2006年12月26日，全国人大常委会提出加快《矿产资源法》修订工作，国土资源部立即着手成立班子，开展调研论证。此次修改，是以科学发展观为统领，以矿产资源分类分级管理为基础，以建立和完善探矿权、采矿权的权利制度为核心、以推进矿产资源合理开发利用水平为目标而进行的一次全面的修改。除了基本法外，1994年国务院还发布了《中华人民共和国矿产资源法实施细则》。

《中华人民共和国煤炭法》是合理开发利用和保护煤炭资源，规范煤炭生产、经营活动，促进和保障煤炭行业发展的基本法。该法于1996年第八届全国人民代表大会常务委员会第二十一次会议通过。此外，有些地方人大也颁布了落实《中华人民共和国煤炭法》的实施办法，如甘肃省颁布的《实施〈中华人民共和国煤炭法〉办法》。

2）有关矿产资源的主要政策

有关矿产资源的政策以国务院以及国土资源部颁行的条例、办法、意见和通知等为限，大致有：1978年国务院批转的《小煤矿管理试行办法》、1986年颁布的《矿产资源法》、1987年国务院发布的《全民所有制矿山企业采矿登记管理暂行办法》和《矿资源监督管理暂行办法》、1988年国务院发出的《关于对黄金矿产实行保护性开采的通知》、1987年国务院批准的《石油及天然气勘查、开采登记管理暂行办法》、1990年3月2日国务院颁布的《盐业管理条例》、1990年发布的《国务院关于修改〈全民所有制矿山企业采矿登记管理暂行办法〉的决定》、1991年国务院发出的《关于清理整顿个体采煤的通知》、1994年国务院发布的《矿产资源补偿费征收管理规定》、1995年国务院发出的《关于整顿矿业秩序维护国家对矿产资源所有权的通知》、1998 年国务院发布的《矿产资源开采登记管理办法》《探矿权采矿权转让管理办法》、2000 年国务院发布的《煤矿安全监察条例》、2001 年国务院批准的《全国矿产资源规划》、2001 年国务院办公厅和国土资源部发布的《关于进一步治理整顿矿产资源管理秩序的意见》、2003 年国土资源部发布的《矿产资源登记统计管理办法》、2005 年国务院发布的《关于促进煤炭工业健康发展的若干意见》、2006 年国务院发布的《关于加快煤层气(煤矿瓦斯)抽采利用的若干意见》。

6.2.5　有关野生生物资源的政策法规

30 年以来,中国有关野生生物资源的政策法规主要表现在对野生生物资源的保护方面。逐步确立野生动植物资源国家所有,建立了野生生物资源的保护、利用许可证制度、监测制度以及环境影响评价制度。

1)有关野生生物资源的基本法律法规

《中华人民共和国野生动物保护法》1988 年 11 月 8 日第七届全国人民代表大会常务委员会第四次会议通过、2004 年 8 月 28 日第十届全国人民代表大会常务委员会予以修正。《中华人民共和国野生动物保护法》对野生动物的保护、管理做出了基本规定。《中华人民共和国野生植物保护条例》1996 年 9 月 30 日由国务院制定颁布,是中国保护、发展和合理利用野生植物资源,保护生物多样性,维护生态平衡的基本法。

2)有关野生生物资源的主要政策

以国务院及其主管部委颁行的条例、办法、意见和通知等为限,有关野生生物资源的主要政策有:1981 年参加的《濒危野生动植物种国际贸易公约》、1982 年国务院发布的《中华人民共和国进出口动植物检疫条例》、1983 年国务院发出的《关于严格保护珍贵稀有野生动物的通令》、1983 年国务院发布的《植物检疫条例》、1987 年国务院发出的《关于坚决制止乱捕滥猎和倒卖、走私珍稀野生动物的紧急通知》、1987 年国务院发布的《野生药材资源保护管理条例》、1988 年颁布的《野生动物保护法》、1991 年国务院发出的《关于加强野生动物保护严厉打击违法犯罪活动的紧急通知》、1991 年林业部发布的《国家重点保护野生动物驯养繁殖许可证管理办法》、1992 年林业部发布国务院批准的《中华人民共和国陆生野生动物保护实施条例》、1992

年正式批准加入的《生物多样性公约》、1992 年发出的《中国生物多样性保护行动计划》和《中国生物多样性保护国家报告》、1993 年国务院发布的《水生野生动物保护实施条例》、1996 年全国绿化委员会发布的《关于加强保护古树名木工作的决定》、1996 年国务院发布的《中华人民共和国野生植物保护条例》、1997 年国务院发布的《植物新品种保护条例》、1998 年加入的《国际植物新品种保护公约(1978 年文本)》、2000 年建设部发布的《城市古树名木保护管理办法》、2002 年发布的《农业野生植物保护办法》、2002 年建设部发布的《关于加强城市生物多样性保护工作的通知》、2004 年国务院办公厅发出的《关于加强生物物种资源保护和管理的通知》、2006 年国务院印发的《中国水生生物资源养护行动纲要》、2006 年国务院公布的《中华人民共和国濒危野生动植物进出口管理条例》。

部分地方人大也制定了落实《野生动物保护法》的办法,如《重庆市实施〈中华人民共和国野生动物保护法〉办法》。

6.2.6　有关渔业资源的政策法规

30 年以来,中国渔业资源的政策法规逐步建立健全养殖使用许可证、捕捞限额、捕捞许可证、征收渔业资源增殖保护费等制度,并对养殖、捕捞还规定了禁止和限制性措施。

1) 有关渔业资源的基本的法律

《中华人民共和国渔业法》,1986 年 1 月 20 日第六届全国人民代表大会常务委员会第十四次会议通过,2000 年 10 月 31 日第九届全国人民代表大会常务委员会第十八次会议予以修正,2004 年 8 月 28 日第十届全国人民代表大会常务委员会第十一次会议再次修订。《中华人民共和国渔业法实施细则》,1987 年经国务院批准,农牧渔业部发布。

2) 有关渔业资源的主要政策

1979 年国务院颁布的《水产资源繁殖保护条例》、1981 年国务院发出的《批转国家水产总局关于当前水产工作若干问题的请示报告的通知》、1983 年国务院发出的《批转农牧渔业部关于发展海洋渔业若干问题的报告的通知》、1985 年发布的《中共中央、国务院关于放宽政策、加速发展水产业的指示》、1988 年国务院批准的《渔业资源增殖保护费征收使用办法》、1989 年农业部发布的《渔业捕捞许可证管理办法》、1992 年农业部发布的《水产种苗管理办法》(于 2001 年 12 月 10 日修订、2005 年 1 月 5 日出台《水产种苗管理办法》)、1997 年国务院发出的《批转农业部关于进一步加快渔业发展意见的通知》、1998 年农业部发布的《渔业行政处罚规定》、2002 年农业部发布的《渔业捕捞许可管理规定》、2004 年国务院办公厅发出的《关于做好涉外渔业管理工作的通知》。

6.2.7　有关草原资源的政策法规

1985 年颁布《中华人民共和国草原法》、1993 年国务院发布《草原防火条例》、2000 年农业部制定《全国草地生态环境建设规划》和《全国已垦草原退耕还草规划》及《西部天然草原植被恢复建设规划》、2002 年国务院发布《关于加强草原保护与建设的若干意见》、2002 年修订《中华人民共和国草原法》。

在发展中逐步确立"国家对草原实行科学规划、全面保护、重点建设、合理利用的方针",并逐步完善草原的承包经营与承包经营权的转让制度;建立了草原保护、建设、利用实行统一规划的制度;为保证草原保护、建设、利用规划的不断完善和更好实施,还确立了基本草原保护制度、草原调查制度、草原分等定级制度、草原统计制度和草原生态监测预警制度以及确立对草原合理利用、征用等各项制度。

6.2.8　风景名胜区、自然保护区政策法规

中国有关风景名胜区、自然保护区的政策法规,自改革开放以来,发展很快。主要的政策法规有:1985 年国务院发布的《风景名胜区管理暂行条例》、1985 年林业部发布的《森林和野生动物类型自然保护区管理办法》、1987 年建设部发布的《风景名胜区管理暂行条例实施办法》、1992 年正式加入的《湿地公约》、1993 年国家环境保护局和国家技术监督局发布的《自然保护区类型与级别划分原则》、1994 年建设部发布的《城市动物园管理规定》(于 2001 年 9 月 7 日修正,对动物园的规划、建设、管理、动物的保护以及奖惩措施做出具体规定)、1994 年国务院发布的《中华人民共和国自然保护区条例》、1994 年建设部发布的《风景名胜区管理处罚规定》、1995 年国务院办公厅发出的《关于加强风景名胜区保护管理工作的通知》、1995 年国家海洋局发布的《海洋自然保护区管理办法》、1995 年国家土地管理局和国家环境保护局发布的《自然保护区土地管理办法》、1998 年国务院办公厅发出的《关于进一步加强自然保护区管理工作的通知》、1999 年国家环境保护总

局发出的《关于涉及自然保护区的开发建设项目环境管理工作有关问题的通知》、2000 年正式颁布实行的《中国湿地保护行动计划》、2002 年 6 月 26日环境保护总局印发的《国家级自然保护区总体规划大纲》、2004 年环境保护总局办公厅发出的《关于加强自然保护区管理有关问题的通知》、2005 年建设部发布的《关于加强公园管理工作的意见》、2005 年水利部印发的《水利风景区发展纲要》、2005 年的《国务院关于加强文化遗产保护的通知》、2006 年建设部办公厅发出的《关于做好 2006 年国家重点风景名胜区综合整治工作的通知》、2006 年建设部发出的《关于加强风景名胜区防火工作的通知》、2006 年国务院公布的《风景名胜区条例》。其中,《中华人民共和国自然保护区条例》《风景名胜区条例》是基本的法规。目前《中华人民共和国自然保护区条例》上升为法律的论证、起草工作正在进行。

从整体发展看,中国逐步完善了风景名胜区、自然保护区的设立、规划、保护、利用与管理等内容。明确了风景名胜区、自然保护区的概念、设立原则和分级以及相关责任。

6.2.9 有关海洋资源政策法规建设历程

海洋资源是包括海洋生物、海底矿产、海水、海洋能源、港口等多种类型的综合性资源。海洋生物资源也是生物资源的组成部分。有关海洋资源政策法规主要有:1982 年国务院发布的《中华人民共和国对外合作开采海洋石油资源条例》(2001 年 9 月 23 日修订)、1982 年颁布的《中华人民共和国海洋环境保护法》、1993 年财政部和国家海洋局发布的《国家海域使用管理暂行规定》、1996 年批准加入的《联合国海洋法公约》、1996 年国务院发布的《中华人民共和国涉外海洋科学研究管理规定》、1998 年发布的《中国海洋政策白皮书》、1998 年颁布的《中华人民共和国专属经济区和大陆架法》、1999 年修订的《海洋环境保护法》、2001 年发出的《国务院关于渤海碧海行动计划的批复》、2001 年颁布的《中华人民共和国海域使用管理法》、2002 年国务院发布的《全国海洋功能区划》、2002 年国土资源部发布的《海洋行政处罚实施办法》、2003 年国务院印发的《全国海洋经济发展规划纲要》。

在发展中逐步确立"严格实施海洋功能区划制度,合理开发与保护海洋资源,防止海洋污染和生态破坏,促进海洋经济可持续发展"的方针,建立和完善海洋功能区划制度、海域有偿使用制度、海域权属制度、海域使用管理制度等制度。

6.2.10 生态资源的政策法规建设历程

中国对生态资源保护发展的立法起步较晚,但自 20 世纪 90 年代以来发展迅速。主要政策法规有:1994 年国家环境保护局发出的《关于加强湿地生态保护工作的通知》、1994 年国家环境保护局发出的《关于加强自然资源开发建设项目的生态环境管理的通知》、1997 年国家环境保护局发布的《关于加强生态保护工作的意见》、1998 年国务院印发的《全国生态环境建设规划》、1999 年国家环境保护总局发出的《关于加强对自然生态保护进行环境监理的通知》、1999 年国家环境保护总局发布的《国家环境保护总局关于加强农村生态环境保护工作的若干意见》、2000 年国务院发布的《全国生态环境保护纲要》、2002 年 1 月 20 日国家环境保护总局印发的《生态功能保护区规划编制大纲》(试行)、2002 年国家环境保护总局印发的《全国生态环境保护"十五"计划》、2003 年环保总局印发的《生态县、生态市、生态省建设指标(试行)》、2003 年水利部发出的《关于进一步加强水土保持生态修复工作的通知》。

在发展中确立了"预防为主,保护优先;分类指导,分区推进;统筹规划,重点突破;政府主导,公众参与"的生态保护原则。注重从整体上保护自然资源,逐步以科学发展观为指导实施分区分类指导,重点抓好自然生态系统保护与农村生态环境保护,控制不合理的资源开发和人为破坏生态活动。加强生态环境质量评价,提高监督管理水平,为全面建设小康社会提供坚实的生态安全保障。

6.3 中国资源政策法规 30 年改革的评价

6.3.1 资源政策法规建设的特点

1)政策法规的建设受国际重大会议影响明显

改革开放以来中国资源政策法规的建设,分别受联合国人类环境会议、环境与发展会议、约翰内斯堡首脑会议等三次重要国际会议影响。

——改革开放到 20 世纪 80 年代末 受 1972 年联合国人类环境会议的影响,逐步建立自然资源政策法规体系。当时,自然资源政策法规的指导思想主要是把经济利益放在第一位。80 年代,强调的是"计划经济为主,市场调节为辅",因此,自然资源政策法规大都强调资源属国家所有,不得流转,只能由国家根据需要调配,自然资源的使用是无偿无期限的,忽视甚至否认市场对资源的基础配置作用。片面强调国家利益,忽视对公民、法人和其他组织财产权的保护。单纯强调对自然资源的利用,忽视对生态环境的保护。强调并习惯于发挥政府的作用,善于采用行政强制机制,但行政强制的作用方向、力度和成效有限,缺乏合理利用市场机制的经验。

——20世纪90年代到本世纪初　受1992年环境与发展大会的影响,可持续发展更为强调在对发展概念的理解上使人类伦理道德和价值观予以更新,从而影响和导致人类行为和生产、生活方式的更新,由传统发展方式开始转向可持续发展模式,在立法指导思想和法律条文中体现了可持续发展的原则,把生态环境建设与经济发展紧密结合起来,处理好长远与当前、全局与局部的关系,促进生态效益、经济效益与社会效益的协调统一。

——2002年约翰内斯堡首脑会议(可持续发展问题世界首脑会议)以来　约翰内斯堡首脑会议的重点是变计划为行动,中国制定了《中国21世纪初可持续发展行动纲要》,坚持以人为本,以人与自然和谐为主线,以经济发展为核心,以提高人民群众生活质量为根本出发点,以科技和体制创新为突破口,坚持不懈地全面推进经济社会与人口、资源和生态环境的协调,不断提高中国的综合国力和竞争力,为实现第三步战略目标奠定坚实的基础。2005年10月11日《中共中央关于制定国民经济和社会发展第十一个五年规划的建议》进一步明确:坚持开发节约并重、节约优先,按照减量化、再利用、资源化的原则,大力推进节能节水节地节材,加强资源综合利用,完善再生资源回收利用体系,全面推行清洁生产,形成低投入、低消耗、低排放和高效率的节约型增长方式;坚持保护优先、开发有序,以控制不合理的资源开发活动为重点,强化对水源、土地、森林、草原、海洋等自然资源的生态保护。

2)有关自然资源的政策法律数量多、范围广

从1978年以来,中国各级人大及其常委会、政府共发出、制定涉及自然资源的政策法规已达到12 370余件①;管理对象涵盖不同的自然资源,包括土地、水、森林、草原、野生生物、矿产、自然保护区、历史遗迹、风景名胜区、渔业等资源;立法与发文的主体广泛,包括中共中央、全国人大及其常委会、国务院、国务院部委、国务院直属机构、地方人大、地方政府、地方政府部门;

---

①数据根据中国法律法规信息系统统计得出。

使用范围涉及资源的各个方面,包括资源权属、开发、利用、经营、保护、流转以及管理等。

3)资源政策立法部门分割严重

使用于全国范围现行政策法规,由中共中央、国务院、全国人大及其常委会发布的政策法规约为 330 件,国务院部委及其直属机构发布、发出的 2 300 余件。政策法规制定、发布部门几乎涉及所有国务院部委及其直属机构,主要是资源行政主管部门,如发展改革委员会、国土资源部、水利部、农业部、卫生部、文化部、林业局、文物局、环境保护总局等。由国务院部委及其直属机构单独制定、发布的政策法规占主要部分,并且大多是针对某一类资源的某一方面做出规定;联合发文中居多的是资源主管部门与其他非资源主管部门联合制定、发布的政策法规。地方性政策法规通常依据国家政策法规做出具体规定,往往随之规定某一资源的某一方面的管理要求。

4)政策法规建设呈阶段性

从改革开放到上世纪 90 年代初,资源政策法规注重资源的开发、利用、保护以及管理,初步形成资源政策法规体系。主要表现为这一阶段制定和颁布了《中华人民共和国海洋环境保护法》《中华人民共和国文物保护法》《中华人民共和国森林法》《中华人民共和国草原法》《中华人民共和国渔业法》《中华人民共和国矿产资源法》《中华人民共和国土地管理法》《中华人民共和国水法》《中华人民共和国野生动物保护法》。从上世纪 90 年代到本世纪初,随着市场经济的不断发展,资源政策法规开始注重资源流转,在制定其他领域法律法规的过程中,对资源保护给予了更大的关注。主要表现为对自然资源单行法的修订以及发展纲要的制定。从本世纪初到现在,是资源政策法规发展的重要阶段,进一步加强资源的综合利用和综合保护。

6.3.2　资源政策法规建设的成效

1)资源政策法规体系框架的初步建立

1978 年修改后的《宪法》规定:"国家保护环境和自然资源,防治污染和其他公害。"这是中国首次将环境保护工作列入国家根本大法,把环境保护确定为国家的一项基本职责,将自然保护确定为环境保护和环境法的两大领域之一,并为中国环境保护进入法制轨道开辟了道路。经过近 30 年的发

展,逐步形成生态资源的政策法规框架体系。其构成主要包括以下几个方面:

——综合性的政策法规 指对资源开发、利用、保护以及管理做出指导性的政策法规。如《宪法》《关于开展资源综合利用若干问题的暂行规定》《节约能源管理暂行条例》《中华人民共和国环境保护法》《中国 21 世纪议程——中国 21 世纪人口、环境与发展白皮书》《国民经济和社会发展第十个五年计划纲要》《关于印发全国生态环境建设规划的通知》《全国生态环境保护"十五"计划》《中国 21 世纪初可持续发展行动纲要》《中华人民共和国国民经济和社会发展第十一个五年规划纲要》等。

——单行资源政策法规 指对某类资源的开发、利用、保护以及管理的政策法规。如《中共中央国务院关于加强土地管理、制止乱占耕地的通知》《1986—2000 年全国土地利用总体规划纲要》《水利产业政策》《关于加强森林资源保护管理工作的通知》《全国矿产资源规划》《中国水生生物资源养护行动纲要》《中华人民共和国海洋环境保护法》《中华人民共和国文物保护法》《中华人民共和国森林法》《中华人民共和国草原法》《中华人民共和国渔业法》《中华人民共和国矿产资源法》《中华人民共和国土地管理法》《中华人民共和国水法》《中华人民共和国野生动物保护法》《中华人民共和国城市规划法》《中华人民共和国水土保持法》《中华人民共和国煤炭法》等。

——其他有关自然资源政策法规 指涉及自然资源的开发、利用、保护以及管理的政策法规。如《刑法》《中华人民共和国动物防疫法》《中华人民共和国防洪法》《中华人民共和国可再生能源法》《中华人民共和国行政许可法》等。

——地方性有关自然资源政策法规 指地方政府以及立法部门制定的有关自然资源开发、利用、保护以及管理的政策法规。如《黑龙江省湿地保护条例》《海南省林地管理条例》《天津市城市排水和再生水利用管理条例》《山东省节约用水办法》《青岛市人民政府关于加快林业发展的决定》等。此外,这一时期中国缔结或者参加的有关国际条约包括:《生物多样性公约》《海洋法公约》《世界文化和自然遗产保护公约》等。

2)资源利用、保护制度的逐步健全

政策法规的实施,需要制度予以支撑。改革开放后,随着中国经济转型,对资源的认识不断深化,对自然资源的获取、开发、利用、保护、管理关系及其内容越来越复杂,以及管理手段的多样化,使得有关资源的制度建设进程加快,取得较大的发展。

中国逐步建立的资源制度主要有:资源权属制度、总体规划制度、统计制度、调查制度、登记制度、许可证制度、监测制度、生态补偿费制度、监察制度、环境影响评价制度等。已经形成涵盖自然资源的开发、利用、保护以及管理各个方面,而又相互配合的制度系统。

6.3.3　中国当前资源政策法规的缺陷

现行的资源的行政管理方式和分割管理体制直接导致了中国自然资源法的立法缺陷。中国自然资源法律的缺陷,既有形式方面的,也有内容方面的,既存在着基本制度法律供给不足的问题,也存在着对市场经济和可持续发展要求的基本原则反映不足的问题。

1) 形式缺陷

法律体系不完整,单行法律呈法群状态,无法自动解决法律冲突。中国已有10部自然资源法律,数百部条例、规章,但这些法律、法规都局限于对单项资源的规定,尚没有一个法律效力高于各单项法律、统一的自然资源综合性立法。这导致了下述问题:

——重要内容遗漏　由于各单项法适用范围和效力的局限性,关于自然资源总体利用方针、基本原则、制度、可持续发展目标等整体性内容无法体现在自然资源法律中。

——各单项法的具体制度冲突　部门分割管理导致了部门分割起草自然资源法律的立法体制,由于缺乏统一综合法的约束和协调,加之立法者对部门利益的重视,各单项法不可避免地出现了"法规打架"现象。

——法律冲突无法自动解决　现行自然资源单项法的效力是相同的,一旦发生法规冲突,只能通过行政方式解决。

2) 内容缺陷

内容缺陷主要是一些基本制度法律供给不足,包括管理制度缺陷和权属流转制度缺陷。具体地说,中国自然资源法律制度存在下述缺陷:

——自然资源管理的宏观调控法律制度亟待完善。

——自然资源有偿使用制度、价格制度和核算制度、产权制度存在突出问题与缺陷。

——自然资源权属流转制度存在空白和缺陷　这是中国自然资源配置

效益低下的关键原因。

——自然资源管理组织制度和程序制度存在空白和缺陷，现行法对新的生产方式的不适应是整体性的。其根源在于计划经济下的直接行政管理方式和分割管理、部门自行起草法律的立法体制①。

6.4 改革开放以来资源管理和政策理论争鸣

改革开放以来，在如何有效利用和保护资源之间，产生了不同的观点，比较重要的是关于资源权属、资源价值问题的争议。

6.4.1 关于资源权属的争论

中国宪法规定了重要的自然资源所有权归国家所有。当前绝对归国家所有的资源有矿产资源、水资源等；其他的资源都规定了归国家所有或集体所有两种形式。

对于如何理解自然资源归国家所有的问题，在中国《物权法》草案制定之初，就在环境法学者和民法学者之间产生争议。当前主要存在着三种不同的观点：第一种观点认为应该单独成立一种资源权，一切资源归国家所有，即国家的资源权；第二种观点认为是所有权，一切资源归国家所有中"所有"就是民法上的"所有权"概念，国家是自然资源单一的排他的所有权主体；第三种观点认为资源归国家所有是一种主权宣告的方式，与私权没有关系②。

6.4.2 资源价值问题的争论

有学者认为，应考虑资源的稀缺性、地域性、多宜性、生态性与效用性等属性。这里接下来涉及的一个问题就是资源具有哪些价值。过去人们理解资源简单地停留在创造物质财富概念上，但是当前已经发生了变化，它包括三个方面的价值，即经济价值、生态价值与精神价值。而物与资源之间存在如下差别：一是物的特性之一是可支配性，而资源具有公共性，它是非排他

①汪振江,杨艳霞.自然资源立法改革模式比较[J].人大研究,2000(9):14-15.
②吕忠梅,崔建远.准物权与资源权:民法与环境法学者的对话[R/OL].清华大学环境资源与能源法研究中心系列学术讲座[2005-05-11].http://www.law.tsinghua.edu.cn/lawtsinghua/.

性的占有。二是物具有可使用性,但是物的使用更大程度上停留在经济需求上,而资源尽管也具有使用性,但它不但要求满足经济需求,也要求满足生态需求、精神需求。三是物要求有独立性、特定化,而资源具有循环与流动性。这里涉及的第一个问题就是"长江之水流到公海里是否是国有资产的流失"?动物的越境迁徙是否也是国有资产的流失?因此如果把资源界定为民法上的所有权,那么我们怎样解决上述国有资产的流失问题?接下来的第二个问题则是如果我们承认国家对资源的权利是一种民法上的财产所有权,即国家所有权,那么国家又是通过一种什么样的方式把这种所有权转移出去的?如果要把资源纳入到民法概念体系中,那么就会产生接下来的问题:首先,资源的经济价值与民法到底是什么关系,就该问题来说,资源的经济价值绝大部分已为民法的物权立法所覆盖。其次,资源的经济价值与生态价值的冲突导致民法体系产生变化,因为民法基本上覆盖了经济价值,但是生态价值怎样保护?再次,新的权利如何划定边界,即当前新出现的权利与原权利之间的关系怎样去平衡。资源对我们这一代人、后代人都有着重要的意义。对于现代人来说,我们要利用资源为自己争取更好的物质生活条件;但是我们也要顾及后代人利益的保护,在这种利益关系中,怎样合理地去协调他们二者之间的关系是值得我们思考的一个问题。最后,通过什么样的标准来衡量这样的利益冲突。因为冲突是肯定存在的,我们要发展经济,那么肯定要扩大资源利用规模,也就会带来污染和破坏。因此,通过什么样的标准来平衡经济需求与环境保护之间的关系是一个十分棘手的问题[①]。

民法学者们提出了三种方案,即用益物权、占有权与准物权制度。

用益物权方案的理论基础是,资源归国家所有,国家是所有权人,所以除国家之外,其他的主体都只能对其加以使用。在此基础上设立的资源权都称用益物权。

占有权方案认为,资源归国家所有,物权往往是个人所有的,我们对资源的使用往往是通过占有的方式实现的。因此,我们要把占有作为一种权利,并且突破一物一权的框架,设立一物二权,即在资源上设立两个权利,所有权与占有权,并且二者是并列的。

---

①吕忠梅,崔建远. 准物权与资源权:民法与环境法学者的对话[R/OL].清华大学环境资源与能源法研究中心系列学术讲座[2005-05-11]. http://www. law. tsinghua. edu. cn/lawtsinghua/;崔建远. 准物权研究[M].北京:法律出版社,2003:20.

准物权制度方案认为,准物权指"依据行政命令而取得的具有物权性质的权利",它是一个较为广泛的概念,不仅包括矿业权、水权、渔业权和狩猎权,还包括公路收费权、森林采伐权等权利,并且这一概念所涵盖的具体权利类型将随着我国法律和实践的变化而不断发展。但是准物权尚没有统一的认识。有学者认为,准物权不是属性相同的单一权利的称谓,而是一组性质有别的权利的总称,这些权利通常是指矿业权、水权、渔业权和狩猎权等①。也有学者认为,权利抵押权和权利质押权为准物权②。还有学者认为,准物权不限于有准用益物权,还有准担保物权乃至准所有权,为一个不断变化、颇为开放的权利类型,难以固定其具体类型③。准物权制度的功能是指矿业权、水权、渔业权、狩猎权等准物权制度对权利人和行政机关或社会大众在矿产资源的开发、利用和管理方面所发挥的效用。学者将准物权定位为一种物权性权利,之所以这样判断,基于以下原因:一是准物权具有绝对性,其行使和实施不需要相对人的协助;二是准物权具有支配性,权利人取得权利后即享有开发、利用自然资源的权利,可以对抗第三人;三是准物权具有对抗效力,准物权的设立和转移一般需要经过登记,这使权利具有一定的公示性,可以向社会一般人公开,使第三人了解和知道此权利设立和变动情况,因为这种原因,准物权可以产生对抗第三人的效力④;四是准物权具有物上请求的效力,当权利受到侵害时,可以通过物上请求权获得救济。因为准物权具有物权的属性和效力,所以准物权应属于物权。对权利人而言,他可以通过一定的行政许可程序取得一定的自然资源的开发利用权,而自然资源,特别是稀缺的自然资源是一种财产,具有经济价值,由于准物权制度为权利人提供了一种通过取得准物权而实现一定经济利益的制度选择和法律保障,因此,它就有了经济性功能。法律赋予权利人以准物权在很大程度上也是为了物尽其用,防止对资源的浪费,实现资源的优化配置。对行政机关或社会大众而言,自然资源具有稀缺性和公共性,对自然资源的不合理利用将会造成对资源的浪费,也有可能造成对生态环境的破坏和影响国家的可持续发展战略,因此必须对权利人进行一定的限制,即对权利主体在准物权的取得、行使乃至消灭上都强加有环境保护和可持续发展等方面的公法义务,这种义务是区别于与私权相对的和作为私权保障的私法义务(如登记

①王泽鉴.民法物权:第一册[M].台湾:三民书局,1992:6.
②刘保玉.物权法体系设计问题之我见[J].法学论坛,2003(6):102.
③崔建远.准物权研究[M].北京:法律出版社,2003:20.
④王利明.物权法研究[M].北京:中国人民大学出版社,2002:61-612.

等)的。

有学者对准物权与传统物权作了一个比较,认为:客体上,准物权主要是针对公共物品来设立的,而传统物权通常则是针对非公共物品来设立的;准物权往往要通过申请加批准程序,而传统物权往往是通过法律行为、取得时效等方式来实现物权的取得与变更;立法内容上,准物权通常会有强制性的规范,而传统物权大多数是任意性规范;立法归属不同,准物权往往依靠行政法与民法及二者的配合,而传统物权往往依靠民法①。

①吕忠梅,崔建远.准物权与资源权:民法与环境法学者的对话[R/OL].清华大学环境资源与能源法研究中心系列学术讲座[2005-05-11].http://www.law.tsinghua.edu.cn/lawtsinghua/.

中国资源产业的发展与转型

    资源产业是指自然资源勘测、再生、保护和使其增值为目的的经济部门①。资源产业可进一步划分为资源发现业、资源采选业、资源保护业和资源再生业四个层次。概括地说,资源发现业、资源采选业属于"自然资源开发业";而资源保护业和资源再生业属于"资源再生产业"。按照功能划分,资源产业也可分为土地资源产业、矿产资源产业、海洋资源产业、水资源产业、森林资源产业和草资源产业等。"自然资源开发业"和"资源再生产业"构成了"资源产业"的全部内容。"自然资源开发业"可以定义为:开发自然资源,从自然界取得物质和能量的产业;而"资源再生产业"则以资本和劳动为主要投入,产品为改善、恢复了的资源或接替资源。资源产业是连接自然与社会的产业,它的生产和再生产过程是自然的生产与再生产和社会的生产与再生产过程的统一。因此,资源产业是国民经济生产过程中的第一个环节,并且是一个独立的产业部门,我们将其称为基础产业。之所以如此,是因为人类经济活动起源于资源产业,最终又回归于资源产业,它具有前一次产业和最后一次产业的特点。在中国,资源产业长期依附于下游产业,没有被视为一个独立的产业部门,并认为是一种非物质生产部门。直至1989年《中国统计年鉴》才第一次将地质普查和勘查归于第二产业,列为物质生产部门。但土地、森林、草地、水资源等的管理,仍隶属于第一产业中的农、林、牧、副、渔业。

---

①成金华,王树帆.中国资源产业发展的主要障碍[J].中国地质矿产经济,1998(5):10.

7.1　中国资源产业的作用分析

　　资源产业在国民经济中占有十分重要的地位,由于它是连接自然界与社会的产业,所以,对经济和社会可持续发展具有特别重要的意义。资源产业为人类再生产提供基本的物质条件和良好的生存环境。人类社会的生产和生活都直接或间接地依赖于资源。资源产业推进生态经济平衡的持续实现。资源产业在开发利用资源过程中,借助一定的政策、法规来实现资源开发利用中需求与供给的动态平衡,使该系统中的生态平衡和经济平衡统一起来,达到生态经济平衡。资源产业的发展是经济结构高级化的前提和基础。

7.1.1　经济作用分析

1)资源产业的产值是客观评价国民经济发展状况的基础

　　将资源产业的产值纳入国民经济核算体系,可以全面、客观评价国民经济发展状况。自然资源是社会经济发展的基础,改变过去以国民生产总值衡量一个国家的经济发展状况,把自然资源的储备及产量作为一项重要的衡量指标,就是在确立自然资源价值理论和合理价格方法的基础上,进行各类资源的实物量与价值量的核算,把资源产业的产值纳入国民经济核算体系。

　　现行的国民经济核算标准是国民生产总值(GNP)和国民生产净值(NNP),它们之间相差一个固定资产折旧(D),即 $GNP - D = NNP$。

　　在这三个因素中都应加资源产业的产值核算。在 D 中应包括资源的耗损并给予补偿。在 GNP 和 NNP 中加入资源的变化量得出新的 $GNP*$ 和 $NNP*$

　　$GNP* = GNP +$ 自然资源增加量

　　$NNP* = NNP +$ 自然资源的净变化量

　　如果 $NNP* > NNP$,则说明资源增加,经济发展后劲加大;

　　如果 $NNP* = NNP$,则说明经济与资源同步发展;

　　如果 $NNP* < NNP$,则说明自然资源基础削弱,经济发展受阻。

　　把资源产业纳入国民经济核算体系,可以全面、客观地评价经济社会发展的状况,评价未来发展的潜力,有助于界定资源资产的所有权关系、确立资源的有偿使用制度、资源的有效管理,同时有助于理顺资源产业的内部结构及其与外部其他产业间的关系。

2）资源产业是国民经济和社会持续发展的基础

任何社会生产都是由许多生产部门构成的,从社会分工的角度看,国民经济包括许多物质生产部门及各个生产环节,国民经济的各个组成部分和各个运动过程之间存在着相互制约、相互促进的关系。保持国民经济各个组成部分之间的均衡关系,是国民经济正常运转和顺利发展的基础。由于社会最终产品都是由自然资源转化而成的,所以,人类物质资料的生产和再生产最终都要指向自然资源。因此,要保持国民经济均衡关系,必须使资源产业具有相当的规模、适当的发展速度及合理的产业结构。

7.1.2 资源产业对中国经济的贡献

资源产业的历史作用是不容磨灭的。建国初期,中国就在发展农业的基础上积极发展工业,其中把这些主要资源产业作为重点行业来建设,当时这些行业的建设和发展是在高度集中的计划经济体制之下进行的。所以发展的速度很快,规模发展十分迅猛。第一个五年计划和第二个五年计划中,这些资源型产业为国民经济发展作出了巨大贡献,如"一五"计划期间的重大成就有2条铁路(宝成铁路和鹰厦铁路),3个工厂(鞍钢、沈阳第一机床厂、长春第一汽车制造厂);"二五"计划期间的重大成就有兰新铁路,两个钢铁公司(武汉、包头钢铁公司),3大油田(大庆、胜利、大港油田)。即使在"文革"期间,国民经济也因这些产业的迅速发展而持续增长,在这期间的重大成就有2条铁路(成昆铁路、湘黔铁路),湖北第二汽车制造厂。改革开放以来,资源产业对中国的经济发展和建设的作用更加显著(见表7.1和图7.1),所取得的重大成就有葛洲坝水利枢纽工程,三峡水电站,上海宝钢,大亚湾核电站,大秦铁路,山西平朔安太堡露天煤矿,正负电子对撞机,银河Ⅰ型、Ⅱ型巨型计算机,南疆铁路,青藏铁路等。

表7.1 中国主要资源型产业的经济贡献率(1996—2002年)(单位:%)

年 度	1996	1997	1998	1999	2000	2001	2002
煤炭采选业	2.10	2.06	1.66	1.51	1.17	1.60	1.89
石油和天然气开采业	2.41	2.52	2.29	2.54	3.13	2.90	2.63
黑色金属矿采选业	0.21	0.22	0.19	0.18	0.07	0.20	0.22
有色金属矿采选业	0.51	0.52	0.43	0.44	0.21	0.44	0.44
非金属矿采选业	0.68	0.71	0.42	0.42	0.14	0.39	0.40
钢铁工业	2.99	2.74	2.85	2.95	3.87	—	—

年　度	1996	1997	1998	1999	2000	2001	2002
石油加工及炼焦业	3.26	3.45	3.13	3.63	4.50	4.70	4.57
非金属矿物制造业	5.24	5.14	4.09	4.14	1.26	4.21	4.35
黑色金属冶炼及压延加工业	5.52	5.18	4.96	4.99	3.90	5.96	6.20
有色金属冶炼及压延加工业	2.10	1.97	2.08	2.18	1.29	2.47	2.48
经济贡献率占 GDP 比重	25.02	24.51	22.10	22.98	19.72	22.96	23.18

数据来源:《中国统计年鉴》(1997—2003 年),《中国钢铁统计年鉴》(2001 年)。

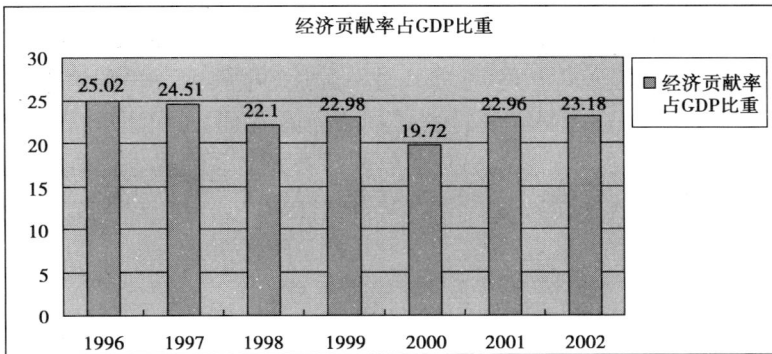

图 7.1　中国主要资源产业的经济贡献率占 GDP 比重

从上述图表中可以看出,从 1996 年到 2002 年,中国主要资源产业的经济贡献率占 GDP 的比重是较为平稳的,最低的约占 1/5,最高的达到 1/4 以上。从以上数据和图表不难得出以下结论:中国主要资源产业包括煤炭采选业、石油和天然气开采业、黑色金属矿采选业、有色金属矿采选业。这些产业对中国经济的贡献较大,其作用是其他任何部门经济不可替代的。

7.2　中国资源产业的发展绩效

7.2.1　中国资源产业发展的主要障碍

中国资源产业发展遇到的主要障碍有:一是资源的自然稀缺。中国自然资源总量比较丰富,但是,人均占有量严重短缺,呈递减趋势,如矿物是世界人均占有量的 1/2,水资源为 1/4,草场资源为 1/2,耕地面积为 1/3。中国资源还存在严重的结构性短缺,如用量大的支柱性矿产资源,贫矿多,富矿少;共生矿、伴生矿、难选矿多,单一矿少;中小型矿多,大型、超大型矿少。资源分布格局与消费市场不匹配,造成北煤南运,南粮北调,西电东送,南水北调,使中国运输能力全面紧张。二是掠夺代替竞争的格局。由于市场行为主体已向多元化发展,但资源产权关系不明确,导致滥用管理权,争夺使用权,出现了前所未有的乱挖滥采现象。"有水快流"、"资源共享"驱动,导致珍贵的矿产资源遭到严重破坏。如山东招远金矿、个旧锡矿、峨山铁矿、云龙锡矿、会泽铅锌矿、潼关金矿等都是掠夺式经营和产权纠纷的典型例子。三是资源产业的供给增长赶不上需求增长。由于资源产业投资规模大,建设周期长,生产能力形成迟缓。假定各生产部门同时开始扩大生产规模,当资源产业的新增生产能力还远未形成时,加工产业的大小企业早已建成投产,甚至已经经历了几个再生产周期。加速增长本身并不能消除短缺,即使对资源产业采取倾斜政策,资源的供给总量仍赶不上需求增长。四是不合理的比价关系是资源产业瓶颈趋向恶化的深层次体制障碍。长期以来,中国实行"产品高价,原料低价,资源无价"的价格体系。在过低的价格关系下,面对短缺的资源产品,恰恰是鼓励人们继续用增加消耗的办法来扩大生产。

7.2.2 中国资源产业市场的发展绩效

市场经济是竞争经济,竞争产生适度规模和效益。合理的资源产业市场结构是既保持有效竞争,又保持企业规模经济。市场经济国家资源产业市场结构的重要特征是由垄断到市场参与多元化。随着经济的发展和工业化向高阶段推进,发达国家上下游一体化和资源业兼业经营、资源经营集中化等趋势十分明显。然而中国长期以来受计划经济思想的影响,致使资源产业形成高度垄断的市场结构。

1）中国资源产业市场结构现状

由于长期以来受计划经济的影响,中国资源产业的市场结构缺乏竞争且规模效益较差,由此导致的市场行为不合理和市场绩效偏低现象普遍存在。中国大部分资源产业国家垄断程度很高。以油气业为例,油气勘探业目前主要由地矿部石油地质海洋地质局和中国石油天然气总公司两家经营。中国海洋石油总公司和属于吉林省地方企业的吉林石油管理局(吉林油田)也参加国内油气勘探,但所占份额不大[①]。所以中国油气发现业基本

---

①覃家君,成金华.我国资源产业的市场结构与市场绩效[J].软科学,1997(3):16.

上属于双头垄断的市场结构。油气生产业中的开采,改革开放以前基本上由中国石油天然气总公司独家经营,改革开放以后,虽然地矿部石油地质海洋地质局、中国海洋石油总公司和一些地方企业开始进入,但相对中国石油天然气总公司的经济实力来说,这些企业的经营规模不大,原油和天然气的年销售量不及中国石油天然气总公司的15%。因此中国油气开采业基本上属于独家垄断的市场结构。油气化工业,就资产净值、利润和市场占有率而言,中国石油化工总公司占有绝对优势。从这个意义上讲,中国石油化工总公司也具有独家垄断石油化工产业的性质。此外,中国油气产业市场结构更为特殊的地方在于:在石油和石油化工产业的高度垄断市场格局中还套存有众多分属于不同地域地方政府的地方企业,甚至民营、个体企业。他们的规模一般都很小,不具有多工厂企业或多公司集团的特征,在参与市场竞争和自身利益方面,它们往往不是依靠公司或企业本身而是仰仗地方政府的力量,由地方政府出面为它们争地盘、争原油、争产量、争价格;或是钻国有资源性资产管理制度不严的空子赖以生存,成为油气产业垄断性市场格局中的竞争性因子。油气产业中的这种市场结构在中国的资源产业市场总体结构中具有一定的代表性。目前,中国矿产勘查业、水利业、土地业、海洋业、森林业、渔业的市场结构基本上是国家垄断型。

2) 中国资源产业市场结构的主要特征

超经济的非常态垄断是中国资源产业市场结构的主要特征。所谓超经济的非常态垄断即行政垄断和经济垄断共同发生作用的混合垄断形式。这种垄断形式的形成经过了一个较长的历史阶段,在建国初期,中国为了尽快构建新的国民经济体系,对整个资源产业采取了国家垄断,即行政垄断的形式。中国通过行政分工和严格的等级制行政组织关系维持对各类资源生产、流通和经营的统治,形成了资源业与开采业、加工业、贸易业分割的格局。建国初,中国通过行政力量直接经营矿产勘查业,不仅接管了解放前西部地区遗留的已经开发的少量油田、矿山,而且调集了大量的人力物力和财力,大规模地组织了大庆、华北、江汉、攀枝花、大冶等油田、矿山的勘探开发,取得了巨大成效。但是在新中国国民经济体系和资源产业体系已经构筑起来后,中国没有通过引入市场机制来促进国民经济体系的资源产业体系的优化,而是进一步加强了行政垄断的力度,导致了国民经济结构和资源产业结构的僵化和失衡。改革开放以后,这种行政垄断结构受到了市场机制的冲击,市场机制动摇了行政垄断的格局,经济规律要求市场本身首先组织合理的产业分工协作。但由于中国资源产业受国家控制的程度很高,市场化程度与第二、三产业相比十分缓慢。并且在这一缓慢的市场取向改革中,潜在的新企业还未进入,或已经进入但还未有机会获得更大发展,原有的企业就已利用行政力量、政策因素和长期行政垄断所积聚的资产优势,构筑高度的进入壁垒,阻止潜在企业进入资源产业或限制已进入该产业的新企业发展。这种非常态垄断既不同于单纯的行政垄断,又不同于单纯的经济垄断,而是同时具有这两种垄断特征的特殊混合物。

7.2.3 对中国资源产业发展的评价

中国资源产业的非常态垄断有以下特征:一是非常态产出决策。一般而言,垄断者总是希望把产品价格和产量定在均衡点的左边,采取高价格、低产量的策略,以获取高额利润(成本小、收益大),而在非常态垄断结构中,产出决策虽然也偏离均衡点,但产出点在均衡点的右边,高产量、低价格、成本大、收益也大、边际成本递增,边际收益递减。出现这种情况,一方面,根源于资源产业的生产条件和资源数量的自然硬约束,另一方面,也与现行的管理体制有关。非常态垄断条件下,中央企业大多采取逐层承包制度,债务约束软化,短期行为严重。就成本管理而言,固定资产是国家的,要么无偿调拨,要么折旧比率不合理,助长了拼设备、拼资产的短期行为。就产出管理而言,国家硬性规定任务,产出决策没有引入市场机制,脱离生产可能和市场需求,也是导致非常态产出决策的直接原因。二是分工摩擦。在非常态垄断结构中,行政分工与市场分工的摩擦、碰撞加剧,由此造成资源产业中生产、流通和分配的无序,市场机能被扭曲,经常出现以局部利益压整体利益,以经营权管理压所有权管理的现象,自然资源的宏观配置效率不高。三是卖方买方双向垄断。非常态垄断造成资源产业内部上下游产业之间以及资源产品的卖方或买方垄断。如资源发现业可以部分封锁成果,其目的为了自己从事资源生产活动。

资源产业的非常态垄断在发挥了短暂的积极作用以后,其消极作用更加明显,需要迅速加以转变,使之走向常态并实现有效竞争,如果不转变,非常态垄断的消极影响会造成中国经济发展和资源产业发展的巨大障碍。首先,直接导致寻租活跃。寻租作为一种经济现象,是指经营者为了获取利润转移或为了防止利润转移而进行的资源投入行为。对于社会来说,这种投入不带来任何福利,而只是经济发展中的一种额外成本。在完全的行政垄断结构中,企业行政利润转移表现为非企业主观原因所致,是行政定位和计划扩张的结果,寻租活动又难以存在。在经济垄断结构中,寻租活动虽然存在,但由于产权界定很明确,产权转让完全货币化,因而助长寻租活动的动因不大。但是在非常态垄断结构中,由于产权关系模糊,产权转让无价或廉价,因而垄断者热衷于投入大量资源(资产扩张、游说、福利性扩张)以巩固其垄断地位,以便更多地从消费者身上和竞争者手里或从具有外部性相关产业中获取利润转移,而那些受损失的消费者和经营者也会追加防护性的投资防止这种利润转移。其次,导致资源占而不用。在非常态垄断结构中,垄断者既可以凭借行政力量占有稀缺资源的勘探权、开采权和加工权等,又可以凭借市场力量,保持资源囤积,占而不用。再次,导致资源产权纠纷损失。这是一种资源的劳动价值转移与反转移、垄断与反垄断冲突的结果。在纯粹的行政垄断和纯粹的经济垄断中都不会发生太多、太大的产权转移纠纷,即使有,也容易得到解决。因为无论是行政垄断还是经济垄断,其分工规则、产权规则、利益规则都十分明确,经济活动的秩序化水平很高。行政垄断通过组织力量维持资源产业生产活动的秩序,经济垄断通过法制力量维持资源市场交易的秩序。在非常态垄断结构中,资源发现企业认为资源是他们找到的,自己有理由从事资源的生产;而资源生产企业认为只有他们从事资源的生产活动才是最经济的,双方争执不下,造成各种公开或隐性的损失。第四,致使产权流动受阻。在经济垄断中,兼并有自由发生的动因和必然性,势力强大的资源生产企业完全可以在规模经济的驱动下通过收购其他企业股权等形式兼并同类的企业和相关企业,以实现垂直一体化和多元化经营。在行政垄断结构中,虽然不存在兼并行为,企业的改组和合并却可依靠行政力量,达到与兼并相似的目的。而在非常态垄断结构中,其情形就不一样,部门思想、本位主义和多块分割现象较之行政垄断结构还显得有所加强,企业方面既不能轻易地通过行政力量达到改组或合并的自由,也不能轻易地通过市场规则来实现真正意义的兼并。从事资源产业的企业发展主要靠内部扩张和少量的资本协作,产业结构高度化水平很低,难以摆脱产业结构僵化和产业关联效应不强的局面。

7.3 中国资源产业转型方式及绩效

资源型经济是从资源开发起步,并形成了长期依赖资源的发展循环过程、经济增长机制和具有浓重资源型色彩的经济体系和经济体制。资源型经济有两大致命弱点:依附性和边缘化①。因此,资源型地区应当摒弃传统的资源优势思维,适时转变资源型经济开发模式,调整和改造资源型经济体系,以实现区域经济的转型和跨越发展。资源型产业发展与转型问题是国内外经济学界公认的难题之一。近年来,中国很多老工业基地城市赖以生存的国有资源企业大多步入资源开采的中后期,资源枯竭、矿区沉陷、职工下岗等一系列问题接踵而至。党的十六大《中共中央、国务院关于实施东北地区等老工业基地振兴战略的若干意见》明确指出,"支持东北地区等老工业基地加快调整和改造,支持以资源开采为主的城市和地区发展接续产业",这为资源型企业接续发展与产业转型研究提供了理论依据和有利契机。因此,探索国有资源型企业在中国经济高速增长过程中如何解决产业转型所面对的问题,总结现有的转型模式就显得尤为必要。

7.3.1 中国资源产业的转型方式

1)中国资源产业发展概况

资源产业的转型是以资源型城市的产业转型为载体的产业变迁过程。在全国400多座资源型城市(镇)中,有近50座面临资源枯竭的威胁,2/3的国有矿山已进入中晚开采期,440多座矿山进入了资源枯竭期,300万职工和1 000万家属面临生活和就业等一系列问题②。资源型城市衰退的直接根源,在于其主导产业资源性产业,如煤炭、石油等由于资源枯竭而走向萎缩。因此,新兴主导产业的选择与培育是资源型城市转型的核心问题。而对于中国而言,资源枯竭城市经济转型是前所未有的事情,没有什么经验可供借鉴,同时财力十分紧张,经济转型十分困难。2001年12月28日,国务院正式确定阜新为全国唯一的资源枯竭型城市经济转型试点,重点发展第一、三产业,形成以现代农业为基础,第二、三产业有机融合的新格局③。全国资源型城市基本数据见表7.2,表7.3、表7.4分别为中国资源型城市地区分布和产业分布。

①张复明.资源型经济的转型模式研究[J].经济研究参考,2002(81):15-20.

②刘玉劲,陈凡,刑怀滨.我国资源型城市产业转型的分析框架[J].东北大学学报:社会科学版,2004(5):184.

③中国资源枯竭型城市转型报告[J].数据中国,2005(15):30-31.

表 7.2　中国资源型城市基本数据

	118 个资源型城市	60 个典型资源型城市
土地总面积	96 万 km²	46 万 km²
涉及总人口	1.54 亿人	6 650 万人
涉及职工	1 250 万人	800 万人
登记失业人数	90 万人	56 万人
失业人数占职工比率	7.20%	7.00%
失业人数占职工比率比全部城市平均水平	高 2.30%	高 2.10%
2000 年 GDP	11 550 亿元	5 860 亿元
人均 GDP(2000 年)	7 500 元	8 810 元
人均 GDP 比全部城市的平均水平	低 1 150 元	高 160 元
职工年平均工资(2000 年)	7 800 元	8 180 元
职工年平均工资比全部城市平均水平	低 1 700 元	低 1 300 元

资料来源:《宏观经济研究》2002 年第 11 期。

2）资源产业转型的难点

目前中国资源产业转型存在的普遍问题就是产业结构存在明显的刚性,培养后续替代主导产业的能力不强。资源型产业结构表现出较强刚性的原因是制度和技术的约束。表现在:一方面,制度约束造成了区域内产业关联弱化。由于过去中国采取的是高度集权的计划经济体制,这些资源产业从开采到销售都是由政府统一管理,地方在对产业进行布局时没有自主权,这就造成了资源产业和地方的产业缺乏一定的关联性,这限制了资源型产业对地方经济的关联带动作用;另一方面,技术约束使资源型产业形成很高的产业转换成本。资源型产业中的大量资产具有较高的专用性,包括设备、基础性生产设施、专业技术知识人才等。要使这些资产转换到别的产业是很难的,同时也要花费较高的经济、社会和时间成本。正是由于这些刚性的存在,中国许多资源型城市的产业结构在 30 年的经济改革历程中没有得到显著改变①。打破刚性需要很高的成本,完全靠市场又无法实现。因此,需要通过有效的产业政策及相关配套政策,甚至政府对相关产业适时适地的直接介入,调动各方力量,促进资源型城市的产业结构优化和主导产业转型。

①王建平.资源型城市的产业转型与可持续发展研究[J].决策咨询通讯,2006(2):89.

表 7.3　中国资源型城市地区分布

省（区）	城市数量	城市名	省（区）	城市数量	城市名
河北省	5	唐山,邯郸,邢台,武安,迁安	湖北省	2	潜江,大冶
山西省	11	大同,阳泉,长治,晋城,朔州,古交,霍州,孝义,介休,高平,原平	湖南省	6	耒阳,冷水江,郴州,资兴,涟源,临湘
内蒙古区	9	乌海,赤峰,满洲里,牙克石,东胜,锡林浩特,霍林郭勒,根河,阿尔山	吉林省	10	辽源,白山,敦化,珲春,桦甸,蛟河,松原,舒兰,临江,和龙
辽宁省	7	抚顺,本溪,阜新,盘锦,葫芦岛,铁法,北票	广西区	2	凭祥,合山
广东省	3	韶关,云浮,乐昌	四川省	5	攀枝花,广元,华蓥,达州,绵竹
黑龙江省	13	鸡西,鹤岗,双鸭山,七台河,大庆,伊春,五大连池,铁力,尚志,海林,穆棱,宁安,虎林	贵州省	2	六盘水,福泉
安徽省	4	淮南,淮北,铜陵,马鞍山	云南省	4	东川,个旧,开远,宣威
福建省	2	永安,漳平	陕西省	2	铜川,韩城
江西省	5	萍乡,丰城,德兴,乐平,高安	甘肃省	3	白银,金昌,玉门
山东省	9	枣庄,东营,新泰,龙口,莱州,滕州,邹城,肥城,招远	宁夏区	1	石嘴山
河南省	8	平顶山,鹤壁,焦作,濮阳,义马,汝州,灵宝,登封	新疆区	5	克拉玛依,哈密,阿勒泰,库尔勒,阜康

图表说明:中国约80%的资源型城市分布在中西部地区。黑龙江省最多,有13个;山西省其次,有11个;吉林、内蒙古、山东、河南、辽宁等省分别为7~10个。东北三省合计30个,约占全国的1/4。60个典型资源型城市的地区分布,山西省最多,有8个;黑龙江省、辽宁省、内蒙古自治区各7个,吉林省有6个。东北三省合计20个,占全国的1/3。

资料来源:北京国际城市发展研究院数据中心。

表7.4 中国资源型城市产业分布

城市类型	数量	城市名
煤炭城市	63	唐山,邯郸,邢台,武安,大同,阳泉,长治,晋城,朔州,古交,霍州,孝义,介休,高平,原平,乌海,赤峰,满洲里,东胜,霍林郭勒,抚顺,阜新,铁法,北票,辽源,鸡西,鹤岗,双鸭山,七台河,淮南,淮北,永安,萍乡,丰城,乐平,高安,枣庄,新泰,龙口,滕州,邹城,肥城,平顶山,鹤壁,焦作,义马,汝州,登封,耒阳,资兴,涟源,合山,广元,华蓥,达州,绵竹,六盘水,宣威,开远,铜川,韩城,石嘴山,哈密
有色冶金城市	12	葫芦岛,铜陵,德兴,冷水江,乐昌,凭祥,东川,个旧,白银,金昌,勒泰,阜康
黑色冶金城市	8	迁安,本溪,马鞍山,漳平,大冶,郴州,攀枝花,临湘
石油城市	9	锡林浩特,大庆,盘锦,东营,濮阳,潜江,玉门,克拉玛依,库尔勒
森工城市	21	牙克石,根河,阿尔山,白山,敦化,珲春,桦甸,蛟河,松原,舒兰,临江,和龙,伊春,黑河,五大连池,铁力,尚志,海林,宁安,穆棱,虎林
其他城市	5	莱州,招远,灵宝,云浮,福泉

图表说明:资源城市多以煤炭、石油、铁矿、铜矿产业为主。在118个资源型城市中,煤炭城市有
　　　　63个,占53%;森工城市有21个,占18%;有色冶金城市有12个,石油城市有9个,
　　　　黑色冶金城市有8个,其他城市5个,分别占10%,8%,7%和4%。从城市的行政级
　　　　别构成看,地级城市47座,县级城市71座。

资料来源:北京国际城市发展研究院数据中心。

3)资源产业转型的基本模式

　　有人将资源型产业称之为"夕阳产业",认为它必将衰退下去,最终被其他产业所替代。也有人认为,只有夕阳技术,没有夕阳产业。实际上,资源型产业是国民经济发展的重要部门,绝大多数是不会被淘汰的,有些还需要扩大投资而滚动扩张[①]。我们面临的关键问题不是要不要资源型产业,而是如何改造、救助和升级,提高其产业层次和产业素质,同时积极培育新的支

---

①张复明.资源型经济的转型模式研究[J].经济研究参考,2002(81):15-20.

柱产业,形成产业结构的新陈代谢机制,加速产业的优化升级,从而达到有效支撑区域经济发展的目的。产业转型是一个动态的概念,由于城市内部产业在不断发展,所面临的外部环境也在不断变化,因此,需要根据自身条件和外部环境,选择合适的转型模式。资源型城市在世界范围内广泛存在,总结和借鉴国内外资源型城市产业转型的经验,将对中国资源型城市的产业转型有所帮助。

在对一些国家和地区的资源型城市转型的资料进行归纳比较的基础上,我们发现,由于环境和现实条件的差异,各国资源型城市的经济转型也存在许多差别,比较有代表性的大致有三类:

——市场运作模式 这种模式以美国、加拿大、澳大利亚等国家为代表,它们对资源型城镇的经济转型主要依赖于市场机制的调节。转型产业主要包括煤铁矿区和石油产区。由于注重先进技术的应用,这些国家资源型产业的从业人员较少,加之这些国家的居民都具有很强的迁徙性,因此转型比较容易进行。这些国家的企业掌握着对产业进出的主动权,而政府大多只通过宏观政策手段对经济转型进行控制,并负责协助对转型企业的人员进行转型后的安置。

——政府主导模式 这种模式以日本为代表。日本资源型产业需转型的主要是煤炭产业,日本的国内资源非常稀缺,其政府部门对资源型产业极端关注。1956年以来,日本政府开始注重采用进口替代的政策取代原来的政策,并注重培育资源枯竭型城镇的转型产业。在1962年7月到1991年7月这段时期内,日本政府先后对煤炭政策进行了9次修订,政策修订的核心思想是确保煤炭的稳定供应和维持产煤地区的经济繁荣,针对国内煤炭资源枯竭的实际,不断调整国内煤炭工业的结构,逐步实现由依靠国内产煤转向依靠国外产煤①。日本政府对转型产业实行了有力的援助政策,并主要以地方财政为主。日本政府很注意对转型城市投资环境的改善,大力强化基础设施和公用事业的建设,并从融资和税制等方面为向转型城市注入的投资提供便利与优惠。

——专职委员会负责模式 这种模式以欧盟国家(尤其是德国的鲁尔和法国的洛林地区)为代表。这种模式主要也是政府在起主导作用,只不过表现形式与日本略有不同。在转型中,政府主要是通过财政援助的手段来顺利实现转型。对于转型资金的获取,采用包括政府投资或政府贷款、向用

①焦华富,陆林.西方资源型城镇研究的进展[J].自然资源学报,2000(3):306.

户征收"煤炭附加费和补贴税"、发行土地发展基金债券等方式。在该模式中，为了应对危机，政府专门成立了负责转型的委员会，全权负责区内的规划发展。此后，又通过立法扩大其权力，形成为区域规划的联合机构，其协会的成员具有广泛的代表性，60%是政府成员的代表，40%是企业代表，这为协会的政令推行提供了很好的前提条件。

和讯网文章将中国资源转型归结为以下四种模式。一是产业延伸型[①]。即在资源开发的基础上，发展下游加工业，建立起资源深度加工和利用的产业群。这种模式的优点是在转型的初期能够充分发挥本地的资源优势，同时上下游产业在生产、管理和技术方面具有明显的相关性，实施转型的难度较小。随着下游产业的不断发展壮大，其竞争能力和自我发展能力将逐渐增强，将来即使本地资源逐渐枯竭，也可以从外部输入资源进行加工。如克拉玛依市随着油田的开发而兴起，该市在油气开发过程中建立了石油化工体系，主导产业逐步由单纯的石油开采转变为石油开采和石油化工并重。近年来，克拉玛依周边地区的油气勘探取得了重大进展，将来即使本地的石油生产逐步萎缩，也可从周边地区输入原油进行加工，保证城市的可持续发展。二是优势互补模式。主要是指通过异地异质资源的开发来形成自身的产业优势及地区经济的整体优势。三是优势组合模式。在中国的广大地区，多种资源赋存于一个地区，资源组合和配套程度较好。综合开发这些优势资源，就成了优势组合发展模式的主要特点。四是优势再造模式。就是从资源状况、现在基础、区位条件、技术条件及投资来源等各方面重新认识和确立新的优势。通过改变资源配置方式，重组资源存量，同时让资产增量转移到效益好的行业及部门。

张复明(2002)则将资源型经济产业结构的转变归结为六种类型[②]。一是产业改造模式。这种模式采用高新技术或适用技术进行产业改造，通过实行规模化、集约化生产，不断提高产业的综合素质和技术层次，促进资源型产业的健康稳定发展。但这种转型模式并不改变产业的属性，甚至不会改变产品的特点。这种改造不会对区域产业结构带来重大变化，产业间的数量比例和质态特征可能依然如故。二是产业延伸模式。这种模式依托资源优势，在资源开发产业的基础上，大力发展下游产业，实现纵向一体化，上中下游产业联动发展。这种产业发展模式可以较好地保持原有的资源优

---

①张米尔.西部资源型城市的产业转型研究[J].中国软科学,2001(8):103.
②张复明.资源型经济的转型模式研究[J].经济研究参考,2002(81):15-20.

势,有效地发挥前后产业之间的技术经济联动效能,大幅度提高产业的附加值和综合经济效益。但这种模式仍然局限于某一个产业领域内,抗拒市场风险的能力较差,比较容易受到经济波动的影响。处于基础地位的资源禀赋优势和资源型产业,一旦出现资源衰竭和产业衰退,整个产业链条必将受到严重冲击。产业发展循环较为封闭,经济基础的多样性不足,产业结构弹性较小。三是产业救助模式。该模式是为了确保社会经济的持续发展,或者是为了度过经济波动期,政府对资源型产业给予适当救助,这样做的目的不是简单的救济企业,而是着眼于资源型产业发展能力的建设,着力于产业竞争力的培养。四是产业联盟模式。该模式是资源型产业通过与中心城市、加工型企业和企业巨头结盟,或加入大型企业集团,建立利益分享和风险分担机制,以确保资源型产业的持续稳定发展。五是产业替代模式。该模式依托资源型产业提供的资本积累,以技术创新和制度创新为动力,吸引区外或国外资本和技术,按照"孵化——育成""产业转移""合作联姻""转移——迁入"等模式,通过市场化运作方式,辅之以政府扶持和政策支持,尽快形成具有市场潜力和竞争优势的产业,形成复合主导结构,进而完全替代资源型产业,实现产业结构的根本转型。六是产业置换模式。该模式是在资源优势完全丧失,或资源型经济包袱不堪重负,或技术结构和市场格局出现重大变化的特殊情况下,资源型产业全部关闭,全线突出传统产业,开辟新的产业领域,实行主导产业的完全置换。这是一种代价高昂的非常规转型模式,它对于区域经济社会的冲击是巨大和深刻的。在该模式下,培育新的支柱产业是转型的成功与否的关键,新产业的成长状况取决于市场机制的有效性和灵活性,取决于区域发展环境的质量,取决于新区域优势塑造的进程和成效。

2004年8月,在"资源枯竭型城市经济转型与可持续发展研讨会(阜新)"上,专家们总结提出了中国资源型城市接替产业培育和发展的四种情形,一是依托原有的资源,延长产业链,做深做强,即保二进二(二代表第二产业)。二是退出传统的资源型产业,进入以现代农业为主的第一产业,即退二进一。三是退出传统的资源型产业,进入以生态、信息、电子、服务等产业为主的第三产业,即退二进三。四是根据所处区位以及在区域经济中的地位,摆脱资源基础,发展多元型产业,服务整个地区,使城市向综合性方向发展。

此外,《资源枯竭型城市如何转型》一文指出,研究人员经过对国际上13个国家的矿业城市转型发现,资源枯竭型城市的转型实施了两种模式选择,一种是全线退出传统领域,开辟新的活动舞台;另一种是按产业链的延伸推进相关产业的发展,特别是通过发展接替产业,以实现城市经济结构的升级。

7.3.2 中国资源产业转型后的绩效——基于阜新的分析

20世纪70年代末,随着煤炭资源逐渐枯竭,阜新市的一些矿井相继报废,城市发展陷入困境。1980年,中央政府调查组深入阜新市进行调研并撰写了《要重视解决穷城穷市问题》的报告。该报告指出,煤电之城贫穷的根源在于投资结构不合理,必须进行经济结构调整才能解决根本问题。2001年12月28日,国务院正式确定阜新为全国唯一的资源枯竭型城市经济转型试点,重点发展第一、三产业,形成以现代农业为基础,第二、三产业有机融合的新格局。按照阜新经国务院批准的"转型复兴计划",阜新市从2002年起用4年时间,建设一批现代农业示范区,之后再用5年时间,建成全国生态农业示范区,即9年内基本完成"农村包围城市"的经济转型,希望将下岗工人变成种养殖业的现代农民。从目前的发展情况看,阜新发展现代农业取得了一定的成效。从近几年三次产业的结构变化上可以看到这一点。2003年阜新第一产业增加值增长了49.9%,远高于二三产业。同时,第一产业占整个GDP的构成比重也在逐步上升。如图7.2所示。

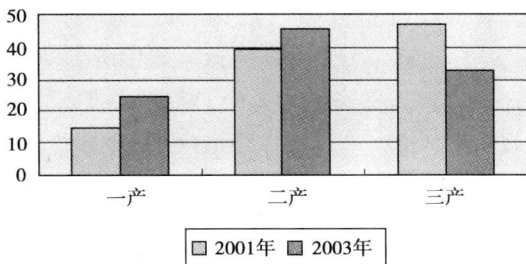

图7.2 阜新2001,2003年三次产业构成变化

阜新市应对经济转型的策略和初步绩效可归纳为[①]:一是依据"适应市场、因地制宜、科学决策"的原则,以发展现代农业作为转型的突破口,使得一批农业园区得以成功兴建。采用吸引民营大户开发、发动村镇兴建、鼓励下岗职工自筹等市场机制的运作,建成了15个千亩以上的农业园区和30个500亩以上的专业小区,并已生产出一批特色蔬菜、花卉和优质畜禽。二是

①于全,王金瑛.资源枯竭型城市的经济转型[J].理论与经验.山东社会科学,2004(5):41.

突出科技在转型中的重要地位,大力兴建阜新国家农业科技园区,依靠科技支撑的力度明显加大。目前,园区的 7 个科技研发中心全面起步,农业科技成果转化中心开工建设,9 个以民营为主的农业高科技项目落户园区。阜新市还同中国农科院、清华大学等 30 个单位建立了长期合作关系。2002 年 12 月,国家科技部牵头在北京专门为阜新市经济转型举办了科技项目对接洽谈会,签订合同 54 项、协议 57 项,签约项目投资总额达 22.8 亿元。三是治理生态环境和改善投资环境并重,引进域外优质企业和发展本地龙头企业并重。2002 年完成造林面积 57.7 万亩,相当于前 4 年的总和,成活率达90.3%,创历史最好水平。人工种草 12.6 万亩。全面启动宽 500 m、闭合周长 102 km 的环城绿化带建设,多年污染的细河再现碧水清波,城区不合理的区划得以调整,民众切身感受到经济转型带来的实惠。引进域外优质企业60 家,其中上海大江、河南双汇等 12 户较大型优质企业已落实资金 8.3 亿元,正在加快建设步伐。本地原有的龙头企业进一步扩大规模,并已初步形成了家禽、生猪、食用菌和蔬菜、花卉和苗木、奶牛、肉羊、獭兔、杂粮等八大产业链条。四是启动矿区经济转型。阜矿(集团)公司已完成春光生态种植园苗圃、煤矸石粉煤灰砖厂一期工程等 8 个转型项目,海龙养殖园区等 6 个在建项目也获得了新进展。五是以转型为主,广开就业渠道,安置就业实现了新突破。2002 年共有 4.15 万名下岗职工实现了再就业,其中,矿区下岗职工 1.193 万人。在实现就业的 4.15 万人中,进园区 2 565 人,进入优质企业 4 500 人,劳务输出 8 088 人,进入社区搞家政服务的达 5 650 人。六是全面展开沉陷区的治理工程。坚持发展与就业结合、搬迁与绿化整治结合,高质量地完成了采煤沉陷治理一期工程。2003 年开工建设 4 个楼房小区,5 个平房小区,完成建筑面积 26.93 万 m^2,已有 4 503 户沉陷区居民喜迁新居。

对于中国 50 座资源枯竭型城市来说,经济的发展历程和经济资源(无论是矿产资源、土地资源和人力资源)都各不相同。事实上,在阜新转型的同时,部分资源枯竭城市也正在按照自身的特点进行经济转型。这其中包括黑龙江大庆、新疆克拉玛依、河南平顶山、山西大同、山东枣庄等城市。大同转型的方向主要集中在旅游和煤炭的深加工方面;平顶山的转型方向除了煤化工和旅游外,还将发展盐化工;克拉玛依则将发展旅游业和现代农业。表 7.5 为几种主要的转型方式。

表7.5 中国资源型经济主要转型方式

转型方式	城市	转型路径
以同种资源发展替代产业	大庆	提出"稳石油,兴化工,大力发展替代性产业和地方工业"的战略,大力发展以石油资源为基础的一系列替代性产业,如石化产品的深加工业、建筑建材加工业等。
替代资源为基础发展替代产业	抚顺	弃煤而选择石油,发展基于石油资源的替代产业,现已形成以石油、化工、电力、冶金、机械、电子等重工业为主,成为辽中南的综合性重工业城市。
以优势产业为主发展生态城市	淮北	提出建设绿色家园工程,以淮北市采煤塌陷区复垦、复绿为基础,在塌陷土地上规划建设六大经济板块:现代化工业园区、现代化新城区、现代化高科技园区、现代化休闲旅游区、现代化商贸物流中心和高科技观光旅游区。
利用高新技术提升改造传统产业	枣庄	加快利用高新技术和适用技术改造传统产业,拉长"煤—焦—化、煤—电—化"产业链,提升建材、纺织、食品和造纸等传统产业的科技含量,改变单一的资源型产业结构。
退出传统工矿业而发展现代农业	阜新	积极发展现代农业

7.3.3 对中国资源产业转型的评价

资源型经济面临的问题本质上是一种结构性危机。这种结构性危机表现为产业结构畸形发展给经济社会发展带来的不良影响。因此,实现产业结构转型成为摆脱危机的关键所在。多年来,许多资源型城市为此进行了艰苦的努力,但收效甚微,究其原因,是因为有一系列因素制约着资源型城市产业结构转型。

首先,市场竞争中比较利益优势的制约。一般来说,在市场经济条件下,产业结构优化与升级是经济发展的自然过程,其动力来自于市场竞争规律。市场机制可以实现企业的优胜劣汰,也可以实现产业结构的自发选择。但在现阶段,市场机制对资源型城市产业结构的升级与优化却难以充分的调整。因为,一是市场分工会强化资源型城市按自身的比较利益优势,使其产业结构单一畸形发展。资源性产业投资巨大,从业人员众多,形成超强的支柱产业体系,其影响力几乎遍及城市的所有产业和部门。长期以来,资金、技术、人才等生产要素无一例外地向该产业倾斜,反过来又不断地强化着这一比较利益优势。二是资源性产业设备和劳动力专业化程度高,产业整体转换成本大,企业要素专业转换成本也大,使其难以按市场需求进行顺利升级。三是市场无法在短期内对这样的产业作出选择,因为资源间的替代是受技术进步影响的长期过程,市场对这样的产业需求带有刚性。

其次,原有经济结构格局的制约。资源型城市经济发展长期受计划经济支配,其经济结构格局具有浓厚的计划经济色彩。在产业结构上,城市自身各个产业由于资源配置的巨大差异而关联度极低,互相支持能力弱。大型企业主要同国家工业体系相联系,而与地方中小企业无联系或联系很小,形成资源开采业和初级加工业与落后的农业及服务业并存,技术先进、人员高素质、规模巨大的国有企业与落后的地方中小企业并存的二元结构。这种结构,自身的调整弹性很小,自我选择和自我发展能力极低。同时,城市以资源开采和加工为核心组成它的产业部门,建设周期长,占用资金多,形成规模大。生产要素构成上既专业化又单一化。在经济形势不断变化的情况下,其应变性、适应性及可调控性均较差,相反却具有较大的发展惯性和超稳态性。在所有制结构上,国有工业企业在各种经济成分中占绝对优势,民营企业、个体企业少。在企业规模结构上,大中型企业多,小型企业少。在企业组织结构上,"大而全""小而全"的企业多,专业化分工协作的企业群体、知名企业和企业集团少。同时,由于城市投资环境和投资条件的欠缺,难以形成有效吸引外来资金的氛围,因而合资企业和外资企业的发展薄弱。在科技结构和人才结构上,科技成果和科技队伍专业门类极不平衡,资源性产业人才济济,成果丰硕;而其他产业科技力量不足,人才缺乏,并且成果甚少。这样的经济结构格局,构成城市产业结构转型的巨大障碍。

第三,政策和体制分割的制约。在政策上,在计划经济时期,国家按指令性计划向加工型地区低价调出资源产品,而加工地区向资源型城市高价返销轻工产品,造成资源型城市经济效益的双向损失,使其地区积累能力弱化,城市基础设施欠账太多,投资环境不佳。进入市场经济时期,国家拿走了资源型城市税收的大部分,地区积累能力依旧弱化,不仅难以发展新兴产业,也难以为培育新兴产业创造投资环境。在体制上,大企业作为资源型城市的主体,大都受"条条"管理,服从于"条条"的发展目标,基本上封闭运行,即使看到单一产业对城市发展的不利影响,也只能在企业力所能及的范围内作出有限的贡献。城市地方政府没有能力统率各方力量、统筹使用资金和各种资源,实现产业结构转型。此外,企业与政府功能错位严重,一方面,大而全,承担着诸多社会职能的庞大国有企业具有较强的挤出效应,抑制其他企业和产业的发育;另一方面,国有企业自身不堪重负,竞争力大大降低。

第四,配套体系不完善。主要表现在:一是由于矿区与市区混杂在一起,这在相当大程度上制约了生活设施和城市综合功能的开发。二是城市公共产品的供给不足。资源型城市在水资源、电力和交通运输方面存在严重的制约,成为当地经济发展和人民生活提高的瓶颈。水资源的匮乏表现尤为突出,在中国660多座设市的城市中,有60%的城市常年供水不足,有25%的城市严重缺水①。三是城市综合服务体系不完善。资源型城市大多是由企业社区扩展而形成的,缺乏较完备的城市社会服务功能;城市大多数地理环境闭塞,城市服务功能滞后且缺乏特色。在产业结构中,服务业不仅表现为总体比重较低,而且产业结构也存在不合理的问题,服务质量和效率也较低。四是人力资源开发未受到重视。一些城市在科技管理人员中也存在结构不合理,知识老化和人才外流的现象,导致了产业转型所急需的高层次、复合型人才奇缺。

7.3.4 中国资源型产业转型的框架

资源型经济产业结构转型涉及市场、经济结构格局、政策和体制等众多问题,是一项系统工程。同时,由于资源型城市所依托的资源类型不同、区位不同、发展阶段不同,其实现产业结构转型的动力因素亦有所不同。因此,由于篇幅有限,本书只能就其转型的共性问题提供一个框架式和方向性的对策分析。

资源型经济是从资源开发起步,并形成了长期依赖资源的发展循环过程、经济增长机制。资源经济有两大致命弱点,即依附性和边缘化②。因此,如何发挥已有产业的优势,如何改造、救助和升级产业层次和产业素质,培育新的支柱产业,形成产业结构的自我更新和代谢机制应是我国资源型产业转型的基本框架。资源型产业转型应延续"竞争优势培育→企业模式转化→产业结构代谢"的思路(见图7.3)。

1)竞争优势培育

资源型地区不能拘泥于传统的资源优势,局限于天赐资源,沉溺于既有优势带来的短期利益,而应该居安思危,树立"培育优势"的观念,通过优势

---

①王建平.资源型城市的产业转型与可持续发展研究[J].决策咨询通讯,2006(2):91.
②张复明.资源型经济转型模式研究[J].经济研究参考,2002(81):15.

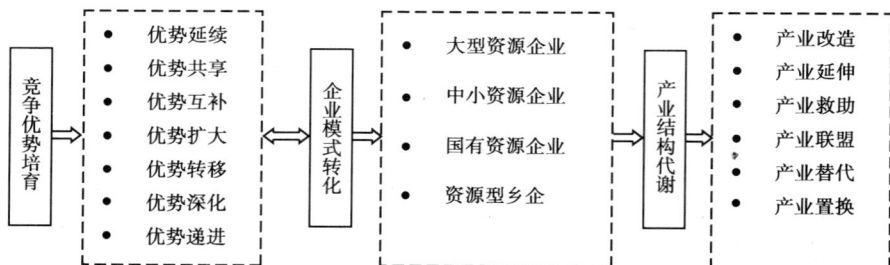

图 7.3　资源型产业转型基本框架

的延续、组合、互补、升级、替代、深化和递进,形成优势生成机制,为资源型产业转型提供动力保障。

优势延续:通过技术进步和管理创新,改进资源开发和利用方式,促进资源综合开发利用,从而延长资源产业服务年限,提高资源的保障程度和开发利用效率,确保原有优势的延续,使传统的资源优势为区域经济发展提供更多动力。

优势共享:通过对资源所在地区及其临近区域的多种优势资源进行综合配套开发,发挥资源共享的组合效率,由资源开发到产业发展,形成区域的共享优势。

优势互补:在资源开发区内优势资源的基础上,通过对异地异制资源的联合开发,形成自身的产业优势及地区经济的整体优势。

优势扩大:依托原有资源优势,积极延长原有资源产业链条,发展资源深加工、精加工业,通过发展前向、后向关联产业,向纵横两个方向扩展和转移,形成新的产业优势和区域经济的综合优势。

优势转移:立足已有资源、区位、技术实力和投资等要素条件,通过合理配置和优化资源,使资产增量转移到效益较优的产业和部门,寻找新的替代产业。

优势深化:通过充分发掘资源禀赋优势,以成本优势为基础,逐步向市场优势延伸,进而依托其他经济要素的优化配置,最终形成强大的竞争优势。

优势递进:通过规模化和集约化开发优势资源,适时进行经济要素的积累,逐步培育资本优势,进而塑造技术、管理和信息优势,强化创新能力,形成区域发展优势的递进机制。

资源产业要摆脱对原有资源的依附,就必须培育新的比较优势,进而塑造新的竞争优势,实现彻底的转型发展。实现资源型产业转型,就是要形成一个以区域创新体系和竞争优势为核心的综合经济开发体系。为此,需要对原有竞争优势进行有效的拓展和延伸,由禀赋型优势、供给型优势、成本型优势转向规模型优势、管理型优势、资本型优势、技术型优势,进而转向品牌优势、区位优势、创新优势和功能优势。

2)企业模式转换

大型资源企业:大型资源企业的转型既可以选择"专、精、尖"的专业化发展策略,也可以通过实行多元化经营、产业转移、组建战略联盟、推行上下游产业一体化等策略,使大型资源企业解除资源对企业发展的约束。

中小资源企业:中小企业的转型发展虽然缺乏规模优势,但由于其规模较小,所以企业转型负担小,因此,可以选择"锁定主业、滚动发展"的模式,以股权置换和技术创新为途径,实现专业化的发展战略。

国有资源企业:对于国有资源企业的转型,应该进一步按照中央关于"国有经济实行战略性重组"的总体部署,针对不同情况,可以采取战略性推出、国有股份转让或持减的方式,实现转型。

资源型乡镇企业:资源型乡镇企业大多数规模小,布局分散,在其生产和经营过程中往往存在外部不经济、地租利益转嫁等不合理行为,对于这类企业的转型发展,只有通过集约发展,即"集中、联合、改造"的方式,设立资源企业进入门槛,通过激励、规范、引导、限制的方法,综合采用法律、政策、经济、行政管理的手段,矫正其不合理的资源开发利用行为,促进农村新型工业化的健康持续发展。

3)产业结构代谢

资源型产业转型的关键不是要不要资源型产业,而是如何实现对已有产业的改造升级,提高其产业层次和产业素质,形成产业的自我更新机制。对于产业结构代谢,可以采取以下模式:

产业改造模式:采用高新技术或适用技术改造现有产业,通过实行规模化、集约化生产,不断提高产业的综合素质和技术层次,促进资源型产业的健康发展。但是,这种改造有其自身的局限性,这种转型模式并不改变企业的属性和其产品特点,不会对区域产业结构带来重大变化,产业间的数量比例和质态特征如故。

产业延伸模式:该模式旨在依托资源开发产业的基础上,大力发展下游产业,延长产业链条,提高产品附加值,实行纵向一体化,达到上中下游产业联动发展的目的。这种转型模式的优点在于保持了原有的资源优势,有效地发挥了前后产业之间的技术经济联系,提高了产业的附加值和综合经济效益。但这种模式仍然局限于某一个产业领域之内,区域产业循环较为封闭,经济基础缺乏多样性,产业结构弹性较小,抗拒市场的风险能力弱,产业链脆弱,处于上游的资源产业一旦出现衰退,整个产业都会受到影响。

产业救助模式:该模式是指在产业发展较为严酷的资源型地区,为了确保社会经济的持续发展,或是为了安然度过经济波动期,对资源型产业给予的如减免税收、减免社会保障金等援助。这样做的目的不是简单的救助资源型企业,而是着眼于资源型产业发展能力的建设,着力于产业竞争能力的培养。

产业联盟模式:该模式是在短缺经济基本结束,买方市场基本形成的大背景下,为了避免资源型产业成为市场打压的对象和价格波动的牺牲品,而采取的中心城市和加工企业联盟,通过建立利益分享和风险分担机制,以确保资源型产业的持续稳定发展。

产业替代模式:该模式主要依托资源型产业提供的资本积累,以制度创新和技术创新为动力,大力吸引区外或国外资本和技术,按照"孵化—育成"、"产业转移"、"合作联姻"、"转移—迁入"等模式,通过市场化的运作方式,辅之以政府扶持和政策支持,尽快形成有市场潜力、高成长性和竞争优势的产业,在产业内部形成"复合主导"结构,进而完全替代资源型产业,实现产业结构的根本转型。

产业置换模式:该模式是指在资源优势完全丧失或资源型经济的包袱不堪重负,或技术结构和市场结构出现重大变化的特殊背景下,关闭全部资源产业,全线退出传统产业,进而开辟新的产业,实现主导产业的完全置换。这是一种代价高昂的非常规转型模式,它对于区域社会经济的冲击是巨大的、深刻的。在这种彻底转型的过程中,资源型产业的退出是有计划的,资源型企业的关闭是有序的。这种转型成功的关键在于能否培育出适合资源所在地的新的支柱产业。

中国自然资源合作的国际化

改革开放以来,中国一直是世界贸易中的积极参与者,尤其是在加入世界贸易组织以来的国际合作愈来愈活跃,自然资源领域里的合作进程更是异常迅猛。其中一个主要的原因是由于中国经济的高速增长引起了前所未有的能源和环境制约,政府不得不在更加开放的领域里寻求解决能源问题的路径,自然资源领域里的国际合作愈显得重要。本章从国内资源市场的供需压力和国际市场的外在感召两方面,阐述了加强自然资源国际合作是新时期中国政府的必然选择,并依照时间进程对中国自然资源领域里的合作过程进行了阶段性的描述,在此基础之上,展望了中国未来自然资源领域里的合作前景。这种前景随着中国经济朝着可持续化的方向发展也必将在合作方式、理念、途径、内容上进一步拓宽和深入。

8.1　自然资源国际合作的必然性

世界贸易在延续进行,自然资源在国际间的贸易往来就不会中断,尤其是改革开放以来,更加活跃了中国与世界各国资源贸易的往来。特别是进入新世纪以来,更使中国在开发、利用国外资源方面加快了步伐。这主要是由两方面决定的,一方面是国内资源供需压力加大的内在驱动,另一方面是不断开放的国际能源市场的经济诱惑,使中国不得不作出这种国际合作的选择。

8.1.1　国内资源供需矛盾是内在驱动力

中国资源开发利用的国际合作之路是由其资源的自身特点决定的。前文在第三章中已经对中国自然资源的供需态势作出了一个基本判断,要解决中国庞大人口对资源的人均需求增长的态势和经济发展对资源供给依赖强度不断提高的态势,中国不得不选择利用国外资源作为暂时缓解资源缺口的一种手段。

中国自然资源的国际合作之路,不仅仅是为了解决资源缺口的问题,更是为了降低资源利用成本,提高资源使用效益的一种选择。中国国内资源分布上的区域性强,原始资源的供应区域与经济增长重心区域(如"长三角"和"珠三角"等)错位,加之南北和东西之间地理距离遥远导致能源运输成本提高,使得利用国内资源运输问题十分突出。与其国内长距离运输,不如通过更便宜的海上运输方式,进口部分资源及其产品,解决部分沿海地区和沿长江地区对煤炭、木材、石油、天然气、粮食、铁矿石等的需求。这也是自改革开放特别是进入 20 世纪 90 年代以来,资源进口量快速增长的一个主要原因。

除了要面对高昂的资源运输成本,更不能回避的是愈来愈凸显的环境代价。中国资源消费的一个突出特点是低品位、低质量、高污染的煤炭资源消费比例偏高,不仅造成环境的严重污染,而且二氧化碳的排放、跨界转移和它所引起的全球环境变化,也已为全球瞩目。未来要想提高石油、天然气的消费比重,又不得不面对这两类资源巨大的供需缺口,因此,要想降低环境成本,提高环境质量,中国就需要从国外进口优质资源。这其中也包括矿产资源,中国的许多矿产以贫矿和难选矿为主,开采和冶炼过程中能源消耗大,产生的尾矿多,可以通过国际资源市场进行调剂,通过进口部分高品质资源,以减少废弃物的排放。这样不仅有利于中国的环境保护,同样也有助于全球环境保护,减少污染物的跨境转移。

除了资源运输成本、环境代价以外,还有技术层面的问题。资源开发、使用中的技术问题一直也是中国寻求国际合作的重要领域,尤其是在节能、高效利用、污染物处理、勘探等环节。中国已经愈来愈意识到技术领域合作的重要性,尤其在"十一五"期间,实现资源节约型、环境友好型社会的奋斗目标,必须加快在这些领域里的技术合作,否则将难以完成20%的节能目标。

8.1.2 开放的国际资源市场具有很强的外在感召力

资源分布的地域性和开发利用成本的差异性是国际资源流动的基础。市场经济要求资源合理配置,不仅包括国内资源,也包括利用国外资源优化本国的资源配置。由于一个国家的自然资源是由该国的自然禀赋所决定的,而现代经济的发展,对资源需求量越来越大,品种也越来越多,任何一个国家都不可能完全依靠自身的资源来发展经济。而由于经济技术条件和资源禀赋条件的不同,不同国家生产同种资源的成本也存在很大的差异,因而每个国家都应充分利用国际分工,提高经济效益,以满足和加快本国经济发展提供资源保障。这既是资源分布地域性的体现,也是世界经济一体化、资源开发全球化的必然趋势。中国已经加入了世界贸易组织,面对巨大国内资源缺口的压力和更加便利的国际资源合作,中国没有理由不适应世界资源市场的国际化趋势,应该更加坚持"国内、国外两种资源、两个市场"理念,积极参与世界资源市场的竞争。不仅要全面开放工业制成品市场,也要开放服务贸易市场和农产品、矿产品等资源勘探、开发和初级产品市场,允许国外公司进行勘探、开发,也允许国外的资源及其产品大量进入中国市场。尤其是从国家资源安全的角度出发,从最大国家效益的角度出发,不仅仅停留于短缺资源的进口,即使是数量相对丰富的资源,也要与国际同类产品竞争,充分利用国际分工带来的效益,加大对外开放的深度和广度。

中国面对内部的驱动和外部开放市场的吸引,资源市场的国际合作是中国必然的选择,而且,中国已经加快了合作的步伐,拓宽了合作的领域。

8.2 自然资源国际合作的历程

8.2.1 自然资源国际合作的方式

自然资源的国际合作开发通常是由另一个或几个国家、国际经济组织、外国法人及自然人,在尊重资源国的主权与平等互利的基础上,对资源拥有国的自然资源(主要是矿藏资源)进行一系列的合作勘测、勘探、估价、开发等活动。一般合作方须签署国际合作开发自然资源的合同,如勘探合同(规范有关合作勘探的各种关系)、租让合同(是以矿产资源为租赁对象的租期比较长的一种合同)、合资经营合同、服务合同、交钥匙合同、承包合同、产品分成合同等。

纵观国际能源合作的历史进程,能源合作模式主要有两种。一种是以国际组织为平台的多边合作。包括能源进口国之间的合作组织,如国际能源机构(IEA);能源出口国之间的合作组织,如石油输出国组织;进口国与出口国之间的对话和合作机制,如国际能源会议、世界能源理事会、世界石油大会、世界能源宪章等。还有一些能源合作是在一些国际组织的论坛或对话框架内进行的,如八国集团、联合国贸发会议、亚太经合组织、东盟等国际组织内部都设有关于能源合作的对话机制或能源工作组。另一种是政府之间的双边合作。包括能源出口国、能源进口国和过境运输国内部以及相互之间的合作。在国际组织之外,政府之间的多边合作比较少见,而且也较难达成。所以国际组织就成为国际能源合作的一个主要平台。

进入新世纪以来,全球能源外交和能源合作更加活跃,表现出一些新的趋势和特点:在合作的能源种类方面,不仅仅是以石油为主,而是向包括石油、煤炭、天然气、新能源和可再生能源在内的"大能源"领域拓展,尤其对天然气、新能源和可再生能源等清洁能源的重视程度进一步提高。在合作的方式与对象方面,更加趋于多元化,不仅包括能源需求国与能源供应国的合作,也包括发展中能源需求国与发达国家能源需求国之间,以及发展中能源需求国相互之间的合作;其中既有政府层面的交流与合作,也有企业、学术机构等非官方交流与合作;既有双边合作,也有三边乃至多边的合作,特别是一些亚太国家融入或者建立地区级国际能源合作机制的迫切性日益增强。在合作的领域方面,逐渐由能源贸易、资源勘探开发、能源技术等延伸至能源运输、能源管理以及环境保护等领域。在合作的目标方面,不仅仅是短期的互利,更多的是转向一种长期的可持续能源合作。其中有与既往合作伙伴为谋求共同利益进行的合作;又有与竞争对手间为缓解竞争与摩擦而进行的合作。例如,中美、中日乃至中印间的能源合作的重点就在于加强对话与沟通,寻求共识,减少彼此的不理解和误解。

中国目前已经成为国际能源市场上的重要需求方,中国从国际市场大量进口粮食,引发了"21世纪谁来养活中国"的轩然大波;石油进口量的增加又引起了国际社会特别是美国和日本这两个石油进口大国的警觉,引出了"中国威胁论"的纷争。中国在这样的国际环境下充分利用自己的智慧,回旋在世界资源贸易的各个方面,尽管与其他资源进口国形成了明显的竞争态势,但同时中国庞大的能源需求又成为能源出口国垂涎的一个大市场。中国在能源合作中一方面要淡化与其他能源进口国的矛盾冲突,另一方面又保持着对能源出口国的市场吸引。因此在能源合作方式方面,在借助国际能源组织对话的基础上,积极构建有利于自身的(次)区域合作组织;同时,大胆地开拓政府间的多边能源合作领域,在此框架下鼓励民间组织和跨国公司参与国际能源市场的竞争。

8.2.2　自然资源国际合作的历程

1）中国参与自然资源国际合作的三个阶段

　　中国自然资源国际合作的历史进程曲折，但进入新世纪以来毕竟已经显露出了积极参与和进取的国际合作态势，中国各级政府开始关注在自然资源尤其是能源领域里的全方位多边国际合作，并且在积极地探索，一方面引进合作，另一方面加快了自主创新研发的步伐。按照时间脉络进行梳理，可以将合作进程分为以下三个阶段：

　　——改革开放前（1978 年前）：单一合作模式阶段　在自然资源领域里的合作对象主要集中在前苏联和东欧国家，在技术、原料、生产的全过程依赖于外方资源，中国处于很被动的历史境地。

　　——改革开放后（1978 年至 1999 年末）：全方位的合作阶段　在合作对象上已经从前苏联、东欧国家扩展到了整个资本主义国家和地区。合作思想上也发生了较大的转变，从完全依赖型转变为"利用国内外两种资源，打开国内外两个市场"的思想指引。除了积极恢复与苏联解体后形成的一些新的国家和东欧国家的贸易往来，同时不断加强与第三世界国家的贸易往来。在对外贸易的类型和地区结构上，呈现多元化的格局（见表 8.1、图 8.1）。在"利用国内外两种资源，打开国内外两个市场"思想的指引下，继续进行互通有无、调剂余缺的贸易同时，也开始通过利用国际分工，引进国外的先进技术，加快企业的技术改造和科学技术的进步，取得更高的经济效益。

表 8.1　1978—2005 中国同其他地区海关进出口总额

年份	进出口总额/亿美元					
	亚　洲	欧　洲	非　洲	北美洲	拉丁美洲	总　计
1978	132.562 4	60.451 2	9.021 4	60.075 2	8.365 1	295.632 4
1987	479.800 0	190.701 6	16.209 3	96.755 0	17.333 8	826.526 6
1988	602.436 7	218.397 2	21.728 1	122.955 5	25.762 9	1 027.911 8
1989	678.352 8	235.091 5	11.642 0	137.439 8	29.687 8	1 116.782 2
1990	735.503 4	221.600 6	16.645 1	136.765 1	22.942 8	1 154.365 4
1991	909.061 0	221.035 2	14.255 6	164.027 8	23.577 9	1 357.015 4
1992	1 100.874 1	274.503 4	18.063 2	200.749 7	29.757 3	1 655.253 9
1993	1 152.117 7	404.143 3	25.305 6	302.344 7	37.071 6	1 957.133 6

续表

年份	进出口总额/亿美元					
	亚 洲	欧 洲	非 洲	北美洲	拉丁美洲	总 计
1994	1 422.156 5	437.886 3	26.426 3	386.021 8	47.022 4	2 366.199 6
1995	1 700.565 9	507.963 6	39.211 3	450.444 4	61.141 6	2 808.631 1
1996	1 746.913 8	515.227 4	40.306 1	470.272 9	67.254 8	2 899.036 2
1997	1 973.626 0	547.442 8	56.730 0	529.319 5	83.765 1	3 251.620 2
1998	1 852.350 4	597.351 1	55.358 7	593.028 4	83.121 5	3 239.234 1
1999	2 042.433 4	681.266 4	64.901 3	662.037 6	82.618 6	3 606.299 8
2000	2 736.501 1	862.656 4	105.970 8	813.931 0	125.954 9	4 742.962 8
2001	2 881.390 9	976.410 2	107.995 2	878.821 8	149.388 9	5 097.681 3
2002	3 630.303 3	1 102.457 1	123.883 6	1 051.461 9	178.244 0	6 207.660 7
2003	4 954.783 5	1 578.646 3	185.418 4	1 363.939 7	268.068 1	8 509.875 7
2004	6 649.064 7	2 113.855 3	294.592 8	1 852.606 3	400.006 2	11 545.543 3
2005	8 078.870 3	2 620.591 1	397.437 3	2 308.306 6	504.657 7	14 219.061 7

资料来源:《中国统计年鉴》(1979—2006)。

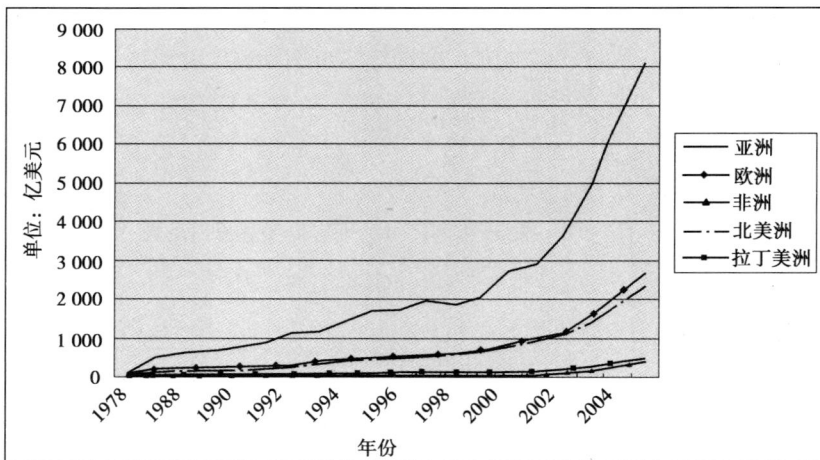

图 8.1 1978—2005 中国同其他地区海关进出口总额

——新世纪以来(2000 年至今),合作与自主创新相结合新阶段　中国经济在高速发展的同时,也遇到了愈来愈严重的能源瓶颈的制约。中国政府在这一阶段加快了国际合作的步伐,同时也开始了自主创新,加大了自主研发的投入,采取多种渠道带动自然资源领域里的研发创新。这是一个全新的历史阶段,即在"引进消化吸收再创新"思想的指引下,合作与创新的步伐都在加快前进,包括与欧盟风能发电项目、秸秆电力项目等,与巴西生物乙醇项目等其他清洁能源的生产与研发等领域里的合作,同时也在积极研发适合中国的替代能源产品,包括玉米乙醇、甘蔗乙醇、风力发电等。

2)中国参与的资源国际合作的最新进展

——大湄公河流域的国际合作 大湄公河次区域总面积230万km²,相当于整个西欧,人口超过2.5亿,该区域内丰富的人力和自然资源使其成为亚洲发展银行经济增长的"前先锋"。亚洲发展银行于1992年倡议启动旨在加强湄公河流域各国之间的经济联系和合作的大湄公河次区域经济合作计划。2005年5月,来自大湄公河次区域的柬埔寨、老挝、越南、泰国、缅甸和中国的政府高级环境官员在上海举行了首届大湄公河次区域环境部长会议,发表了《大湄公河次区域环境部长联合宣言》,郑重表明在保护各自和共同自然资源方面加强合作的承诺和政治意愿。各国部长一致同意大湄公河次区域核心环境规划,并建议尽早实施此项计划,建立区域内共享自然资源的管理模式;还表示支持实施大湄公河次区域生物多样性保护走廊计划,共同保护珍贵的陆地生物多样性保护区[①]。

——上海合作组织 2001年6月,上海合作组织正式成立,成员国包括中国、俄罗斯、哈萨克斯坦、吉尔吉斯斯坦、塔吉克斯坦和乌兹别克斯坦六国。此后,6个成员国在经贸、环保、文化、科技、教育、能源、交通、金融等各领域和各层次的合作相继展开,并得到不断加强。2006年6月的元首峰会上,普京总统还专门提出在上合组织框架内构建能源俱乐部的提议。至此,能源安全领域里的合作也正式成为上海合作组织的一个重要合作内容[②]。

——中巴能源矿产合作组织 2006年6月,中国发改委副主任张国宝与巴西能源矿产部部长席拉斯·龙多共同签署了一份能源合作谅解备忘录,正式成立中国—巴西高层协调与合作委员会能源矿产分委会。根据备忘录,能源矿产分委会的主要任务是交流两国能源和矿产领域的政策法规、发展战略及主要项目等信息;及时协调解决双方在能源矿产领域合作中出现的问题,探讨新的合作方向和合作方式等。此后召开的第四届中国国际钢铁大会上,中国冶金集团副总裁王永光表示,中国钢铁企业应与国外铁矿供应商形成战略联盟,在现有长期供货协议的基础上,探索相互持股或共同

①陆建人.大湄公河次区域经济合作及中国的参与[N].人民日报,2005-07-04.

②根据有关资料整理而成:http://news.xinhuanet.com/ziliao/2002-06/01/content_418824.htm.

开发铁矿的途径,形成一定的资源渠道,降低现货市场的采购风险;同时在铁矿资源丰富的国家投资建设矿山,形成稳定的资源供应渠道,弥补国内资源的不足。2006年9月4日,国家发改委工业司熊必琳副司长带队出席"世界燃料乙醇论坛"筹备会议。代表团访问了巴西发展工业和外贸部(以下简称巴西工贸部),与工贸部组织的包括工贸部、能源矿产部、农业部官员和专家进行了交流,双方一致同意在中国国家发改委与巴西工贸部于2004年11月12日签署的工业合作谅解备忘录的框架内,积极推进和加强进一步的交流合作,包括生物燃料乙醇发展、政府支持政策以及灵活燃料汽车生产技术等方面的内容①。

——中俄能源合作 中俄能源合作的问题更多地集中在能源经济层面。中俄关系在2005年有了新的发展,俄罗斯总统普京2006年3月访华期间,签署了《中国石油天然气集团公司与俄罗斯天然气工业股份公司关于从俄罗斯向中国供应天然气的谅解备忘录》。俄天然气工业股份公司总裁米勒表示,俄准备从2011年开始向中国出口天然气。俄天然气工业股份公司计划修建两条通往中国的天然气管道。西线管道将运送西西伯利亚开采的天然气,由俄阿尔泰共和国出境,进入中国新疆。东线管道则将把萨哈林地区开采的天然气,经俄远东地区输送到中国东北地区。俄罗斯联邦戈尔诺—阿尔泰共和国副总理巴里塔列尔已于同年的10月16日表示,共和国开始实施西西伯利亚—中国的天然气管道建设方案,目前有关部门已经展开线路工程勘查工作。俄罗斯计划每年向中国输送800亿 m³ 的天然气,该方案预计投资110亿美元。此外,中国与俄罗斯也在开展边境地区的自然资源开发合作。黑龙江省和俄罗斯犹太自治州于2005年5月达成合作协议,签署了《中国黑龙江省人民政府与俄罗斯犹太自治州政府会谈纪要》,黑龙江省和犹太自治州将继续在犹太自治州就森林采伐和木材深加工、油气田开采等项目进行合作;俄方将向中方企业提供机会参与俄森林资源开发和地下矿产资源使用权的投标和拍卖②。

——中印能源合作 中国和印度作为迅速崛起的两个能源消费和进口大国,亚洲两个最大的发展中国家,正在亚洲和世界经济中发挥越来越大的作用。两国在海外资源方面有着共同的诉求,矛盾突出表现在海外油气勘探开发方面激烈的竞争上。目前这一问题已引起双方的高度重视,无论是

---

①根据有关资料整理而成:http://sldljxc.com/academe/huo_info.php? id=111.
②根据有关资料整理而成:http://www.ce.cn/cysc/ztpd/2006/ny/nengyuan/index.shtml.

在政府间高层互访和对话,还是在企业间的交流与合作,抑或是学术等民间交往中,如何避免两国油气企业在海外的恶性竞争均已成为重要议题。2005 年 4 月,温家宝总理访问印度,两国领导人就加强包括在第三国协作勘探开发油气资源在内的能源合作达成协议。2005 年 8 月,印度石油和天然气部高级代表团访问中国,具体商谈两国联手收购海外石油和天然气资源事宜。可以说两国政府间的协议已进入具体落实阶段。2006 年,随着对话和交流的深入,两国在海外油气勘探开发中的激烈竞争有望得到一定缓解。此外,在维护运输通道安全、推动节能、提高能源效率、开发利用新能源和可再生能源等方面,双方的对话与沟通也将进一步深入,有望逐步建立起更密切的对话合作和信息交流机制。

——中加能源合作 2005 年 1 月,中国和加拿大两国政府签订了能源战略合作方面的协议。在一系列的政府框架协议之下,两国政府确定了一些优先合作的领域,包括石油、天然气、可再生能源,以及一些矿产如油砂矿、铀矿等。同年 4 月,中国海洋石油有限公司宣布,斥资 1.5 亿加元收购从事油砂开采业务的加拿大 MEG 能源公司近 17% 的股权。中国五矿集团公司和其他 4 家中国国有公司也在计划收购加拿大最大的矿业公司 Noranda.加方也已注意到中国政府在核能源领域的庞大市场,中国政府计划在 2020 年之前建成 40 个核反应堆。加拿大核电开发商坎杜公司(Candu)已经为中国提供了 2 台核发电机组的技术和产品,运营状况相当良好,他们还在积极争取更大的市场份额。

3)中国的石油贸易

中国是世界第二大能源生产国和第二大能源消费国。20 世纪 80 年代以来,随着中国经济的持续快速增长,石油需求迅猛增加。在原油贸易方面,1996 年以前,中国一直是原油净出口国,从 1996 年开始,中国转变为原油净进口国,每年需要进口大量的原油来满足国内经济增长的需要;在成品油贸易方面,1992 年以前,中国基本上处于成品油净出口状态,但从 1992 年开始,转变为净进口状态,而且出口数量与进口数量之间的差额日趋拉大(见表 8.2)。

随着国内石油消费量的剧增,国内原油产量难以满足需要,近几年进口量一直居高不下。中国原油出口的主要国家还是以日本为主的东亚国家;进口主要来源于中东,近年来也有从非洲和拉美进口的上升趋势。自从 20 世纪 90 年代初中国的石油公司开始走出国门至今,中国的几大石油公司已

表8.2　1986年以来中国石油进出口情况

年 份	原油/万t		成品油/万t	
	出口量	进口量	出口量	进口量
1986	2 849.8	45.6	582.7	216.9
1987	2 722.5	—	535.9	205.5
1988	2 604.5	85.5	528.67	285.7
1989	2 438.8	326.3	487.52	534.49
1990	2 398.62	292.27	545.5	315.62
1991	2 260	2 233.75	481	455.8
1992	2 150.72	1 135.79	538	768.03
1993	1 943.45	1 567.12	371.5	1 729.44
1994	1 855.24	1 234.59	379.26	1 288.62
1995	1 882.7	1 708.99	414.88	1 386.17
1996	2 040.25	2 261.69	417.29	1 582.56
1997	1 982.89	3 546.97	558.59	2 379.33
1998	1 560.07	2 732	436.10	2 176
1999	716.62	3 661	645.16	2 082
2000	1 031	7 027	827	1 805
2001	755	6 026	922	2 145
2002	766	6 941	1 068	2 034
2003	813	9 102	1 382	2 824
2004	549	12 281	1 146	3 787
2005	807	12 682	1 401	3 143

资料来源:《中国统计年鉴》(2006)。

在世界20多个国家和地区拥有油气业务,国际化经营已粗具规模。进入21世纪,中东产油国有的不对外开放上游领域,有的合同条款愈加苛刻,有的政治不稳定。世界上近20年来没有发现新的大含油气区。国际上大部分有利区块已被国际大石油公司占有,有些实力较强的国家石油公司则以自主开发为主。国家石油公司手中的区块,特别是陆上区块日益减少。近两年来的高油价使得油田项目转让的机会少、代价高,竞争十分激烈。但是,世界仍存在较大的油气勘探开发潜力,例如老油田滚动勘探和提高采收率的潜力,处于起步阶段的非常规石油资源,如重油、油砂的利用等。也就是说,仍存在许多利用国外油气资源的机会。中国的石油公司在以更大的步伐走出去的同时,更需要把握当今国际环境的新特点,采取有效的策略和措施,在国际化经营方面取得更大的发展。

8.3　自然资源国际合作的评价

8.3.1　国际资源合作的外部环境

中国已成为世界贸易大国,中国的进出口意向开始影响甚至左右某些重要商品的国际市场价格。但近年来初级产品价格贸易条件的恶化,制成品受到欧美等发达国家的贸易制裁越来越多。这对出口农副土特产品,大量进口石油、天然气的中国来说十分不利。在政治、军事环境方面,中国与美国和日本在能源领域的冲突愈来愈明显。尤其在中国原油进口量超过一亿吨后,"中国威胁论"的呼声愈来愈激烈,面对这种来自国外和国内的两种能源压力,中国必须在参与国际能源市场的竞争中,既要保障国内经济的发展,又要保证资源的安全供应和运输线的安全,尤其是国家战略资源的安全。

进入 21 世纪以来,尤其是在中国成功加入世界贸易组织,经济的全球化进程势不可挡,为中国利用国外资源创造了良好的经济环境。中国制成品出口量的扩大,为中国资源和资源性产品的进口提供了很好的经济基础和外汇保障。中国在积极参与国际贸易和国际资源市场的竞争中,实现本国资源配置的跨国化,使其短缺资源可以通过相对自由的贸易途径获得,有利于保障国家资源安全和平衡资源的盈缺。

但中国所面临的国外资源供应区域的政治和军事环境十分复杂,存在较多的不稳定因素。中国目前有一半以上的石油进口来自中东,而那里却因"两伊"问题更加动荡不安;另一个重要的进口来源地是非洲,但安哥拉和苏丹等国也有很多不安定因素;而中国正在积极开拓的中亚石油市场,也存在着极大的不稳定因素。国家的动荡纷争,使运输线尤其是海上运输安全成为中国进口国外资源面对的最关键的问题。从红海出口曼德海峡和波斯湾的出口霍尔木兹海峡,到印度洋、马六甲海峡、南中国海和台湾海峡等都是主要大国争夺和控制的主要场所。尤其是中国石油进口量连年攀升,运输的安全畅通就显得更为关键。

可见,中国在敞开国门朝气蓬勃"走出去"的时候,拥有的并不完全是热情,也有更多的风险和来自各方的经济、政治和军事领域里的压力。但面对国内资源承载力和环境承载力频频告急的时刻,中国又不得不直面竞争的现实,积极参与国际资源市场的竞争,寻求更多的合作共赢。

8.3.2　国际资源合作的未来走向

首先,进一步强化资源外交的核心地位。中国政府在今后的外交工作中应将资源外交列为外交工作的核心内容来实现,包括在政治、军事、经济和贸易的各个外交领域,尤其是在身处和平时期,经济贸易外交的重要内容应是资源贸易。未来资源外交的重点应围绕中东、非洲、拉丁美洲等资源丰富而又潜力巨大的地区和邻近的中亚和俄罗斯等。

其次,进一步完善国家资源安全保障体系。随着中国利用国际市场资源比例的不断增加,不仅引起了中国政府的焦虑,同样也引起了世界其他国家,尤其是美国、日本等能源消费大国的关注和威胁,中国资源供应体系将面临越来越大的风险。中国必须进一步完善资源安全保障体系,确保足够量的资源储备,尤其是做好粮食、石油、天然气和战略矿产品的储备工作,积极应对国际资源市场中频频出现的不确定因素,保障本国经济发展的可持续增长。

第三,建立更加多元化的资源贸易伙伴关系。资源贸易的多元化,是指构建多元化的资源供应链,提高自身应变目前进口集中度较高带来较大供应风险的能力,尤其是针对粮食、石油等战略资源的供应来源更应多样化。石油应增加从中亚、俄罗斯、非洲和拉美的进口与合作勘探、开采;粮食应适当增加从欧盟和南美进口的比重。与周边国家建立资源贸易伙伴关系,可以减少贸易中的自然、军事和运输等外在不安全因素的影响,提高资源供应的可靠性。从国际资源市场供需现状可知,中国与其周边国家在资源领域有很强的互补性,中国不足和短缺的资源,许多在周边国家都有较大的开采潜力。俄罗斯和中亚的油气,印度的铁矿和铬铁矿,蒙古的铜矿,俄罗斯和泰国的钾盐,东南亚的农、林产品等,这些都是中国与周边国家合作开发的主要对象。

第四,进一步发挥大型资源跨国公司参与国际资源市场竞争的主体作用。随着中国市场化改革进程的不断深入,跨国公司应成为今后国际资源市场合作的主体。面对西方大型资源跨国公司巨头的竞争压力,政府要积极扶植和鼓励中国资源跨国公司的发展,尤其是要建立起高效和完善的企业家制度和公司治理机制,彻底实现能源型企业的市场化运营,摆脱以往国有资源型企业经营低效的局面,使之真正壮大起来,与西方跨国公司在国际资源市场展开竞争。为此,政府应出台鼓励资源跨国公司发展的相关政策,包括提供贷款、税收优惠和提供保险等手段,尤其是要有鼓励"走出去"开拓国外资源市场的政策导向,才能加速中国资源型企业市场化改革的步伐,提高其在国际资源市场中的竞争力。

环境篇

HUAN JING PIAN

9
中国环境问题的基本判断
------------------------------- ❖ -------------------------------

    随着中国经济持续快速发展,特别是工业化进程的加快,大气环境、淡水环境、海洋环境、固体废弃物等方面的环境问题在中国集中出现,在大、中城市尤为明显,环境与发展之间的矛盾日趋尖锐。资源相对短缺、生态环境脆弱、环境容量不足,逐渐成为制约中国发展的重要因素。中国环境问题不仅仅是市场失灵造成的,政府失灵也是一个原因。多年来,中国十分重视保护环境,将环境保护确立为一项基本国策,把可持续发展作为一项重大战略,依靠科技进步,积极调整产业结构,在资源消耗和污染物产生量大幅度增加的情况下,环境污染和生态破坏加剧的趋势减缓,部分流域污染治理初见成效,部分城市和地区环境质量有所改善,工业产品的污染排放强度有所下降,全社会环境保护意识进一步增强。

9.1   中国环境的基本态势

9.1.1 大气环境

1)城市空气质量

    2005 年监测的 522 个城市中,地级以上城市 319 个,县级城市 203 个。空气质量达到一级标准的城市 22 个(占 4.2%)、二级标准(居住区标准)的城市 293 个(占 56.1%)、三级标准的城市 152 个(占 29.1%)、劣于三级标准的城市 55 个(占 10.6%)(见表 9.1)。主要污染物为可吸入颗粒物。

    2005 年与 2004 年相比,可比的城市中,城市空气质量达到或优于二级的城市比例比上年增加 12.6 个百分点;劣于三级的城市比例比上年减少 9.9

表9.1　城市空气质量状况　　　　　　（单位:%）

年　度	一　级	二　级	三　级	劣于三级
2001	2.9	30.5	33.4	33.2
2002	0	34.1	34.7	31.2
2003	0	41.7	31.5	26.8
2004	0	38.6	41.2	20.2
2005	4.2	56.1	29.1	10.6

资料来源:据国家环保总局2002—2006年《中国环境状况公报》整理。

个百分点。这表明城市空气质量整体上有所改善,但依然有40%左右的城市空气质量没有达到居住区标准。

　　颗粒物是影响城市空气质量的首要污染物,颗粒物污染较重的城市主要分布在山西、宁夏、内蒙古、甘肃、四川、河南、陕西、湖南、辽宁、新疆、北京等省(自治区、直辖市),北方颗粒物污染重于南方。近年来的一个显著变化是,由于机动车数量的迅速增长,来自机动车辆尾气的可吸入颗粒物已经成为影响城市空气质量的重要因素。

　　近年来城市二氧化硫总体水平基本平稳,二氧化硫年均浓度达到国家二级标准($0.06 \ mg/m^3$)的城市占的比例在74.4% ～ 77.6%;超过国家三级标准($0.10 \ mg/m^3$)的城市占的比例从2003年的12.1%下降到2005年的6.5%(见表9.2)。二氧化硫污染严重的城市主要分布在山西、河北、甘肃、贵州、内蒙古、云南、广西、湖北、陕西、河南、湖南、四川、辽宁和重庆等省(自治区、直辖市)。所有统计城市的二氧化氮浓度均达到二级标准。

表9.2　二氧化硫浓度分级城市比例　　　　　（单位:%）

年　度	达到二级	超过二级	其中超过三级
2002	77.6	22.4	7.9
2003	74.4	25.6	12.1
2004	74.5	25.5	8.8
2005	77.4	22.6	6.5

资料来源:据国家环保总局历年《中国环境状况公报》整理。

2）酸雨

近年来,降水 pH 年均值低(特别是 pH <4.5)的城市以及高酸雨频率的城市比例有持续增长的趋势,这表明酸雨污染有所加重(见表9.3)。酸雨区域分布范围基本稳定,降水年均 pH 值小于5.6(酸雨)的城市主要分布在华中、西南、华东和华南地区。华中酸雨区污染最为严重,降水年均 pH 值≤5.6的城市占58.3%,酸雨频率大于80%的城市比例达21.4%,湖南和江西是华中酸雨区酸雨污染最严重的区域,华南酸雨区主要分布在广东以珠江三角洲为中心的东南部和广西东部,西南酸雨区以四川的宜宾、南充、贵州的遵义和重庆为中心,华东酸雨区分布范围较广,覆盖江苏省南部、浙江全省、福建沿海地区和上海。

表9.3　酸雨状况

年度	城市(县)数量	pH 值	pH <5.6的城市所占比例/%	出现酸雨的城市所占比例/%
2001	274	4.21 ~ 8.04	36.9	58.8
2002	555	4.03 ~ 8.31	32.6	50.3
2003	487	3.67 ~ 8.40	37.4	54.4
2004	527	3.05 ~ 8.31	41.4	56.6
2005	696	3.87 ~ 8.35	38.4	51.3

资料来源:据国家环保总局历年《中国环境状况公报》整理。

北方的酸雨没有南方严重,发生在个别城市。北京,天津,辽宁的大连、丹东、铁岭、锦州、阜新、葫芦岛,吉林的图们,黑龙江的珲春,河北的秦皇岛、承德,河南的洛阳、南阳,陕西的渭南、商洛,甘肃的金昌,宁夏石嘴山等城市降水 pH 值年均也曾低于5.6。

2005 年,浙江省象山县、安吉县,福建邵武市,江西瑞金市酸雨频率为100%,在酸雨控制区内降水酸度(pH 值)小于4.5 的城市所占比例高达73%。

3）废气中主要污染物排放量

废气中的主要污染物为二氧化硫、烟尘和粉尘。与2000 年相比,工业粉尘排放量下降16.6%,烟尘排放量变化不大,二氧化硫排放量有明显上升,从2000 年的1 995.1 万 t 上升到2005 年的2 549.3 万 t,增长幅度为27.8%,其中工业二氧化硫排放量更为显著,增长幅度为34.5%(见表9.4)。

表9.4　废气中主要污染物排放量　　　　（单位:万t）

| 年度 | 二氧化硫排放量 | | | 烟尘排放量 | | | 工业粉尘 |
	合计	工业	生活	合计	工业	生活	排放量
2000	1 995.1	1 612.5	383	1 165.4	953.3	212.1	1 092
2001	1 947.8	1 566.6	381	1 069.8	851.9	217.9	990.6
2002	1 926.6	1 562	365	1 012.7	804.2	208.5	941
2003	2 158.7	1 791.4	367	1 048.7	846.2	202.5	1 021
2004	2 254.9	1 891.4	364	1 095	886.5	208.5	904.8
2005	2 549.3	2 168.4	381	1 182.5	948.9	233.6	911.2

资料来源:据国家环保总局历年《中国环境状况公报》整理。

9.1.2　淡水环境

1)七大水系水质

2005年,国家环境监测网对长江、黄河、珠江、松花江、淮河、海河和辽河等七大水系的411个地表水监测断面中,Ⅰ～Ⅲ类、Ⅳ～Ⅴ类和劣Ⅴ类水质的断面比例分别为41%,32%和27%。其中,珠江、长江水质较好,辽河、淮河、黄河、松花江水质较差,海河污染严重。主要污染指标为氨氮、五日生化需氧量、高锰酸盐指数和石油类。七大水系总体水质与上年基本持平(见表9.5)。

表9.5　七大水系水质类别比例　　　　（单位:%）

年度	Ⅰ类	Ⅱ类	Ⅲ类	Ⅳ类	Ⅴ类	劣Ⅴ类
2000	16.4	25.9	15.5	21.6	6.9	13.8
2001	1.5	18.0	10.0	17.7	8.8	44
2002	2.7	13.8	12.6	18.9	11.1	40.9
2003	3.4	21.4	13.3	23.8	8.4	29.7
2004	4.6	20.9	16.3	21.6	8.7	27.9
2005	4	20	17	25	7	27

资料来源:据国家环保总局历年《中国环境状况公报》整理。

——长江水系总体水质良好　长江干流总体水质为优,干流云南段、上海段水质为轻度污染,其余河段水质为优或良好,长江支流总体属轻度污染。

　　——黄河水系属中度污染　黄河干流属轻度污染,干流青海段、甘肃段水质优良;河南段、宁夏段、陕西—山西段、内蒙古包头段、呼和浩特段、山东菏泽段为轻度污染;内蒙古乌海段为重度污染,黄河支流总体为重度污染。

　　——珠江水系总体水质良好　珠江干流总体水质良好,干流云南段水质为优;贵州段、广西段水质良好;广东段轻度污染(其中,长洲断面水质为劣Ⅴ类,莲花山断面水质为Ⅳ类)。珠江支流总体水质良好。

　　——松花江水系属轻度污染　松花江干流为轻度污染,干流长春段为中度污染;吉林段水质良好;吉林省出境断面至哈尔滨上游江段水质良好;其余断面为轻度污染。松花江支流总体为中度污染。

　　——淮河水系属中度污染　淮河干流整体水质属轻度污染,河南信阳段、安徽阜阳段和蚌埠段及滁州段、江苏盱眙段为轻度污染;安徽淮南段为中度污染。淮河支流总体上属重度污染。

　　——海河水系属重度污染　海河干流和支流均为重度污染。

　　——辽河水系属重度污染　辽河干流和支流均为重度污染。

　　2005年七大水系中,珠江水系和长江水系总体水质良好,Ⅲ类及优于Ⅲ类水质的断面比例均为76%;松花江水系属轻度污染,劣Ⅴ类水质的断面比例为19%;黄河水系属中度污染,劣Ⅴ类水质的断面比例为25%;淮河、辽河及海河水系均属重度污染,劣Ⅴ类水质的断面比例分别为32%,40%,54%。七大水系的主要污染河段都集中在城市河段。

2)重点湖库水质

　　2005年,28个国控重点湖(库)中,没有1个湖库满足Ⅰ类水质,满足Ⅱ类水质的湖(库)2个,占7%;Ⅲ类水质的湖(库)6个,占21%;Ⅳ类水质的湖(库)3个,占11%;Ⅴ类水质的湖(库)5个,占18%;劣Ⅴ类水质湖(库)12个,占43%(见表9.6、表9.7)。

表9.6　重点湖库水质　　　　　　(单位:%)

年度	Ⅰ类	Ⅱ类	Ⅲ类	Ⅳ类	Ⅴ类	劣Ⅴ类
2003	0	3.6	21.4	25.0	14.3	35.7
2004	0	8	18	15	22	37
2005	0	7	21	11	18	43

资料来源:据国家环保总局历年《中国环境状况公报》整理。

表9.7 2005年重点湖库水质类别

水 系	个数	I类	II类	III类	IV类	V类	劣V类	主要污染指标
三湖	3	0	0	0	0	0	3	
大型淡水湖	10	0	1	2	2	2	3	
城市内湖	5	0	0	0	0	2	3	总氮、总磷
大型水库	10	0	1	4	1	1	3	
总计	28	0	2	6	3	5	12	
2004年比例/%		0	8	18	15	22	37	
2005年比例/%		0	7	21	11	18	43	

资料来源:据国家环保总局历年《中国环境状况公报》整理。

富营养化是湖泊面临的主要问题,太湖、滇池和巢湖水质均为劣V类。主要污染指标为总氮和总磷。太湖湖体营养状态指数为62,处于中度富营养状态。滇池草海处于重度富营养状态,外海处于中度富营养状态,营养状态指数分别为76和62。巢湖处于中度富营养状态,其中,西半湖处于中度富营养状态,东半湖处于轻度富营养状态,营养状态指数分别为65和52。

3)废水和主要污染物排放量

2005年,全国废水排放总量为524.5亿t(其中,工业废水排放量为243.1亿t,生活污水排放量为281.4亿t);化学需氧量排放量为1 414.2万t(其中,工业排放量为554.8万t,生活排放量为859.4万t);氨氮排放量为149.8万t(其中,工业排放量为52.5万t,生活排放量为97.3万t)(见表9.8)。

表9.8 废水及主要污染物排放量

年度	废水排放量/亿t			COD排放量/万t			氨氮排放量/万t		
	合计	工业	生活	合计	工业	生活	合计	工业	生活
2001	432.9	202.6	230.3	1 404.8	607.5	797.3	125.2	41.3	83.9
2002	439.5	207.2	232.3	1 366.9	584	782.9	128.8	42.1	86.7
2003	460	212.4	247.6	1 333.6	511.9	821.7	129.7	40.4	89.3
2004	482.4	221.1	261.3	1 339.2	509.7	829.5	133	42.2	90.8
2005	524.5	243.1	281.4	1 414.2	554.8	859.4	149.8	52.5	97.3

资料来源:据国家环保总局历年《中国环境状况公报》整理。

9.1.3 固体废物

2005 年,全国工业固体废物产生量为 13.4 亿 t,比上年增加 12.0%;工业固体废物排放量为 1 654.7 万 t,比上年减少 6.1%;工业固体废物综合利用量为 7.7 亿 t,综合利用率为 56.1%,与上年基本持平。

可以看出,工业固体废物产生量呈逐年上涨趋势,从 2001 年的 8.87 亿 t 上升到 2005 年的 13.4 亿 t,且近两年上涨较为明显,综合利用率有缓慢提高。值得欣喜的是工业固体废物排放量呈下降趋势,从 2001 年的 2 893.8 万 t 下降到 2005 年的 1 654.7 万 t(见表 9.9)。

表 9.9 固体废物状况

年度	产生量 /亿 t	综合利用量 /亿 t	综合利用率 /%	排放量 /万 t
2000	8.2			3 186
2001	8.87	4.7	52.1	2 893.8
2002	9.5	5.0	52.0	2 635.2
2003	10.0	5.6	55.8	1 941
2004	12	6.8	55.7	1 792
2005	13.4	7.7	56.1	1 654.7

资料来源:据国家环保总局历年《中国环境状况公报》整理。

9.1.4 海洋环境

最近几年,近岸海域水质有所好转。近岸海域一、二类海水所占比例由 2001 年的 41.4% 上升到 2005 年的 67.2%,提高了 25.8 个百分点;三类海水由 2001 年的 12.2% 下降到 2005 年的 8.9%,下降了 3.3 个百分点;四类、劣四类海水由 2001 年的 46.4% 下降到 2005 年的 23.9%,下降了 22.5 个百分点(见表 9.10)。

四大海区中,黄海和南海水质总体上较好。2005 年,黄海和南海一、二类海水比例均在 80% 以上,渤海水质一般,一、二类海水比例为 66.0%,水质最差的是东海,四类和劣四类海水占 52.7%。近岸海域水质主要受到活性磷酸盐和无机氮的影响,部分海域主要污染物是化学需氧量、石油类和铅。近岸海域水质受陆源污染物排海影响较大,由黄河、长江、珠江等河流排放到海洋中的污染物总量一直居高不下,这对河流入海口处的海洋环境造成

表9.10　近岸海域水质状况

年　度	一　类	二　类	三　类	四　类	劣四类
2001	13.4	28	12.2	11.9	34.5
2002	21.3	28.4	14.4	8.9	27.0
2003	19.8	30.4	19.8	8.5	21.5
2004	11.4	38.2	15.4	11.8	23.2
2005	32	35.2	8.9	5.5	18.4

资料来源:据国家环保总局历年《中国环境状况公报》整理。

了极大压力。

　　赤潮频繁发生海域多为受无机氮和磷酸盐污染较重的海域,东海受赤潮影响最大。大面积赤潮主要集中在东海、渤海和黄海海域。从时间上看,在一些年份一年四季都有赤潮发生,春季、夏季比较集中。各年发生赤潮的次数波动较大,赤潮累计面积近年呈上升趋势(见表9.11)。

表9.11　赤潮发生次数及累计面积

年　度	次　数	累计面积/km^2
2001	77	15 000
2002	79	10 000
2003	119	14 550
2004	96	26 630
2005	82	27 070

资料来源:据国家环保总局历年《中国环境状况公报》整理。

9.2　中国环境问题产生的主要原因

　　环境问题可能是由火山、地震、海啸等自然因素引起的,也可能是由人类的不合理活动所造成的。最近几百年的历史表明,人类的不合理活动是环境问题的主要根源。生态环境在其长期的演化过程中,具有一定的自我调节能力,在一定限度内可以自行调节,达到生态环境平衡,如果超出了这个限度,生态环境就无法自我调节达到平衡。这个特定的限度称之为环境阈值。人类在生产和生活活动中从生态环境中获取资源、消耗资源,并将废弃物排放到生态环境中,当人类的生产和生活活动超出了环境阈值,就会导致环境问题。从经济学的视角来看,产生环境问题的主要原因是市场失灵和政府失灵①。

9.2.1 市场失灵

按照新古典经济学理论,市场机制能够在不同的消费者之间有效率地配置生产出来的产品,在不同的生产厂商之间有效率地配置生产要素,在不同的产品之间有效率地配置生产要素。市场机制在资源配置上的最高境界是达到帕累托最优配置,即没有任何一个人可以在不使任何其他人境况变坏的条件下使得自身境况变得更好。在实现帕累托最优配置时,市场上不可能再有没有被利用的、通过交易可以获取好处的机会,在现有的投入水平上,产出已经达到最大。在这种情况下,一个人只能在损害他人利益的条件下才能使自己的境况变得更好。然而,要达到帕累托最优配置需要满足诸多假设条件,这些条件主要有:

——完全理性假设;
——完全竞争假设;
——完全信息假设;
——不存在公共产品假设;
——不存在外部效应假设;
——不存在交易费用假设。

如果上述假设都成立,市场机制就能充分发挥作用,实现资源的有效配置,提高全体社会成员的福利。在这种情况下,个人无需刻意去追求公共利益,他只需追求自身利益最大化。然而,在现实经济生活中,上述假设并不完全成立,这就导致市场机制不能充分发挥其作用。市场失灵的主要原因有以下几个方面:

1)资源产权不存在或不安全

产权是指对财产的广义的所有权,包括归属权、占有权、支配权和使用权。产权是经济主体通过财产而形成的经济权利关系,是具有明确定义的、专一的、安全的、可转移的和可实行的涵盖所有资源、产品、服务的产权,是

---

①张帆.环境与自然资源经济学[M].上海:上海人民出版社,1998:15-26.

市场机制正常发挥作用的前提条件,只有这样的产权才能保证对资源的高效利用、管理和投资。

首先,产权必须是明确定义的,否则会造成所有权模糊,并影响人们对资源管理和投资的积极性。

其次,产权必须是专一的,即如果某人对某资源拥有产权,就应排除其他人对该资源拥有同样的产权。即使产权是安全的,多重产权也会削弱所有人对资源管理和投资的积极性。假设两个理性人共同拥有一块土地,在投资决策时,可能出现的结果是两个人谁都不愿意投资,都在等待对方投资,这样就能够以零成本得到对方投资带来的好处。要促成共同投资,就要求所有的所有者对出资形式、出资数量、收益分配等达成协议。所有者的数量越多,达成协议的交易费用越大,故达成协议的难度也越大。

第三,产权必须是安全的,如果政治、经济、社会等不稳定因素导致产权随时可能被剥夺,即使产权是明确定义的、专一的,也不能保证产权的持续性。人们在进行长期投资时,总是要求未来的不确定性尽可能小,在产权不安全的情况下,未来的不确定性是极高的,自然,人们也不会进行长期投资。

第四,产权必须是可实行的,它要求产权主体能够对财产实施管理、投资并获得相应的收益。此外,产权的有效实行还包括有效监督违规行为并进行处罚。要使处罚发生作用就必须使违规者的违规成本大于违规收益。在这方面,中国对违规者的罚款太低,违规企业所获取的违规收益远远高于可能受到的罚款,这就造成企业宁可被罚也不愿意在污染防治方面进行大量投资。

第五,产权必须是法律上可转移的。如果产权不能转移,当投资者离开原投资地,原来的投资对他也就没有意义了,这必然影响他长期投资的积极性。所以,只有产权是可转移的,才能鼓励所有者保护资源和长期投资的积极性。从经济学效率的角度看,稀缺资源在不同地区和用途上的自由流动也是最有效利用稀缺资源的必要条件。

2)环境资源无市场或市场竞争不足

目前,虽然已有很多环境资源通过市场机制进行配置,但依然有一些环境资源的市场不存在或不健全。当这些环境资源的市场不存在时,市场就不能反映这些环境资源的价格,导致这些环境资源被免费使用,从而造成资源的过度开发和低效率利用。此外,有些环境资源的市场虽然存在,但价格偏低,只反映了劳动和资本的成本,没有反映生产中环境资源耗费的机会成本。例如,在木材交易中,通常只计算木材本身的成本,而没有考虑木材的生态成本。总之,当环境资源的成本为零或价格不能包括其全部成本(含生态成本、机会成本)时,必然会造成环境资源的浪费。

竞争不足也是市场失灵的原因之一。完全竞争市场能够使市场机制发挥最大作用,如果参与市场的买者或卖者数量较少,就是不完全竞争,这将导致市场效率损失。环境资源市场往往具有自然垄断的特征,例如水、电、气等行业,造成垄断的主要原因是规模经济,即随产量的提高企业生产成本持续下降。这些企业凭借其垄断地位控制产量,并提高产品价格,使消费者利益受损。

3)环境资源的公共物品属性

公共物品是指它们的利益不可分割地被分配给全体消费者,无论个人是否想要购买这种物品。而私人物品是指它们能够加以分割,然后分配给不同的消费者,并且不对其他消费者产生外在的利益或外在成本。可以根据物品是否具有排他性、强制性、无偿性和可分性等四个特征来判断它是公共物品还是私人物品。所谓排他性是指物品的占有者享有该物品的消费权,其他人不得消费;所谓强制性是指无论消费者是否愿意接受某种物品的消费,该物品都会自动地提供给全体消费者;所谓无偿性是指这种消费物品时不需要支付任何费用;所谓可分性是指这种物品可以在一组消费者中按不同的方式进行分割。典型的公共物品具有非排他性、强制性、无偿性和不可分性等特征,私人物品具有排他性、非强制性、有偿性和可分性等特征,当然,也有一些物品只具有一部分公共物品的特征,同时又具有一部分私人物品的特征,这种物品称之为准公共物品[①]。

纯粹的公共物品是只有外部效应的产品,由于没有任何一个消费者被排除在消费范围之外,同时,消费者又不必为消费公共物品支付费用,这样,私人企业就无法获得利润,也不会提供公共物品,也就是说,仅靠市场机制是不能提供公共物品的。

很多环境资源具有不可分割的特征,其结果是产权难以界定或界定成本很高,这些环境资源属于公共物品,或准公共物品。因为私人企业不提供具有公共物品特征的环境资源的产品和服务,这就要求政府干预,为全体国民提供必要的公共物品。

---

① 沈满洪. 经济环境手段研究[J]. 北京:中国环境科学出版社,2001:28.

4）环境资源的外部效应

外部效应是企业或个人的行为对活动以外的企业或个人的影响。外部效应可分为正外部效应和负外部效应两种,两者的区分取决于企业或个人是否无偿地享有了额外收益,或是否承担了不是由其导致的额外成本。市场机制的作用会直接导致具有正外部效应的产品和服务供给不足,而具有负外部效应的产品会供给过量,前者如怡人的景观,后者如大气污染和水污染。河流上游农民的行为对下游农民的影响可以很容易说明正外部效应和负外部效应,如果上游农民植树,保护植被,那么,下游农民得到灌溉用水,这是正外部效应;反过来,如果上游农民滥伐树木,造成水土流失和洪水泛滥,这就是负外部效应。一般来讲,如果多植树和少伐树木不能给上游农民带来额外收益,他们就没有积极性去多植树和少伐树木,要促使上游农民多植树和少伐树木,政府和下游农民对上游农民进行补偿或许是一个解决方案。

环境污染是一种典型的负外部效应,当负外部效应存在时,私人成本不等于社会成本,私人收益也不等于社会收益。所谓私人成本是指生产或消费一件物品时,生产者或消费者自己所必须承担的费用。如果没有外部效应,私人成本就是生产或消费一件物品所承担的全部成本。如果存在外部效应,私人成本便偏离社会成本,社会边际成本等于私人边际成本与外部边际成本之和。

5）交易费用的存在

要促使市场中的交易得以发生需要花费一定的成本。交易费用是交易中取得信息、互相合作、讨价还价和执行合同的费用。通常,交易费用远低于市场交易带来的收益。然而,当交易费用大于交易收益时,就失去了建立市场的基础。在产权没有明确界定时,无法建立市场,产权明确界定后,如果交易费用很高,市场也难以建立。

9.2.2 政府失灵

前面阐述了市场失灵的主要原因。由于帕累托最优配置的假设条件不能全部满足,因而在处理生态环境问题时,市场机制并不是万能的,它无法对资源进行有效配置。市场失灵成为政府干预的一个理由,也为政府干预提供了一定的空间。然而,市场失灵并不总需要政府干预,市场失灵只是政府干预的必要条件,而不是充分条件,即使政府干预的目的是为公共利益服务,这也不构成纠正市场缺点的充分理由。政府干预只是在下面两种情况下是适宜的,一是政府干预的效果必须优于市场机制的效果,二是政府干预的收益必须大于政府干预本身的成本。如果不满足这两个条件,政府干预就不能达到预期效果,甚至会将市场进一步扭曲,形成政府失灵。所谓政府失灵是指政府的行动不能改善经济效率或政府把收入再分配给那些不恰当的人们。

政府失灵可以分为以下四种类型:

第一,扭曲本来可以正常运行的市场机制,即在不需要政府干预时,政府采取了不恰当的行动。

第二,政府干预在某一方面是有成效的,但却产生了负外部效应。例如,对农民使用化肥进行补贴,这虽然有助于提高农作物产量,增加农民收入,但造成对土壤和水资源的污染。

第三,政府干预加大了市场失灵。市场失灵只是政府干预的必要条件,而不是充分条件,有时政府干预的结果比市场失灵的结果更差。

第四,市场失灵且政府干预收益大于干预成本时,政府没有采取行动。

政府失灵可以分为项目政策失灵和部门政策失灵。

1)项目政策失灵

项目政策主要涉及公共项目和私人项目政策。在私人不愿意投资的领域中,政府通过提供公共物品,改正市场失灵。公共项目政策如果运用不当,就会影响市场机制正常发挥作用。一种常见的不当运用此政策的情形是,用公共投资替代本应由私人投资的项目,这种情形被称为挤出效应。这实际上是在不需要政府干预时,政府采取了不恰当的行动。通常,只有在公共项目的社会净收益超过私人项目的社会净收益时,政府进行公共项目投资才是适宜的,否则,应当由私人进行投资,利用市场机制来解决。与私人项目相比,公共项目的规模一般比较大,对经济的带动作用较明显,同时,大规模的公共项目对环境的影响也远远超过了一般的私人项目,但是,政府还是有可能以牺牲环境为代价取得经济增长。公共工程项目的评估常常使用成本—收益分析方法,一般在计算过程中,只是考虑那些可以用货币计量成本和收益。在评估过程中,实际上应当考虑由公共项目引起的全部社会成本和社会收益,尽管全部社会成本和社会收益常常难以用货币表示而导致计量十分困难。对公共工程项目评估的一种常见的错误是低估环境成本,例如,修建大型水库的成本不仅仅是人力、物力和所占用土地的成本,还要考虑移民成本、对气候的影响、对生物多样性的影响等。

2)部门政策失灵

——土地政策　土地政策失灵集中体现为不安全的土地产权。这导致土地使用者不愿意对土地长期投资和对土地的过度经营。不安全的土地产权的主要形式有无产权、产权不清晰、短期产权、使用权不能转让、土地价格管制、强制集体化等。20世纪80年代包产到户初期,中国农民只有土地的短期使用权,这导致农民不愿意对土地长期投资和对土地的过度经营。后来政府延长了农民的土地使用权期限,以增强农民对土地长期投资的信心。然而,在土地产权上还存在着一些不确定因素,这也在一定程度上影响了农民对土地长期投资的积极性。

——水资源政策　水资源是国民经济发展不可或缺的重要资源,由于水资源政策的不完善,造成水资源使用不合理,水资源紧缺对经济发展的制约作用日趋明显。水资源政策的一个重要缺陷是免费用水或水价过低。水价中只计算了水的生产成本,而没有考虑水的全部社会成本,这必然导致水资源的严重浪费,并使水资源紧缺的态势变得更加严峻。长期以来,大水漫灌是中国农业灌溉的常见形式,即使是在严重缺水的西北地区也是如此,应采用更科学合理的用水方式,如滴灌等,以提高水资源的利用效率。无证或超量抽取地下水使得中国大部分平原地区出现地下水位明显下降,并造成严重经济后果。在苏州、无锡和常州市,1995年地面平均沉降量超过0.8 m分别达到50多 km^2,地面下降又使得该地区的防洪能力减弱,造成的直接和间接经济损失达数百亿元。水资源紧缺的现象在城市中更加显著,据统计,在中国近700个城市中,有300多个城市缺水,其中严重缺水的达100多个。

——城市化和工业化政策　在城市化和工业化的过程中,大量的农民从农村迁移到城市,特别是迁移到大型城市,城市人口急剧增长,超出了城市的容量,造成城市环境急剧恶化。在这些大型城市中,已经集中暴露出交通拥挤不堪、噪声、生活垃圾不能得到及时有效处理等问题,此外,还出现了外来进城务工人员被边缘化的社会问题。乡镇企业是中国工业化发展模式的一大特点,当地农民可以不离开本土而实现本地经济的工业化,但与城市工业企业相比,乡镇企业的污染问题更加突出,早先备受人们推崇的苏南发展模式也受到越来越多的人的质疑。京津、长江三角洲、珠江三角洲是外来务工人员特别集中的地区,在这些地区的城市及周边聚集了无数的企业,企业排出的污染物加剧了这些城市的污染,这是否是城市化和工业化所必须付出的代价呢? 可以肯定的是,城市化和工业化的进程在中国远未完成,仍将长期持续下去。很多国家政府都是城市化和工业化的积极推动者,中国也不例外,然而,令人遗憾的是,政府工作在制定政策时,没有充分考虑城市化和工业化对环境的影响。良好的城市环境是有益的公共物品,污染则是负外部效应,要内化需要较高的交易费用。在市场不能提供公共环境产品和服务时,政府有责任进行干预,以控制和减少城市环境污染。

——产业政策和贸易政策 产业政策和贸易政策直接影响不同产业部门的盈利水平,并进而影响资源在不同产业部门的配置、不同产业部门所耗用的自然资源数量和污染排放量。政府在制定产业政策和贸易政策时,如果对环境影响估计不足,就会造成社会福利损失,并对生态环境产生负面影响。例如,政府为了鼓励农业生产,对农民使用化肥、农药实施补贴,导致农民过度使用化肥、农药,有机肥使用不足,造成土壤退化和污染加剧。在对外贸易方面,为了创汇,中国一度曾大量对日本出口一次性木筷,导致中国木材资源的无谓消耗,森林资源面临更大的压力。政府在制定某一产业的政策时,应考虑这一产业政策的环境影响和对其他产业的影响。如汽车产业政策,迅速发展的汽车产业无疑对钢铁产业、能源产业、电子产业等有巨大的推动作用,但同时也会使矿产资源、石油资源的快速消耗,并导致汽车尾气排放量剧增,汽车尾气排放已成为影响中国大中城市大气质量的重要因素。

3) 宏观经济政策失灵

政府的宏观经济政策会显著影响环境资源的配置。货币政策和财政政策直接影响到利率水平,利率水平是资源微观配置的决定因素之一,如果政府的货币政策和财政政策不当,就会对生态环境产生不利的影响。另外,在发展国民经济中,片面追求 GDP 的增长,对 GDP 的盲目崇拜,往往导致"有增长,无发展"和"高增长,高污染"现象的出现。必须指出,传统的 GDP 核算体系存在严重缺陷,不仅没有扣除资源消耗和环境污染的损失,而且将过度开采资源,特别是不可再生资源,按照附加值计算在 GDP 总量之中,所以是一种不真实的统计核算,人为夸大了经济收益,导致 GDP 增长以资源快速消耗和生态退化为代价。

9.3　中国解决环境问题的主要成就与不足

　　自改革开放以来,中国经济走上了持续快速发展的道路,在经济增长的同时,发达国家上百年工业化过程中分阶段出现的环境问题在中国集中出现。中国不能模仿发达国家的"先发展后治理"的老路,这是由中国的人口、资源、环境所决定的。发达国家可以在人均 8 000～10 000 美元的时候改善环境,但中国不行,如果中国不重视保护生态环境,很可能在人均 3 000 美元时,生态、环境、社会和政治危机会交织在一起提前到来,将中国所取得的经济成果侵蚀掉。现在,科学发展观已成为全社会的共识,环境保护和建设节约型社会是中国的基本国策,中国要超越传统的工业化发展模式,走可持续发展道路,政府、企业和社会为环境保护进行着不懈的努力。

9.3.1　中国解决环境问题的主要成就

1)环境保护法律体系日趋完善

　　中国环境保护法制从无到有,日趋完善。环境保护在宪法中得以体现,中国宪法明确规定"国家保护和改善生活环境和生态环境,防治污染和其他公害。"截至 2005 年止,全国人民代表大会及其常务委员会制定了环境保护法律 9 部、自然资源保护法律 15 部。在各项污染防治的专门法律方面,1996年以来,中国制定或修订了包括水污染防治、海洋环境保护、大气污染防治、环境噪声污染防治、固体废物污染环境防治、环境影响评价、放射性污染防治等环境保护法律,在资源利用和生态保护方面,制定了内容涉及水、清洁生产、可再生能源、农业、草原和畜牧的法律;国务院制定或修订了《建设项目环境保护管理条例》《水污染防治法实施细则》《排污费征收使用管理条例》等 50 余项行政法规;国务院有关部门、地方人民代表大会和地方人民政府为实施国家环境保护法律和行政法规,制定和颁布了规章和地方法规 660余件。这样,中国形成了由国家法律、法规和和地方法规、规章所构成的一套相对比较完整的生态和环境保护法律体系。

2)工业污染防治力度进一步加大

　　在中国工业化和城市化的过程中,工业污染物排放一直是环境污染产生的主要因素。随着认识水平的提高,中国工业污染防治战略目前正在发生四个重大变化,逐步从末端治理向源头和全过程控制转变,从浓度控制向总量和浓度控制相结合转变,从点源治理向流域和区域综合治理转变,从简单的企业治理向调整产业结构、清洁生产和发展循环经济转变。随着工业,特别是重化工业的快速发展,中国主要工业污染排放量不可避免地呈现增长,1995 年,工业烟尘排放量845 万t,2004 年上升到886.5 万t,增长4.9%;同期工业粉尘排放量从630 万t 上升到904.8 万t,增长43.6%;二氧化硫排放量从1 396 万t 上升到1 891.4 万t,增长35.5%;全国工业固体废物产生量从6.5 亿t 上升到12.0 亿t,增长84.6%;工业固体废物排放量从222 万t 上升到1 792.0 万t,增长707%①。但是与1995 年相比,2004 年全国单位国内生产总值(GDP)工业废水、工业化学需氧量、工业二氧化硫、工业烟尘和工业粉尘排放量分别下降了58%,72%,42%,55% 和39%。与1990 年相比,2004 年全国每万元人民币 GDP 能耗下降45%,累计节约和少用能源7亿t 标准煤;火电供电煤耗、吨钢可比能耗、水泥综合能耗分别降低11.2%,29.6% 和21.9%②。这表明工业资源的利用效率有所提高。

受技术、资金等因素的限制,小企业环境污染现象十分严重,中国坚决淘汰和关闭一批技术落后、污染严重、浪费资源的企业。仅"九五"(1996—2000 年)期间,国家就关闭8.4 万家严重浪费资源、污染环境的小企业。2005 年,关停污染严重、不符合产业政策的钢铁、水泥、铁合金、炼焦、造纸、纺织印染等企业2 600 多家③。2005 年,仅在晋、陕、蒙、宁交界地区电石铁合金焦炭行业清理整顿中,就取缔关闭了185 家不符合产业政策的企业④。对重污染行业,如水泥、电力、钢铁、造纸、化工等,以推动技术进步为主要污染防治手段,使这些行业在产量逐年增加的情况下,主要污染物排放强度呈持续下降趋势。中国多次发布淘汰落后生产能力、工艺和产品的目录,加强产业政策导向,指导行业和企业进行产业与产品升级。

3)城市环境质量得到改善

城市化是中国经济、社会发展进程中不可逆转的趋势,城市化率已从1995 年的29.04% 提高到2004 年的41.76%,今后城市化率还会继续提高。

①1995 年中国环境状况公报;2004 年中国环境状况公报.
②、③国务院新闻办公室.中国的环境保护(1996—2005)[N].人民日报,2006-06-06(14).
④2005 年中国环境状况公报.

各级政府采取一系列综合措施,积极应对在城市化发展中产生的环境问题,城市的环境质量有了一定的改善。2000年,在监测的城市中,空气质量达到二级的比例为36.5%,2005年上升到56.1%;2000年,空气质量劣于三级的比例为33.1%,2005年下降到10.6%,这表明,中国城市空气质量有好转的趋势[1]。1993年,全国城市污水处理率为17.9%,2004年上升到46%[2]。到2004年底,城市生活垃圾无害化处理率达52%,城区清洁能源使用率达40%,全国城市绿化覆盖率为31.66%,绿地率为27.72%,人均公共绿地面积为7.39 m^2,分别比2000年增长3.51%,4.05%和3.7 m^2,其中人均公共绿地面积翻了一番[3]。

城市环境质量的改善得益于多种政策和措施。首先是实施城市总体规划,从城市环境容量和资源保证能力出发,对城市进行功能分区,测算大气和水环境容量,合理确定城市规模和发展方向,调整城市产业结构和空间布局,逐步优化城市的功能分区。在产业结构调整中实行退出第二产业进入第三产业,关闭、迁移了一批污染严重的企业,首钢迁出北京就是一个典型的例子,在城市中建立工业园区或高新科技产业开发区,利用其推进清洁生产,提高园区污染防治的效率。其次是具体措施,例如,调整城市能源结构,积极推广清洁能源和集中供热,减轻燃煤污染,1996年,全国城市燃气普及率达到73.3%;在重点城市的建筑施工中禁止在城市城区现场搅拌混凝土,在其他城市中也积极推行使用预拌混凝土;针对汽车保有量迅速增长的实际情况,国家高度重视汽车尾气对城市空气质量的影响,积极推行低污染的天然气、液化石油气清洁燃料汽车,以减少铅排放量。到2000年6月底,中国已全面实现了汽油无铅化,2005年7月1日起全国全面实施国家第二阶段排放标准,2005年12月底,北京市在全国提前实施国家机动车第三阶段排放标准[4]。

4) 生态保护与建设成绩显著

——造林绿化 以生态建设为主是中国林业发展的指导方针,多年来中国大力开展植树造林工作,使森林面积和森林蓄积量迅速增加,林龄结构、林相结构趋于合理,森林质量趋于提高,实现了由持续下降到逐步上升

---

①,④2000年中国环境状况公报;2005年中国环境状况公报.
②1993年中国环境状况公报;2004年中国环境状况公报.
③国务院新闻办公室. 中国的环境保护(1996—2005)[N].人民日报,2006-06-06(14).

的历史性转折。目前,全国森林面积达 1.75 亿公顷,森林覆盖率达18.21%,森林蓄积量达 124.56 亿 m^3[①]。全国森林面积占世界的 4.5%,列世界第 5 位,森林蓄积占世界的 3.2%,列世界第 6 位,人工林保存面积居世界首位。与第五次(1994—1998 年)清查结果相比:有林地面积增加 1 596.8 万公顷,森林覆盖率增加 1.66 个百分点,森林蓄积量增加 8.89 亿 m^3[②]。2004 年和 2005 年,天然林资源保护工程营造林面积分别达到 120.93 万公顷和 116.67 万公顷,退耕还林面积分别为 356.48 万公顷和 335.31 万公顷[③]。

——在草原生态建设方面 坚持"生态、经济、社会目标并重,生态优先"的原则,草原植被得到有效恢复,草原生态环境逐步好转。中国坚定实施退牧还草工程,2004 年和 2005 年,中央财政分别投入 11.2 亿元和 18.81 亿元用于退牧还草工程。中国还进一步完善了草原家庭承包经营制,到 2005 年,全国已落实草原承包面积 2 亿多公顷,约占可利用草原面积的 70%[④],有效调动了农牧民保护建设草原的积极性。中国注重对牧区生产方式的正确引导,促使牧民的生产方式由天然草原放牧转变为舍饲圈养。

——土地保护、开发与整治 中国实行严格的耕地保护政策,确保基本农田保护区不被占用。同时,严格控制建设用地总量和结构,以抑制乱占耕地现象。2004 年,进行了土地市场秩序治理整顿,暂停农用地转用审批,暂停涉及基本农田保护区调整的各类规划修改,暂停新批县改市(区)和乡镇土地利用总体规划修改的要求。2004 年,还实施了开发区整顿,核减各类开发区 4 813 个,占总数的 70%;压缩规划面积 249 万 hm^2,占规划面积的 65%。2005 年,在上年清理整顿成果的基础上,核减开发区 10 个,压缩面积 5 200 km^2[⑤]。

——水土保持 中国扩大了水土流失重点防治范围,除了原有的长江、黄河上中游地区,又增加了东北黑土区、珠江上游和环京津等地区。2004 年、2005 年,全国分别完成水土流失综合治理面积 16.28 万 km^2 和 4.6 万 km^2[⑥]。此外,中国还开展了示范区和示范工程建设、小流域的综合整治和小型水土保持工程建设。

——防沙治沙 实施一批防沙治沙重点工程,使荒漠化和沙化土地面积同时出现净减少。截至 2004 年底,全国荒漠化土地为 263.62 万 km^2,沙

---

①国务院新闻办公室. 中国的环境保护(1996—2005)[N]. 人民日报,2006-06-06(14).
②2005 年中国环境状况公报.
③、④、⑤、⑥2004 年中国环境状况公报;2005 年中国环境状况公报.

化土地面积为 173.97 万 km²,与 1999 年相比,五年间全国荒漠化土地面积净减少 37 924 km²,沙化土地面积净减少 6 416 km²;土地荒漠化和沙化程度有所减轻,重、极重度荒漠化面积减少 24.59 万 km²,荒漠化和沙化整体扩展的趋势得到初步抑制①。

——自然保护区、生态功能保护区、风景名胜区建设 中国政府把建立自然保护区作为保护生态环境的重要措施。截至 2005 年底,全国共建立各级各类自然保护区 2 349 处,面积达 150 万 km²,约占陆地国土面积的 15%(见表 9.12),初步形成了类型比较齐全、布局比较合理的全国自然保护区网络;全国 85% 的陆地生态系统类型,85% 的野生动物种群和 65% 的天然植物群落类型都得到保护②。中国建立了国家和地方两级生态功能保护区,一些国家重点风景名胜区被列入联合国教科文组织《世界遗产名录》。

表 9.12 自然保护区状况

年度	自然保护区数 /个	自然保护区面积 /万公顷	保护区面积占国土面积比例 /%
2001	1 551	12 989	12.9
2002	1 757	13 294.5	13.2
2003	1 999	14 398.0	14.4
2004	2 194	14 822.6	14.8
2005	2 349	14 994.9	15.0

资料来源:据历年《全国环境统计公报》整理。

——生物多样性保护 中国是一个生物多样性非常丰富的国家。目前,全国共建立野生动物拯救繁殖基地 250 处,野生植物种质资源保育或基因保存中心 400 多处,使 200 多种珍稀濒危野生动物、上千种野生植物建立了稳定的人工种群。同时,开展了国家重点保护野生植物资源的调查和抢救性收集,建立了 67 个农业野生植物原生境保护区③。2003 年 8 月,国家环保总局会同 16 个部委组成生物物种资源保护部际联席会,协调加强生物物种资源保护工作。2005 年初,部际联席会议成员单位着手全国生物物种资源保护与利用规划编制工作。针对外来生物入侵,2003 年,农业部成立了"农业部外来入侵生物管理办公室"和"农业部外来入侵生物预防与研究控制中心",2005 年农业部制定并颁布了《农业重大有害生物与外来入侵生物

①,②,③国务院新闻办公室. 中国的环境保护(1996—2005)[N]. 人民日报,2006-06-06(14).

突发事件应急预案》,并构建了"中国外来入侵物种"数据库。

——湿地保护　目前,全国共有湿地自然保护区473处,总面积达4 346万 hm^2。全国纳入自然保护区得到有效保护的自然湿地近45%,洞庭湖、鄱阳湖、扎龙等30块湿地列入国际重要湿地名录,面积达346万 hm^2[①]。中国开展全国湿地资源调查,初步掌握了湿地资源状况,在湿地领域开展了多方面的科学研究,在此基础上,进行湿地资源合理开发利用,2005年国务院批准《全国湿地保护工程实施规划》。

5)环境经济政策体系进一步完善

环境保护产品和技术的研发、环境污染的防治需要大量的资金投入,资金的投入量直接关系到环境质量的好坏。经过多年努力,中国已初步建立了以政府为主导的多元环保投融资体系。

——加大环境保护财政投入　中央财政安排环境保护资金呈稳步上升趋势,"十五"期间达1 119亿元人民币,其中,国债资金安排1 083亿元人民币。1998年以来,中国把环境基础设施建设作为国债投资的重点,带动了大量社会资金投入环保。1996—2004年,中国环境污染治理投入达到9 522.7亿元人民币,占同期GDP的1.0%[②]。2005年污染治理项目投资总额2 388.0亿元,其中,工业污染治理项目投资额458.2亿元,"三同时"项目环保工程投资额640.1亿元,城市环境基础设施建设投资额1 289.7亿元。环境污染治理投资占当年GDP的1.31%。

——完善环境收费政策　根据"污染者负担原则"实施的排污收费制度是国际上常用的控制污染的市场手段之一。中国在1979年颁布的《中华人民共和国环境保护法(试行)》就规定了排污收费制度,在此后颁布的多个环境法律中都有对这项制度的规定。排污收费制度对环境污染者有一定的市场激励作用,同时,这项制度也提供了环境污染治理资金筹集的一个重要来源。排污费的征收使用严格实行"收支两条线"管理,排污费收入专项用于环境污染防治。从排污介质来看,影响最大的是废水和废气。近年来扩大二氧化硫排污费征收范围,即对所有排放二氧化硫的企、事业单位和个体经营者均征收二氧化硫排污费,并提高二氧化硫排污费标准,由每千克二氧化硫0.2元人民币提高到0.63元人民币。实行城市污水、垃圾、危险废物处理收费政策,引导社会资金以多种方式投入环保设施建设和运营,积极推动污染治理市场化、产业化进程。建立并推行城市污水、垃圾处理特许经营制度。

---

①,②国务院新闻办公室. 中国的环境保护(1996—2005)[N]. 人民日报,2006-06-06(14).

——制定有利于环保的价格税收政策　环境税是指对开发、保护和使用环境资源的单位和个人，按其对环境资源的开发利用、污染、破坏和保护程度进行征收或减免的一种税收。由于环境资源的市场价格没有反映出其全部成本，征收环境税可以修正过低的市场定价，以促使生产和消费过程中减少污染排放，并鼓励环境友好的生产和消费行为。中国目前与环境有关的税种主要有资源税、消费税、耕地占用税、车船使用税、固定资产投资调节税等。税收额从1987年的88.91亿元到1996年的561.23亿元，这些税收收入的规模呈现出稳定增长的趋势，为环境保护提供了一定的资金。

——建立可再生能源费用分摊机制　对于能源消耗较大的钢铁、电解铝、铁合金等产品，分批调低和取消这些产品的出口退税政策。对再生资源回收及资源综合利用，生产环保产业设备的企业，利用废水、废气、废渣等废弃物为主要原料进行生产的企业，给予减免税收的优惠政策。陆续提高煤炭、原油、天然气等矿产品的资源税税额标准，进一步保护矿产资源，促进资源的合理开发利用。

6）发展循环经济工作顺利推进

在循环经济方面开展的工作主要有：一是实行清洁生产。清洁生产是指既可满足人们的需要，又可合理地使用自然资源和能源，并保护环境的实用生产方法和措施，其实质是一种物料和能耗最少的人类生产活动的规划和管理，将废物减量化、资源化和无害化，或消灭于生产过程之中[1]。清洁生产着眼于从根本上解决环境污染问题，是实现工业可持续发展的有效途径。目前，化工、轻工、电力、煤炭、机械、建材等行业5 000多家企业通过了清洁生产审核。二是在工业集中地区积极发展生态工业。生态工业是指仿照自然界生态过程物质循环的方式，应用现代科技所建立和发展起来的一种多层次、多结构、多功能、变工业排泄物为原料、实现循环生产、集约经营管理的综合工业生产体系[2]。生态工业的核心是构建生态工业链，使上游企业的废物或副产品成为下游企业的原料，建立起工业共生关系。中国已设立长沙黄兴、贵港、南海和鲁北四个国家级生态工业示范园区。目前，中国已建立了17个不同类型的生态工业园。三是统筹规划工业与农业、生产与消费、城市与农村的发展，大力发展资源循环利用产业，实行可持续生产和消费。

①汪应洛，刘旭．清洁生产［M］．北京：机械工业出版社，1998：3-4.
②罗宏，孟伟，冉圣宏．生态工业园区——理论与实证［M］．北京：化学工业出版社，2004：105.

7) 环境保护系统能力显著提高

环境保护系统是环境保护工作的基础,经过多年长期坚持不懈的努力,中国环境保护系统能力有了显著提高。截至 2005 年,不包括香港和澳门特别行政区以及台湾省,中国已有各级环保系统机构数 11 528 个(其中国家级 41 个),各级环境监测站数 2 289 个(其中国家级 1 个),各级环境监察机构数 2 854 个(其中国家级 1 个),各级环境科研所数 273 个(其中国家级 3 个),各级环保系统实有 166 774 人(其中国家级 2 452 人),各级环境监测有 46 984 人(其中国家级 98 人),各级环境监察机构有 50 040 人(其中国家级 41 人)(见表 9.13)。

表 9.13 环境保护系统能力

年度	各级环保系统机构数/个	各级环境监测站数/个	各级环境监察机构数/个	各级环境科研所数/个	各级环保系统实有人数/人	各级环境监测人数/人	各级环境监察机构人数/人
2000	11 115	2 268	2 552	240	131 092	40 674	31 228
2001	11 090	2 229	2 567	246	142 766	43 629	37 934
2002	11 798	2 356	2 693	269	154 233	46 515	41 878
2003	11 654	2 305	2 795	263	156 542	45 813	44 250
2004	11 555	2 289	2 800	266	160 246	45 849	47 189
2005	11 528	2 289	2 854	273	166 774	46 984	50 040

资料来源:据《2000 年全国环境统计公报》和《2001—2005 年全国环境统计公报》整理。

8) 国际环境保护合作卓有成效

某些环境问题的影响会涉及多个国家,如温室效应导致全球气候变暖和海平面上升,臭氧层破坏使得紫外线辐射增强,并导致人类患皮肤癌的几率增大,酸雨导致农作物减产、森林受损。一个国家的污染排放物可能对其他国家甚至全世界的环境产生不利影响,仅仅依靠单个国家是无法解决这类越境环境污染问题,在处理这类越境环境污染问题时,国际合作机制成为必然选择。

中国政府积极参与环境保护领域的国际合作。多年来,中国政府与联合国环境规划署、联合国开发计划署、世界银行、亚洲开发银行、亚太经合组织等国际组织在环境保护和可持续发展方面进行了卓有成效的合作。

中国参加了《联合国气候变化框架公约》及其《京都议定书》《关于消耗臭氧层物质的蒙特利尔议定书》《关于在国际贸易中对某些危险化学品和农药采用事先知情同意程序的鹿特丹公约》《关于持久性有机污染物的斯德哥尔摩公约》《生物多样性公约》《生物多样性公约〈卡塔赫纳生物安全议定书〉》和《联合国防治荒漠化公约》等50多项涉及环境保护的国际条约,并积极履行这些条约规定的义务。

中国积极开展消耗臭氧层物质替代品和其他环保相关产品的开发和生产基地的建设,顺利完成了《蒙特利尔议定书》规定的阶段性削减指标。据世界银行估计,中国淘汰消耗臭氧层物质占所有发展中国家淘汰总量的50%。

除了与国际组织的合作外,在环境保护领域的双边合作上,中国也开展了大量工作,先后与美国、日本、加拿大、俄罗斯等42个国家签署双边环境保护合作协议或谅解备忘录,与11个国家签署核安全合作双边协定或谅解备忘录。在环境政策法规、污染防治、生物多样性保护、气候变化、可持续生产与消费、能力建设、示范工程、环境技术和环保产业等方面广泛进行交流与合作,取得一批重要成果。

9.3.2 "十五"期间中国环境保护工作的不足

"十五"期间,中国在环境保护方面做了大量工作,取得了不少成绩,但仍然有一些深层次环境问题还没有从根本上得到解决,粗放型经济增长方式还没有根本转变,环境保护的法制建设仍待完善,有法不依、执法不严、违法不纠的现象还比较普遍,与发达国家相比,中国在环境保护上的资金投入仍然不足,环境污染和生态破坏问题突出。

在环保"十五"计划确定的各项指标中,部分控制目标未能实现。主要污染物排放总量控制目标没有完成的主要原因是:一方面,科学发展观未能得到有效贯彻落实。一些地方政府在经济利益和环境利益发生冲突时,不惜牺牲环境利益,片面追求GDP的增长,没有充分履行地方政府在环境保护方面的责任。另一方面,粗放型经济增长方式没有得到根本转变。自2002年末开始,高能耗、高物耗的火电、钢铁、建材、有色等行业出现过热发展的态势,年平均增长率都在15%以上,但污染治理进程相对缓慢,环境污染治理的历史欠账较多,污染事故有所增加。

未完成目标控制要求的主要指标是二氧化硫排放量和COD排放量,其中二氧化硫排放总量和工业二氧化硫排放量两项指标不仅没有下降,而且有所反弹。2005 年,全国二氧化硫排放总量为 2 549 万 t(初步统计数据),超过总量控制目标(1 800 万 t)749 万 t;比 2000 年(1 995 万 t)增加了约 27%。能源消费的超常规增长和火电行业的快速发展是导致二氧化硫排放量增加的主要原因,另外,脱硫项目建设滞后于总量控制要求,脱硫工作缺乏资金和政策支持。2005 年,全国 COD 排放总量 1 413 万 t(初步统计数据),与"十五"提出的 1 300 万 t 的总量控制目标相差 115 万 t,仅比 2000 年(1 445 万 t)减少了 2%,未完成削减 10% 的控制目标。造纸行业占全国工业 COD 排放总量半数以上,造纸行业的快速发展,污染治理设施没有能够完全及时配套是全国 COD 控制目标没有完成的重要原因之一,另外,重点流域污染治理工程项目的完成情况不理想,重点治理工程项目的总投资仅完成计划的 53%。

中国环境问题研究文献述评

中国环境问题,主要是环境污染和生态破坏两个方面,也面临着气候变化、臭氧层破坏等全球性的环境问题。以城市为中心的环境污染仍在加剧,并通过乡镇工业扩散到农村①。本章概述改革开放以来中国环境问题的主要研究内容和重大问题,介绍七个领域的主要研究者以及研究成果,对环境问题研究的理论进展、解决对策、企业环境管理作简要评价。

10.1 中国环境问题研究概述

10.1.1 环境污染问题研究概述

1)20世纪70—80年代的研究

——工业污染问题研究 在工业污染问题上,研究侧重于末端治理的思路如何能有效运行、工业三废的综合利用、排污收费制度,相对应的环境管理制度和环境政策的研究与设计等。20世纪70年代研究的重点是污染的治理措施及政策。80年代主要研究如何调整不合理的工业布局、产业结构和产品结构,结合技术改造,强化环境管理,对工业污染进行综合防治。针对工业污染问题所作的一些研究进入国际前沿,例如设计的排污收费制度和环境影响评价制度与当时国际最新的环境管理工具同步,控制新污染源的"三同时"制度体现出全面污染控制的新环境管理思想。

——城市环境问题研究 鉴于中国政府历来把城市作为环境保护工作的一个重点,城市化进程明显加快,城市环境问题的解决方案以及环境管理

---

①解振华.中国的环境问题和环境政策[J].中国人口、资源与环境,1994(3):9.

模式的研究受到高度重视。旅游城市以及重点城市的环境综合整治、城市环境基础设施建设与管理、做好城市规划、明确划分城市功能区从源头控制污染等问题的研究成果为政府制定环境管理政策和制度提供有力支持。

2)20世纪90年代以后的研究

——农村环境问题研究 农村环境问题的研究主要包括乡镇企业的环境污染、农村工业化过程中的污染防治、城市污染向农村转移。

20世纪90年代农村环境问题主要表现为土地退化、水土流失、荒漠化、乡镇企业的污染①。研究重点是乡镇企业污染问题。乡镇企业在为国家和农民带来巨大的物质财富的同时,也对社会造成严重的环境损害。乡镇企业的污染主要来自于乡镇工业,而且集中在少数行业,如造纸、食品、化工、电镀、建材、非金属矿采选等行业。1995年的资料显示,造纸业的废水排放量占乡镇企业废水中排放量的44%,水泥工业中的粉尘排放量占乡镇企业粉尘中排放量的78.5%②。引起重视的研究文献是国家环保局组织编写的《乡镇企业环境污染对策研究》③以及农业部1995年颁发的《迈进21世纪乡镇工业环境保护行动计划》。

进入21世纪,农业发展与环境问题的矛盾冲突已经到了非常尖锐的程度,存在四方面的突出问题:农业自然资源越来越短缺,生态恶化造成农业生产条件不断恶化,耕地有毒有害物质残留导致土地严重污染,出现食品安全问题④。有关农产品贸易的绿色壁垒问题、新农村建设中的环境问题、如何有效阻止城市污染向农村扩散问题(包括污染密集产业向农村转移)等成为目前的研究热点。

——工业污染研究 20世纪90年代以后,中国在建立社会主义市场经济体制的过程中,转变传统的发展战略,推行清洁生产,走可持续发展道路。工业污染防治研究重点转向如何落实"三个转变"指导思想,即在污染防治基本战略上,从侧重污染的末端治理逐步转变为工业生产全过程控制;在污染物排放控制上,由重浓度控制转变为浓度与总量控制相结合;在污染治理方式上,由重分散的点源治理转变为集中控制与分散治理相结合。研究工

①章申.环境问题的由来、过程机制、我国现状和环境科学发展趋势[J].中国环境科学,1996
(2):401-405.
②姜百臣.中国农村工业化与环境问题研究[J].生态经济,1995(2):11-18.
③国家环境保护局.乡镇企业环境污染对策研究[M].南京:江苏人民出版社,1993.
④陈锡文.环境问题与中国农村发展[J].管理世界,2002(1):5-8.

业污染防治的管理体制和规章制度,探索更经济有效的工业污染控制政策和管理模式,分析企业污染行为,讨论如何通过转变经济增长方式、调整产业结构控制污染等问题是研究的核心课题。

进入21世纪以后,推进清洁生产的策略研究、建设生态工业园、在企业如何采用循环技术建立循环经济模式成为研究新领域。

——公众参与和国际环境合作　公众如何在控制污染、保护环境活动中发挥更大的作用,环境决策能否满足公众的需求,提升公众的环境意识,培养公众环保行为等问题作为公众参与解决环境问题的研究内容。

国际环境合作领域主要研究如何利用国际资源解决污染问题;在深化改革开放、扩大利用外资的过程中有效平衡贸易与环境的关系;多边国际环境条约的责任和义务的承担能力和方式。

10.1.2　生态破坏问题研究

1)20世纪70—80年代的研究

20世纪70—80年代,中国开始认识到生态破坏问题,着手研究生态破坏现象,构建生态经济学科,组建研究机构。中国科学院郭方指出这一时期中国面临的生态破坏问题主要是:森林过伐、水土流失、土壤退化、可耕地减少、地力使用过度、土壤侵蚀、盐碱化[①]。1980年,中国社会科学院许涤新牵头创建生态经济学科,出版第一本生态经济学论文集《论生态平衡》,随后成立中国生态经济学会。1987年世界第一份生态经济学学术期刊《生态经济》在中国创刊。许涤新的《社会生产与人类生活中的生态环境问题》是此阶段研究生态环境问题的里程碑式文献。1986年正式成立的中国科学院生态环境研究中心作为国内最重要的研究机构,培养了不少专业人才,在生态环境研究前沿领域作出重大贡献。

2)20世纪90年代的研究

从20世纪90年代起,生态破坏问题成为环境问题的重点。探讨生态破坏的严重程度、描述中国生态环境问题的表现形式、分析生态环境问题的产生原因以及机理、提出解决对策等,构成生态环境问题研究的主体内容。生物多样性保护、湿地保护、自然保护区建设与管理、海洋环境保护等研究受到广泛关注。

---

①郭方.中国的环境问题与环境科学[J].环境科学丛刊,1987(6):1-6.

20世纪90年代初,马世骏的研究成果表明,中国最突出的生态环境问题是污水治理、阻止耕地面积进一步减少、植被恢复。生态环境问题产生的原因在于:工业、资源、人口之间的比例失调,单一的农业政策,缺少整体规划的乡镇企业发展。缓解生态环境问题的途径为:进行生态建设规划,建立阶环式技术体系(也就是目前所说的循环技术),实施预防为主、综合治理的战略①。

10.2 中国环境问题研究的主要内容、代表人物和观点

10.2.1 环境问题治理模式研究

1)工业污染防治模式研究

工业污染是中国环境污染的主要来源,工业污染防治是中国环境管理和污染控制的工作重点。在工业污染防治的经济学研究领域,研究中国工业污染和经济发展之间的内在联系,从宏观和微观两个角度对中国工业污染的经济特点进行分析,提出环境和经济可持续协调发展对策的代表作是20世纪90年代出版的《中国工业污染经济学》②。

清洁生产是对生产过程进行全面环境管理,从源头防治工业污染的治理模式。钱智等人在分析清洁生产对中国的重要意义、企业实施清洁生产需要的条件的基础上,提出中国企业实施清洁生产的政策措施③。

张其仔等人研究了中国工业污染防治模式的制度性缺陷。针对"十五"期间中国经济发展的各项指标大多超额完成,但环境保护的指标没有完成的问题,指出工业污染防治计划执行不理想是"十五"期间中国环境计划没有实现的重要原因,中国工业污染防治模式存在三大制度性缺陷,即成本-收益分析制度缺乏、科技创新与环境保护政策整合不足、激励性生态补偿制度不完善④。

---

①马世骏.中国生态环境问题分析及治理对策[J].管理世界,1990(3):166-173.

②曹东,王金南.中国污染经济学[M].北京:中国环境科学出版社,1999.

③钱智,钱勇.中国推行清洁生产的政策建议[J].中国软科学,1998(6):117-125.

④张其仔,郭朝先,孙天法.中国工业污染防治的制度性缺陷及其纠正[J].中国工业经济,2006(8):29.

2）生态破坏治理模式研究

樊胜岳、高新才在研究荒漠化治理问题时提出了荒漠化治理的生态经济模式、制度创新的思路。他们指出，荒漠化不仅是生态环境问题，而且是中国可持续发展的重大障碍。中国荒漠化面积、速度惊人，已经到了不可容忍的地步。人类经济活动是近30年导致荒漠化加剧的直接原因，具体来说是由于人口压力增加带来的滥垦、滥牧、滥采、滥樵造成的，自然因素例如自然干旱也是重要原因。

荒漠化治理要在考虑治理的层次性和时序性的前提下，突破治沙技术层面的限制，从经济学、生态学和沙漠学相结合的角度，把荒漠化治理与农村经济发展有机结合起来，形成荒漠化防治的生态经济模式。在这个模式中，荒漠化治理应该按照降低土地上的人口压力和形成稳定生态系统的总体目标，有层次有时序地进行。荒漠化防治的生态经济模式的基本要求是：以荒漠化地区资源高效利用为主要内容的技术创新和技术传播、以荒漠化治理为主要内容的沙漠生态恢复、以农业工业化为主要内核的产业经济发展。治理荒漠化是一项系统工程，需要制度创新。一是投资体制创新，形成以国家投资为主体、企业以及农户共同投资的多方位投资体制；二是完善荒漠化管理制度；三是建立激励机制[1]。

10.2.2　中国环境政策研究

1）环境政策的内容

在环境政策构成研究领域，30年来有影响的研究者有夏光、王金南等人。夏光运用制度经济分析方法对环境政策进行研究，把环境政策研究的视角扩展到更广的范围，提出了用现代制度经济学理论和方法分析环境政策的框架，对中国环境政策体系作了系统的实证研究。夏光指出，环境政策可以定义为国家为保护环境所采取的一系列控制、管理、调节措施的总和。环境政策的要素有环境政策结构、环境政策安排、环境政策效率、环境政策均衡、环境政策创新等[2]。中国环境政策由环境污染控制政策和生态保护政策构成，其中污染控制政策是主体。污染控制政策进一部划分为管制性政策和引导性政策，前者是指国家对社会所实行的有强制约束力（或有强烈要

---

①樊胜岳,高新才.中国荒漠化治理的模式与制度创新[J].中国社会科学,2000(6):37-46
②夏光.环境政策创新[M].北京:中国环境科学出版社,2001:5.

求)的环境政策,例如各项环境管理制度和有关行政命令等;后者是指国家对环境保护资源行动所作的倡导和要求,例如绿色标志、公众参与等①。

1996年,王金南、陆新元就环境经济政策作了系统的研究,针对市场机制在经济活动中的基础性作用日益明显的状况,在分析传统环境管理政策的应用状况并指出其存在问题的基础上,提出了市场机制下中国的环境经济政策体系,对环境经济政策实施过程中可能面临的政策定位、制约因素和外部条件进行了展望。

环境经济政策是指根据价值规律,利用价格、税收、信贷、投资、微观刺激和宏观经济调节等经济杠杆,调整或影响有关当事人产生和消除污染行为的一类政策。这类政策一般具有明显的经济刺激因素,其主要功能通常表现在筹集资金和行为激励两个方面②。主要经济手段包括排污收费制度、综合利用奖励优惠、确定环保投资渠道。20世纪90年代,环境经济政策存在的问题是:已有的经济政策不适应市场机制,资源价格与实际价值之间存在较大的偏离,环境经济政策缺乏系统性,政策手段本身不完善,设计不合理③。

王金南等人认为市场机制的环境政策体系由价格政策、环境税收或收费政策、投资信贷政策、微观刺激手段、环境与经济核算制度五部分构成。

环境资源和价格政策要使资源和能源的价格充分反映环境成本,最终建立一个可持续的环境资源和能源价格体系。可以采取的政策手段包括:根据全成本费用确定产品价格,对环境有害的产品征收环境税或者收费,使这些产品的价格能反映环境成本;使原油、煤炭、水等资源价格与国际市场接轨,改变国内资源价格过低导致资源浪费现象。

环境税收或收费政策要求对一切开发、利用环境资源的单位和个人,按照其对环境资源的开发利用程度或者产生的污染程度、污染行为征收税收或者收取费用。可以采取的政策有:继续完善现行的排污收费制度,如提高收费标准、实行多因子叠加总量收费,全面实行 SO_2 收费,对居民废弃的垃圾以及排放的污水收费;开征环境税,把目前由资源管理部门征收的资源补偿费改为由税务部门征收的环境税,对于污染严重的产品考虑征收产品税;

①夏光.中日环境政策比较研究[M].北京:中国环境科学出版社,2000:69.
②王金南,陆新元,杨金田.中国与OECD的环境经济政策[M].北京:中国环境科学出版社,1997:1-2.
③王金南,陆新元,杨金田.中国与OECD的环境经济政策[M].北京:中国环境科学出版社,1997:4.

根据自然资源开发过程中生态环境的破坏程度征收生态环境补偿费,逐渐转化为环境税;也要考虑税收优惠手段的实施,对于资源综合利用企业、清洁生产企业、环境技术开发企业、环境工程设计施工企业可以降低增值税和所得税。

环境投资或信贷政策的目标是确立环境投资渠道,建立环境产业基金,充分利用国外资金。可以采取的政策包括:建立多元化环境投资渠道,增加环保资金投入,政府投入与企业投入结合,启动民间资金进入环保领域的通道;设立环保产业基金或者建立环保投资管理公司,发行中、长期债券;在环保产业领域尤其是设计环保的基础设施项目上采用 BOT 或者 TOT 方式;执行绿色信贷政策。

环境刺激政策指微观层次上的环境经济手段,主要目的在于促使污染者改变行为。主要手段是:执行可交易排污权制度,推广押金退款制度,试行环境保险制度。

环境核算制度要求核算主体将自然资源存量或人类活动造成的自然资源损耗和环境损失通过评估测算的方法用经济价值量进行计量,运用效益费用分析方法决定资源的配置,并评价人类活动的实际效果[1]。

王金南等设计的市场机制下环境政策体系见图 10.1。

2)环境政策评价

在环境政策评价方面主要的研究者有张晓和胡大源。张晓对改革开放以来中国环境政策作出积极的评价,认为中国环境政策比较成功地控制了经济快速发展中的环境问题,在国民经济快速增长时期,环境恶化的速度明显低于 GDP 增长速度,这与流行的环境库兹涅兹曲线所描述的阶段性特征不一致。文章将产生这一现象的重要原因之一归结于中国政府实施的环境政策的作用,认为改革开放以来中国的环境政策比较成功地控制了经济快速发展中的环境问题,并且中国的技术进步水平提高幅度较大,也为解决环境问题提供了较好的基础和条件。

张晓总结的中国改革开放至 20 世纪 80 年代的环境政策包括:环境保护作为一项基本的国策;预防为主,防治结合;污染者负担;强化环境管理;"三同时"政策;排污收费政策;环境影响评价政策;环境保护目标责任制;企业环保考核;城市环境综合整治定量考核;排污许可证制度;污染集中控制制

①洪银兴.可持续发展经济学[M].北京:商务印书馆,2002:9.

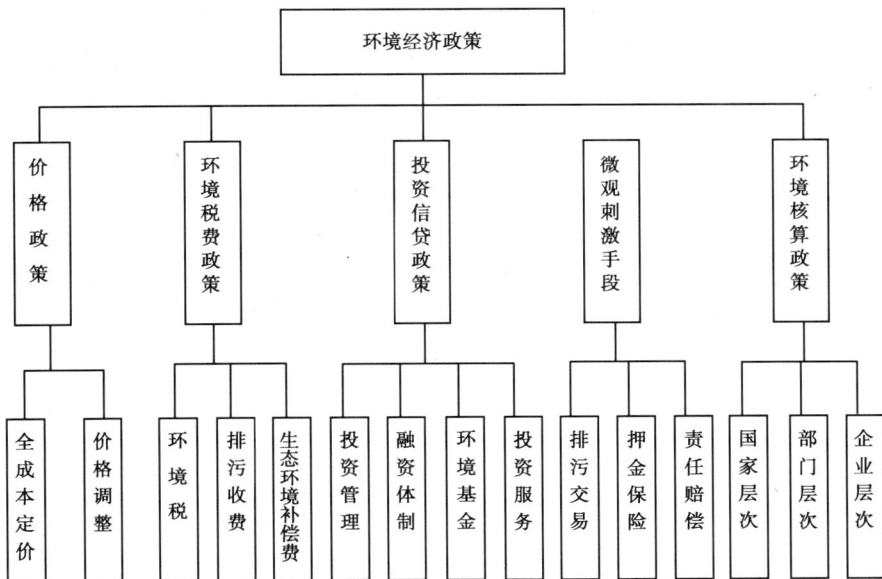

图 10.1 市场机制下的环境政策体系

度;污染源限期治理制度。20 世纪 90 年代以后的环境政策重视市场手段和规划手段的运用,开始着手拓宽环境投资渠道,加大环境保护投资力度,集中国家财力投资建设重点环境保护项目。1996 年政府提出明确的环境保护中长期目标(1996—2010 年),即 2000 年,力争使环境污染和生态破坏加剧的趋势得到基本控制,部分城市和地区的环境质量有所改善;2010 年,基本改变环境恶化的状况,城乡环境有比较明显的改善。实现上述目标的两项重要措施是制定《污染物排放总量计划》和《跨世纪绿色工程规划》。在中国经济体制向市场经济渐进的改革时期,这些带有鲜明时代特色的环境政策与市场经济手段相结合,比较有效地减缓、控制了中国的污染排放,特别是工业源污染物的排放,较好地完成了历史使命①。文章从政策绩效、政策成本、环境库兹涅兹曲线以及中国的经验数据四个方面对于改革开放以来中国环境政策进行评价,得到结论是:对发展中国家尤其是处在体制转型时期的经济欠发达国家而言,政府的环境政策可能是减缓环境破坏、改善环境质量最为重要的手段。改革开放以来中国政府所推行的环境政策是比较成功的,在经济快速发展过程中,它减缓了中国环境质量恶化的速度②。

①张晓.中国环境政策的总体评价.中国社会科学,1999(3):92.
②张晓.中国环境政策的总体评价.中国社会科学,1999(3):93-98.

　　胡大源的研究侧重于政府政策如何在经济发展与环境保护之间进行选择。他认为经济发展与环境改善之间存在既相互矛盾又相辅相成的关系。环境改善为经济发展提供所需的资源并创造良好的外部条件,因而在一定程度上促进经济的发展;而经济发展对环境质量的影响则相对复杂一些。一方面,经济发展为环境改善提供了动机和资金条件。经济发展是收入增加的基础,随着收入的增加,人们改善环境的愿望和可用于改善环境的资金也相应增加。另一方面,经济发展特别是在经济水平较低的阶段,通常主要是通过工业的发展来实现,随之而来的是污染物排放的增加[①]。在制定政策的出发点方面,胡大源指出:政府的政策制定应该更多地建立在调查研究的基础上,在处理经济发展和环境改善这一关系的过程中,由主要代表生产者的利益转变为兼顾生产者和消费者的利益。具体来说,政府在转轨时期就改进环境政策的制定方法应该着眼以下几点:一是弄清经济发展与环境改善的关系以及中国各地区在影响上述关系的各种因素中所处的位置,进而对症下药;二是加强对各地区环境质量的监测和记录;三是开展环境经济评价方法的研究;四是研究发达国家在环境政策制定方面的经验教训[②]。

3)环境政策的国际比较

　　对于不同国家的环境政策进行比较研究,为制定适合于中国国情的环境政策提供借鉴的研究者代表有王金南、夏光、任勇等人。20 世纪 90 年代是环境政策国际比较研究的黄金期,出版了一批有影响的研究成果。代表作有王金南等主编的《中国与 OECD 的环境经济政策》、夏光等编著的《中日环境政策比较研究》、任勇主编的《日本环境管理及产业污染防治》、胡鞍钢等人撰写的《从生态赤字到生态建设:全球化条件下的中国资源和环境政策》。

　　夏光等人对中国、日本的环境政策进行了比较研究,对于中国与日本的环境法、环境政策中的管理手段、能源政策、产业结构调整产生的环境影响进行多角度的比较。例如就中国、日本的环境管理手段比较,夏光的研究结论是:在环境管理的原则和对象方面,日本从 20 世纪 70 年代起执行环境优先的原则,环境管理对象由针对单项污染过渡到综合整治,而中国遵循的原则是协调发展,各项政策的制定和执行都强调经济效益、环境效益和社会效

---

①胡大源.处在经济发展与环境改善之间的政府政策选择[J].国际经济评论,1998(3-4):25.
②胡大源.处在经济发展与环境改善之间的政府政策选择[J].国际经济评论,1998(3-4):27.

益的兼顾;日本环境管理的效果以及环境政策的可操作性优于中国①。

任勇研究日本环境政策的构成与特征,指出日本的环境政策可以归结为环境管理机构建设政策、基础性或综合性环境政策(以综合性法规为代表)、专门性环境政策(如水、气、土壤、噪声震动、海洋、废弃物、地基下沉、化学物质、自然保护等)、环境社会政策(被害救济与纠纷处理)、环境投资政策、综合环境政策(国土利用、能源)和国际环境政策等七类,环境政策的目标已经从解决具体的环境问题转化到追求社会、经济与环境整体协调发展,日本环境政策的成功之处在于使法规、技术、公共环境意识成为环境保护的驱动力量②。任勇认为,与日本的环境政策体系相比,中国健全环境政策的道路还非常漫长。除了针对不同环境问题的专项政策供给不足以外,环境基本法存在地位不明确或名不副实问题,环境纠纷处理政策短缺,环境投资政策和综合环境政策也很薄弱。所以,中国环境政策的现状是,法律法规滞后,行政管理制度为主,结构不健全③。在比较的基础上,任勇提出中国环境政策结构安排的建议:一方面,环境法律必须首先到位,目标控制型的命令控制手段与环境经济手段的应用并不矛盾,二者是相辅相成的。具体经济措施的应用往往需要法律来支持,法律目标的实现有需要经济措施来提高其效率。另一方面,中国环境政策结构应以直接管制手段为主,环境经济手段为辅④。

沈满宏等人完成的国家社会科学基金项目"生态建设及环境保护的经济手段研究"、国家社会科学基金会重点项目"中国可持续发展经济学研究"、国家自然科学基金项目"经济体制与生态经济系统运行调节机制的研究",探索环境经济手段应用的理论依据,对环境经济手段的效应进行综合比较,提出环境经济手段的选择模型和创新思路⑤。

4)环境政策研究的热点

排污收费制度是中国主要的环境经济政策,是污染者付费管理原则的具体体现。目前的研究重点是使用者付费以及收益者付费原则的落实问题。1994—1996年,中国环境科学研究院开展了中国排污收费制度的改革研究。基于该项目的研究成果,中国政府于2003年7月1日起,实施新的

①夏光,等.中日环境政策比较研究[M].北京:中国环境科学出版社,2000:143-145.
②任勇.日本环境管理及产业污染防治[M].北京:中国环境科学出版社,2002:272.
③任勇.日本环境管理及产业污染防治[M].北京:中国环境科学出版社,2002:335.
④任勇.日本环境管理及产业污染防治[M].北京:中国环境科学出版社,2002:343.
⑤沈满宏.环境经济手段研究[M].北京:中国环境科学出版社,2001:8.

《排污费征收使用管理条例》。

——环境税收政策的研究　主要研究广义环境税和污染产品税的设立以及实施方案,对资源税、消费税等的改革,使中国的税收更加绿色化。

——排污权交易政策及实施　随着中国市场化的不断深化与总量控制的逐步实施,20世纪90年代中期中国在包头、开远、柳州、太原、平顶山、贵阳6个城市进行了大气排污交易政策试点。为了充分利用排污权交易,必须研究排污权交易的规则、交易条件,制定系统的排污权交易政策。

——环境与发展综合决策研究　研究重点是环境政策如何与区域经济发展和社会发展规划协调,在投资、生产、消费等社会生产过程中怎样切实保护环境。

10.2.3　环境经济学研究

1)环境经济学在中国的发展

环境经济学是研究经济发展和环境保护之间相互关系的科学,是经济学和环境科学的交叉。环境经济学作为经济学的一个分支学科,最早兴起于20世纪50—60年代,其核心内容就是将生态科学、环境科学引入到经济学分析框架中,这样既可以使人们对环境问题的认识增添经济分析的视角,又能使经济学科扩大研究领域,增强了经济学对于社会现象和人类行为的解释力。环境经济学的形成和发展在两个方面为人类知识的发展作出了贡献:一是扩展了环境科学的内容,人们在环境问题的认识上增添了经济分析这个极为重要的视角;二是使经济科学在更为现实和客观的基础上得到发展,经济学对于社会现象和人类行为的解释力增强了,为人类克服环境危机的现实行动提供了极大的帮助。

环境经济学最早于20世纪70年代末期引入中国。1978年中国制定了环境经济学和环境保护技术经济八年发展规划(1978—1985),开始组织人力研究。1981年召开了"环境经济学学术讨论会",1983年出版了《论环境经济》①。此后,环境经济学作为一门独立的学科以及作为经济发展政策、环境保护政策和可持续发展政策的理论基础得到进一步的发展。

2)环境经济学的研究内容、国内主要研究机构

王金南等人认为环境经济学的研究内容包括环境经济理论、环境价值核算、环境经济政策、环境投融资、循环经济、环境与贸易、国际环境问题经

---

①中国环境管理、经济与法学学会.论环境管理[M].南京:江苏科技出版社,1983.

济分析七个领域①。穆贤清等人认为环境经济学研究涉及以下九个问题：财产权问题、可持续性问题、对资源与环境的价值评估、基于市场的环境管理政策工具研究、环境问题的数量模型研究、越境环境问题、经济全球化背景下的贸易与环境问题、环境非政府组织（NGO）的发展研究、环境与资源管理中利益相关者的行为研究②。

目前，国内有很多科研院校设置专门从事环境经济学研究工作的机构，在诸多环境经济领域进行高质量的研究。中国环境规划院、国家环保总局环境政策研究中心、中国人民大学、中国社会科学院等机构的一批专家已多年从事环境经济学研究工作，在环境经济政策、环境价值核算、环境投融资、环境与贸易、环境经济分析等方面取得了许多成果，并出版了许多专著。20世纪90年代末期，中国人民大学、复旦大学等高校在全国率先设立了环境经济学的硕士和博士学位专业，为加快环境经济学专业人才培养和环境经济学的学科建设做出了贡献。

3）有影响的环境经济学文献

30年来在中国产生显著影响的环境经济学文献有：戴维·詹姆斯等编著的《应用环境经济学——经济分析的技术和结果》（商务印书馆1986年出版）；张象枢等编著的《环境经济学》（中国环境科学出版社1994年出版）；王金南编著的《环境经济学——理论·方法·政策》（清华大学出版社1994年出版）。此外还有《生态经济学概论》（姜学民，1985）、《生态经济学》（马传栋，1986）、《资源核算论》（李金昌，1991）、《实用环境经济学》（张兰生等，1992）、《环境经济学》（厉以宁，1995）、《环境经济学》（张象枢等，1998）、《环境与资源经济学概论》（马中，1999）、《环境经济学》（王玉庆，2002）等重要著作。

10.2.4　环境投融资研究

1）研究机构

2002年，第三届中国环境与发展国际合作委员会批准成立了中国环境保护投融资机制研究课题组。2002年11月，召开了环境保护投融资机制国际研讨会，促进了环境投融资机制的研究工作。2003年10月，中外专家共同完成了中国环境与发展国际合作委员会项目"中国环境保护投融资机制"

①王金南，逯元堂，曹东.环境经济学在中国的最新进展与展望[J].中国人口、资源与环境，2004（5）：27-30.

②穆贤清，黄祖，张小蒂.国外环境经济理论研究综述[J].国外社会科学，2004（2）：29-37.

研究课题。与此同时,中国环境规划院与经合组织(OECD)合作,研究环境投融资分析工具,并在四川省的 14 个城市进行试点。目前,环境投融资研究正在转向投融资工具,如利用市政债券、BOT 等加快环境融资。

2)研究领域

——环保投资体制研究　在环保投资政策研究方面,张坤民等分析了中国环境面临的严重挑战,论述了中国环境框架的演变和完善过程,介绍了中国环境保护的投资重点[①]。通过研究提出了深化中国环保投资体制改革的总体目标、基本内容及其外部条件;通过对中国环境保护投资水平现状进行论述,就中国环保投资存在的问题,结合西方发达国家在这方面的经验及中国目前经济发展状况,对如何提高中国环保投资水平的途径及方向作了分析论述。从统计数字分析经济发展与环保投资的关系,提出了环境保护投资必须与经济同步增长,投资结构必须同步优化,投资渠道必须多元化,必须与加强宏观调控相结合[②]。张世秋等人通过对 1986—1998 年环保投资相关数据的分析,揭示了现行环保投资体制失灵的一个重要因素是结构失衡,在环保投资中没有体现运营设施的费用[③]。

——环保投资模型　蔡宁、吴刚指出环境保护投资的优化是区域内相对最优而不是点最优,从阐明环保投资与环境质量和环境经济效益之间的关系特征出发,提出了新的环保投资择优标准,并指出了依据这一标准的辅助决策模型来分析环保投资相对优化的路径[④]。蒋洪强等人构建了环保投资对经济贡献的投入产出模型,主要包括污染治理设施投资以及运行成本对经济的影响模型[⑤]。目前,在环境保护投资分析中广泛使用的模型主要包括投入产出模型、线性数学规划模型、工程项目环境费用模型和系统动态模型。其中,投入产出模型通过分析在一定经济增长水平下各部门污染物排放,研究污染物控制费用。线性数学规划模型能够在一定的经济、技术、物质资源的约束下,求出环保投资与环境污染程度之间的最优解。这类模型

①张坤民,王灿.中国环境保护的政策框架及投资重点[J].中国人口、环境与资源,2000(1):20-24.

②张坤民,孙荣庆.中国环境污染治理投资现状与发展趋势[J].中国环境科学,1999(2):97-101.

③张世秋,安树民,王仲成.评析中国现行环境保护投资体制[J].中国人口、资源与环境,2001(2):106.

④蔡宁,吴刚.环境保护投资分析通用模型的研究[J].重庆环境科学,1995(5):16.

⑤蒋洪强,等.环保投资对国民经济影响的作用机理以及贡献度模型研究[J].环境科学研究,2005(1):71-76.

被广泛应用于从个别工厂对污染物的控制到大气污染和水环境污染治理的地区性与全国性问题。工程项目环境费用模型借助于工程项目费用资料的分析,建立该项目设计参数与环境投资费用之间的特定函数关系,来优化环境投资。以上大多数模型对数据的质量和数量要求较高。由于中国环保事业起步较晚,有关资料数据缺乏,也比较粗糙,因而模型的实用性一般不强,对实际的环保投资的影响并不明显。

——环保投资市场化研究 安树民、张世秋针对政府财政投资不能满足环境投资需求以及低效率问题,分析了中国环境投资市场化运作的必要性和可行性[1]。李秉祥等人提出通过投资主体多元化实现融资格局多样化的思路[2]。

10.2.5　环境产业发展研究

1) 中国环保产业发展和理论研究存在的问题

对于中国环境产业发展的主要障碍,张世秋认为是环保产业的市场容量问题以及由于市场失灵和制度失灵现象存在而导致的环保产业难以市场化的问题;袁明鹏认为,产业分类方法不准确、环保统计监测体系不完善、产业发展观念存在误区、市场机制不完善导致环境产业无序发展[3]。中国环保产业理论研究的问题和障碍主要有:对环保产业内涵界定模糊,对环保产业产值体系的评价有待进一步探讨,对环保产业发展内在规律的研究深度不够,缺乏加入WTO对中国环保产业影响的深入研究[4]。关于中国环境产业存在的问题,赵英民等人认为在制度、法规、政策方面存在环境产业市场化机制尚未形成、环境损失外部化仍未解决、环境治理市场化以及产业化促进政策不力、环境执法不力掩盖环境产业需求四个问题;在环境产业市场形成以及发展方面存在环境资本市场发育不成熟、地方保护主义严重等问题[5]。

2) 环境产业发展思路

徐嵩龄从环保产业的定义及计量、环保产业发展的驱动因素、环保产业

①安树民,张世秋.试论中国环境投资的市场化运作[J].中国人口、资源与环境,2004(4):111-115.
②李秉祥,黄泉川.中国环保投融资机制创新研究[J].中国社会科学院研究生院学报,2006(4):111-114.
③袁明鹏.中国环保产业发展的障碍分析[J].武汉理工大学学报,2002(1):66.
④张世秋,等.中国环保产业发展的障碍分析[J].中国软科学,2000(12):5.
⑤赵英民,等.中国环保产业面临的挑战和对策[J].宏观经济研究,2003(4):46.

的发展特征、贸易对环保产业发展的影响、促进环保产业发展的政策、环保产业的关联效应等角度研究环保产业发展问题,提出研究环保产业发展问题的框架①。胥树凡提出环境产业在市场经济体制下快速发展的思路,以环境服务业为发展重点、以产业化和市场化为发展方向,对以政府为主体的投资机制进行改革,使企业成为发展环境产业的主体②。

3)环境产业市场分析

于越峰等人在环保产业市场分析和政策研究领域作了比较深入的研究,对于中国环保产业的现实市场需求和潜在市场需求数量、结构、环保产业潜在的需求如何转化为现实的需求、影响环保产业市场转化的因素等问题作了系统分析,并提出相应的政策建议。张永贵在分析国内环境产业市场特点的基础上,提出环保技术设备市场重点发展方向,认为污水处理技术与装备、除尘技术与装备、电厂脱硫技术以及成套装备、机动车消声以及尾气净化装置、垃圾焚烧设备、环境监测仪器仪表、自然资源开发与保护、环境服务业等构成环境产业市场的主要需求方向③。李宝娟研究了中国环保产业及市场发展的现状及特点,结合国家环境保护"十五"计划的要求和目标,对"十五"期间环保产业的发展进行了预测,并指出了中国环保产业发展的趋势及重点领域④。

4)环境产业调查

国家环境保护总局、国家发展和改革委员会等机构对环境保护产业做过四次系统的调查,形成 2000 年、2004 年环境保护相关产业状况公报等四份调查报告。

由国家环境保护总局、国家发展和改革委员会、国家统计局 2006 年 4 月发布的《2004 年环境保护相关产业状况公报》分四个部分详细介绍中国环境产业概况、产业结构、产业分布和发展趋势。2004 年中国环境产业的基本结构见表 10.1。

---

①徐嵩龄.世界环保产业发展透视:兼谈对中国的政策思考[J].管理世界,1997(4):177-187.
②胥树凡.当前发展环保产业需要重新认识的几个问题[J].中国环保产业,2000(10):10.
③张永贵.我国环保产业市场分析[J].中国投资与建设,1999(2):23.
④李宝娟.中国环保产业及市场发展的初步分析[J].环境保护,2002(8):38.

表 10.1　2004 年中国环境保护相关产业领域构成

项　目	合　计	环境保护产品	资源综合利用	环境保护服务	洁净产品
从业单位数/个	11 623※	1 867	6 105	3 387	947
从业人数/万人	159.5※	16.8	95.9	17.0	23.3
年收入总额/亿元	4 572.1	341.9	2 787.4	264.1	1 178.7
年利润总额/亿元	393.9	37.0	223.4	26.2	107.3
出口合同总额/亿元	61.9	1.9	11.3	0.7	48.0
环境相关产品工业销售产值/亿元	4 437.9	358.0	2 866.2	—	1 213.7

（※:从业单位中有部分单位同时从事多个领域的活动,故本表中从业单位数、从业人数的合计值与各领域相应数据之和不等。）

资料来源:国家环境保护总局、国家发展和改革委员会、国家统计局.2004 年环境保护相关产业业状况公报:4.

10.2.6　环境价值计量

1)环境污染损失的计量

——重要研究文献　环境污染损失的计量是确定环境投资的规模、制订环境政策以及评估环境政策实施效果的依据,在环境问题研究中居重要地位。代表性的研究文献有:夏光、赵毅红发表在《管理世界》1995 年第 6 期的《中国环境污染损失计量与研究》;郑易生、王世汶、李玉浸等发表在《生态经济》1997 年第 6 期的《中国环境污染破坏的经济损失:1993 年》;郑易生、徐嵩龄、张晓等 1995 年 12 月撰写的研究报告《九十年代环境与生态问题造成的经济损失估算》;徐嵩龄发表在《中国软科学》1997 年第 11—12 期的《中国环境破坏的经济损失的计量研究:它的意义、方法、成果及研究建议》;夏光 1998 年著,中国环境科学出版社同年出版的《中国环境污染损失的经济计量与研究》;徐嵩龄编,中国环境科学出版社 1998 年出版的《中国环境破坏的经济损失计量—实例与理论研究》。

中国最早的环境破坏造成的经济损失研究出现于 20 世纪 80 年代初期对企业污染,城市污染以及流域污染等的经济损失的研究[1]。第一个以中国

---

[1]朱济成.论环境经济[M].南京:江苏科学出版社,1983.

为对象的全面而系统的计量成果是过孝民、张慧勤主持的对中国第六个五年计划（1981—1985）期间环境污染损失的研究①。这项研究在计量方法、数据处理、结果表述诸方面都有较高的学术价值和实用价值，但是也存在对生态破坏所造成的经济损失计量不足的问题。

20世纪90年代以后，有关中国生态破坏造成的损失的研究取得长足的发展。1994年，由金鉴明主持的"中国典型生态区生态破坏的经济损失"研究推动了这方面的进展，研究成果对于中国生态破坏损失的计量方法、参数选择、政策评估产生重大影响②。胡鞍钢研究了1970—1998年期间中国真实储蓄与自然资产损失之间的定量关系，测算出1985年中国自然资产损失占GDP的比重接近20%，1998年降至4.5%③。

近年来，有学者对区域环境污染经济损失计量进行了研究。周悦先等对洛阳市1994年大气污染危害人体健康造成经济损失进行了评估，计算出当年的健康经济损失达到1.5亿元，占当年全市消费支出的13.5%④。胡雁对青岛市区1981—2000年大气污染状况进行综合质量评价，认定大气污染是造成健康损害的主要环境因素之一，对青岛市1998年大气污染对健康影响的经济损失进行了评估，测算出大气污染对人体健康影响的经济损失为3.53亿元⑤。彭希哲2002年对上海空气污染造成的人群健康经济损失的研究成果显示，上海市一年内因 NO_x 超标而发生的呼吸系统疾病门诊行为带来的人群健康经济损失达到4.2亿元，因 TSP、SO_2 超标造成门诊患者的健康经济损失分别为0.86和1.5亿元⑥。

值得关注的是，国外机构对于中国环境污染损失的计量也有兴趣。在20世纪90年代被广泛引用的两篇文献分别是：由世界银行发布的研究报告《面向21世纪的中国环境》，美国东西方研究中心的专题报告《中国环境问题：经济损失估计》。

——环境污染损失的计量研究内容　　环境污染损失的计量研究核心内

①过孝民，张慧勤.公元2000年中国环境预测与对策研究[M].北京：清华大学出版社,1990.

②金鉴明.绿色的危机[M].北京：中国环境科学出版社,1994.

③胡鞍钢.我国真实储蓄与自然资产损失(1970—1998)[J].北京大学学报：哲学社会科学版,2001(4)：49.

④周悦先,李红.洛阳市大气污染危害人体健康造成的经济损失评估[J].环境与健康,1999(2)：65-68.

⑤胡雁.青岛市大气污染对人体健康经济损失评估[J].中国公共卫生,2003(8)：940-941.

⑥彭希哲,等.上海市空气污染造成的人群健康损失的研究[J].复旦学报：社会科学版,2002(2)：105-111.

容是计算污染破坏、生态破坏的经济损失的实物量以及货币量。徐嵩龄指出,环境污染损失计量研究内容的合理性应当表现为:计算细目的全面,即它不应有所遗漏;计算细目的独立,即不致造成重复计算;计算细目的恰当,即计算细目的设置是有充分理由的,而不是似是而非的[1]。20 世纪 90 年代关于中国环境破坏的经济损失计量国内外重要研究课题的研究内容见表 10.2。

表 10.2　20 世纪 90 年代关于中国环经损失的国内外主要研究的课题内容

研究者 课题内容	过-张模型	金鉴明等	中国社会科学院环境与发展研究中心	国家环保局环境政策研究中心	美国东西方研究中心	世界银行
污染破坏的经济损失	√	×	√	√	√	√
生态破坏的经济损失	√	√	√	×	√	×

资料来源:徐嵩龄.中国环境破坏的经济损失计量—实例与理论研究[M].北京:中国环境科学
　　　　出版社,1998:193.

　　——环境污染损失的计量研究结果　20 世纪 80 年代至 90 年代,关于中国环境污染损失的计量研究的几个典型报告由于采用不同的研究方法,选择了不同的参数,得到的研究结果差异很大。尤其是关于中国环境污染造成的损失占同期 GNP 的比例主要研究结果差距悬殊,过-张模型计算出 1983 年中国环境污染损失占当年 GDP 的 15.6%,金鉴明等人认为 1985 年中国环境污染损失占当年 GNP 的 12.47%,中国社会科学院环境与发展研究中心测算出 1993 年中国环境污染损失占当年 GNP 的 10.03%,美国东西方研究中心计算 1993 年中国环境污染损失占当年 GNP 的 7.5%。有关 20 世纪 80 年代、90 年代环境污染损失的计量结果比较见表 10.3。

2)绿色国民核算

　　建立基于环境价值核算的绿色国民经济核算体系,是强化环境管理、落实科学发展观的重要手段。联合国、世界银行等国际机构在 20 世纪 90 年代推出了"综合环境经济核算体系(SEEA)"和"真实储蓄率"。国内研究者从 20 世纪 90 年代开始研究此问题。戴星翼 1998 年设计出基于可持续发展的国民经济统计体系,提出绿色国民经济账户的基本思路[2]。北京市党校在

　　①徐嵩龄.中国环境破坏的经济损失计量[M].北京:中国环境科学出版社,1998:201.
　　②戴星翼.走向绿色的发展[M].上海:复旦大学出版社,1998:165-170.

表 10.3　关于 20 世纪 80 年代、90 年代环境污染损失的计量结果比较

(单位:亿元)

研究结果 ＼ 研究者		过-张模型(1983)	金鉴明等(1985)	中国社会科学院环境与发展研究中心(1993)	国家环保局政策研究中心(1992)	美国东西方研究中心(1990)	世界银行(1997)
污染破坏	大气污染	123.99		483.5	605.2	151	4 110
	水污染	251.83		568.4	477.6	118.5	320
	固废污染	5.73		33.2	13.7	97.5	
	污染损失之和	381.55		1 085.1	1 096.5	367	4 430
	占当年 GDP 的百分比	6.75%		3.16%	4.5%	2.1%	7.7%
生态破坏	森林	11 359	359.55	584.27		557	
	草原	2.2	157.77	123.53		45.5	
	农田	363.28	463.79	516.26		91.0	
	水资源	18.45	58.41	123.44		68.5	
	湿地					3.5	
	土壤侵蚀					187	
	人致灾害			1 013.0			
	生态损失之和	497.52	1 039.52	2 360.5		952.5	
	占当年 GNP 的百分比	8.9%	12.47%	6.87%		5.4%	
环境经济损失之和		883.08		3 455.6		1 325	
占当年 GNP 的百分比		15.6%		10.03%		7.5%	

资料来源:徐嵩龄.中国环境破坏的经济损失计量—实例与理论研究[M].北京:中国环境科学出版社,1998:196-197.

"九五"期间完成了《以 EPD 为核心指标的国民经济核算体系研究》,并对北京市 1997 年绿色 GDP 进行了核算。2001 年,王树林的著作《绿色 GDP:国民经济核算体系改革大趋势》由东方出版社出版。2005 年,王金南等人分析了建立中国绿色 GDP 体系的机遇和挑战,提出建立适合中国国情的绿色

GDP 体系核算体系的对策①。国家环保总局与科技部"十五"科技攻关,开展《绿色国民经济核算体系研究》,由中国环境规划院和中国人民大学联合承担,研究建立绿色 GDP 核算体系。

2006 年 9 月 7 日,中国国家环保总局和国家统计局联合发布了《中国绿色国民经济核算研究报告》,给出中国环境污染损失计量的官方结果。2004 年,中国因环境污染造成的经济损失为 5 118 亿元,占当年 GDP 的 3.05%;虚拟治理成本(即,将排放到环境中的污染物按照现行的治理技术和水平全部治理所需要的支出)为 2 874 亿元,占当年 GDP 的 1.80%②。有关 2004 年中国环境污染损失计量的报道参见专栏 10.1。

专栏 10.1 绿色 GDP 核算结果公布 污染损失只揭开冰山一角

2006 年 9 月 7 日,国家环保总局与国家统计局联合发布了《中国绿色国民经济核算研究报告(2004)》。

这是中国公布的首份绿色 GDP 核算结果,目前,世界上还没有哪个国家的官方发布过正式的绿色 GDP 数据。

污染结果冰山一角

这份"经环境污染调整的 GDP 核算"研究报告结果显示,2004 年,中国因环境污染造成的经济损失为 5 118 亿元,占当年 GDP 的 3.05%;虚拟治理成本(即,将排放到环境中的污染物按照现行的治理技术和水平全部治理所需要的支出)为 2 874 亿元,占当年 GDP 的 1.80%。

2004 年当年,国家统计局修正后的 GDP 增长为 10.1%。

此次公布的结果,并没有涉及资源损失的核算,即使环境污染核算,也没有包括生态破坏、地下水损失等内容,因此并不是完整意义上的绿色 GDP。

这个结果,只是按目前的技术水平和数据支持,仅仅计算了十项污染物的损失,就占当年 GDP 的 3.05%,可见污染造成的损失是多么大的一个数字,算出来的只是冰山一角。

---

①王金南,等.建立中国绿色 GDP 核算体系:机遇、挑战与对策[J].环境保护,2005(5):56-58.
②国家环保总局,国家统计局.中国绿色国民经济核算研究报告[OL](2004). http://www.zhb.gov.cn/info/hbdxj/200612/W020061206587957039175.pdf.

除了对污染已经造成的损失的核算,此次核算结果中,还对污染物排放量和治理成本进行了核算。

结果表明,在现有治理技术水平下,要全部处理2004年排放到环境中的污染物,需要一次性直接投资约10 800亿元,占当年GDP的6.8%左右。同时每年还需另外花费治理运行成本2 874亿元(虚拟治理成本),占当年GDP的1.80%。

而中国"十五"期间5年内治理环境污染的总投资,仅占GDP的1.18%。

在造成的5 118亿元损失中,东部11省占的比例较大,共计2 896亿,约占总损失的55%;中部8省次之,损失为1 332.7亿,约占25.5%;而西部12省的损失为959亿,约占18%。

另据本报了解,在2005年开始的10省市试点绿色GDP核算,目前已完成了这些地区30%工业企业和3万多户家庭的调查,预计年底核算报告可能出炉。这也将为绿色GDP核算提供一手的基础数据。

张沉,房煜. http://business.sohu.com/20060910/n245257227.shtml.

10.2.7 中国参与全球环境问题合作研究

1)中国与世界环境问题的相互影响

美国学者刘建国和加里德·戴蒙德2005年6月30日在《Nature》杂志上发表的《全球化背景下的中国环境——中国与世界如何相互影响》一文,在国际上引起强烈反响。就中国环境问题的性质、表现形式、产生的影响,这篇文章指出:"在世界主要国家中,中国经济庞大而且增长速度最快,但是它的环境问题最为严重,而且很可能进一步恶化。包括政府领导人在内的许多中国人已经意识到环境问题的严重性并且也采取了一些解决措施。某些环境问题(如北京和其他一些大城市的空气质量)已有所改善。然而,这些局部的改善同环境整体恶化相比微不足道,保护环境的努力远远跟不上环境的不断破坏,无法抑制其他环境指标的进一步恶化。中国环境问题重重,从空气污染、生物多样性降低、耕地减少、渔业资源耗竭、荒漠化、湿地消失、草地退化、人为诱发的自然灾害频率和强度不断增大,到外来物种入侵、过度放牧、江河断流、土地盐碱化、土壤侵蚀、垃圾堆积、水资源短缺及水体污染,数不胜数。这些问题给中国带来严重的经济损失,激化社会矛盾以及危害公众健康。中国的环境问题正在波及世界其他国家。与此同时,世界其他国家也在通过全球化、环境污染和资源开发影响着中国的环境。"[1]

对于中国环境问题的国际影响,该文从利弊两个方面进行分析,得到以下结论[2]:

——进口利弊兼有　中国进口的许多产品、技术、知识和资金是有利于环境且有利于中国发展的。1992 年到 2004 年间,世界银行向中国提供资金220 亿美元,其中大约 10%用于环境项目。许多进口原材料和产品有利于降低国内自然资源的消耗并减少污染排放量。例如农产品进口,使中国减少化肥、农药、水的使用;石油和天然气进口使中国减少燃煤污染。从另一方面来看,一些进口却对中国环境造成了明显的危害。除了入侵物种外,另一个例子是垃圾进口。一些发达国家将未经处理的垃圾出口到中国,其中包括有毒的化学物质。比垃圾进口更为严重的是,当许多外国公司通过转让先进技术以帮助中国改善环境状况的同时,其他一些公司则将污染密集型工业转入中国,其中包括在输出国属于非法的技术,对中国环境造成了严重损害。

——出口损己利人　因为产品出口国外,污染却留在国内,出口贸易是引起中国污染加剧的一个主要原因。中国出口的大部分产品是初级品,其制造过程产生严重污染并耗竭大量的资源。例如,从 1989 年到 2002 年,由污染严重的乡镇企业加工的产品,其出口价值增长了 31 倍,其中纺织业增长了 22 倍,食品业增长了 18 倍。

2) 贸易与环境问题

贸易与环境问题是经济全球化、可持续发展背景下提出的新问题,主要指国际贸易与环境保护的冲突与协调问题。中国的国际贸易快速发展,遇到越来越多的贸易壁垒,环境壁垒作为当代贸易壁垒的重要表现形式,正在成为制约中国贸易发展的主要障碍。认识贸易与环境问题产生的原因以及

---

①,②刘建国,加里德·戴蒙德. 全球化背景下的中国环境——中国与世界如何相互影响[J].
Nature. 2005.6.30:1179-1189. 转引自《世界环境》,2005 年第 4 期。

表现形式,了解国际社会对协调贸易与环境问题的看法与措施,分析中国面临的贸易与环境问题,探讨国际环保公约对中国国际贸易的影响,研究环境壁垒对贸易的影响,剖析外国投资污染密集产业现状及其后果,思考如何促进中国环境与贸易协调发展,对于贸易可持续发展有积极的意义。

——重要文献及研究项目 国内关于贸易与环境问题的研究文献自20世纪90年代以后逐渐增加,研究方法日趋规范,研究内容不断深化,2001年以后研究文献的数量和质量都达到较高的水平。代表性著作有:国家环保总局叶汝求等编著,中国环境科学出版社2001年出版的《环境与贸易》;冯宗宪、柯大钢编著,经济科学出版社2001年出版的《开放经济条件下的国际贸易壁垒——变动效应、影响分析、政策研究》;陈建国编著,天津人民出版社2001年出版的《贸易与环境:经济·法律·政策》;王金南、夏友富编著,中国环境出版社2002出版的《绿色壁垒与国际贸易》;赵细康编著,中国社会科学出版社2003年出版的《环境保护与产业国际竞争力》;中国环境科学出版社2005年出版的贸易与环境系列丛书:《WTO新一轮谈判环境与贸易问题研究》《WTO与多边环境协议》《环境货物与服务贸易自由化》《环境措施与市场准入》《TRIPs协议和环境问题研究》《WTO与生态标志》《加入WTO与国内环境政策调整》。重要的研究论文有:夏友富发表在《管理世界》1995年第2期的《外商转移污染密集产业的对策研究》;李泊溪发表在《国际经济评论》2002年第1期的《环境与国际贸易的内在冲突与融合》;赵玉焕发表在《中国软科学》2003年第6期的《贸易、经济增长与环境保护的关系研究》;王军发表在《世界经济》2004年第7期的《贸易与环境研究的现状与进展》;许士春发表在《世界经济研究》2006年第3期的《贸易对中国环境影响的实证分析》;傅京燕发表在《国际贸易问题》2005年第10期的《贸易与环境问题的研究动态与述评》。

对外经济贸易大学等机构1999年完成的国家"九五"重点科技攻关项目子项目《绿色壁垒对中国贸易发展影响的研究》,研究了绿色壁垒的成因、实质及其对中国贸易发展影响和相关对策。2000年,国家教委"九五"人文社会科学规划项目《环境保护和外贸关系的研究》,从可持续发展角度探讨国际环保措施对中国外贸的影响以及环境保护和外贸协调发展的机制。中国环境科学研究院与对外经济贸易大学于2001年9月完成了《绿色壁垒与中国对外贸易发展》课题研究。在研究的基础上,提出了《国家绿色贸易行动计划》。中国环境科学研究院完成"十五"科技攻关项目《环境服务业国际贸易标准体系研究》。

——贸易与环境问题所涉及的内容　陈建国认为所有贸易与环境关系问题可以归纳为以下四个问题：一是环境法规对贸易的影响；二是与环境相关的标准对贸易的影响；三是为环境目标而采取的贸易措施的合法性；四是贸易和贸易自由化对环境的效应[①]。王军提出可以从贸易对环境的影响，环境对贸易的反作用，国际贸易、全球环境保护与搭便车的关系，污染密集产业转移，有害物品的贸易，环境标准对资源使用的影响六个方面把握贸易与环境的关系[②]。

——贸易与环境的相互影响　郎平就自由贸易是否会导致环境恶化以及贸易政策是否有助于解决环境问题的主要观点作出以下总结：

贸易对环境的影响有三种观点。第一种观点认为，自由贸易对环境有利，以自由贸易主义者为代表。他们认为，从福利经济学的角度来看，自由贸易有助于实现环境资源的最优配置，从而保证生产活动能够按照最有效的方式进行。自由贸易不仅有助于克服一个国家此前面临的资源对经济增长潜力的限制，而且还有助于增加有利于环保的洁净产品、服务和技术的交换。另外，贸易自由化还有利于消除那些扭曲贸易的政策措施如补贴和税收等，而这些措施都被证明是不利于环境保护的。第二种观点则认为，自由贸易会对环境保护带来消极的影响，以环境主义者为代表。他们的理由是，自由贸易所带来的经济活动的增加会导致大气污染，增加对非再生资源的使用，过多地消耗那些可再生资源。另外，在当前各国环境标准不同的情况下，自由贸易会赋予环境标准较低的国家以竞争优势。其结果就会在这些国家中出现"污染庇护所"和各国竞相降低环境标准的竞赛，从而对环境产生不利的影响。第三种观点也是目前主流的经济观点，更倾向于认为自由贸易与环境之间是一种复杂的关系。他们认为，上述两种观点虽然都有其合理的一面，但却比较片面。事实上，贸易对环境的影响有赖于三种效应，即技术效应、结构效应和规模效应的此消彼长，最终的结果如何是很难精确预测的。他们认为，即使说贸易和经济的增长最终并不必然会导致环境恶化，但这并不能保证说它不会使环境恶化；经济的增长最终固然会对环境带来积极的影响，但它更适用于地区的环境问题；如果政策适当，贸易带来的收益应该足以抵消其对环境带来的负面效应，贸易是可以对环境起到积极

①陈建国.贸易与环境：经济.法律.政策[M].天津：天津人民出版社，2001：52.
②王军.贸易与环境研究的现状与进展[J].世界经济，2004（7）：67-80.

作用的。但仅仅依靠贸易所带来的经济增长并不足以解决环境问题,最重要的还是有恰当的环境政策和良好的政治氛围,即政府的诚信和有效的治理①。

贸易政策是否有助于解决环境问题的研究,有三种代表性的观点:第一种观点认为,贸易政策对于解决环境问题是没有意义的,以自由贸易主义者为代表。他们援引传统的经济理论认为,贸易本身并不会损害环境,导致环境恶化的根源在于市场和政府失灵,即外部性的存在。因此,解决问题的最佳办法应该是直接解决贸易的外部性问题,而不是运用贸易手段来改变全球自由贸易体系。第二种观点认为,贸易政策对于解决环境问题是非常必要的。他们认为,贸易政策不仅可以用来限制那些危害环境的产品的贸易,而且可以用来防范环境保护过程中搭便车的现象。持有这种观点的人可以分为两类:一类是环境主义者,他们认为贸易是环境恶化的主要原因,采用贸易手段限制自由贸易的发展正好符合了"治病要治根"的原则;另一类则承认跨越边界的外部性是环境恶化的根源,但与传统经济学派不同的是,他们认为传统经济理论给出的外部性内部化的药方根本不具有可操作性。相比之下,采取贸易政策来解决环境问题虽然不是最理想的做法,但至少是最可行和最有效的。第三种观点认为,贸易政策可以划分为两类:一类是传统的贸易政策,例如进出口限制措施;另一类是其他类型的贸易措施,例如包装条款和标志要求等。对于前者来说,它不仅不利于解决环境问题,而且是有害的;对于后者来说,它成为解决环境问题的最佳手段②。

3)环境保护与产业国际竞争力的关系

赵细康归纳出国际学术界对于环境保护与产业国际竞争力关系三种基本的认识。第一种理论是"环境竞次理论"(race to bottom)。该理论认为,不同国家或地区对待环境保护强度和实施环境标准的行为类似于"公地悲剧"的发生过程,其逻辑基础是"囚徒困境"(prisoners dilemma),即每个国家都担心他国采取比本国更低的环境标准而使本国的工业处于竞争劣势,为了避免遭受竞争损害,国家将会采取比他国更低的环境标准,不约而同地,各国均会采取次优的环境标准,最终使全球的环境恶化。第二种理论称为"污染避难所假说"(hypothesis of pollution haven)。其基本逻辑为:如果在实行

---

①郎平.新一轮多边贸易谈判中的贸易与环境问题[J].世界经济与政治,2003(1):65-66.
②郎平.新一轮多边贸易谈判中的贸易与环境问题[J].世界经济与政治,2003(1):64-65.

不同环境保护强度或环境标准的国家间存在自由的贸易,那些实行低环境标准的国家,由于其外部成本内部化的差异,将导致该国企业所承受的环境成本相对要低。这种由成本差异所产生的拉力,无疑会吸引国外的企业到该国安家落户。目前发展中国家的环境保护强度或者环境标准相对来说低于发达国家,依据该假说的推论,发展中国家也就成了污染密集产业的避难所。第三种理论是"波特假说"(Poter hypothesis)。波特认为,有效的环境政策将刺激企业的技术创新和管理创新,虽然从短期来看,实施严厉的环境保护政策会使企业的成本有所提高,并影响到企业的竞争力,但在长期意义上,由于环境压力的刺激,企业在进行环境投资改造的同时,也在进行技术创新和管理活动,这些因素的共同作用,反而会使企业的竞争力有所提高①。

赵细康所作的研究的核心内容是环境保护对产业国际竞争力的影响机制以及环境保护强度变化对于产业国际竞争力大小的影响。其研究结论表明环境保护对产业国际竞争力的影响主要通过以下途径实现:一是环境保护成本的内化最终将提高生产成本和产品价格。环境保护强度愈大,成本和价格提高的幅度也愈高。二是环境保护会刺激技术创新尤其是绿色技术创新行为的发生,并使生产效率提高,从而在一定程度上降低了生产成本和产品价格。但是技术创新对环境成本的消解作用一般在长时间才会显示出来。三是宏观方面,由于环境保护影响到产品价格的变化,由价格链条的传递效应进而波及整个社会的物价水平和消费水平,最终对于整体宏观经济带来一定程度的不利影响。这种不利影响的短期效应要大于长期效应。四是一般来看,污染密集型产业较其他产业而言,由于受环境保护的影响较大,产出的下降速度高于非污染密集产业。五是严厉的环境保护措施在一定程度上会影响这个国家的对外贸易水平。

4)污染密集产业转移问题研究

赵细康认为污染密集产业转移的基本特点是:从企业层次上看,污染企业是否迁移取决于环境保护强度的大小、企业消除环境成本的能力以及企业占领和捕捉新市场的能力三个主要条件;从产业层次上看,污染产业的转移受制于产业环境保护强度、环境规制对于产业发展和生产的限制范围、产业或生产工艺在价值链中的地位、产业在国家或地区中的经济地位、与其他产业的关联度、产业的市场集中度、地区之间的总生产成本差异、运输成本

---

①赵细康.环境保护与产业国际竞争力[M].北京:中国社会科学出版社,2003:3-6.

的大小以及潜在新环境技术的应用前景等因素的影响;大规模的污染转移现象一般不会发生,但不排除少数污染密集产业发生转移的情形,尤其是那些污染强度较高的边际产业,其发生转移的几率会更高;如果存在产业转移的动机和发生的条件,那么,发达国家污染产业最有可能转移到那些环境保护强度相对较低、地理位置邻近的发展中国家①。外商投资对于中国污染密集产业的实证分析结果表明,中国并未成为世界污染产业的避难所,但是对于部分产业而言,伴随外商投资所发生的污染转移情形确实存在,与经济相对不发达地区相比较,发达地区吸引外资的"清洁"程度更高②。

叶汝求等人研究了外商投资污染密集型产业的形式与后果,指出外商投资污染密集产业转移的形式可以分两类,一类是原生产者将全部或者部分产业、技术、产品、设备直接转移到中国,另一类是一些投资公司原来并不生产污染密集产品,在中国找到合作伙伴以后才开始投资生产。外商投资污染密集产业转移的后果表现为:一方面,在不考虑技术进步的前提下,外商投资污染密集产业使污染加剧;另一方面,外商投资于污染密集产业由于引进先进技术、新产品、新工艺、新的环境管理制度,反而降低了污染③。叶汝求等人分析外商投资污染密集产业并且影响中国生态环境的原因在于投资来源地以及投资者本身的因素、现有国际法规及规则的缺陷、中国长期沿袭传统赶超型的非可持续发展模式、吸收外商投资战略尚未有意识地建立在可持续发展原则基础上、国内有关政策仍有待于完善④。

5)近几年的研究热点

——全球气候变化的经济分析　全球气候变化对人类生存环境和社会经济发展将产生一系列的影响,已引起全球性的关注,近几年来已广泛开展了气候变化影响研究。研究主要集中在全球变化所造成的实物性影响评估,对造成的经济影响分析研究较少。减缓全球气候变化的经济政策(如碳税、排放贸易、清洁发展机制等)研究,分析全球气候变化对中国的影响、气候变化对中国经济发展、可持续发展、公众健康的影响以及在全球气候变化背景下未来50年中国生态环境的变化等是极有学术价值的研究课题。

——绿色壁垒问题的研究　20世纪90年代中期以来,绿色贸易壁垒成

①赵细康.环境保护与产业国际竞争力[M].北京:中国社会科学出版社,2003:381-386.
②赵细康.环境保护与产业国际竞争力[M].北京:中国社会科学出版社,2003:387.
③叶汝求,等.环境与贸易[M].北京:中国环境科学出版社,2001:313.
④叶汝求,等.环境与贸易[M].北京:中国环境科学出版社,2001:315-320.

为研究热点。南京大学卢授永等人研究了绿色壁垒的表现形式及特点①。复旦大学李吉明分析了中国农产品遭受绿色壁垒的原因,提出了应对策略。他认为中国农产品频繁遭遇绿色壁垒打击的原因在于:农产品生产缺乏协调和统一;农产品的生产者和加工者知识水平低,素质差,技术和设备落后;生态环境的污染和破坏;农产品外贸体制不完善;农产品市场信息系统不健全②。关于欧盟的两个指令、日本肯定列表制度等具体的贸易法规和制度对于国际贸易产生的影响以及对策研究受到广泛重视。

10.3 中国环境问题研究的简要评价

10.3.1 环境问题的基础理论研究走向深化

30 年来,环境问题研究在中国迅速发展,不但其一般理论和前沿成果得到及时传播,而且在解决中国面临的环境问题的基础研究上也取得不少成果。在解释环境问题成因方面,理论界已经建立采用政府失灵和市场失灵分析的研究框架。针对中国经济高速发展、城市化进程加快、环境与发展的矛盾日趋突出的现状,研究者越来越关注从发展战略、经济增长模式转换、生产和消费模式调整等角度分析环境问题产生的原因。薛进军等人提出,经济优先发展的主导思想是环境污染的主要原因,人口多、低收入和处于工业化初级阶段是环境污染的客观原因③。

在治理污染的思路上,已经探索出明晰环境产权、完善法律法规并有效执行、实施清洁生产、建立生态工业园、增加环保投资等有效途径。从环境效用演化角度提出治理环境问题的思路有也有利于全面解决环境问题。乔榛提出如下思路:提高人们的环境意识,改变人们对环境效用较低的主观评价;寻找新型技术,阻止环境效应恶化的进程;解决贫困问题,提高人们对环境的主观评价;发挥政府的作用,解决环境应用上的公共性问题;加强市场功能,把环境利用尽量纳入市场运行轨道④。

---

①卢授永,杨晓光.国际贸易中的绿色瓶颈制约及其对策[J].国际贸易问题,2003(1):42-43.

②李吉明.我国农产品出口遭遇绿色壁垒的原因及对策[J].国际贸易问题,2003(10):11-12.

③薛进军,荒山裕行,彭近新.中国的经济发展与环境问题[M].大连:东北财经大学出版社,2002:78-82.

④乔榛.一个基于效用视角的环境问题分析[J].当代经济研究,2005(2):53-56.

研究工具和手段方面,在运用环境经济学理论计量环境污染损失取得进展以后,工业共生理论、物质流分析、生态足迹等工具开始受到重视,用于描述经济发展与污染之间的关系的环境库兹涅兹曲线(Environmental Kuznets Curve)将对于环境综合决策产生重要影响。环境库兹涅兹曲线假定,如果没有一定的环境政策干预,一个国家的整体环境质量或污染水平在经济发展初期随着国民经济收入的增加而恶化或加剧;当该国经济发展到较高水平(以国民收入超过一个或者一段值为标志)时,环境质量的恶化或污染水平的加剧开始保持平稳进而随着国民经济收入的增加而逐渐好转。此关系形象地表示成人均GDP与某些污染物的污染水平成倒U字形关系。

但是环境库兹涅兹曲线及其转折点的估计值仅仅是建立在若干跨国数据和时间序列数据上的对经验数据的描述而不能用于预测[①],如果片面理解该曲线的意义、误用由跨国数据处理所得到的转折点指标,有可能为我国走先污染、后治理的发展道路提供借口或者依据,为我国污染问题的责任承担、及时解决落下隐患。目前应该重点研究中国环境库兹涅兹曲线的转折点应该是什么,使环境质量好转的环境政策和技术手段如何去选择。

10.3.2 解决环境问题的对策逐渐清晰

30年来,中国解决环境问题的对策日趋清晰。在确立保护环境为基本国策的基础上,对于环境污染、生态破坏的治理双管齐下,就城市环境和农村环境问题全面出击,从简单的污染治理到全面预防和综合治理。20世纪90年代的"三个转变"实现了工业污染治理指导思想和战略的升级,使可持续发展战略的实施看到希望的曙光;进入21世纪提出的新"三个转变",将彻底扭转环境保护落后于经济发展的状况,在解决环境问题的指导思想、战略目标、实施路径上带来新的突破,使科学发展观得到有效落实。

有关工业污染和生态破坏治理模式的研究已经为政府制定环境管理政策、缓解环境问题提供有价值的决策参考。例如20世纪70年代中国开始实施的"三同时"制度以及环境影响评价制度与研究者们学习领会国外同期此类管理方案密切相关,20世纪90年代有关可持续发展的研究报告和文献对于中国21世纪议程等重要国家战略的出台产生重大影响。目前,建设资源节约型社会、环境友好型社会,发展循环经济已成为全面解决环境问题的关键。

对于环境友好型社会的内涵和特征已经达成如下共识:环境友好型社

---

①胡大源.处在经济发展与环境改善之间的政府政策选择[J].国际经济评论,1998(3-4):25.

会是在社会生活的各个环节都形成珍惜资源、保护环境的意识和行为准则，达到人与自然和谐相处并使二者都达到协调发展的社会形态。环境友好型社会就是在社会形成不损害环境、有利于环境的生产生活方式。环境友好型社会是由环境友好型技术、环境友好型产品、环境友好型企业、环境友好型产业、环境友好型学校、环境友好型社区等组成。主要包括：有利于环境的生产和消费方式；无污染或低污染的技术、工艺和产品；对环境和人体健康无不利影响的各种开发建设活动；符合生态条件的生产力布局；少污染与低损耗的产业结构；持续发展的绿色产业；人人关爱环境的社会风尚和文化氛围。需要继续深入研究的是建设环境友好型社会的具体路径、推进措施。

循环经济研究是近几年的热点，虽然目前研究内容大多是理念的介绍、特征的分析、制定法律法规的呼吁、国外成功经验的借鉴，但是建立循环经济发展模式以及发展循环经济的基本对策等研究已经深入展开，将会有效推进循环经济发展。周宏春等人提出从建立促进循环经济发展的法规制度；调整产业布局、优化产业结构；通过政策引导循环经济的发展；利用经济机制，驱动循环经济的发展；开发共性和实用技术，形成技术支撑体系；加大示范工程建设力度，整体推进循环经济的发展；发挥企业的主体作用；提高意识，形成政府推动、市场驱动、公众行动的运行机制等八个方面系统、全面地推动循环经济发展的对策[①]。

环境问题既是经济问题、技术问题，又是社会问题。社会公众通过建立环保非政府组织分享环境权益、为环境保护提供资金以及自觉分类投放垃圾承担环境责任等多种形式的广泛参与，已经被证明是解决环境问题的既经济、又有效的方式。研究推进中国公众积极、主动地参与环境问题决策和实践的政策、措施以及总体对策应该是极为重要的课题。

10.3.3 企业环境管理受到广泛关注

对于企业的环境管理研究从2004年以后逐渐成为微观环境管理的新热点。有关企业环境管理与经济绩效的关系、企业环境管理的工具、企业环境管理对竞争力的影响是研究重点。

在企业环境管理与经济绩效的关系方面，杨东宁等人建立了企业环境绩效与经济绩效的动态关系模型，从理论上分析企业的环境管理与经济效益的关系。杨文认为组织能力是企业环境绩效与经济绩效之间内在联系的

①周宏春，等.促进我国循环经济发展的建议[J].经济研究参考,2006(46):25-29.

纽带,一个基于企业组织能力的环境绩效评估体系能够对企业改善环境绩效产生持续的激励作用。据此提出"基于组织能力的企业环境绩效"的理论模型,旨在从环境管理能力建设的角度来讨论企业环境绩效评估的基础方法和原则①。唐任五从分析企业加强环境管理的紧迫性、打破绿色壁垒、建立有利于企业效益持续增长的环境管理体系必须采取的措施三个层次研究环境管理与企业绩效问题②。

清洁生产、绿色营销以及采用标准化环境管理体系是企业环境管理的核心工具。杨东宁研究了企业采用标准化环境管理体系的驱动力问题,指出企业对标准化环境管理体系(以 ISO14001 为例)进行自愿贯标的驱动力包括内部合宜性驱动力和外部合宜性驱动力,内部合宜性驱动力,如管理层环境导向、学习能力和传统经验,对企业自愿贯标行为具有显著的正面影响;但包括强制力、规范力和模仿力在内的外部合宜性驱动力的影响却多数并不显著③。

企业环境管理有助于提升竞争力,形成竞争优势。张志鹏、胡平讨论企业绿色管理与竞争优势之间的关系,分析了推动企业实施绿色管理三种驱动因素及它们之间的相互关系,论述企业的三种环境战略及它们与竞争优势的关系,指出绿色管理应以可持续性发展战略为导向④。曾凡银研究了从环境管理角度提升中国国际竞争力的制度和政策问题。他认为提升基于环境的中国国际竞争力的制度应该包含以下五项:生态环境资源产权制度、排污权交易制度、技术标准制度、生态标志制度、环境法律体系,与之配套的是创建市场与政府有效干预有机结合、并鼓励公众参与的环境经济政策⑤。

①杨东宁,周长辉.企业环境绩效与经济绩效的动态关系模型[J].中国工业经济,2004(4):43-50.
②唐任五.环境管理与企业绩效[J].经济管理,2003(19):27-29.
③杨东宁,周长辉.企业自愿采用标准化环境管理体系的驱动力:理论框架及实证分析[J].管理世界,2005(2):85-95.
④张志鹏,胡平.绿色管理——企业增强竞争优势的工具[J].科技管理研究,2002(6):47-50.
⑤曾凡银,李茹兰.提高我国国际竞争力的制度设计与政策框架[J].财经问题研究,2004(6):42-49.

11

中国环境管理体制改革历程及其绩效

中国环境战略是国家战略的组成部分,是国家发展目标、指导思想、方针在环境保护领域的反映,服务于改革与发展总目标。自1978年以来,环境战略经历三次重大调整,对于不同时期的环境保护工作产生极大的推进作用。中国环境战略30年的演进历程,可以通过国务院颁布的五个有关环境保护的决定清晰展现。环境管理体制,又称环境监督管理体制,或环境行政管理体制,是指有关环境行政管理的组织结构、责权结构及运行方式。其内容主要包括各种环境监督管理机构的设置及相互关系,这些机构的职责及权限划分,各种职责和权限的相互关系及运行方式。本章从背景、战略目标、重点领域、政策措施四个角度介绍中国环境战略30年的演进历程;以国家环境管理组织机构的重大调整为主线,30年环境管理大事为内容,分析环境管理体制的改革过程;评价环境管理战略和管理体制。

11.1 中国环境战略的演进历程

11.1.1 20世纪80年代治理工业污染战略

1)背景

十一届三中全会以后,中国进入以经济建设为中心和改革开放的新历史时期,第一轮经济高速增长来临。中国实行计划经济体制,政府对国民经济采用直接管理。中国政府1982年和1988年实施改革开放以后的两次机构改革,推动了经济管理部门从直接管理转向间接管理,下放了管理权限,选拔和任用一批符合"四化"(革命化、年轻化、知识化、专业化)标准的干部。伴随着经济增长加速,以工业污染为主的环境问题开始凸现。中国政府1972年参加联合国人类环境会议以后,确定环境管理"32字方针",着手建立环境管理体制,开始制定环境法规和标准,管理政策和管理制度处于试验阶段。

国际社会对于环境管理的研究进入活跃期,新环境管理理论、政策、方法大量出现。发达国家的环境保护已经进入污染综合治理和集中控制阶段,注重采用经济手段保护环境,工业污染得到有效控制。

国务院于1981年颁布《关于在国民经济调整时期加强环境保护工作的决定》(国发〔1981〕27号)(以下简称1981年决定),1984年颁布《关于环境保护工作的决定》(国发〔1984〕64号)(以下简称1984年决定)。这两个决定比较完整地提出了20世纪80年代中国的环境战略。

2)战略目标

1981年决定要求在国民经济调整期,根据中央在经济上实行进一步调整、在政治上实现进一步稳定的重大方针,结合经济调整的各项重大措施,认真贯彻执行《环境保护法(试行)》,以积极的态度,千方百计地把环境工作做好。1984年决定提出的目标是为了实现党的十二大提出的促进社会主义经济建设全面高涨的任务,保障环境保护和经济建设协调发展,使环境状况同国民经济的发展和人民物质文化生活水平的提高相适应[①]。1984年决定首次明确环境保护是中国的基本国策。

3)重点领域

1981年决定将解决一些位于生活居住区、水源保护区、风景游览区的企业严重污染问题,搞好首都和杭州、苏州、桂林等重点旅游城市的环境保护作为重点。在管理理念上,突出国家对环境保护的计划指导。1984年决定强调建立环境保护体制和加强能力建设,成立国务院环境保护委员会,对于相关部委的职能进行界定,在地方政府和大中型企业设立管理环境保护机构,将环保能力建设纳入中央和地方投资计划[②]。

---

① 任勇.我国环境保护战略思想的创新[J].红旗文摘,2006(8):14-16.
② 任勇.十年磨一剑[J].环境经济,2006(4):14-19.

4) 政策措施

将"三同时"作为防止新污染的重要手段,"三废"综合利用和安装污染治理设施作为末端治理的主要措施。执行"预防为主、防治结合","谁污染,谁治理"和"强化环境管理"三大政策。制定排污收费、"三同时"、环境影响评价三项环境管理制度。推出环境保护目标责任制、城市环境综合整治定量考核、排放污染物许可证制、污染集中控制以及限期治理五项环境管理制度①。

1982 年成立城乡建设环境保护部,形成"城乡建设与环境保护一体化"的管理模式。

1983 年 12 月 31 日,国务院召开第二次全国环境保护会议,将环境保护确立为基本国策,把资源的合理开发和充分利用作为环境保护的基本政策,建立"大家动手、分工合作"的管理体制。1989 年 5 月,国务院召开第三次全国环境保护会议,提出要加强制度建设,深化环境监管,向环境污染宣战,促进经济与环境协调发展,确定了最近一个时期的环境保护目标。

11.1.2　20 世纪 90 年代可持续发展战略

1) 背景

1990 年,中国进入社会主义现代化建设的第二步战略发展阶段,即到 2000 年国民生产总值比 1990 年翻一番,工业化进程明显加快。1992 年中国进入第二轮经济增长高峰,1995 年 GDP 是 1985 年的 6.5 倍,工业化速度加快,城市化速度是改革开放前的 2.6 倍。经济体制改革取得重大进展,初步建立社会主义市场经济体制框架。为了建立与市场经济体制相适应的行政管理体制,中国政府于 1993 年开始第三次机构改革,改革的重点是转变政府职能,中心内容是"政企分开"。1998 年推出的第四次政府机构改革旨在把政府职能切实转变到宏观调控、社会管理和公共服务方面来,按照精简、统一、效能的原则,调整政府组织结构②。中国环境管理体制初步形成,成立国家环保局,环境立法速度明显快于经济立法。20 世纪 90 年代,在环境问题表现为整体环境质量恶化的同时,中国进入环境问题全面爆发期,工业污染和生态破坏总体上呈加剧趋势,1994 年爆发的淮河污染事故敲响了环境

---

①曲格平. 中国环境问题及对策[M]. 北京:中国环境科学出版社,1984:213.

②中国政府机构改革资料. http://www.chinaelections.org/NewsInfo.asp? NewsID = 39447.

安全的警钟。在污染结构上,城市生活型污染开始凸现,1998年生活污水排放量首次超过工业污水排放量。复合型和压缩型污染特征形成。

1992年召开联合国环境会议,国际社会开始引入可持续发展战略,发达国家逐渐采用清洁生产等污染防治措施,德国、日本等国尝试采用循环经济发展模式。

此阶段中国环境战略体现在1990年颁布的《国务院关于进一步加强环境保护工作的决定》(国发[1990]65号)(以下简称1990年《决定》)、1996年颁布的《国务院关于环境保护若干问题的决定》(国发[1996]31号)(以下简称1996年《决定》)以及《中国21世纪议程》中。

2)战略目标

1990年《决定》列出的目标:严格执行环境保护法律法规,依法采取有效措施治理工业污染;全面落实"八项制度"并且将环境保护目标责任制放到突出地位;对影响居民正常生活的污染企业、"五小"污染企业和危害城镇饮用水源的企业作出关停要求;把城市环境综合整治作为区域环境污染治理的重要抓手;强调在资源开发利用中保护生态环境,为20世纪90年代中期确立污染防治和生态保护并重的环境战略奠定基础;积极参与解决全球环境问题的国际合作;把环境保护教育和环境科技发展放到重要位置。

《中国21世纪议程》提出的可持续发展战略目标是:建立可持续发展的经济体系、社会体系和保持与之相适应的可持续利用的资源和环境基础。指出2000年前主要目标:一是在保持经济快速增长的同时,依靠科技进步和提高劳动者素质,不断改善发展的质量;二是促进社会的全面发展与进步,建立可持续发展的社会基础;三是控制环境污染,改善生态环境,保护可持续利用的资源基础;四是逐步建立国家可持续发展的政策体系、法律体系,建立促进可持续发展的综合决策机制和协调管理机制[1]。

1996年《决定》提出的目标:到2000年力争使环境污染和生态破坏加剧的趋势得到基本控制,部分地区和城市的环境质量有所改善;到2000年,全国所有的工业污染源排放物要达到国家或地方规定的标准。

3)重点领域

将环境战略实施的领域由污染防治拓展到污染防治和生态保护,环境

---

①国务院环境委员会. 中国21世纪议程[M]. 北京:中国环境科学出版社,1994:1-3.

污染治理重点从点源污染转向点源污染与面源污染并重。将三河（淮河、海河、辽河）、三湖（太湖、巢湖、滇池）、两区（酸雨控制区和二氧化硫控制区）、一市（北京市）、一海（渤海）（简称 33211）列为污染防治和环境保护重点区域。

——环境保护和污染防治　一是流域水污染防治。加大重点河流和湖泊水污染防治力度，加强饮用水源地保护、富营养化湖泊治理、面源污染控制，实行流域污染物排放总量控制。二是海洋污染防治。完善全国海洋环境监测网络，强化海洋污染及生态环境监测；逐步减少陆源污染物向海洋排放和各种海洋生产、开发活动对海洋造成的污染，实施污染物入海总量控制制度；开展重点海域的环境综合整治，加大海岸带生态环境保护与建设力度。三是大气污染防治。控制致酸物质、有毒有害工业气体排放；防治酸雨、可吸入颗粒物、光化学烟雾和室内空气污染。四是固体废物污染防治。逐步实行垃圾分类收集，实现垃圾的无害化、减量化、资源化，提高垃圾无害化处理率和综合利用率；进一步提高固体废弃物中可利用物质的综合利用率。五是发展环保产业。规范环保产业市场，优化环保产业结构，通过推进污染治理市场化、企业化、产业化，构筑面向市场的环保技术服务体系和良好的市场运行机制。

——生态保护和建设　一是生态环境监测及安全评价。建立完善的生态环境监测与安全评估技术和标准体系，形成国家级、区域级、保护区等多层次的生态环境监测体系；采用遥感和地面监测等现代技术手段对森林、草地、湿地、农田、自然保护区、沙漠、水土保持、农业生态环境、生物多样性、大型生态建设工程、重点资源开发区及土地利用变化等进行有效监测与管理，对严重突发污染事故和海上赤潮、石油污染、沙尘暴等灾害进行应急跟踪监测；建立生态环境安全评价及预警预报系统。二是建设林业重点生态工程。重点保护长江上游、黄河中上游和东北国有林区天然林资源，治理水土流失，减少风沙危害，加强生物多样性保护，建立速生丰产林基地，逐步满足人们对生态环境和林副产品的需求。加快实施天然林保护，退耕还林，京津风沙源治理，"三北"和长江中下游地区等重点防护林建设、野生动植物及自然保护区建设、重点地区速生丰产用材林基地建设六大林业生态工程。三是建立自然保护区。加强现有森林生态系统、珍稀野生动物、荒漠生态系统、内陆湿地和水域生态系统等类型自然保护区建设，强化现有草原与草甸生态系统、海洋和海岸生态系统、野生植物、地质遗迹、古生物遗迹等类型自然保护区的建设；在长江、黄河等大江大河源头区域及青藏高原的重要天然湿地,西南、东北以及西北荒漠地区等生物多样性丰富、原生生态系统保存较好且生态敏感区域以及珍稀濒危物种的栖息地,有计划地建立一批质量高、有实效的自然保护区。四是建立生态功能保护区。加强现有生态功能保护区的建设和管理;在江河源区,长江、黄河和松花江等流域重要湿地(湖泊),塔里木河、黑河等内陆河流域,南方红壤丘陵区、黄土高原、北方土石山区,农牧交错区、干旱草原地区,近海重要渔业水域建立生态功能保护区;调整生态功能保护区内的产业结构,发展生态"友好型"的产业,最大限度地减轻人为活动对生态系统的影响。五是防治土地沙化。制定适合土地沙化地区经济发展的经营机制和政策,研究、推广防治土地沙化的适应耕作制度;形成防、治、用有机结合的土地沙化防治体系。六是加强水土保持。完善水土保持政策,落实国家对退耕还林、还草的各项政策,加强基本农田和草原水利建设;坚持水资源保护与开发相结合,水土流失治理与群众脱贫致富、发展地方经济相结合的原则,实施以大流域为骨干、以小流域为单元的综合治理,防止大规模开发建设过程中造成新的人为水土流失。

4)政策措施

工业污染防治的指导思想上确立"三个转变",即在污染防治基本战略上,从侧重污染的末端治理逐步转变为工业生产全过程控制;在污染物排放控制上,由重浓度控制转变为浓度与总量控制相结合;在污染治理方式上,由重分散的点源治理转变为集中控制与分散治理相结合[1]。特别是在全国范围内实施主要污染物总量控制制度;对三河三湖两控区进行区域污染治理;对于污染实行限期治理、关闭"十五小"企业;强调完善环境经济政策,大力发展环保产业,提高全民环境意识。

——建立综合决策机制,将环境保护纳入国民经济发展计划 1991年全国环境会议首次将环境保护计划纳入国民经济和社会发展年度计划[2]。1996年国务院批准了《国家环境保护"九五"计划和2010年远景目标》,其附件《"九五"期间全国主要污染物排放总量控制计划》和《中国跨世纪绿色工程规划(第一期)》是实现"九五"环保目标采取的两项重大举措。第四次全国环境保护会议以后,国家环保局推出创建全国环境保护模范城市的举措,将其作为实施城市可持续发展战略的重要手段。

①国务院新闻办公室.中国的环境保护(1996).http://www.law-lib.com.
②国家环保局.中国环境保护行政20年[M].北京:中国环境科学出版社,1994:424.

——积极推进国际环境合作　1992 年成立为国家制定环境与经济协调发展战略提供咨询的中国环境与发展国际合作委员会,批准多项国际环境公约。

——召开两次全国环境保护会议　1996 年国务院召开了第四次全国环境保护会议,对实现跨世纪的环保目标作了总动员和总体部署。2002 年 1 月 8 日,国务院召开第五次全国环境保护会议,提出环境保护是政府的一项重要职能,要按照社会主义市场经济的要求,动员全社会的力量做好这项工作。

这一时期实施的重要政策措施有:

• 污染治理。技术方面推广清洁生产,推广环境质量管理体系,重视环境技术的研究和应用。实施“九五”期间全国主要污染物排放总量控制计划,把主要污染物排放量控制在国家计划指标之内;实施“中国跨世纪绿色工程规划”,集中建设一批重点污染治理项目①。

• 重点地区和重点行业环境保护。对于重点地区、重点行业的环境污染进行综合治理,执行“33211”工程,从点源污染管理过渡到污染总量控制。对于“八项环境管理制度”进行充实和完善。逐渐建立综合环境决策制度,实施环境与发展综合决策,推进经济增长方式的根本性转变;使环境管理与经济、社会有效协调。

• 针对产业结构引发的环境问题,提出走新兴工业化道路的思想。

• 针对发展模式引发的环境问题,提出发展循环经济,建设资源节约型和环境友好型社会。

• 完善环境法制建设,建立社会主义市场经济体制下的环境保护新秩序,支持可持续发展的法律体系逐步建立,先后颁布《中华人民共和国清洁生产促进法》《中华人民共和国可再生能源法》等法规。

• 把环境保护计划纳入国民经济和社会发展计划,逐步增加环境保护投入。

• 加强政府的环境保护职能,强化环境管理。

• 推进科技进步,发展环保产业。

• 深入开展环境宣传教育,广泛动员公众参与环境保护。

• 积极开展国际合作,引进环保技术和资金。

---

①国家环境保护总局.国家环境保护“九五”计划和 2010 年远景目标. http://www.china5e.com/dissertation/policy/0096.htm.

11.1.3　21 世纪初期的环境与经济协调发展战略

2005 年颁布的《国务院关于落实科学发展观加强环境保护的决定》(国发[2005]39 号,以下简称 2005 年《决定》)标志着中国环境保护进入攻坚期,一个环境与经济协调发展的时期来临。

1)背景

中国进入全面建设小康社会的重要战略机遇期,工业化进入中期阶段,第三轮高速增长来临,2001 年到 2005 年 GDP 年平均增长 9.5%,2005 年 GDP 达到 18.23 万亿元[①]。2005 年,中共十六届三中全会提出科学发展观,努力建设节约型社会和环境友好型社会。2003 年,中国实施第五次政府机构改革,按照完善社会主义市场经济体制和推进政治体制改革的要求,坚持政企分开,精简、统一、效能和依法行政的原则,进一步转变政府职能,调整和完善政府机构设置,理顺政府部门职能分工,构建行为规范、运转协调、公正透明、廉洁高效的行政管理体制。环境形势非常严峻,已成为经济社会发展的瓶颈。环境问题除了呈现出结构型、复合型、压缩型之外,松花江污染事件反映出中国进入由历史污染累积带来的环境事故高发期。环保投资占 GDP 的比重超过 1%。

环境理念与思想逐步形成,由以牺牲环境保护换取经济建设转向以保护环境优化经济增长;试行环境善治,主要思想是在环境保护中充分发挥相关各方的作用,并充分利用法律、行政、经济和社会手段,改变环境保护仅由政府(特别是由环境保护部门)独立主办并过分依赖行政手段的局面。

2)战略目标

环境战略目标突出以人为本,胡锦涛总书记指出:"环境保护工作,要着眼于让人民喝上干净的水、呼吸上清洁的空气、吃上放心的食物,在良好的环境中生产生活。"明确中国在今后一段时期环境战略的指导思想,温家宝总理在 2006 年 4 月召开的第六次全国环境保护大会上提出了三个转变的要求:一是从重经济增长轻环境保护转变为保护环境与经济增长并重;二是从环境保护滞后于经济发展转变为环境保护和经济发展同步;三是从主要用

---

①国家统计局.2005 年国民经济和社会发展统计公报. http://www. stats. gov. cn/tjgb/ndtjgb/qgndtjgb/t20060227_402307796. htm.

行政办法保护环境转变为综合运用法律、经济、技术和必要的行政办法解决环境问题。

2005 年《决定》提出的目标是:到 2010 年,重点地区和城市的环境质量得到改善,生态环境恶化趋势基本遏制。主要污染物的排放总量得到有效控制,重点行业污染物排放强度明显下降,重点城市空气质量、城市集中饮用水水源和农村饮水水质、全国地表水水质和近岸海域海水水质有所好转,草原退化趋势有所控制,水土流失治理和生态修复面积有所增加,矿山环境明显改善,地下水超采及污染趋势减缓,重点生态功能保护区、自然保护区等的生态功能基本稳定,村镇环境质量有所改善,确保核与辐射环境安全。到 2020 年,环境质量和生态状况明显改善。为了保证宏观目标的实现,政府在"十一五"规划中特别列出三项约束性指标:单位国内生产总值能源消耗比"十五"期末降低 20% 左右;主要污染物排放总量减少 10%;森林覆盖率由 18.2% 提高到 20%[①]。

3) 重点领域

这一时期环境保护工作的重点是:以饮水安全和重点流域治理为重点,加强水污染防治;以强化污染防治为重点,加强城市环境保护;以降低二氧化硫排放总量为重点,推进大气污染防治;以防治土壤污染为重点,加强农村环境保护;以促进人与自然和谐为重点,强化生态保护;以核设施和放射源监管为重点,确保核与辐射环境安全;以实施国家环保工程为重点,推动解决当前突出的环境问题[②]。

4) 政策措施

国家环保总局提出在"十一五"期间环境保护和生态建设要采取的主要政策措施有[③]:

对国民经济核算进行绿化。进行省、市级绿色 GDP 试点;在国民经济发展规划中首次提出环境保护约束性指标,即单位国内生产总值能源消耗比"十五"期末降低 20% 左右;主要污染物二氧化硫和化学需氧量排放总量减少 10%;森林覆盖率提高到 20%,将这些刚性指标通过行政责任的渠道层层

①中华人民共和国国务院新闻办公室.《中国的环境保护(1996—2005)》. http://www. cnr. cn/kby/zl/t20060605_504217568. html.

②,③解振华. 构建新时期环保战略[J]. 环境保护,2005(5):5-8.

分解落实。

统筹规划人口资源环境与发展。通过环境与经济的协调发展促进区域协调发展,根据资源禀赋、环境容量、发展水平,确定各地的经济功能和各自的发展方向、重点、环境保护任务。

大力发展循环经济。编制重点地区和行业循环经济发展规划,制定国家推进循环经济的行动计划和指标体系,推广各类循环经济试点示范;推进清洁生产,建设生态工业园,发展生态农业,促进产业生态化;提高资源生产率和循环利用率。

建立健全环境监管体制。建立国家监察、地方监管、单位负责的环境监管体制,2006年成立11个区域环境督查中心和核监察中心。

完善环境法制。进一步加强环境立法,加快配套的环境法规的制定进程,加重对环境违法行为的处罚,有效解决"违法成本低、守法成本高"的问题。

推进污染治理市场化。健全环境经济政策;加大环境科技的投入和能力建设;加强国际环境合作。

11.1.4 中国重大环境决策、规划

中国的环境战略通过执行重大环境决策和规划来实施。为了更清楚地反映30年来环境战略的演进历程,表11.1给出1979—2005年中国重大环境决策和规划。

表 11.1 1979—2005 年中国环境重大决策、规划

序号	名称	批准机关及时间	主要内容
1	环境保护法(试行)	人大常委会,1979	环境保护决策的法律依据
2	基本建设项目环境保护管理办法	国务院,1981	规定了基本建设项目环境影响报告书的编制和"三同时"原则的具体细则
3	征收排污费暂行办法	国务院,1982	用经济手段治理污染
4	国务院关于环境保护工作的决定	国务院,1984	提出环境保护基本国策
5	环境保护法	人大常委会审议通过,1989	环境保护政策、决策的法律依据
6	关于进一步加强环境保护工作的决定	国务院,1990	指导环境保护工作的纲领性文件

续表

序　号	名　　称	批准机关及时间	主要内容
7	中国环境与发展十大决策	中共中央、国务院,1992.8	指导中国环境与发展的纲领性文件
8	中国环境保护战略	国家环保局、国家计委,1992	关于环境保护战略的政策性文件
9	中国逐步淘汰破坏臭氧层物质的国家方案	国务院,1993.9	履行国际环境公约的具体方案
10	中国环境保护行动计划	国务院,1993.9	全国分领域的环境保护十年行动计划
11	全国环境保护纲要(1993—1998)	国家环保局,1994	环境保护工作的指导思想、目标、任务
12	中国21世纪议程	国务院,1994.3	国家级21世纪议程,中国人口、资源、环境白皮书
13	中国生物多样性保护行动计划	国务院,1994.3	国家方案
14	中国环境保护21世纪议程	国家环境保护局,1994	部门级21世纪议程
15	中国林业21世纪议程	林业部,1994	部门级21世纪议程
16	中国海洋21世纪议程	国家海洋局,1994	部门级21世纪议程
17	国务院关于环境保护若干问题的决定	国务院,1996.8	国务院法规性文件、有十方面内容
18	国家环境保护九五计划和2010年远景目标	国务院,1996.9	指导环境保护工作的纲领性文件
19	中国跨世纪绿色工程规划	国务院,1996.9	国家环保九五计划的具体化
20	全国主要污染物排放总量控制计划	国务院,1996.9	九五期间削减污染物排放的国家计划
21	关于进一步加强土地管理保护耕地的决定	中共中央、国务院,1997	强调严格土地管理、审批、监督

续表

序　号	名　　称	批准机关及时间	主要内容
23	全国生态建设规划	国务院,1998.9	国土资源、森林、水利等建设规划
24	全国生态建设保护纲要	国家环保局,1998	保护生态环境的目标、任务
25	1997—2010年全国土地利用总体规划纲要	国务院,1999	保护、节约、合理利用土地的总体规划
26	国务院关于加快发展循环经济的若干意见	国务院,2005	发展循环经济的指导思想、基本原则、目标等
27	国务院关于落实科学发展观加强环境保护的决定	国务院,2005	对今后五年和十五年我国环境保护的目标、方针和任务进行了规划,全面提出了在环保领域贯彻落实科学发展观的基本任务

资料来源:根据张坤民.中国的环境战略及展望.生态经济,2000(3):1-5以及《中国环境年鉴》整理。

11.2　中国环境管理体制改革历程

　　环境管理体制,又称环境监督管理体制,或环境行政管理体制,是指有关环境行政管理的组织结构、责权结构及运行方式。其内容主要包括各种环境监督管理机构的设置及相互关系,这些机构的职责及权限划分,各种职责和权限的相互关系及运行方式。其中,环境监督管理机构是环境监督管理的组织形式和组织保证[①],职责权限是环境监督管理的职能形式和功能保证,运行方式则是环境监督管理组织形式和职能形式的动态反映和动态组合[②]。此节我们以中国环境管理体制的历史沿革为分析起点,以组织机构、责权结构和运行方式为主要内容,探讨中国环境管理体制的演变、改革过程。

---

①于光远,等.论环境管理[M].山西:山西人民出版社,1980:170.
②吴忠标,陈劲.环境管理与可持续发展[M].北京:中国环境科学出版社,2001:92-93.

11.2.1　中国环境管理体制的历史沿革

中国环境管理体制的演进过程,与中国环境资源问题的表现形式和影响程度、中国的经济形势变化、政府机构调整、对世界环境形势的认识和判断等因素密切相关,透过组织机构设置、管理职责划分、运行方式转换表现出来。在此以国家环境管理机构的变化为依据,以环境管理机构调整和法规制度出台等重大事件为主线,分五个阶段描述中国环境管理体制的演进历程。

1)起步阶段(1972—1978)

1972 年,中国政府代表团在斯德哥尔摩人类环境会议上提出中国环境保护的"32 字方针",即"全面规划、合理布局、综合利用、化害为利、依靠群众、大家动手、保护环境、造福人民"。此基本方针不仅反映中国对环境问题有新的认识,而且给出处理环境问题的总体思路和方法[1]。

1973 年 8 月,中国召开第一次全国环境保护会议,研究讨论中国的环境污染和环境破坏问题,全面地制定我国环境保护的方针、政策和措施,国家计委拟定《关于保护和改善环境的若干规定(试行草案)》。同年 11 月,此规定由国务院转发,成为中国第一部关于环境保护的综合性法规。同年 12 月颁布了中国第一个《工业三废排放试行标准》,明确提出新建、改建、扩建项目的防治污染的设施必须与主体工程同时设计、同时施工、同时投产的"三同时"要求。

国务院批准转发国家计委《关于保护和改善环境的若干规定(草案)》时要求:"各地区、各部门要设立精干的环境保护机构,给他们以监督、检查的职权。"据此,中国成立国务院环境保护领导小组,其主要职责是制定环境保护方针、政策和行政规章,拟定国家环境保护规划,组织协调和监督检查各地区各部门的环境保护工作。国务院环境保护领导小组的成立,标志着中国环境保护管理机构的起步[2]。

2)创建阶段(1979—1981)

1979 年颁布的《中华人民共和国环境保护法(试行)》明确规定各级政

---

[1]张明顺. 环境管理[M]. 北京:中国环境出版社,2005:95-99.
[2]陈汉光. 环境法基础[M]. 北京:中国环境科学出版社,1994:43-46.

府环保机构的设置原则和职责,奠定了中国环境保护管理机构的法律基础。国务院环境保护领导小组成为环境管理的实体机构,地方各级政府成立环境保护专门机构,中国环境管理体制初步形成。

在环境管理制度建设方面,对"三同时"制度从法律上加以确认并且制定配套政策。《中华人民共和国环境保护法(试行)》第六条规定:"在进行新建、改建和扩建工程时,必须提出对环境影响的报告书,经环境保护部门和其他有关部门审查批准后才能进行设计;其中防止污染和其他公害的设施,必须与主体工程同时设计、同时施工、同时投产;各项有害物质的排放必须遵守国家规定的标准"。为确保"三同时"制度的有效执行,国家又规定了一系列的行政法令和规章,如1981年5月由国家计委、国家建委、国家经委、国务院环境保护领导小组联合下达的《基本建设项目环境保护管理办法》,把"三同时"制度具体化,并纳入基本建设程序。

1980年初开展环境标准制定工作,基本确立有环境质量标准、行业排放标准和地方排放标准组成的环境标准体系。

3)徘徊阶段(1982—1987)

1982年在国家机构改革中,撤销了国务院环境保护领导小组,成立了城乡建设环境保护部,下设环境保护局作为全国环境保护的主管机构,负责全国环境保护的监督、管理工作。另外,在国家计划委员会内增设了国土局,负责国土规划与整治工作。这是第一次把环境保护部门列入国务院机构序列[1]。随后,各地方政府也将其环境保护局与城乡建设管理部门合并。环境保护与城乡建设一体化管理模式建立。

虽然这次机构改革的意图是通过设立一个高规格的常设机构来加强环境保护工作,但是,由于城乡建设与环境保护的内涵不一致,事实上存在监督与被监督、管理与被管理的关系,不能划归同一机构管理。机构改革不仅没有达到预期目的,反而使初步形成的环境管理体制陷于混乱之中。

为理顺管理体制,消除城乡建设环境保护一体化管理模式对于环境管理带来的不利影响,1984年5月,根据《国务院关于环境保护工作的决定》成立了国务院环境保护委员会,负责研究审定环境保护的方针、政策,提出规划要求,领导和组织协调全国的环境保护工作。1984年12月,经国务院批准,原城乡建

---

① 《中国环境保护行政二十年》编委会.中国环境保护行政二十年[M].北京:中国环境科学出版社,1994:389.

设环境保护部环境保护局升格为部委归口管理的国家局,对外称国家环境保护局,同时也是国务院环境保护委员会的办事机构,负责全国环境保护的规划、协调、监督和指导工作。此外,国家计委、国家经委和国家科委主要负责国民经济、社会发展计划和生产建设、科学技术发展中的环境保护综合平衡工作;其他各有关部委要负责本系统的污染防治和生态保护工作。

1983 年 12 月 31 日,国务院召开第二次全国环境保护会议,将环境保护确立为基本国策,制定经济建设、城乡建设和环境建设同步规划、同步实施、同步发展,实现经济效益、社会效益、环境效益相统一的指导方针,实行"预防为主,防治结合"、"谁污染,谁治理"和"强化环境管理"三大政策。

4)发展阶段(1988—1997)

1988 年,国务院机构改革,将国家环境保护局从原城乡建设环境保护部中独立出来,成为国务院直属机构,继续作为国务院环境保护委员会的办事机构。1993 年全国人大增设环境保护委员会。中国建立起由全国人民代表大会立法监督,各级政府负责实施,环境保护行政主管部门统一监督管理,各有关部门依照法律规定实施监督管理的体制①。

1989 年 12 月 26 日,第七届全国人大常委会第十一次会议通过了《中华人民共和国环境保护法》的修正案,该法第七条原则规定了中国环境监督管理体制是统一监督管理与分级、分部门监督管理相结合。

1992 年 6 月,联合国环境与发展大会在巴西首都里约热内卢召开,确立全球走可持续发展道路的总体思路,这是人类环境管理史上的里程碑。中国政府在会议上作出履行《21 世纪议程》的承诺。1992 年 7 月,党中央、国务院批准了《中国环境与发展的十大对策》,明确提出执行可持续发展战略的主要对策。

1993 年,国务院发布《关于开展环境保护执法检查,严厉打击违法活动的通知》。从 1993 年起,全国人大常委会环境资源保护委员会和国务院环境保护委员会组织全国环境执法大检查。

1994 年 3 月,国务院发布《中国 21 世纪议程—中国 21 世纪人口、环境与发展白皮书》,确定了实施可持续发展战略的行动目标、政策框架和实施方案。

1994 年 8 月,国际环境保护局发布《全国环境保护纲要(1993—1998)》,提出环境保护面临的任务,存在的主要问题,环境保护工作的指导思想、目

---

①国务院新闻办公室.中国环境保护白皮书(1996).http://www.law-lib.com.

标以及任务。

1995 年 2 月,中国人民银行发出《贯彻信贷政策与加强环境保护工作有关问题的通知》,提出支持环境保护事业发展的金融政策。

1995 年 7 月,财政部发出《充分发挥财政职能,进一步加强环境保护工作的通知》,提出了有利于环境保护的财政政策。

1996 年 7 月 15 日,国务院召开第四次全国环境保护会议,提出保护环境是实施可持续发展战略的关键,保护环境就是保护生产力。要求从宏观管理入手,建立环境与发展综合决策机制。在制定重大经济和社会发展政策,规划重要资源开发和确定重要项目时,必须从促进发展与保护环境相统一的角度审议利弊,并提出相应对策,从源头上防止环境污染和生态破坏。第四次全国环境保护会议之后,国务院发布了《国务院关于环境保护若干问题的决定》,提出了保证实现 2000 年环境保护目标必须达到的具体指标和采取的主要措施。

1997 年 3 月 8 日,中央计划生育和环境保护工作座谈会在中南海举行,表明党中央对环境保护高度重视,已经把环境保护与计划生育摆到同等重要的位置,标志着环境管理已经开始进入党和国家最高领导层的重要议事日程。

1997 年修订的《刑法》在第六章第六节"破坏环境资源保护罪"中设置了第三百三十八条、第三百三十九条和第四百零八条共 3 条,惩治破坏环境资源保护的罪犯。

5)逐步完善阶段(1998 年至今)

1998 年国务院机构调整中,国家环保局升格为正部级的国家环境保护总局,撤销了国务院环境保护委员会。同时新组建国土资源部,全面负责自然资源的规划保护工作。一个更具有权威性、有助于提高环境保护效能的统一监督管理与分级、分部门监督管理相结合的监督管理体制形成。

2002 年 1 月 8 日,国务院召开第五次全国环境保护会议,提出环境保护是政府的一项重要职能,要按照社会主义市场经济的要求,动员全社会的力量做好这项工作。

2003 年 1 月 1 日起,《中华人民共和国清洁生产促进法》实施,表明中国从源头治理工业污染的指导思想付诸实践。

2005 年 12 月 3 日,国务院颁布《国务院关于落实科学发展观加强环境保护的决定》。《决定》在认真总结国内外环境保护经验教训、深刻认识环境与发展规律的基础上,对今后五年和十五年我国环境保护的目标、方针和任务进行了规划,全面提出了在环保领域贯彻落实科学发展观的基本任务、基本原则和环境目标。

完善环境管理体制的总体要求是:按照区域生态系统管理方式,逐步理顺部门职责分工,增强环境监管的协调性、整体性。建立健全国家监察、地方监管、单位负责的环境监管体制。国家加强对地方环保工作的指导、支持和监督,健全区域环境督查派出机构,协调跨省域环境保护,督促检查突出的环境问题。地方人民政府对本行政区域环境质量负责,监督下一级人民政府的环保工作和重点单位的环境行为,并建立相应的环保监管机制。法人和其他组织负责解决所辖范围有关的环境问题。建立企业环境监督员制度,实行职业资格管理。县级以上人民政府要加强环保机构建设,落实职能、编制和经费。进一步总结和探索设区城市环保派出机构监管模式,完善地方环境管理体制。各级环保部门要严格执行各项环境监管制度,责令严重污染单位限期治理和停产整治,负责召集有关部门专家和代表提出开发建设规划环境影响评价的审查意见。完善环境犯罪案件的移送程序,配合司法机关办理各类环境案件。

2006 年 4 月 17 日,第六次全国环境保护会议召开,提出"十一五"期间环境管理要实现"三个转变",从重经济增长轻环境保护向保护环境与经济增长并重转变,从环境保护滞后于经济发展向环境保护和经济发展同步转变,从主要用行政办法保护环境向综合运用法律、经济、技术和必要的行政办法解决环境问题转变。

2008 年机构改革中,组建了环境保护部,不再保留国家环境保护总局。这表明了国家对环境保护工作的重视、环境保护部将更多地参与国家重大决策,更有利于环保工作的深入开展,也为中国在国际环境保护交流与合作方面提供了更多方便。

11.2.2　中国环境管理机构

中国环境管理机构的设置,经历了从部门分管到国家统管两大阶段,出现五次大变更。1974 年,国务院及各省市成立了环境保护工作领导小组;1982 年,撤销环境保护领导小组,成立城乡建设环境保护部,该部下属的环境保护局作为全国环境保护主管机关;1984 年,成立国务院环境保护委员会,将城乡建设环境保护部下属的环保局改为国家环境保护局;1998 年,升为国家环境保护总局,为国务院直属机构,撤销了国务院环境保护委员会,省、自治区、直辖市及地、市、县、区环境保护行政主管部门对应成立,实行双重领导;2008 年,国家环境保护总局升级为环境保护部。

1)中国环境管理机构体系

中国环境管理机构始建于 1974 年。1974 年,国务院成立环境保护领导小组,随后各省、市、自治区以及大中城市相继成立环境管理办公室。到 20 世纪 70 年代末期,中国虽然自上而下建立环境管理机构,但是这个时期的环境管理机构没有纳入政府机构序列,人员编制不足,管理职责不明。

《中华人民共和国环境保护法》对各级人民政府设立环境保护管理机构作出明确规定。该法第四章提出下列要求:国务院设立环境保护机构;各省、市、直辖市人民政府设立环境保护局;市、自治州、县、自治县人民政府根据需要设立环境保护机构;国务院和各级人民政府的有关部门,大、中企业和有关事业单位根据需要设立环境保护机构,分别负责本系统、本部门、本单位的环境保护工作。

中国现行的环境管理机构有:独立的专职的环境保护机构,如国家环境保护部,各级地方环境保护机构,它们是环境政策的主要执行者;综合经济管理部门和行业主管部门,如国家发展和改革委员会、财政部、农业部、国土资源部等,以及地方政府中的这些部门,承担在各自管理的领域内执行环境政策的责任;流域性或者区域性的资源管理机构,如长江水利委员会、黄河水利委员会,在流域或者区域内统一管理环境保护工作。中国环境管理机构的体系结构见图 11.1。

2)各级环境管理机构的职责

——国家环境保护部的职责

国家环境保护部作为国务院环境保护行政主管部门,经过多年的建设和发展,已经成为环境管理体制核心部门。

1979 年,《环境保护法(试行)》首次依法确定国务院环境保护机构的七项主要职责。

1988 年,国家机构编制委员会审定国家环保局定职能、定编制、定机构的三定方案,确定了国家环保局的 12 项基本职责。

1989 年,《环境保护法》将国务院环境保护主管部门的职责权限具体化、明确化。

1998 年,确定国家环保总局的重要职责有 12 项,包括宏观管理和微观管理两类。宏观管理的主要职责有:拟定国家环境保护的方针、政策和法规,

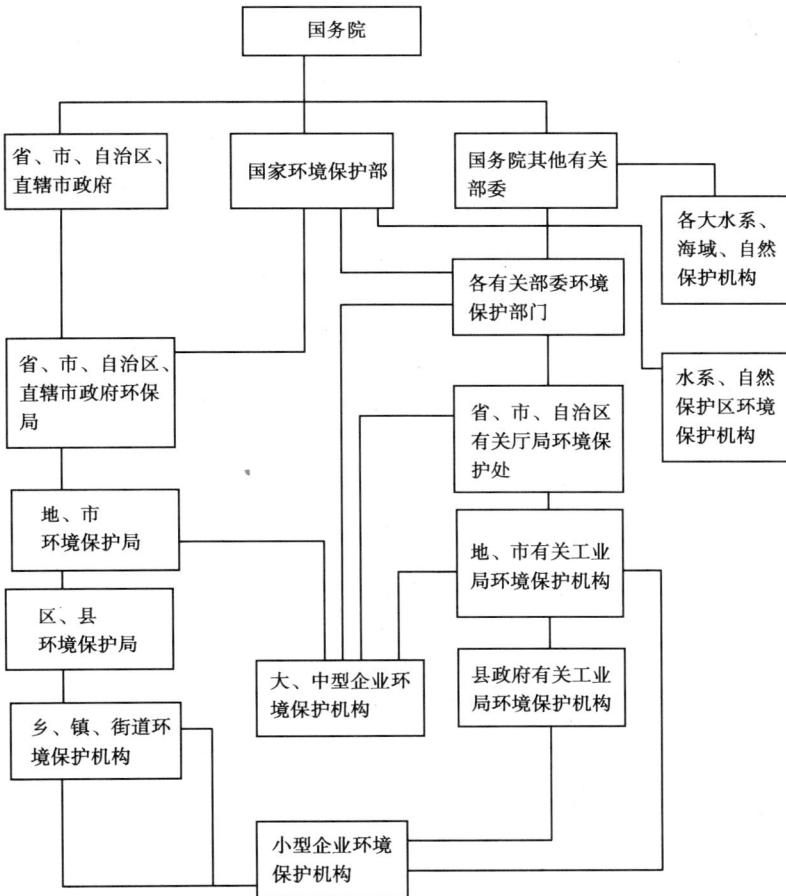

图 11.1　中国环境管理机构体系示意图

制定行政规章,对重大的经济技术政策、发展规划以及重大经济开发规划进行环境影响评价,拟定环境保护规划,以及组织拟定和监督实施国家确定的重点区域、重点流域污染防治规划和生态保护规划。微观层面的主要职责有:指导、协调和解决各地方、各行业和跨流域的重大污染问题,调查处理重大环境污染事故和生态破坏事件;负责环境监督和行政稽查。

2008 年成立的国家环境保护部的职责是,拟订并组织实施环境保护规划、政策和标准,组织编制环境区划,监督管理环境污染防治,协调解决重大环境问题等。

——地方环境保护管理机关的职责

● 贯彻执行国家环境保护的方针、政策、法律、法规,制定本辖区环境保护法规、条例,并监督实施;协同本级政府有关部门,制订辖区内与环境保护相关的经济、技术、资源配置和产业政策,并组织对辖区内重大经济决策的环境影响评估。

● 拟定辖区内环境保护规划和计划,参与制定辖区内经济和社会发展中、长期规划、年度计划、国土开发整治规划、区域经济开发规划、产业发展规划以及资源节约和利用规划;审核重点城市总体规划中的环境保护内容;管理辖区内环境统计信息工作,编报省级环境质量报告书,发布省级环境公报。

● 监督辖区内实施环境保护国家标准(环境质量标准、污染物排放标准、环境基础标准、环境方法标准、标准样品标准)及环境保护行业标准,制定并发布环境质量地方标准(环境质量标准、污染排放标准),并监督实施。

● 负责辖区内大气、水体、土壤、海洋等的环境保护工作。负责监督管理辖区内废气、废水、废渣、粉尘、恶臭气体、放射性物质、有毒化学品以及噪声、振动、电磁辐射等污染的防治工作;监督辖区内执行国家公布应禁止(或严格限制)建设的重污染项目名录和有毒化学品优先控制名录,负责辖区内化学品环境管理工作;受同级政府委托,处理涉及辖区外环境污染纠纷,协调辖区内地域间环境污染纠纷,对本辖区重大环境污染事故和生态破坏事件进行调查处理。

● 负责监督管理辖区内自然环境保护工作。负责辖区内自然保护区的区划、规划工作;向省级政府提出新建自然保护区审批建议;综合协调并监督检查辖区内生物多样性保护与野生动植物、珍稀濒危动植物保护工作;指导辖区内生态农业建设工作;监督辖区内对生态环境有影响的资源开发活动。

● 组织辖区内排污登记与排污许可证、排污收费、环境影响评价、"三同时"等项制度的实施。审批限额内基本建设项目和技术改造项目以及区域开发建设项目的环境影响报告书;指导辖区内城市环境综合整治工作,负责辖区内环境目标责任制的组织协调工作,负责辖区内环境保护重点城市的环境综合整治定量考核。

● 执行国家环境保护技术政策,制定并组织实施辖区内环境保护科技发展规划、环境保护产业发展规划;组织辖区内重大环境科技研究及环境科技成果的管理工作;负责组织辖区内国内外环境保护科技合作;组织辖区内环境保护设备的质量监督、认证工作。

● 管理辖区内环境监测工作,监督执行环境监测制度,管理辖区内国家级环境监测网,组织辖区内环境监测网络;指导环境监测站的计量认证和质量保证工作。

• 指导和协调辖区内环境保护宣传教育工作;协同有关部门在大、中、小学和成人教育、培训中开展环境教育和社会环境宣传教育工作。

• 指导辖区内环境保护队伍建设,规划与组织指导辖区内环境保护系统在职人员岗位培训和继续教育;指导辖区内环境保护系统劳动工资工作。

• 组织辖区内国际环境保护公约的履行活动,管理辖区内有关的环境保护国际合作项目和利用外资项目。

• 承办同级政府交办的其他事项。

11.2.3　中国环境管理模式

1)区域管理模式

中国环境管理体制在纵向实行分级管理,国家环境保护部是国家环境保护行政管理的主管部门,各级人民政府设有相应的环境保护行政主管机构,对所辖区域进行环境管理,这种管理模式称之为区域管理模式[①]。

区域管理模式也称为"块块管理"模式,它是将同一区域内的环境问题,部分行业、领域、类别,均纳入该区域环境管理范围的管理模式。这种模式是世界各国最早普遍采用的,以行政区划为特征的管理模式。此模式主要源于国家的区域行政管理体制和模式,源于环境保护组织机构的"块块管理"型的人事和行政管理制度。中国《环境保护法》中关于"地方政府对本辖区环境质量负责"的法律规定是区域管理模式的基础和法律依据。

2)行业或部门管理模式

行业或部门管理模式也称为"垂直管理"或"条条管理"模式,它是跨越行政区域范围,以行业或部门作为管理对象,以行业或部门环境问题作为管理内容的一种管理模式,是对区域管理模式的补充。行业或者部门的环境保护机构作为环境管理组织体系的重要组成部分,负责本系统、本部门的环境管理工作,承担结合本行业、部门的生产、运营特点以及环境污染和生态破坏的实际情况,制定污染防治规划和环境管理条例,进行行业环境管理和工业企业环境管理等任务。

[①]张明顺.环境管理[M].北京:中国环境科学出版社,2004:99.

3）资源环境管理模式

资源环境管理模式指农业、林业、水利、海洋等资源部门的环境管理机构对所管辖的区域的环境保护进行管理，其主要任务是保护自然环境，协调开发利用资源与环境保护的关系。资源环境管理模式实际上是跨区域环境管理模式。

11.3　中国环境战略和环境管理体制绩效的评价

11.3.1　对环境战略绩效的评价

1）环境战略适应国民经济发展的要求

总体上看，环境战略反映出中国基本抓住环境问题的要害，对解决环境问题的重要性、艰巨性有充分认识，已经把环境管理的重点领域和手段方法逐步理清。环境战略与国民经济发展战略相适应，对于促进经济、社会、环境协调发展，有效缓解环境压力，产生重大影响。战略目标从早期的污染治理转向污染控制，从降低污染所造成的损失转向经济、社会、环境协调发展。实施手段和政策工具由以行政管理手段为主转向经济手段和法律手段以及必要的行政手段综合运用；从完全利用国内资源解决环境问题转变为积极参与国际环境合作、广泛利用国际资源解决环境问题；从末端治理转变为清洁生产；从线性经济发展模式转型为循环经济发展模式。

分阶段来看，20世纪80年代至90年代，中国的环境战略完成三个转变：由末端治理向全过程治理转变；由浓度控制向以浓度控制与总量控制相结合转变；由行政管理向法制化、制度化、程序化管理的转变。这三个转变促进了中国环境管理由分散的、非程序化的管理向大系统管理和目标管理转变①。自1992年以后，中国的环境战略呈现出的新变化表现为：环境战略从环境领域延伸到经济社会领域，将发展与环境作为一个整体对待；环境战略的重点从污染防治转向资源和生态保护；污染防治从末端治理转向清洁生产；从发展经济消除贫困角度寻求解决环境问题的道路；中国的环境战略

---

①王家德，陈建孟.当代环境管理体系建构［M］.北京：中国环境科学出版社，2005：105.

与全球环境战略接轨①。

2）产生明显的环境效应

"十五"期间中国环境状况的总体评价是：主要污染物排放中快速增长的趋势得到初步遏制，生态保护与建设得到加强，全国环境质量总体上保持稳定，部分地区环境质量有所改善。中华环保联合会 2005 年的调查显示，71% 的公众认为，与 5 年前相比，自己所在的城市的环境状况有不同程度的好转。环境法制进一步加强，环境保护投入增长较快，全社会环境意识逐渐增强②。

工业污染和城市环境治理取得明显进展。"九五"期间关闭了 8.4 万家既污染严重又治理无望的"十五"小企业，"十五"期间重点淘汰了 3 万多家浪费资源、污染严重的企业。单位 GDP 的工业废水、化学需氧量、二氧化硫、烟尘以及粉尘排放量有较大幅度下降。20 多个行业的 3 000 多家企业通过清洁生产审计。到 2005 年，全国创建了 48 个环境保护模范城、166 个生态示范区、16 个国家级 ISO 14000 示范区。全国城市中二氧化硫和悬浮颗粒物的平均浓度有所降低，大、中城市的空气质量得到改善。水环境恶化的趋势得到控制，大中型城市的饮用水源地大多都能达标，大城市污水处理率提高到 40%。

生态保护和建设取得初步成效。"十五"期间，中国以西部大开发为重点，加大了生态保护和建设资金投入力度，天然林资源保护工程、退耕还林（还草）工程、水土流失治理工程等生态建设取得明显进展，生态环境恶化的势头初步得到遏制。

3）环境战略存在的不足

张世秋就环境战略的核心内容环境政策存在的问题作出如下评价：由于中国现行环境政策的设计、执行和实施不能有效纳入到社会经济发展和决策过程的主流，不能从根源上解决环境与发展的矛盾，因而呈现出边缘化特征。表现为环境政策的末端管理特征，尚未建立一体化的政策体系，公平与效率原则没有被纳入政策设计过程，缺乏综合绩效评估，环境投资总量不

---

①毛文永.环境战略的新发展[J].环境科学,1994(4):1-5.

②夏光.2005 年中国环境报告[J].开放导报,2006(2):20-25.

足与低效率①。

环境管理的原则上,偏重于污染者付费,对于使用者付费以及受益者付费原则重视不够。在环境管理手段上,行政手段使用过多,对于经济手段以及公众参与使用不够。环境战略目标缺乏稳定性,同一时期的环境战略目标表述存在差异,目标的约束力不强。例如"十五"期间,全国二氧化硫排放总量、COD 排放总量两项污染减排指标没有完成,到底是目标设置的问题,还是目标执行的问题,不得而知。

11.3.2   对中国环境管理体制绩效的评价

1)统一监督管理与分级、分部门监督管理相结合

经过30年的改革与调整形成的目前环境管理体制呈现以下两个显著特点:一是统一监督管理与部门分工管理相结合,二是中央与地方分级管理相结合。

首先,统一监督管理与部门分工管理相结合。国家环境保护部作为国家环境保护主管部门,对全国环境保护工作实施统一的监督管理。目前,在中国县级以上地方人民政府中,都设有环境保护管理机关,对本辖区的环境保护工作实施统一监督管理;有关部门,如海洋行政主管部门、港务监督、渔政渔港监督、军队环境保护部门和各级公安、交通、铁道、民航管理部门也依照有关法律的规定对环境污染防治实施监督管理。这一特点充分体现了环境管理工作的综合性和广泛性的要求。设立独立于其他部门之外的环境管理机关,对于提高环境管理水平,有效地控制环境污染,改善国家的环境质量很有必要。有关部门对环境管理工作的参与有利于对环境的全面监督管理。

其次,中央与地方分级管理相结合。适应环境问题涉及面广的特点,中国环境管理形成了中央政府对环境问题的宏观管理,与地方各级政府,包括省级的宏观管理、市级的宏观与中观管理以及县、乡的微观管理相结合的纵向管理体制,即中央与地方分级管理相结合的体制。这种体制较好地适应了中国幅员辽阔、区域环境各具特色、环境问题错综复杂的状况,有利于集中管理与分散治理。

---

① 张世秋.环境政策边缘化现实与改革方向辨析[J].中国人口、资源与环境,2004(3):15-18.

2）环境管理体制并未完全满足中国环境管理的需要

中国的环境管理体制并未完全适应中国环境管理的需要，要完成从根本上改善环境质量，推动环境、经济、社会协调发展的任务，需要作进一步的调整。2001 年，世界银行发布了中国环境战略更新报告《中国：空气、土地和水——新千年的环境优先领域》。在报告中，世界银行建议中国政府在实施可持续发展战略时，优先考虑三个领域，其中第一个就是改革和加强中国的环境保护管理体制①。

朱岳林认为中国环境管理体制在管理模式、管理权限、管理手段等方面，均存在不足。行政属地分割式环境管理模式不仅无法遏制反而导致了环境污染和生态破坏的加剧，环保部门主要负责工业污染防治，无法改变农村的环境状况，目前采用的"直控型环境政策"由于执法手段简单不能有效地防治环境污染②。

张世秋指出目前的环境管理体制不能顺应社会经济体制转型对于环境管理的需求，并且存在管理成本和负担巨大、干预效应不足，低效率和不公平，为包括政府部门在内的过多的社会主体提供寻租空间，导致环境管理制度和政策的公信度下降等问题③。

马中在设计新环境管理体制时希望在以下四个方面获得突破：实现在决策、监管、污染治理高度统一；充分体现多部门的分工合作；真正落实综合决策；具备跨部门协调功能④。

3）目前环境管理体制存在的主要问题

第一，缺乏一个具有科学性、更具权威性管理机构。中国环境管理实行分地区负责制，各地区只对本行政区域的环境质量负责。这一体制与环境生态系统的整体性、环境要素的流动性特点不相适应，导致管理效率低下；按现行的管理体制，统一环境管理机关的权威性上尚显不够，在解决流域、整体性环境问题上缺乏相应的手段和措施。

①世界银行.中国：空气、土地和水——新千年的环境优先领域[M].北京：中国环境科学出版社,2001：10.

②朱岳林.中国环境管理体制剖析和创新思路[J].环境科学与管理,2006(7)：7-10.

③张世秋.中国环境管理制度变革之道——从部门管理向公共管理转变[J].中国人口、资源与环境,2005(5)：90-94.

④马中,吴健.论环境保护管理体制的改革与创新[J].环境保护,2004(3)：13-15.

第二,环境管理体制立法不完善。由于中国没有一部专门的行政机构组织法,环境管理机构设置没有一个基本法律作为依据,环境管理机构稳定性差,经常处于变动之中,如前所述,中国从20世纪70年代中期以来对环境管理体制的五次大调整,虽然说有其客观的需要,但是调整过程中缺乏相应法律的规范,其随意性较强,各地方环境管理机构的变动也很不统一。

第三,环境管理机构设置重复、职能的重复和交叉。中国环境管理体制从各部门分工管理向统一监督管理和分工负责相结合的管理体制转变过程中,没有对环境管理机构设置及其职权的内在统一性和协调性给予足够的重视,统一监督管理部门与分管部门职责关系不明晰,不同法律对环境管理机构授权互相矛盾,缺乏内在的统一,严重影响了中国环境与资源的保护工作。

第四,综合决策管理部门与专业管理部门定位不准。这一问题导致立法授权不符合科学管理的规律,管理职权行使混乱,环境管理的目的难以实现。表现为行业管理部门行使了监督管理部门的职权,综合决策管理部门行使了专业管理部门的职权,专业管理部门行使了综合决策部门的职权,政府行使了其所属部门的职权等。

中国环境政策与法规建设

· · · · · · · · · · · · · · · · · · · ❖ · · · · · · · · · · · · · · · · · · ·

受联合国第一次人类环境会议影响,中国政府开始重视环境保护,国务院颁布了《关于保护和改善环境的若干规定(试行草案)》。1979 年颁布的《中华人民共和国环境保护法(试行)》,标志着中国的环境保护工作进入了法治阶段,也标志着中国的环境法体系开始建立。到 1993 年,中国的环境与资源保护法律法规已形成一定规模,初步建立了污染防治法政策法律体系,建立和完善了一些管理制度。可持续发展战略已被确认为指导经济社会发展的总体战略,并努力通过完善和调整环境保护法律、法规来体现和实施这一战略。

12.1 改革开放前中国环境政策法规建设历史回顾

12.1.1 1973 年以前

建国初期,中国工业基础薄弱,环境污染现象不太严重。但随着工业的发展,废气、废液以及废渣的排放,环境污染问题日益扩大,然而当时并没有引起足够的重视。直到认识西方发达工业国家环境污染带来的严重后果,并受在斯德哥尔摩召开的联合国第一次人类环境会议影响,中国政府才重视环境保护,开始逐步开展环境保护法制建设。

在这一阶段,中国污染防治的政策法规基本上属于对单项污染因素的控制,注重劳动环境污染防治,注重卫生防护。如 1956 年卫生部、农业部、全国供销合作社联合发出的《关于严防农药中毒的联合通知》,1957 年的《关于注意处理工矿企业排出有毒废水、废气问题的通知》和《爆炸物品管理规则》,1959 年的《关于加强农药安全管理规定(草案)》和《生活饮用水卫生规程》,1960 年卫生部和国家科学技术委员会发布的《放射性工作卫生防护暂行规定》和《放射性同位素工作的卫生防护细则》,1961 年的《化学危险物品储存管理暂行办法》,1964 年制定的《放射性同位素工作卫生防护管理办法》,1964 年的《有机磷剧毒农药安全使用规程》,1965 年的《食品卫生管理试行条例》。这一时期立法的形式主要是行政法规和部门规章。

12.1.2 1973—1979 年

1972 年在瑞典首都斯德哥尔摩,召开了人类历史上第一次关于环境问题的全球性国际会议——联合国人类环境会议。会议通过了著名的《人类环境宣言》,宣言指出,"保护和改善人类环境是关系到全世界各国人民的幸福和经济发展的重要问题,也是全世界各国人民的迫切希望和各国政府的责任"。

在该会议的影响下,1973 年,国务院召开了第一次全国环境保护会议。会后,国务院颁布了《关于保护和改善环境的若干规定(试行草案)》。文件中规定了"全面规划,合理布局,综合利用,化害为利,依靠群众,大家动手,保护环境,造福人民"的环境保护工作方针,并就全面规划、工业的合理布局、改善老城市的环境、综合利用、土壤和植物的保护、水系和海域的管理、植树造林、环境监测、环境科学研究和宣传教育、环境保护投资和设备等 10 个方面的问题,作了较全面的规定。1973 年,全国环境保护会议筹备小组组织有关部门共同编制了《放射防护规定》;1974 年颁布的《环境保护规划要点和主要措施》把食品污染问题作了专门规定;1974 年,国务院颁布了《中华人民共和国防治沿海水域污染暂行规定》,这是中国第一个防治沿海海域污染的法规。这一时期,中国还制定颁布了一批新的环境标准,使国家的环境管理有了定量指标,这些标准主要有《工业三废排放试行标准》《生活饮用水卫生标准》《食品卫生标准》等。

12.2 改革开放后环境政策法规建设历程及绩效

12.2.1 1979—1993 年的环境政策法规建设

1979 年颁布的《中华人民共和国环境保护法(试行)》,标志着中国的环境保护工作进入了法治阶段,也标志着中国的环境法体系开始建立。该法总结了中国环境保护的基本经验,参考了外国环境法中行之有效的管理制度,对环境保护的对象、任务、方针、政策,环境保护的基本原则和制度,保护自然环境、防治污染及其他公害的基本要求和措施,环境管理的机构和职责、科学研究和宣传教育、奖励和惩罚等作了全面的原则规定。该法还把环境影响评价、污染者的责任、征收排污费、对基本建设项目实行"三同时"等,作为强制性的法律制度确定下来。

为了解决经济发展与环境保护的严重比例失调,1981 年,国务院颁发了《关于在国民经济调整时期加强环境保护工作的决定》,这是一个环境保护的综合性政策。这个决定的主要内容有:防止新污染源的发展;解决突出的环境问题;重点解决位于生活居住区、水源保护区、风景游览区的工厂企业的严重污染问题;制止对自然环境的破坏,特别是水上资源和森林资源的破坏;重点搞好北京、杭州、苏州、桂林的环境保护;加强国家对环境保护的计划指导;加强环境监测、科研和人才培养;加强环境保护工作的领导等[①]。

1984 年,国务院发布了《国务院关于环境保护工作的决定》,指出:保护和改善生活环境和生态环境,防治污染和自然环境破坏,是中国社会主义现代化建设中的一项基本国策。

1990 年 12 月 5 日发出《国务院关于进一步加强环境保护工作的决定》,其内容包括:严格执行环境保护法律法规;依法采取有效措施防治工业污染;积极开展城市环境综合整治工作;在资源开发利用中重视生态环境的保护;利用多种形式开展环境保护宣传教育;积极研究开发环境保护科学技术;积极参与解决全球环境问题的国际合作;实行环境保护目标责任制。

1993 年 3 月 12 日发出《国务院关于开展加强环境保护执法检查严厉打击违法活动的通知》,要求当前和今后几年,环境保护工作的重点是充分运用法律武器和宣传舆论工具,强化环境执法监督,采取切实有力措施,大张旗鼓地进行宣传和检查环境保护法律、法规的贯彻落实,严厉打击那些造成严重污染和破坏生态环境、影响极坏的违法行为。

到 1993 年,全国人大常委会已通过多部环境保护法律,主要有:《中华人民共和国环境保护法》(1979 年制定,1989 年修改)、《中华人民共和国海洋环境保护法》(1982 年)、《中华人民共和国水污染防治法》(1984 年)、《中华人民共和国大气污染防治法》(1987 年)等。国务院颁布实施了多项行政法规,如《中华人民共和国防止船舶污染海域管理条例》(1982 年)、《中华人

---

①曲格平.环境保护知识读本[M].北京:红旗出版社,1999:23.

民共和国海洋石油勘探开发环境保护管理条例（1983 年）、《中华人民共和国海洋倾废管理条例》（1985 年）、《关于结合技术改造防治工业污染的几项规定》（1983 年）、《关于加强防尘防毒工作的决定》（1984 年）、《关于防治煤烟型污染技术政策的规定》（1984 年）、《农药登记规定》（1982 年）、《中华人民共和国环境噪声污染防治条例》（1989 年）、《征收排污费暂行办法》（1982 年）、《全国环境监测管理条例》（1983 年）、《中华人民共和国环境保护标准管理办法》（1983 年）、《国务院关于加强乡镇、街道企业环境管理的规定》（1984 年）等。此外，国务院的有关部门如前国家环境保护局制定了环境与资源保护的部门规章。在其他一些部门法的立法中，也注意到了环境与资源保护的要求，作了相应的有关规定，例如在《民法通则》中关于侵权的民事责任中做出了关于污染环境造成他人损害应承担民事责任的规定；在《中华人民共和国刑法》中做出了关于违反放射性、毒害性物品管理规定造成重大事故，以及破坏森林、水产资源、野生动物资源而应承担的刑事责任的规定等；在《中华人民共和国城市规划法》中做出了关于在城市规划和建设中环境保护要求的规定；在《国营工业企业暂行条例》中关于严重污染环境无法治理或限期治理不见成效，应责令其关闭、停产、合并、转产或迁移的规定，以及企业必须依法做好环境保护工作，安全、文明生产的规定等。

经过近 15 年的发展，到 1993 年，中国的环境与资源保护法律法规已形成一定规模，初步建立污染防治法政策法律体系，建立和完善一些管理制度，对防治环境污染起到了非常重要的作用。

12.2.2　1993—2002 年的环境政策法规建设历程

1992 年 6 月，在巴西里约热内卢召开的联合国环境与发展大会，把可持续发展作为国际社会和世界各国未来的共同的发展战略，得到了世界各国政府的普遍赞同。中国政府在 1983 年把环境保护确定为基本国策以后，又积极响应联合国环境与发展大会号召，将可持续发展战略确认为指导经济社会发展的总体战略，并努力通过完善和调整环境保护法律、法规来体现和实施这一战略。

1）环境保护政策方面

1992 年 8 月，即联合国环境与发展大会闭幕仅两个月后，国务院提出了中国环境与发展应采取的 10 大对策，明确提出中国必须转变发展战略，走持续发展的道路。1994 年 3 月，国务院批准发布了《中国 21 世纪议程》，提出了中国人口、经济、社会、资源、环境的可持续发展的总体战略、基本对策和行动方案。确定实行环境保护政策和法律制度的改革和转变,用可持续发展原则指导下的新的环境政策法规来推行和保障可持续发展的实现。

1996年3月,第八届全国人民代表大会第四次会议审议通过的《国民经济和社会发展"九五"计划和2010年远景目标纲要》提出了"实施可持续发展战略,推进社会事业全面发展"的目标及政策、措施。前国家环境保护总局制定的《国家环境保护"九五"计划和2010年远景目标》将制定体现可持续发展原则的环境法律、法规和政策作为在"九五"计划期间的第一项重要工作。

1994年7月4日发出《国务院关于贯彻实施中国21世纪议程——中国21世纪人口、环境与发展白皮书的通知》,《议程》从中国的具体国情和人口、环境与发展的总体联系出发,提出了促进经济、社会、资源与环境相互协调和可持续发展的总体战略、对策以及行动方案。它的贯彻实施需要各地方、各部门以及全体人民的共同参与和努力。

1996年8月3日,为进一步落实环境保护基本国策,实施可持续发展战略,贯彻《中华人民共和国国民经济和社会发展"九五"计划和2010年远景目标纲要》,国务院又发出《国务院关于环境保护若干问题的决定》。《决定》内容包括:明确目标,实行环境质量行政领导负责制;突出重点,认真解决区域环境问题;严格把关,坚决控制新污染;限期达标,加快治理老污染;采取有效措施,禁止转嫁废物污染;维护生态平衡,保护和合理开发自然资源;完善环境经济政策,切实增加环境保护投入;严格环保执法,强化环境监督管理;积极开展环境科学研究,大力发展环境保护产业;加强宣传教育,提高全民环境意识。

2001年12月26日发出《国务院关于国家环境保护"十五"计划的批复》,要求:紧密结合经济结构调整,切实加强环保工作,严格执行全国主要污染物排放总量控制计划,确保到2005年环境污染有所减轻,生态环境恶化趋势得到初步遏制,城乡环境质量特别是大中城市环境质量得到改善;各省、自治区、直辖市人民政府和国务院有关部门要根据《计划》,尽快制定本地区、本部门的具体实施计划,把环境保护重点工程项目纳入地方、部门和国家的国民经济和社会发展年度计划,认真落实;继续重点抓好"三河"(淮河、海河、辽河)、"三湖"(太湖、巢湖、滇池)、"两控区"(酸雨控制区和二氧化硫污染控制区)、北京市、渤海的污染防治工作;继续加大环境污染防治力度;切实加强生态建设和保护,遏制人为破坏;积极推进污染治理的企业化、产业化、市场化；地方各级人民政府要将环境保护目标和措施纳入省、市、县长目标责任制，建立总量控制指标和环境质量指标完成情况考核制度等。

2) 环境保护法制建设方面

就立法主体而言，全国人大环境与资源保护委员会的成立，标志着在环境与资源保护方面一种新的立法机制形成并开始运转。全国人大环境与资源保护委员会成立后，根据宪法和法律授予的权力，可以独立组织起草或组织修改一些环境与资源保护的法律。与传统的立法模式相比，由全国人大专门委员会起草法律草案，简化了法律草案提交全国人大或其常委会之前的程序和环节，提高了立法效率。另外，全国人大的专门委员会不具有行政执法的权力，没有自己的部门利益，因此部门色彩较少，较易在各个部门之间进行协调，从而在很大程度上避免了国家法律成为"部门法律"。

就立法体系而言，从1992年到2001年，在继续加快制定新的环境保护法律、法规的同时，开始对现行环境法律法规进行整理、修改和完善。修改、制定的环境法律主要有：1995年修正《中华人民共和国大气污染防治法》，制定《中华人民共和国固体废物污染环境防治法》；1996年修正《中华人民共和国水污染防治法》，制定《中华人民共和国环境噪声污染防治法》；1999年修订《中华人民共和国海洋环境保护法》；2000年修订《中华人民共和国大气污染防治法》；1996年国务院发布《国务院关于环境保护若干问题的决定》，并修改了现行的环境保护行政法规或制定新的行政法规，如修改《水污染防治法实施细则》，制定《建设项目环境管理条例》《排污费征收使用管理条例》《废物进口环境保护管理暂行规定》等。此外，各级地方环境立法也取得很大进展，限于篇幅不再赘述。

就立法内容而言，本阶段环境政策法规在坚持可持续发展观念下，并主要在对现实污染状况的考量的基础上，对原有污染防治法进行修订，并制定若干新的法规。

12.2.3 2002年以来的环境政策法规建设

2002年约翰内斯堡首脑会议，即可持续发展问题世界首脑会议，提请全世界注意实现可持续发展的行动。约翰内斯堡首脑会议的重点是变计划为行动。首脑会议将评价了自1992年地球问题首脑会议以来进展方面的障碍和取得的成果，通过了《约翰内斯堡可持续发展承诺》和《可持续发展世界首脑会议执行计划》。

1) 环境保护政策

2002年国务院发出《关于两控区酸雨和二氧化硫污染防治"十五"计划的批复》，原则同意环保总局会同有关部门编制的《两控区酸雨和二氧化硫污染防治"十五"计划》（以下简称《计划》），要求：继续加大两控区酸雨和二氧化硫污染防治力度；有关地方人民政府要将两控区污染防治工作目标纳入省、市、县长目标责任制；国务院有关部门要根据各自的职能分工，切实加强《计划》实施的指导和支持；加强《计划》执行的监督检查等。

如何落实可持续发展，也成为新的要求。循环经济由前国家环境保护总局自1999年开始推动，一开始是倡导"清洁生产"。在十届全国人大二次会议上，循环经济第一次写进政府工作报告，成为政府工作的一个重要内容。

2005年12月，国务院颁发《关于落实科学发展观加强环境保护的决定》，其主要内容是：充分认识做好环境保护工作的重要意义；用科学发展观统领环境保护工作；经济社会发展必须与环境保护相协调；切实解决突出的环境问题；建立和完善环境保护的长效机制；加强对环境保护工作的领导。决定提出明确的环境目标：到2010年，重点地区和城市的环境质量得到改善，生态环境恶化趋势基本遏制。主要污染物的排放总量得到有效控制，重点行业污染物排放强度明显下降，重点城市空气质量、城市集中饮用水水源和农村饮水水质、全国地表水水质和近岸海域海水水质有所好转，草原退化趋势有所控制，水土流失治理和生态修复面积有所增加，矿山环境明显改善，地下水超采及污染趋势减缓，重点生态功能保护区、自然保护区等的生态功能基本稳定，村镇环境质量有所改善，确保核与辐射环境安全。

2006年3月6日《中华人民共和国国民经济和社会发展第十一个五年规划纲要》明确坚持预防为主、综合治理，强化从源头防治污染，坚决改变先污染后治理、边治理边污染的状况。以解决影响经济社会发展特别是严重危害人民健康的突出问题为重点，有效控制污染物排放，尽快改善重点流域、重点区域和重点城市的环境质量。

2006年4月17日在第六次全国环境保护大会上，温家宝总理作了《全面落实科学发展观，加快建设环境友好型社会》的报告。进一步明确环保工作的指导思想。这就是以邓小平理论和"三个代表"重要思想为指导，全面落实科学发展观，坚持保护环境的基本国策，深入实施可持续发展战略；坚持预防为主、综合治理，全面推进、重点突破，着力解决危害人民群众健康的突出环境问题;坚持创新体制机制,依靠科技进步,强化环境法治,发挥社会各方面的积极性。经过长期不懈的努力,使生态环境得到改善,资源利用效率显著提高,可持续发展能力不断增强,人与自然和谐相处,建设环境友好型社会。

2006 年 8 月国务院发出《关于"十一五"期间全国主要污染物排放总量控制计划的批复》,确定"十一五"期间国家对化学需氧量、二氧化硫两种主要污染物实行排放总量控制计划管理,排放基数按 2005 年环境统计结果确定。计划到 2010 年,全国主要污染物排放总量比 2005 年减少 10%,具体是:化学需氧量由 1 414 万吨减少到 1 273 万吨;二氧化硫由 2 549 万吨减少到 2 294 万吨。

2006 年 10 月为全面落实科学发展观,切实加强环境监督管理,提高科学决策水平,实现《国民经济和社会发展第十一个五年规划纲要》确定的主要污染物排放总量减少 10% 的目标,国务院决定于 2008 年初开展第一次全国污染源普查。发出《关于开展第一次全国污染源普查的通知》。

2007 年 5 月 23 日,国务院发出《关于印发节能减排综合性工作方案的通知》,要求把节能减排任务完成情况作为检验科学发展观是否落实的重要标准,作为检验经济发展是否"好"的重要标准,正确处理经济增长速度与节能减排的关系,真正把节能减排作为硬任务,使经济增长建立在节约能源资源和保护环境的基础上。国务院成立节能减排工作领导小组。领导小组的主要任务是,部署节能减排工作,协调解决工作中的重大问题。

2) 环境保护立法

2002 年 6 月 29 日第九届全国人民代表大会常务委员会第二十八次会议通过《中华人民共和国清洁生产促进法》,2002 年 10 月 28 日第九届全国人民代表大会常务委员会第三十次会议通过《中华人民共和国环境影响评价法》,2003 年 6 月 28 日第十届全国人民代表大会常务委员会第三次会议通过《中华人民共和国放射性污染防治法》,2004 年 12 月 29 日第十届全国人民代表大会常务委员会第十三次会议修订《中华人民共和国固体废物污染环境防治法》,2005 年 4 月 27 日第十届全国人民代表大会常务委员会第十五次会议决定:批准加入于 1976 年 12 月 10 日经第 31 届联合国大会通过的《禁止为军事或任何其他敌对目的使用改变环境的技术的公约》。2006 年 6 月 29 日第十届全国人民代表大会常务委员会第二十二次会议决定:批准于 1996 年 11 月 7 日在《防止倾倒废物及其他物质污染海洋的公约》缔约国会议上通过的《〈防止倾倒废物及其他物质污染海洋的公约〉1996 年议定书》。

中国前环境保护总局和相关部委也颁布了许多有关环境保护的政策法规。如《关于大气污染防治重点城市限期达标工作的通知》《关于贯彻落实〈清洁生产促进法〉的若干意见》《国家环境保护总局关于进一步加强城市机动车污染排放监督管理的通知》《关于限制进口类废料环境管理有关问题的通知》《新化学物质环境管理办法》等。

12.3　中国环境政策法规建设 30 年评价

12.3.1　中国环境政策法规建设 30 年的阶段成就评价——20 世纪 80 年代中期到 1992 年

自十一届三中全会以来,中国进入环境政策法规的迅速、全面发展时期,形成了两次环境政策法规制定集中阶段。第一次环境政策法规制定集中阶段发生在 20 世纪 80 年代中期到 1992 年,主要受到联合国人类环境会议的影响,以创建法律制度和形成立法体系化为主要目的,主要以《中华人民共和国环境保护法(试行)》(1979 年)颁布开始。中国先后发布、颁布了《国务院关于在国民经济调整时期加强环境保护工作的决定》(1981 年)、《中华人民共和国海洋环境法》(1982 年)、《国务院关于环境保护工作的决定》(1984 年)、《水污染防治法》(1984 年)、《大气污染防治法》(1987 年)、《关于积极发展环境保护产业的若干意见》(1990 年)、《国务院关于进一步加强环境保护工作的决定》(1990 年)等污染防治方面的政策法规。

这一阶段的环境政策法规建设,首先,受计划经济体制观念的影响,在立法观念上仍坚持两条原则,一是成熟一条制订一条的原则,二是坚持立法具有中国特色原则,因而所制定的政策法规具有局限性。其次,政策法规的基础理论不够到位,如认为环境资源是无价的,体现在法律上表现为资源的无偿使用和超标污染付费上,如 1985 年颁布的《中华人民共和国草原法》规定了草原的管理、使用等,未对草原的破坏规定相应具体的补偿措施。再次,制度设计多建立在以污染控制和末端治理的基础上,甚少涉及从行为的起始环境保护、体系的构建注重于污染防治和自然资源的利用方面。环境保护的手段是"控制＋命令"式的,多体现为行政强制,经济刺激、行政指导几乎未予以涉及。

12.3.2 中国环境政策法规建设 30 年的阶段成就评价——20 世纪 90 年代初期到 21 世纪

20 世纪 90 年代初到 21 世纪初,是中国环境政策法规第二次集中制定阶段。随着 1992 年 6 月联合国环境与发展会议的召开,全球环境保护工作和环境法进入到可持续发展阶段。同年 8 月,国务院批准了中国环境与发展 10 大对策,指出中国必须转变发展战略、走可持续发展道路。1993 年 3 月,国务院批准了《中国 21 世纪议程》,提出了实施可持续发展的总体战略、基本对策和行动方案,要求建立体现可持续发展的环境法体系,并将环境立法列为新的优先项目计划。

在这一阶段,中国先后发布、制定以及修订了《21 世纪议程》(1994 年)、《淮河流域水污染防治暂行条例》(1995 年)、《固体废物污染环境防治法》(1995 年)、《环境噪声污染防治法》(1996 年)、《国务院关于环境保护若干问题的决定》(1996 年)、《水污染防治法》(1996 年修订)、《国务院关于酸雨控制区和二氧化硫污染控制区有关问题的批复通知》(1998 年)、《国务院关于印发全国生态环境建设规划的通知》(1998 年)、《建设项目环境保护管理条例》(1998 年)、《中华人民共和国水污染防治法实施细则》(2000 年)、《大气污染防治法》(2000 年修订)、《国务院关于渤海碧海行动计划的批复》(2001 年)、《国务院关于国家环境保护"十五"计划的批复》(2001 年)等政策法规。自 2002 年以来,中国环境政策法规建设更快,先后发布、制定以及修订了《中华人民共和国清洁生产促进法》(2002 年)、《中华人民共和国环境影响评价法》(2002 年)、《国务院关于两控区酸雨和二氧化硫污染防治"十五"计划的批复》(2002 年)、《排污费征收使用管理条例》(2003 年)、《中华人民共和国放射性污染防治法》(2003 年)、《国务院办公厅转发国家发展改革委等部门关于加快推行清洁生产的意见》(2004 年)、《中华人民共和国固体废物污染环境防治法(修订)》(2004 年)、《国务院关于落实科学发展观加强环境保护的决定》(2005 年)、《国务院关于"十一五"期间全国主要污染物排放总量控制计划的批复》(2005 年)。

这一阶段的特点,一是开始用可持续发展的观念指导环境政策法规的发展,着重对原有法律的修改、补充,重点在于加强对环境保护的行政管理。二是源头治理的思想得到体现,如《固体废物污染环境防治法》(1995 年)规定国家鼓励、支持开展清洁生产,减少固体废物的产生量;逐步深化经济领域的发展。三是环境治理的重点更加突出,如《大气污染防治法》突出重点城市的大气污染防治;污染防治上突出总量控制、区域(流域)控制,如《水污染防治法》规定"防治水污染应当按流域或区域进行统一规划";《固体废物污染环境防治法》规定"国家鼓励、支持开展清洁生产,减少固体废物的产生量"。四是立法普遍强化了多种法律责任的运用,确立了"污染者负担"原则,强化了"预防为主"原则。

12.3.3　中国环境政策法规 30 年的阶段成就总体评价

纵观改革开放 30 年来中国环境政策法规的发展历程,我们可以总结:

首先,国家和地方环境保护标准体系已基本建立。国家环境保护标准包括国家环境质量标准、国家污染物排放(控制)标准、国家环境标准样品标准及其他国家环境保护标准;地方环境保护标准包括地方环境质量标准和地方污染物排放标准。截至 2005 年底,中国颁布了 800 余项国家环境保护标准,北京、上海、山东、河南等省(市)共制定了 30 余项环境保护地方标准。

其次,环境执法检查和行政执法不断加强。近年来,中国政府连续对环境保护、大气污染防治、水污染防治、固体废物污染环境防治等法律实施情况进行检查,推动重点地区污染治理。中国刑法还对破坏环境资源罪有专门规定。中国颁布了《环境保护违法违纪行为处分暂行规定》,建立起环境保护行政执法责任制度,并连续三年开展整治违法排污企业、保障公民健康环保专项行动,依法查处 7.5 万多起环境违法案件,取缔关闭违法排污企业 1.6 万家,对 1 万多个环境污染问题实行挂牌督办。中国还开展矿山生态环境保护和海洋环境保护专项执法检查,依法处理多起违法行为。

第三,形成了适合中国发展状况的环境管理体制。中国实行各级政府对当地环境质量负责,环境保护行政主管部门统一监督管理,各有关部门依照法律规定实施监督管理的环境管理体制。1998 年,中国政府将原国家环境保护局升格为国家环境保护总局(正部级),作为国务院主管环境保护工作的直属机构,负责对中国环境保护工作实施统一监管。中国建立了全国环境保护部际联席会议制度,并建立了区域环境督查派出机构,以加强部门和地区间的协调与合作。各省(自治区、直辖市)、市、县级政府设置了环境保护议事协调机构。目前,全国有各级环保行政主管部门 3 226 个,从事环境行政管理、监测、科学研究、宣传教育等工作的总人数达 16.7 万人;有各级环境监察执法机构 3 854 个,总人数达 5 万多人。各级政府综合部门和资源管理部门以及多数大中型企业也设有环保机构,负责本部门和企业的环境保护工作,目前从业人员达 30 多万①。

第四,公众参与环境法律活动的机制得以运用和强化。《中华人民共和国环境影响评价法》第五条规定:"国家鼓励有关部门、专家和公众以适当方式参与环境影响评价";第十一条规定:"专项规划的编制机关对可能造成环境影响并且直接涉及公众环境权益的规划,应当在该规划草案报送审批前,举行论证会、听证会,或者采取其他形式,征求有关单位、专家和公众对环境影响报告书草案的意见";第二十一条规定:"除国家规定需要保密的情形外,对环境可能造成重大影响、应当编制环境影响报告书的建设项目,建设单位应当在报批建设项目环境影响报告书前,举行论证会、听证会,或者采取其他形式,征求有关单位、专家和公众的意见"。对发展规划、建设项目的环境影响评价规定了具体的公众参与措施,使公众参与不再停留在原则的层面上。

12.4　改革开放以来环境政策法规建设理论争鸣

12.4.1　关于环境法学调整关系的争论

运用法律关系理论来否定环境资源法调整人与自然关系的理论,是中国法学界一个最常用、也是最"有效"的方法。新中国成立以来的法学理论基本上是有关人与人的关系(即人际关系、人域关系),特别是阶级关系的法学理论,没有或很少有人与自然或人与环境的关系(即人环关系)的法学理论。从中共十一届三中全会以来,随着中国环境保护事业和环境法的发展,逐步有了关于人与自然关系的法学理论。开始是在环境法这一部门法学中出现了人环关系的理论,后来在整个法学基础理论中出现了人与自然关系的理论。

中国法学界一般将法律关系定义为"法律关系是在法律规范调整社会关系的过程中所形成的人们之间的权利和义务关系"。有学者认为法律是调整社会关系的,法律关系是社会关系即人与人的关系,人与自然的关系不

---

①《中国的环境保护(1996—2005)》白皮书。

是社会关系,因而人与自然的关系过去不是、现在不是、将来也不是法律调整的对象;法律关系的主体只能是人,法律关系只是主体和主体之间的关系即人与人的关系,主体和客体或人与自然之间不能构成法律关系;法律只能调整法律关系即主体之间的人与人的关系,由于人与自然的关系不是法律关系,因而法律不能调整人与自然的关系。

有学者认为环境法律关系,虽然发生于人与人之间,但它并不单纯是一种人与人之间的社会联系,究其发生的根源,是人们在各种同自然环境打交道的过程中,即在利用、保护和改善环境的活动中而形成的人与人之间的关系,是人与人之间和人与环境之间互相关系的结合,环境是个中介物,离开人与环境的关系,也就没有了环境法律关系。① 有学者反对环境资源法调整人与自然关系的观点,一个重要原因是"人与自然之间不存在法律关系"②。

有学者认为环境资源法所调整的人与自然的关系,是指由环境资源法所确认、规定并在环境资源法实施中形成的人与自然的关系。这一概念包括如下含义:环境资源法所调整的人与自然的关系,是在环境资源法(包括环境资源法的各种渊源)中有明确规定或体现的人与自然的关系,没有在环境资源法中规定或体现的人与自然的关系不属于环境资源法调整的人与自然的关系,即并不是所有的、在现实生活中存在的人与自然的关系都是环境资源法所调整的人与自然的关系;环境资源法所调整的人与自然的关系,是指本来意义上的人与自然的关系,不一定与法律设定的"人"和"自然"相吻合;当代环境资源法所调整的人与自然的关系几乎都可以纳入利益关系的范畴③。

12.4.2 有关环境权的争论

环境权是环境保护领域的基本权利、环境诉讼的基础,环境权理论是当代环境法学的基本理论。环境权理论是环境法律中基础性与核心性问题,是环境立法、执法、环境行政管理与环境诉讼的前提。

环境权理论是"二战"以后伴随着环境问题的恶化与环境保护呼声的高涨逐渐发展起来的。1960 年美国掀起了一场环境保护问题的讨论,在这场

①金瑞林.环境法学教程[M].北京:北京大学出版社,1990:38.
②李爱年.环境保护法不能直接调整人与自然的关系[J].法学评论,2002(3):76.
③蔡守秋.论环境资源法所调整的人与自然的关系[J].现代法学,2002(6):52-54.

争论中,密执安大学的萨克斯教授提出了"环境公共财产论"和"环境公共信托说"。他认为,空气、水、湖泊等人类生活所需的要素,如果受到严重污染和破坏,以至威胁到人类的正常生活的情况下,不应成为"自由财产"而成为所有权的客体,环境资源基于其自然属性和对人类社会的极端重要性来说,它应完全是全体国民的"公共财产",任何人不能任意对其占有、支配和损害。为了保护和支配这种"共同财产",共有人委托国家来管理,国家对环境管理是受共有人的委托行使管理权,因而不能滥用委托权。因此"公共财产"和"公共委托"成为环境权的理论依据。

当代中国环境权理论也受到前所未有的重视,学者们分别从不同角度对这一问题进行了研究。上世纪80年代初,蔡守秋教授在内地首倡环境权,他的研究方法是在归纳总结现有法律规定的基础上进行理论创新,并结合改革实际和市场需要来推动环境权法律实践。他认为,环境权是环境法的一个核心问题,是环境社会关系的反映和法定化,是自然权利和环境道德的法定化。作为一种法律权利,环境权具有法律权利的共性和环境法律权利的特征;在将环境权理解为人的权利的基础上,进一步将环境权理解为人与自然或环境的共同权利,不失为环境权理论的一个特色。

有学者认为环境权应该是公民的一项基本权利,是现代法治国家公民的人权。公民环境权具有作为人权的本质属性,这些属性可归纳为:整体性与个体性的统一;长远利益和眼前利益的统一;权利与义务的对应性;权利实现方式的多元性。环境权的人权属性是环境保护立法特殊性的根源。环境权的整体性与个体性的统一决定了环境法调整对象的广泛性和环境法立法宗旨的公益性。环境权的长远利益与眼前利益的统一决定了环境法律手段的综合性和法律责任的多元性;环境权的权利与义务决定了环境法律规范的科学性和生态性;环境权实现方式的多元性则决定了环境法结构体系的完整性①。

有学者认为环境权本质上是一种习惯权利,"除了法律权利、道德权利之外,无疑还有不依赖法律或道德权威而存在并为其主体实际享有的权利,这就是习惯权利,它只是一种制度事实,由约定俗成的生活规则支撑"②。

还有学者认为环境权是自得权,是保有和维护适宜人类生存繁衍的自

---

①吕忠梅.论公民环境权[J].法学研究,1995(6):60-61.
②谷德近.论环境权的属性[J].南京社会科学,2003(3):66-68.

然环境的人类权利。这项人权的权利主体是人类,义务主体也是人类,是人类的分体及这些分体的各种形式的组合。它的实现以人类履行自负的义务为条件。学者们所讨论的国家环境权其实是国家对外的主权和对内的环境管理权;而所谓"公民环境权"实际上是享受、使用生产生活环境的民事、行政等权利和参与与环境有关的公共事务管理的公民权利,而不是环境危机时代新生的属于升华期人权的人类环境权[①]。

---

①徐祥民.环境权论——人权发展历史分期的视角[J].中国社会科学,2004(4):125-135.

13

中国环境产业的发展历程以及绩效

------------------------------------◆------------------------------------

环境产业是国民经济结构中为环境污染防治、生态保护与恢复、有效利用资源、满足人民环境需求,为社会、经济可持续发展提供产品和服务支持的产业。它不仅包括为污染控制与减排、污染清理与废物处理等方面提供产品和技术服务的狭义内涵,还包括涉及产品生命周期过程中对环境友好的技术与产品、节能技术、生态设计与产品相关的服务等。中国环境产业自20世纪70年代产生以来,经过30年的发展,产业规模迅速扩大,产业结构逐渐合理,产业关联度明显提升,产业发展模式基本确立,对经济社会发展的作用凸现。本章分析环境产业对生产、服务、贸易部门的带动作用和对增加就业的促进作用,总结在萌芽阶段和发展阶段环境产业的发展模式,评价环境产业的发展绩效。

13.1 中国环境产业的作用分析

13.1.1 环境产业对国民经济的带动作用

1)公共环境设施对国民经济的带动作用

公共环境设施是体现环境产业的经济效用的主要领域。公共环境设施建设和运营不仅直接创造了就业机会,而且由于它对物品、资金、信息和技术等方面的需求,从而对国民经济的生产部门、服务部门和对外贸易部门产生产业关联带动作用[1]。

---

①徐嵩龄.论环境产业对国民经济的带动作用[J].管理世界,1999(5):105.

为了维护政府对公共环境设施的投资效益,也就是说为了确保公共环境设施的运行取得预期的环境效益、经济效益和社会效益,必然要求制定全社会应当遵守的环境法规,从而对污染排放者起着制度制约作用。这种制约将迫使排污企业对自身污染控制设施进行投入。20 世纪 90 年代,大多数发达国家企业对环境污染控制设施的投入几乎占国家环境总投入的一半左右。

公共环境设施建设,主要发挥保护生活质量不因环境破坏而恶化的作用,能够提供高质量的环境。在现代全球经济竞争中,环境质量的改善与保护,是吸引高品质外资项目和发展旅游业的一个重要条件。另外,在放松规制、可以获取经济效益的条件下,一些公共环境设施本身也会成为外资投入的对象。中国水务行业吸引外资进入是公共环境设施成为外资投入对象的典型案例。自 1992 年以来,已经有数十个项目成功引进外资。2007 年 1月,地处西部的甘肃省兰州市引进著名跨国公司法国威立雅集团斥资 17.1亿元收购兰州供水集团 45% 的股权①,说明借助公共环境设施引进外资促进经济发展已经在中国得到广泛接受。1992—2004 年中国水务行业吸引外资状况见表 13.1。

表 13.1　中国水务行业吸引外资状况

项　目	引资时间	引资额/万美元	外资比例/%	出资方	经营形式
海南三亚	2004.1	1 625	50	中法水务	合作经营
深圳水务	2003.12	35 507	40	首创威水	合资经营
重庆中法	2002.12	8 937	60	中法水务	合资经营
上海浦东	2002.5	25 362	50	威望迪	合资经营
南昌水务	2002.5	3 623	100	德国柏林水务	BOT
成都水务	1999.8	11 000	100	威立雅水务	BOT
天津水务	1997.6	3 000	55	威望迪	特许经营
中山水厂	1992.10	1 300	49	中法水务	合资经营

资料来源:王媛.水务民营化:盛宴何时开席[N].南方周末,2004-01-29(B6).

2)环境产业对生产部门的带动作用

环境产业对于生产部门的带动作用通过企业的末端污染治理设施、清洁生产技术以及绿色产品来实现。

①支维墉.兰州水务溢价下嫁威立雅的背后:要改制,也要定价权[N].21 世纪经济报道,2007-08-07.

——企业的末端污染治理设施的带动作用 企业的末端污染治理设施建设，是企业的重要环境投入方式，其目的是通过末端治理使企业污染排放达标。

企业末端污染治理设施的带动作用表现为四个方面：一是它保证了企业污染排放达标，从而使公共环境设施能在费用有效的基础上运行，带动环境基础设施的建设。二是末端污染控制需要购置和建造必要的环境设施，由此引起的物质、资金、技术、信息等需求，将对其他经济部门产生产业关联型带动作用。三是企业用于末端污染控制的投入，属于抵御性支出。当这一抵御性支出给企业带来负面的经济效益时，它将不得不关、停、并、转。这将既促使一个国家或地区的经济结构的改善，又促使有关行业的内部结构的改善。四是从成本-效益角度分析，企业用于末端污染控制的抵御性支出，不是最佳的企业环境投入方式。对投入的经济效益的追求，将促使企业走上开发有益于环境保护的技术创新之路。这就是在成本-效益型带动作用下出现的洁净生产技术。

——洁净技术的带动作用 洁净技术，又称环境安全技术，它的核心思想是变末端污染控制为生产过程（即生产工艺和技术）的污染控制，从而使污染排放达标，甚至达到零排放。洁净生产技术的开发，是企业在成本-效益机制下的产物。企业用于洁净技术的投资大体包括三类内容：一是开发减污工艺流程，即将减污任务分配到整个生产过程的各个环节上，一般来说，愈是在生产流程的上游进行污染控制，其减污成本愈低；二是开发降低污染或根绝污染的替代技术，如在能源利用中，以洁净的自然能源（光能、风能、水能、生物质能）替代化石能源，以低污染的化石能源（如天然气、石油）替代高污染的化石能源（如煤炭），以加工形态的煤炭能源（如发电、洁净煤等）替代初级形态的煤炭能源（原煤直接燃烧）；三是开发回收与再利用技术，又称生态可持续性技术，或 DSM 技术，其特点是既可以进一步提高资源的利用效率，又可以变有害或无用为有益或有用。在这三类技术中，第一类技术会降低环境投入对生产率增长的负面影响，后两类技术则可能会对生产率增长起促进作用。

企业对洁净技术的带动作用表现为四个方面：一是它使企业的环境投入由抵御性成本形态变为生产性成本形态，从而不仅提高了企业环境投入的环境效益，而且使环境投入成为企业生产率增长的促进因素；二是企业进行以洁净技术为目的的技术改造和技术创新是需要购置与建造新的设施和装备的，由此引起的物质、资金、技术、信息等方面的需求会对其他部门产生产业关联型带动作用;三是以替代技术和回收-再利用技术为特征的洁净技术的开发,会促使一系列新的行业与企业的诞生,从而进一步改进和完善现有的经济结构;四是洁净技术的发展将导致一种新的产品品质概念,即绿色产品。洁净技术为绿色产品的生产创造了一定的技术前提。

——绿色产品的带动作用　绿色产品是指产品的环境品质而言的。一般认为,产品的环境品质包括三个方面:一是产品在生产过程中高效利用资源,并且不会使其周围环境受害;二是产品在使用过程中不会使用户及用户的环境受害;三是产品在废弃后不会使接纳它的环境受害。绿色产品远非局限于狭义的环境产业领域,而是广泛地分布于所有生产领域,只要其产品的生产、使用和废弃过程不能对环境产生影响。另外,绿色产品不仅是指一般意义上的生活消费品,而且也包括生产过程中的中间产品,包括生产型固定资产(如机器、设备)与生活型固定资产(如住房)等。

绿色产品的带动作用的最高境界是所有生产部门的产品绿色化,具有环境、经济、可持续发展三重意义。在环境意义上,绿色产品的出现和普及,使环境管理目标发生革命性的变化,即由洁净技术时的“零排放(Zero Discharging)”目标,升级为绿色产品时的“零废弃(Zero Wasting)”目标。后者确保产品在整个生命周期中与环境和谐。这时,人类的生产活动将不是环境破坏型的,人类的消费活动也将不是环境破坏型的。在经济意义上,企业开发绿色产品的投资,是最具经济效益的环境投入方式。这种环境投入既摆脱了用于末端污染控制时作为“抵御性成本”的消极地位,也摆脱了那种用于洁净技术时从降低生产成本角度来提高生产率的地位,它是直接从更新产品、增加价值方面来提高生产率的。显然,绿色产品是一个更为积极、高效且具长远前景的环境投资方式。在可持续发展意义上,产品绿色化将使人类彻底改变传统的生产观念与生产方式,彻底改变传统的消费观念与消费方式,并带动人类经济结构的根本性变化。这时,传统上作为环境破坏源流的人类经济活动,将从根本上与环境相和谐,从而使经济与环境由传统上相互制约的对立体,变为相互促进的统一体。

3)环境产业对服务部门的带动作用

环境产业对服务部门的带动作用与对生产部门的带动作用相似,同样通过制度制约型机制和产业关联型机制进行。

在传统的服务业中,大量的部门会直接产生环境影响,如餐饮业、交通运输业、电信业、建筑业、医疗业、娱乐与旅游业等。这些影响随着城市化的发展与人均消费量的提高,逐渐成为环境破坏。如废气(包括交通工具的尾气)与污水排放造成的污染,固体废弃物污染,噪声污染,电磁污染,光、热污染,环境生物污染等。而且,在现代都市中,来自服务业的污染,有些已超过来自生产部门的污染,从而成为都市环境破坏的主因。因此,这些服务部门应和生产部门一样,受到环境法规的制度性制约,使自己的污染排放量和排放方式符合一定的标准,并同时对自己的环境行为影响承担法律责任。这意味着,这些服务企业必须为解决自身的污染问题作出相应的环境投入。这一投入同样也会对其他部门产生物质、资金、技术、信息等方面的需求,从而对它们的发展起着产业关联型带动作用。

环境产业对服务业影响最令人感兴趣的是以环境为内容的新兴服务门类的诞生。它们为传统服务业开辟了新的商业天地,可概称为环境服务。环境服务的内容异常广阔与丰富,如公共环境设施的操作、管理与维护;提供环境信息、评价、认证和咨询;环境工程的设计与施工;环境技术与产品的研制与开发;环境出版物的编辑、印刷和发行;环境广告和营销;环境诉讼;环境金融服务;生态旅游等。这些环境服务项目,或是对原有服务部门内容的扩展,或是新的服务领域。为开拓这些新兴服务领域而作出的投入与前述服务领域的抵御性支出在经济性质上是不同的。它们是响应来自政府、企业、社会公众的环境需求,包括与洁净技术和绿色产品有关的需求而产生的,因而是直接产生经济效益的商业活动,其经济学意义、地位和价值与洁净技术和绿色产品相同。另外,这些环境服务项目,对各类环境企业在资金、技术、信息上起着保障、支持和促进作用。

开拓新兴的环境服务业,是一项极为受到重视的工作。发达国家的现代化进程已经表明,它们现在的第三产业产值已接近或超过第二产业产值。类似的现象同样发生在环境产业领域。发达国家的环境产业中,环境服务的产值正接近环境物品的产值。

4)环境产业对国际贸易的带动作用

国际环境贸易内容以及环境产业对国际贸易的带动作用。国际环境贸易包括两个部分:一是以末端污染控制设备、洁净技术设备及绿色产品等为内容的环境物品贸易;二是以环境工程、环境信息与咨询、环境金融、生态旅游等为内容的环境服务贸易。

环境产业对国际贸易的带动作用,主要表现为:它为国际贸易领域增添了环境产品与服务的内容,拓宽了国际贸易的范围;它满足国际贸易中环境规则以及环保公约的要求,提高一个国家在国际贸易活动中的经济、政治地位,减少环境贸易壁垒带来的贸易损失,推进国际贸易可持续发展;环境物品和服务贸易额的快速增长,对国际贸易额的增加、贸易条件的改善产生影响。

国际环境贸易迅速发展的原因在于:一是各国环境市场需求日益扩大。根据一些环境产业机构(如 ETDC,DEIM,ECOTEC 等)在 20 世纪 90 年代初期的研究,主要发达国家在 90 年代的环境市场的年增长率,美国为5.4%,欧盟为 8.9%。它们均远远超过各自国家的经济增长率。这些环境需求,部分需要通过进口方式来满足。二是各国环境物品生产部门与环境服务部门的高速发展,为环境物品与环境服务的出口创造了条件。环境服务部门的增长率比较高,有资料显示,1991—1995 年这五年中,美国环境服务行业的年增长率超过 20%[①]。表 13.2 给出加拿大、德国、日本、法国四个国家环保设备贸易 1991 年与 1988 年比较的变化情况。三是国际环境贸易改变了末端污染控制设备的经济性质,使其成为能够提高出口国财富与福利的商品,成为经济增长的直接手段。美国、德国等环境产业发达国家末端污染控制设备的出口比例高,已经成为主要的出口产品。

表 13.2　加拿大、德国、日本、法国四个国家环保设备贸易额(亿美元)与增长率(%)

项　　目	加拿大			德　国			日　本			法　国		
	1988	1991	增长率	1988	1991	增长率	1988	1991	增长率	1988	1991	增长率
进口额	4.37	4.82	10.2	4.22	7.72	82.9	1.39	2.17	56.1	2.42	4.75	96.2
出口额	1.11	1.98	78.3	9.33	15.60	60.8	5.47	6.95	27.1	2.48	4.89	97.2
进出口总额	5.48	6.8	24.1	13.55	22.7	67.7	6.86	9.12	32.9	4.9	9.64	96.7

资料来源:叶汝求.环境与贸易[M].北京:中国环境科学出版社,2001:77.

正是由于上述原因,国际环境贸易在发达国家的国际贸易中日益重要。1992 年,主要发达国家环境产品出口在其环境产业产值中的比重,美国为10%、加拿大为 10%、德国为 31%、挪威为 50%[②]。这些数值都远高于这些国家制造业的平均出口率。另外,现在国际环境市场已形成了有利于发达国家的格局,发达国家利用其对环境标准的控制权,在国际贸易领域使用苛刻的检疫、检验标准,推广环境标志制度,形成环境壁垒,限制发展中国家或者环境标准低的国家的商品输出。1992 年世界环境市场的贸易平衡状况见表 13.3。

①叶汝求.环境与贸易[M].北京:中国环境科学出版社,2001:77.

②徐嵩龄.论环境产业对国民经济的带动作用[J].管理世界,1999(5):105.

表 13.3　环境产品进出口贸易平衡状况　（单位：百万美元）

国　家	美国	加拿大	日本	德国	英国	法国	中国	韩国	墨西哥
贸易平衡状况	1 113	−284	478	720	14	14	−19	−7	−286

资料来源：徐嵩龄.世界环保产业发展透视：兼对中国的政策思考[J].管理世界，1997(4)：180.

　　中国环境产业的国际市场竞争力较差，对国际贸易的带动作用有待提升。中国环保产品的进出状况为：出口额低于进口额，且出口额占环境产业总值的比例极低。1993 年为 2.8%，1997 年为 2.01%，2000 年为 6.9%[①]。

13.1.2　环境产业发展的社会作用

1）环境产业就业人数

　　国内外研究结果表明，环境产业的就业人数高速增长。据联合国环境规划署统计，从 1991 年到 1998 年，发达国家直接从事环保工作的员工从 450 万人激增到 1 000 万人，年均增长 17.4%，间接服务于环境产业的员工人数从 1 000 万人增至 2 850 万人，其中废物回收、处理、加工和营销部门吸收就业人数增长最快，平均每年增长 25% ~30%[②]。OECD（经济合作与发展组织）成员国家环境产业就业人数占全国总就业人数的比例为 0.5% ~1%，如果环境产业采用广义的定义，环境产业就业人数占全国总就业人数的比例将超过 1%[③]。主要 OECD 国家 1994 年环境产业就业人数见表 13.4。

表 13.4　主要 OECD 国家环境产业就业人数

国　家	美　国 1990—1995	加拿大 1992—1995	日　本 1992—1996	德　国 1993	意大利 1993—1994	挪　威 1992—1993
就业人数/万人	107	7.5	60	17.1	1.27	0.41
占全国就业人数的比例/%	0.91	0.53	0.9	0.48	0.06	0.21
就业人数增长率/%	10.7	3.0	3.6	—	−0.1	7.0

资料来源：徐嵩龄.世界环保产业发展透视：兼对中国的政策思考[J].管理世界，1997(4)：182.

---

　　①李宝娟.中国环保产业及市场发展的初步分析[J].环境保护，2002(8)：23.
　　②光大证券研究所.未来风暴——中国加入 WTO 对行业和上市公司的影响及对策[M].广州：广东人民出版社，1999：86.
　　③徐嵩龄.世界环保产业发展透视：兼对中国的政策思考[J].管理世界，1997(4)：182.

中国环境产业就业人数详细资料来自于政府组织的全国环境产业调查公报,大规模的环境产业调查在中国分别以 1988、1993、1997、2000、2004 年为基准年进行过五次。中国环境产业就业人数总体看从 1988 年到 2000 年有大幅度增长,其中 1993 年就业人数比 1988 年增长 468.3%,1997 年就业人数比 1993 年增长 - 9.72,2000 年就业人数比 1997 年增长 86.93%。1988、1993、1997、2000 年中国环境产业就业人数、占全国就业人数的比例以及增长率见表 13.5。

表 13.5 中国环境产业就业人数

时 间	1988	1993	1997	2000
就业人数/万人	32.1	188.2	169.9	317.6
占全国就业人数的比例/%	0.06	0.28	0.24	0.45
就业人数增长率/%	—	486.3	-9.72	86.93

资料来源:根据《2000 年全国环境保护相关产业状况公报》以及《中国统计年鉴》整理。

2)环境产业对扩大就业的促进作用

发展环境产业对于扩大就业的带动作用主要是通过产业扩张实现的,具体来说是通过环境产业的高速增长、环境产业规模的扩大、环境产业竞争力的提升来实现。此外,环境产业的产业组织形式以中小企业为主的特点对于增加就业也会产生积极作用。

第一,环境产业高速增长带来就业增加。环境产业市场需求总量迅速增长,需求领域不断扩展,需求水平显著提高,在今后 10 ~ 15 年内仍将保持较高的增长速度(12% ~ 15%)。按照牛文元院士的估计,GDP 每增加 1 亿元将增加 2 480 个就业机会[①]。由此可以推算,环境产业高速增长将会带来可观的就业增长。

第二,调整环境产业内部结构对就业的带动作用。按照中国 2000 年前的统计口径,环境产业包括环保产品生产、环保技术服务、三废综合利用、自然生态保护、低公害产品生产五个产业领域。这五个产业领域 1993 年、1997 年、2000 年就业人员以及变动状况见表 13.6。从环境产业的发展趋势来看,环保产品生产领域、三废综合利用领域就业人数不断减少,增加就业人员数量的产业领域主要在环保技术服务、自然生态保护和低公害产品生产三个

---

①中国科学院可持续发展研究组.中国可持续发展战略报告[M].北京:科学出版社,2002:48.

表 13.6　环境产业各领域 1993,1997,2000 年就业人员数量

（单位:万人）

	环保产品生产	环保技术服务	三废综合利用	自然生态保护	低公害产品生产
1993	51.71	83.38	92.46	13.41	—
1997	89.8	24.7	63.3	8.4	2.7
2000	27.2	58.1	26.6	165.6	19.8

资料来源:根据《2000 年全国环境保护相关产业状况公报》以及《中国环保产业潜在市场及转化为现实市场的政策研究》整理。

领域。1993—2000 年自然生态保护领域就业人员数量大幅度增加的主要原因是政府增加对生态保护的投资,尤其是资源采掘业例如林业大量转产。可以预见的结论是随着环境产业的发展重点逐渐由末端治理转向清洁生产技术开发和使用、转向绿色产品生产,由主要面向国内环境市场转向国内市场与国际环境市场并重,环保技术服务和低公害产品生产两个领域的就业人员数量将大幅度增长。

第三,环境产业的产业组织状况有助于增加就业。根据中国环境产业调查资料,中国环境产业的企业规模以小型企业为主,小型企业占企业总数的82%,环境产业中小型企业的比例与 OECD 国家的比例相似①。发达国家和地区解决就业问题的成功经验告诉我们,增加就业的有效途径之一是发展中小企业,因为只有中小企业可以利用比较小的投资成本创造出更多的就业机会②。发达国家,小企业在解决社会就业中也发挥了十分突出的作用,例如美国从业人员中的60%、日本的80%、德国的68%、法国的2/3 以上,都在小企业就业③。如果中国在就业结构上能借鉴上述国家的经验,达到相应的水平,那么,环境产业的组织结构定会对增加就业量产生积极的影响。

①徐嵩龄.世界环保产业发展透视:兼对中国的政策思考[J].管理世界,1997(4):183.

②章爱玲.宏观政策新目标:变增长优先为就业优先——亚洲开发银行驻华首席经济学家汤敏访谈[N].21 世纪经济报道,2003-02-13(29).

③国家计委宏观经济研究院课题组.中国小企业发展战略研究[J].管理世界,2001(2):158.

13.2　中国环境产业的发展阶段及发展模式

13.2.1　中国环境产业的产生阶段(1973—1989 年)

1) 环境产业发展模式的内容

1973—1989 年是中国环境产业的萌芽、产生时期。这个时期主要针对社会环境保护意识淡漠、工业污染比较严重等问题,在国家总体经济实力不强、受财力制约不能全面进行环境污染治理的背景下,以遏制工业污染、建立环境产业、顺应 1972 年联合国人类环境会议以后全球范围内的环境保护潮流为目标,中国环境产业采用"政府主导、法规和政策驱动、培养环保意识、以治理工业污染为突破口"的发展模式。

——中央政府在环保事业中起主导作用　政府主导指中央政府在环境保护事业中起主导作用,把环境问题提上议事日程,将环境、人口、经济和社会发展联系起来,率先树立环境意识,寻求一条健康协调的发展之路。政府主导可以概括为以下三点:一是政府树立环境保护意识并且制定环境保护工作方针、成立专门机构;二是将环境保护确定为基本国策;三是政府作为环境投资的主体。

中国政府具有强烈的环境保护意识,1972 年联合国在瑞典斯德哥尔摩召开人类环境会议时中国派出庞大的代表团出席会议,并且在联合国人类环境会议结束之后于 1973 年召开第一次全国环境保护工作会议。在第一次全国环境保护工作会议上,中国政府制定环境保护工作方针、提出防止环境污染的十条措施,成立专门机构负责环保工作。为推动环境产业形成,中央政府明确提出环境保护的三个重点,一是工业污染治理,二是城市环境治理,三是对于新建项目的污染防治。

将环境保护作为基本国策是政府重视环境保护事业、促进环境产业发展的重要标志。20 世纪 80 年代,中国经济发展水平比较低、经济体制改革刚起步,经济发展和体制改革占居主流地位。在这个背景下,中国政府充分认识到环境形势的严峻性,为了突出环境保护的重要性和紧迫性,特别提出"环境保护是一项基本国策",对于促进环境产业的形成产生极为重要的影响。在中国,基本国策指具有基本性、长远性、全局性的重大政策,是必须长期坚持、不断强化的政策,是在全国范围内必须无条件执行的政策。迄今为止,被正式确立为基本国策的政策只有两项:一是计划生育,二是环境保护①。

政府作为环境保护投资的主体,主要指在计划经济时期政府提供城市基础设施建设中的环境投资、基本建设项目的"三同时"环境投资、企业更新改造所需的环境投资,治理旧污染、控制新污染。

——初步建立环境管理法规和环境政策体系　法规和政策驱动环境产业形成和发展。产业形成离不开法规和政策的支持,法规和政策是产业形成和发展的先导条件。法规和政策驱动环境产业形成和发展可以从以下四个方面概括:建立以《环境保护法》为核心的环境法律体系;制定强调环境产业重要性的政策;制定扩大环境产业市场、增加环境产业需求的政策;制定并执行为环境产业形成和发展提供资金支持的政策。在建立环境法律体系方面,初步建成以《环境保护法》为核心,涵盖水污染防治、大气污染防治、海洋环境保护、资源利用和保护等内容的环境法律体系。

强调环境产业重要性的政策主要有:环境保护规划和计划制度;环境保护目标责任制;环境影响评价制度;实施环境保护与经济发展"双赢"策略,制定"三同步""三效益""三统一"方针,即"经济建设、城乡建设、环境建设要同步规划、同步实施、同步发展,实现经济效益、社会效益、环境效益统一"。此外,中国还出台一些促进环境产业发展的宏观政策,例如1985年国务院转发国家经委《关于开展资源综合利用若干问题的暂行规定》,1990年国务院环委会印发《关于积极发展环保产业的若干意见》等。扩大环境产业市场、增加环境产业需求的政策有:"三同时"制度,即基本建设项目中的环境保护是必须与主体工程同时设计、同时施工、同时投产使用;限期治理制度,指对于严重污染环境的污染源和污染严重的区域,依法要求在一定的期限内完成治理任务,达到治理目标;污染物总量控制制度等。为环境产业形成和发展提供资金支持的政策有:确定环境保护投资的八条渠道、排污收费制度。

——选定产业发展方向和技术突破口　以治理工业污染为突破口是这一时期的环境产业发展模式在引导产业发展方面的具体表现。从国际背景上分析,发达国家环境产业在这一时期主要面向工业污染治理或者公害治理,中国选择治理工业污染作为突破口与国际环境产业发展的趋势保持一致,能够充分借鉴发达国家的经验,利用发达国家的治理技术。从国内环境问题的状况分析,由于资金以及技术条件的限制,特别是工业发展指导思想没有考虑环境污染问题,导致重工业领域的"三废"成为主要污染源,重工业

---

①夏光.环境政策创新[M].北京:中国环境科学出版社,2001:109.

基地的环境污染特别突出,为了解决工业污染问题,中国选择面向终端治理的环境产业作为主要发展方向。

2)环境产业发展模式的特点

第一,政府主要采用强制性手段建立环境产业市场。由于治理污染行为具有正外部性,存在市场失灵现象,只有依靠政府强力推动,用法规、政策和行政命令组合方式启动环境产业市场。法规政策驱动环境产业形成是这个思路的具体体现。

第二,政府确定环境产业发展的方向。要解决环境问题,必须选择合理的技术路径和产业突破口,政府利用自己掌握的国内环境污染总体状况的信息以及国际环境产业发展重点的信息,将治理工业污染作为环境产业发展的方向,能够使环境产业的形成建立在可靠的技术基础和现实的市场需求之上,降低环境产业形成的阻力。

第三,环境产业是最早进入市场经济自由竞争的产业[①]。作为这一时期环境产业主力的环境设备制造业,主要以20世纪70年代末期至80年代初期的乡镇企业(社队企业)为从业单位,这些企业由于身份限制不能进入计划体制,原材料、能源、劳动力、市场全靠自己解决,是天生的市场派。

第四,环境产业形成具有明显的地域特点。环境产业在这一时期率先在环境污染严重地区出现,在重工业密集地区形成,在经济发达地区以及由科研院所能够提供一定环境技术支持的地区逐渐集聚。

13.2.2 中国环境产业的快速发展阶段(1990—)

1)1990年后环境产业发展模式的内容

进入20世纪90年代以后,中国环境产业随着国家经济实力不断增强、环境投资力度加大、政府的产业管理手段不断完善、环境产业发展政策逐渐发挥作用、企业以及国民的环境意识逐步树立进入快速发展时期。这一时期环境产业的发展模式为"政府引导、制度规范、结构调整、尝试以及扩大利用市场机制"。

2)1990—2000年环境产业发展模式的特点

第一,政府制定、颁布支持环境产业发展的政策,引导环境产业发展。

[①]尹改.环保产业面临的形势和今后的发展方向[M].北京:中国环境科学出版社,1999:213.

政府引导主要指政府制定、颁布一系列支持、引导环境产业发展的政策,解决环境产业发展过程中存在的资金短缺、技术水平低、潜在的环境产业市场难以转化为现实市场等问题。例如政府开始利用规划手段来引导环境产业发展。比较典型的例子是 1997 年启动"33211"工程,针对污染突出、严重影响经济发展的重点地区三湖、三河、两个重点控制区、一个重点城市、一个海湾集中力量进行环境投资,以便迅速扭转这些重点地区的环境恶化状况。此外,政府通过制定环境产业发展战略,从宏观层面上对环境产业的发展目标、发展手段进行界定,提出中国环境产业发展的框架:一是建立环境产业体系,强化行业管理;二是加强宏观调控,引导产业发展方向;三是加大投资力度和政策扶持;四是科技先行,扶持骨干企业;五是加强国际合作,实施环境技术设备出口战略、建立环境产业信息服务咨询系统,推动环境产业健康发展①。中国经济出现紧缩信号以后,国家执行积极财政政策,通过发行国债刺激经济发展,特别是在环境保护领域投入大量国债资金,促进环境产业市场扩大,推动环境产业潜在市场向现实市场的转化。据统计,1998—2000年,中央财政增发国债中有 460 亿元用于环境保护,主要用于加大城市环境保护以及生态建设的力度,共安排环境保护项目 543 个。增发国债用于环境保护,成为通常计算的环境保护投资占国内生产总值比例提高的主要原因②。

第二,建立环境产业管理制度,规范环境产业市场。制度规范,主要指建立环境产业管理制度,理顺环境产业管理体系,规范环境产业市场秩序。理顺产业管理体系主要指,针对环境产业涉及面宽、产业渗透性强等具体特点,环境产业管理体系经历由环保部门管理转为综合经济管理部门管理的变化过程。1999 年以前,由前国家环境保护总局行使环境产业管理职能,前国家环境保护总局通过中国环保产业协会对环境产业行使行业管理职能,在制定产业发展规划、明确产业发展目标、提供产业发展信息、确定环境标准等方面取得很大成绩,但是,在涉及到跨行业、跨部门的环境产业发展问题上,由于体制原因环境管理部门难以发挥协调管理作用。1999 年以后,为了推动环境产业协调发展,理顺管理体系,调动环境产业相关部门的积极性,环境产业综合管理职能由国家经贸委执行,形成由国家经贸委、前国家环境保护总局、国家质量技术监督局按照职能分工协作、共同管理的环境产

①中国环保产业协会.中国环保产业发展战略[J].中国环保产业,1998(4):14-16.
②谭立.中国环保投融资机制的新格局[J].环境保护,2002(8):36.

业新管理体制。通过资质认定来规范环境产业市场秩序,在 20 世纪 90 年代初期开始实施的环保设备和产品认定的基础上,相继引入环境设施运营资质、环保行业工程咨询资质、环保专项设计资质、工程承包资质、工程施工资质、环境影响评价资质等一系列资质认定制度,建立环境产业市场运行主体选择机制,为环境产业市场有序运行提供必要条件。

第三,调整结构,改善环境产业发展质量。结构调整,通过三个层面反映。第一个层面是环境产业通过自身高速发展,赢得国民经济新增长点、未来的主导产业、战略产业等产业地位,在国民经济结构中所占比重迅速提升。第二个层面指通过调整环境产业内部结构,发展环境服务业以及生态保护产业,在稳定终端治理环境产业提高环境效益的基础上,向针对过程控制和产品生命周期的清洁生产技术倾斜,使环境产业满足国民经济发展的需要。第三个层面是调整环境产业的投资结构,在投资主体结构方面鼓励外资企业、地方政府、民营企业进入环境产业,使投资主体逐渐多元化;在投资渠道结构调整方面,通过政府发行国债增加对环境产业的投入、环境产业尝试利用资本市场进行直接融资、扩大引进外资的力度等途径拓宽投融资渠道;在投资方向调整方面,开始增加对自然生态保护领域、城市生活污水处理以及固体垃圾处理领域的投资力度。

第四,尝试利用市场机制推动环境产业化,建立与市场经济相适应的环境产业运行机制。尝试利用市场机制,建立环境产业新运行机制。在中国市场化进程加快、部分基础产业领域市场化取得良好收效的背景下,环境产业发展的指导思想有一定的转变,开始尝试利用以污染治理专业化、集约化、环境投资主体多元化、城市环境基础设施运营企业化为主要内容的市场化机制。污染治理专业化主要通过建立环境设施运营资格认证制度,设定从事环境设施专业运营的行政门槛,形成扶持专业运营队伍发展的外部环境。污染治理集约化主要通过建立集中的污染治理设施,针对区域环境污染以及行业环境污染进行集中治理,提高规模经济效益。投资主体多元化通过引进外资进入环境产业,利用资本市场直接融资,允许民营企业投资环境产业等手段,重点是建立多渠道的环境投融资机制,解决环境投资不足问题。城市基础设施运营企业化主要是解决环境基础设施运行费用高、政府按照事业单位管理效率低等问题,实现途径是运行体制改革将事业单位改制为企业。

13.3　中国环境产业发展模式的绩效及评价

13.3.1　1989年以前的环境产业发展模式的绩效及评价

1）绩效

首先,初步建立环境政策法规体系。20世纪80年代,中国的环境立法速度和规模明显超前,分别于1983年颁布《海洋环境保护法》、1984年颁布《水污染防治法》、1986年颁布《矿产资源法》、1989年颁布《环境保护法》等环境法律,促进社会对环境产业的最终需求形成,推动环境产业的产生和发展。以筹集环境产业发展所需资金为主要目标的确定环境投资渠道政策,使环境投资渠道增加,环境投资力度有所加大,对环境产业形成产生直接作用。扩大环境产业市场、增加环境产业需求的政策,使工业污染治理市场迅速扩大,污染治理设备以及药剂生产、经营企业快速发展。

其次,环境产业初步形成。从数量上看,环境产业从业单位从1985年的1 000家增加到1989年的1 930家,5年增加近1倍。从产业结构方面看,环境产业已经初步形成由环境设备制造、环境技术开发以及环境工程承包、资源综合利用组成的产业体系。从组织结构看,这一时期环境产业的主力是国营企业和国家科研院所,江苏、浙江等省的乡镇企业抓住环境产业刚开始兴起的机会,进入环境设备制造业,依托国家科研院所从事环境设备的生产经营活动,专业环保公司数量少,仅占环保企业总数的10%。国家依靠尚处于幼稚期的环境产业解决不少工业污染问题,环境效益初步体现。

第三,明确环境产业发展方向。中央政府抓住工业污染治理重点,以污染治理设备生产和开发、"三废"处理以及综合利用为环境产业发展方向,使环境产业从业单位能够在改善环境质量的同时获得经济效益,初步形成环境产业自我发展的机制,尽管机制的作用范围只是在狭义环境产业领域。

2）存在的问题

这种模式的主要缺点是,政府在宏观上重视环境产业形成与发展的政策在微观领域没有得到有效体现,环境产业的形成与发展基本尚处于自发、无序状态,环境产业只是在执行国家政策、遵守环保法规、迫于政府命令的基础上被动地发展,产业市场狭小、技术落后,产业组织结构以及市场结构均不合理,环境产业不能满足国民经济发展的需要。政府主导的环境产业发展模式也带来政府失灵问题,由政府投资的环保项目耗资巨大,效率低下,更为严重的问题在于环保项目并没有取得预期的环境效益,将近一半环境保护设施不能正常运行。

13.3.2 1990 年以后环境产业发展模式的绩效及评价

1)绩效

从 1990 年开始,中国环境产业进入快速发展期。环境产业年平均增长速度超过 20%,环境投资占 GDP 的比例逐年增加达到发达国家 20 世纪 80 年代的水平,环境产业收入占 GDP 的比例达到 1.9%,环境产业就业人数大幅度提高。环境产业经济效益改善,产业结构有所优化,生产力布局呈现地域加速集中态势。

——环境产业高速发展 1990 年以后,中国环境产业采用"政府引导、制度规范、结构调整,尝试以及扩大利用市场机制"的模式,迅速发展。环境产业已形成包括环境保护产品生产、洁净产品生产、环境保护服务、废物循环利用、自然生态保护等领域,跨行业、多种经济形式并存的综合性产业,为我国环境保护事业的发展提供了重要的物质和技术保障。2000 年,全国环境保护相关产业收入总额达到 1 689.9 亿元,占当年国内生产总值的 1.9%,约为同期国家环境污染治理投资总额的 1.6 倍,比 1997 年增长 268%,比 1993 年增长 442%;1993—2000 年年平均增长 63%。1993,1997,2000 年全国环境产业发展状况见表 13.7,1983—2000 年全国环境产业年收入总额的发展变化状况见图 13.1。

表 13.7 中国环境产业发展情况

时间 项目	1993 年	1997 年	2000 年	1993—1997 年年增长率/%	1997—2000 年年增长率/%	1993—2000 年年增长率/%
企事业单位总数/个	8 651	9 090	18 144	1.2	25.9	11.2
从业人数/万人	188.2	169.9	317.6	−2.5	23.2	7.8
年收入总额/亿元	311.5	459.2	1 689.9	10.2	54.4	27.3
其中:环境保护产品生产	104.0	182.1	236.9	15.0	9.2	12.5
洁净产品生产	—	21.6	281.1	—	135.2	—

续表

时间\n项目	1993 年	1997 年	2000 年	1993—1997 年年增长率/%	1997—2000 年年增长率/%	1993—2000 年年增长率/%
环境保护服务	11.1	57.8	643.4	51.1	123.3	78.6
废物循环利用	169.3	181.4	243.1	1.7	10.3	5.3
自然生态保护	27.1	16.3	285.4	−11.9	159.7	40.0
年利润总额/亿元	40.9	58.1	166.7	9.2	42.1	22.2
人均收入/万元	1.66	3.07	5.32	16.6	20.1	18.1
人均利润/万元	0.22	0.34	0.52	11.5	15.2	13.1
出口额/亿美元	0.32	1.1	14.1	36.6	132	72

资料来源:根据 1993,1997,2000 年全国环境产业调查报告整理。

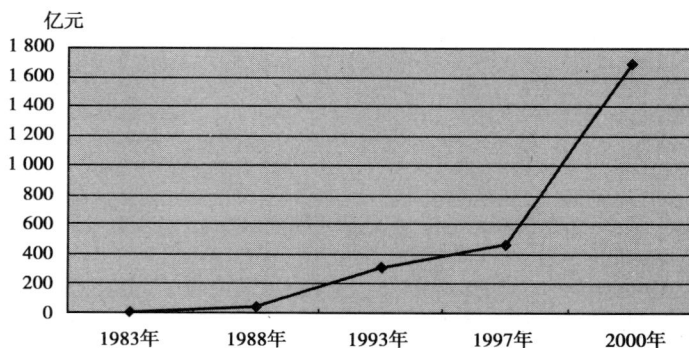

图 13.1　中国环境产业收入增长情况

受环境产业扶植政策以及社会环保意识逐步增强的影响,环境投资主体呈现多元化趋势,环境产业从业单位数量大幅度增长。尤其在 1988—1997 年、1997—2000 年期间,环境产业从业单位数量大幅度增长。1983—2000 年环境产业从业单位数量的变动情况见图 13.2。

环境产业作为高速增长的产业,通过其产业规模扩张、中小企业比例高等优势,能够吸收大量的就业者。1993、1997、2000 年环境产业从业人数分别为 188.2 万人、169.9 万人、317.7 万人,1983—2000 年环境产业就业人数变动情况见图 13.3。

——经济效益明显改善　环境产业具有良好的经济效益,是吸引投资、促进产业发展的重要条件。环境产业各个领域的利润以及利润率的变动情况,能够从动态角度反映环境产业各个领域的竞争状况。表 13.8 列出

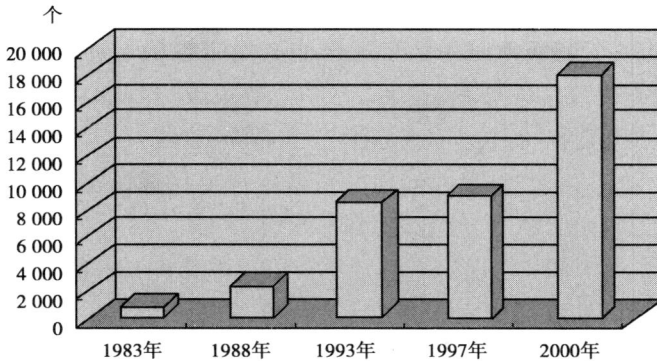

图 13.2　中国环境产业从业单位变动状况

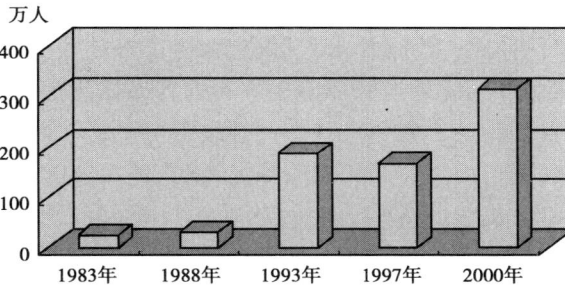

图 13.3　中国环境产业从业人数变动情况

表 13.8　1993,1997,2000 年环境产业各领域利润以及利润率

时间 领域	1993		1997		2000	
	利润/亿元	利润率/%	利润/亿元	利润率/%	利润/亿元	利润率/%
环境产业	40.9	13	58.1	12.7	166.7	9.86
环保产品生产	13.4	12.9	23.1	13.1	32	13.5
环境技术服务	2.2	20	8.3	14.4	49.8	7.8
废物循环利用	14.8	8.7	19.4	10.7	23.6	9.7
自然生态保护	4.4	16.2	4.1	25	27	9.4
洁净产品	—	—	2.4	11.1	34.3	12

资料来源:根据 1993,1997,2000 年全国环境产业调查报告整理。

1993,1997,2000 年环境产业各领域利润以及利润率。可以看出,环境产业利润率总体呈下降趋势,主要原因在于从业单位数量增加,竞争日趋激烈,导致利润率下降。从各领域利润率变化趋势看,环保产品生产行业利润率相对稳定,从一个侧面说明中国环境产业发展重点仍然在终端治理领域。环境技术服务领域的利润率在下降,预示着要以大力发展环境服务业为突破口优化环境产业结构、进一步拓宽环境产业领域存在一定障碍。

——环境绩效有待提升 环境绩效表示环境保护的实际成绩与效果,能够反映环境保护政策和环境产业发展对于环境质量的作用程度和结果,是评价环境政策和环境产业发展模式优劣的重要指标。环境绩效一般由政府评价,也可以由民间组织或者国外机构评价。

政府的环境绩效评价通过每年公布的环境状况公报获得。1990—2000年,对于中国的环境状况,来自官方的正式评价偏低,这与中国环境资源实际情况吻合。总体评价是"局部有所改善,总体还在恶化"(1990年)、"以城市为中心的环境污染正在加剧并向农村蔓延,生态破坏范围在扩大,程度在加重"(1996年)、"相当多的地区环境污染和生态破坏状况仍然没有得到改变,有的甚至还在加剧"(1999年)、"全国环境形势依然严峻,生活污染和农业污染出现加重趋势,生态破坏的范围继续扩大,局部地区的环境污染和生态破坏仍在加剧"(2000年)。

民间组织的评价结果与政府的相似,只是表述方式存在差异。民间组织通过问卷调查得出的结论是,环境状况恶化与反腐败、增加就业率、维护社会稳定一直是公众关注的重大问题。

对环境绩效的综合评价是,中国的环境状况在总体上避免了随着经济发展而加剧恶化的局面,但是环境状况的绝对水平不能令人满意,并且仍然以一定的速度恶化[①]。环境绩效的评价结果,一方面肯定环境保护工作取得的成绩,反映出环境政策和环境产业发展模式对环境保护事业的积极贡献,另一方面也揭示出环境产业发展模式必须优化,以满足国民经济发展和社会公众提高生活质量对优质环境的需求,充分发挥环境产业作为保护生态环境、实施可持续发展战略的物质基础的作用。

2)存在的问题

中国环境产业得到了较大发展,但是由于受各种因素的制约,远远不能满足经济发展和环境保护的需要,未能达到与国民经济发展要求相适应的发展速度、发展规模和发展水平。环境产业的国际竞争力仍然很差,国际化

---

①夏光.环境政策创新[M].北京:中国环境科学出版社,2001:23.

程度低,与发达国家相比存在明显差距。环境产业发展模式存在的主要问题是:

第一,对环境产业的认识不到位。主要表现为将环境产业内涵局限于环保工业,导致人们在认识观念上仍然存在着环保与经济分离的问题,认为环境产业属于公益性产业,环境保护投资只有社会效益和环境效益,没有经济效益,制约环境产业发展。传统的环境产业仅指环保机械制造业,即环保工业。这个狭义的概念束缚了环境产业自身的发展。实质上环境产业不但包括环保产品制造业,还包括环境设施运营业、环境咨询业、环境技术服务业等。受狭义环境产业概念的影响,中国环境设施运营业、环境咨询业、环境技术服务业十分薄弱。而环境保护实质上是一种经济活动,是一个特殊的经济范畴,是社会经济活动的重要组成部分。但是在人们的认识观念上,仍然把环境保护和经济分割,认为保护环境就会制约经济发展,发展经济就必然要以牺牲环境为代价,从而加深了保护环境与经济发展之间的矛盾对立。

第二,推动环境产业市场化的思路和方法存在缺陷。环境产业市场化运行是环境产业的发展方向,在中国环境产业发展模式中推动环境产业市场化突破方向和推进政策存在缺陷,严重制约环境产业市场化进程。市场经济条件下环境保护的发展方式要由完全依靠政府转变为主要依靠市场,建立新的运行机制,实现环境保护的社会化、集约化、企业化、专业化、市场化。在选择市场化的突破方向上,没有将污染治理设施的社会化投资、企业化运营、专业化管理作为突破口,仅在环境保护设备生产等传统环保产业领域强化价格机制的作用;没有建立有效的政府退出机制,致使政府在环境基础设施建设、运营领域仍然占垄断地位。在推进市场化进程的政策方面,没有能够进行政策和制度创新,废除或者修改制约环境产业市场化的环境管理制度(如"谁污染谁治理")和环境政策,没有制定划分环境事权、界定环境产权的制度,没有建立、实施环境成本内部化制度。

第三,促进环境产业发展的法律手段、行政手段、经济手段缺乏协调。环保产业缺乏财政、税收、信贷、政策引导和扶持。财政、税收、信贷是国家调控产业发展的重要经济手段。在这个时期,受过去计划经济体制影响,法律手段立法重于执法,计划手段运用较多,而经济手段运用不足。目前还没有形成对环境产业,特别是污染治理服务业发展给予扶持或优惠的经济政策体系。例如在企业治污方面,由于投入回报率低,企业治污缺乏动力;遵循"污染者治理"原则形成了目前各自为战的环保治污体制,这种体制不但形不成规模效益,而且存在重复投资的弊端。由于目前环保市场不完善,没有形成全国统一、规范有序的环保市场,不仅不利于环保技术的创新和转化,也使环境产业的投资渠道受到了限制。为此,必须建立和完善一系列适应市场经济的政策体系,如建立适应市场机制的污染治理收费政策;对环保产业投资者实行财政鼓励性补助政策;对环保投资者以及使用有利于环保技术和产品的企业、生产低公害或无公害产品的企业、从事废物资源化的企业实行优惠税收政策;制定有利于环境产业发展的信贷政策等。企业只有在经济推动力作用下,才能成为环保市场的主体,中国的环境产业才能在治理环境污染中有所作为。发展环境产业,重要的是靠政府在建立和完善市场经济体制过程中,强化环境保护行政职能,加强宏观调控,用科学的政策实施有效引导。环保产业所覆盖的范围较广,隶属管理部门多,目前缺少的是政策支持和宏观调控,使环保产业的进一步发展存在诸多障碍。

第四,环境产业市场有待进一步规范。缺乏市场规范监督,地方行业保护、行业垄断严重。这一时期正处于计划经济向市场经济的过渡阶段,市场规范和监督体系尚不完善,环保市场比较混乱,运行无序,再加之政企、政事尚未完全脱钩,行业管理的影响尚未消除,因此,地方保护、行业垄断的现象还比较严重,表现为地方环境产品准入和认证制度限制产品流通,先进环境技术不能大范围推广,市场秩序混乱。一是对有关工程建设和机械设备,没有统一的技术标准;设备的标准化、系列化程度低,单机产品多,成套装置少,提高了经营成本。二是环保产业没有一个明确的管理部门,低水平重复建设问题突出。环保机械产品以次充好、以劣当优等混乱局面严重。三是地方保护主义严重,缺乏公平的竞争环境。尽管国家环保部门推行了环境工程设计证制度、环境工程市场准入制度,但有的地方搞地方保护主义,强调环保机械产品只能自产、自销,工程施工只能由自己的队伍承包施工,造成不合格产品进入产业市场,阻碍了产业的发展和进步。

第五,环境产业发展缺少技术依托。在产业发展的依托方面,对于环境技术创新重视不够。不重视技术创新,造成高新技术企业附加值低,缺乏关联带动效应。中国环保高技术企业的发展主要依靠引进国外先进技术和生产设备,使相当大的一部分产品始终停留在对进口零部件进行组装或劳动密集型加工的阶段,导致中国高技术环保企业产品附加值明显偏低。更为严重的是设计与制造能力不相配套问题的存在,极大削弱了高新技术企业对其他企业的关联带动作用,同时也影响了高新技术企业本身的积累和发展能力,与现有传统老企业改造之间相互依存、相互促进的良性循环关系还未形成。环境技术开发投入不足,造成技术水平落后。目前世界上普遍将环保产业视为高新技术产业之一,而中国在环保产品生产、环保技术开发等领域,却仍以常规技术占主导地位。中国的环保企业,能自己解决投资、自己完成技术开发并占领市场者,仅有20%。具有高新技术水平的二氧化硫处理设备、除尘脱硫一体化设备,以及工业废气净化装置等设备开发能力十分薄弱,大多数只能从国外进口;中国主要的环保机械产品只有4%达到当前国际水平,75%以上产品只达到发达国家20世纪70年代的水平;技术含量低、工艺落后、自动化程度低、运行可靠性差等问题,也是影响中国环保产业发展的因素之一。

第六,产业组织结构不合理。产业组织结构不合理、企业规模小、大多数企业没有建立现代企业制度。大中型环保企业只占环保企业总数的2.8%(而且65%为兼营),90%为小型企业,大多为乡镇企业,生产设备落后,技术开发能力差,产品技术含量低。而且由于市场化程度不高,市场秩序混乱、技术水平落后等原因,规模小的企业经营效益反而好于规模大的企业。

14

中国参与的国际环境合作

-------------------------------- ❖ --------------------------------

　　中国参与国际环境合作大致可以分为萌芽期(1972—1988年)、成长期(1989—1998年)和主动发展期(1999年至今)三个阶段。随着时间的推移,中国参与国际环境合作的广度和深度都有了极大的发展。中国参与国际环境合作的主要方式有多边环境合作、区域环境合作、双边环境合作。作为一个负责任的环境大国,中国是国际环境合作中的一支重要力量,中国始终以积极的态度参加全球环境活动,并在国际环境事务中发挥建设性作用。中国在国际环境合作中,坚持公平、公正、合理的原则,有效地维护了中国和发展中国家的正当权益,为国际环境合作做出了实质性的贡献。

14.1　中国参与国际环境合作的进程及方式

14.1.1　中国参与国际环境合作的进程

　　中国参与国际环境合作大致可以分为三个阶段①。

　　第一阶段是萌芽期(1972—1988年)。1972年,联合国人类环境会议首次将环境问题引入世界政治议程,这是在联合国框架内第一次对环境问题的讨论。中国政府派出代表团参加了这次会议,标志着中国进入了国际环境合作的领域。此后,中国开始参与国际环境事务,积极开展双边、多边环境合作。1973年,联合国环境规划署正式成立,中国当选为理事国。

---

　　①陈竹华,寿小丽. 中国环境外交的历史演变与现实挑战[J]. 中国人口·资源与环境,2001(4):51-54.

1976年,中国在内罗毕设立了常驻联合国环境规划署代表处,加强了同环境规划署的联系。在双边、多边环境合作中,中国与联合国环境规划署一直保持着良好的合作关系。此外,还与其他国际组织,如联合国教科文组织、联合国开发计划署、世界银行等开展环境领域的合作,同时,还签署或加入了一系列环境公约或协定。但是,这一时期中国参与国际环境合作数量不多,级别也较低,加上由各职能部门操作,相互仍缺乏协调、缺乏原则方针指导。

第二阶段是成长期(1989—1998年)。1989年以后,中国参与国际环境合作进入了一个迅速发展的时期。其主要标志是在双边、区域、多边国际环境合作中取得实质性的进展,这些成果涉及国际环境合作的各个方面。这一时期,中国已同30多个国家签署了环境合作协定或备忘录,15个核安全与辐射环境合作协定。以周边邻国为重点同时与发达国家保持密切的双边环境合作。另外,中国还参加了亚太经合组织、亚欧会议、东北亚环境合作、东亚酸雨监测网等区域环境合作会议和行动。区域环境外交已成为中国环境外交中的重要一环。多边环境外交活动更加丰富:积极参加联合国环发大会,提出"绿色基金"、"五点主张"等建议,1991年中国在北京举行了"发展中国家环境与发展部长会议",签署了更多的环境协定和公约,并且加大力度,采取实际措施,认真履行,1992年中国制定《中国环境与发展大对策》,1994年中国通过《中国21世纪议程》。

第三个阶段是主动发展期(1999年至今)。1999年以后,中国参与国际环境合作进入日益成熟的阶段,开始积极主动参与国际环境合作,进一步确定了在国际环境问题上的原则立场,中国在国际环境合作中的作用日益显著。这一时期中国制定和发布了《全国环保国际合作工作(1999—2002)纲要》,这是环保系统在国际合作方面的第一个指导性文件,它明确了全国环保系统今后一段时期国际合作工作的指导思想、工作任务和主要措施,为今后全方位、规范有序地开展国际合作奠定了基础。

自1981年以来,中国参加的国际环境公约见表14.1。

表14.1 中国参加的国际环境公约

序号	公约名称	批准时间	国内负责部门
1	《濒危野生动植物国际贸易公约》	1981.4.8	林业局
2	《防止倾倒废物和其他物质污染海洋的公约》	1985.9.6	海洋局
3	《关于保护臭氧层的维也纳公约》	1989.9.11	环保总局

续表

序号	公约名称	批准时间	国内负责部门
4	《关于消耗臭氧层物质的蒙特利尔议定书》伦敦修正案	1991.6.14	环保总局
5	《关于控制危险废物越境转移及其处置的巴塞尔公约》	1991.9.4	环保总局
6	《关于特别是作为水禽栖息地的国际重要湿地公约》	1992.7.31	林业局
7	《生物多样性公约》	1992.11.7	环保总局
8	《联合国气候变化框架公约》	1992.11.7	发展改革委
9	《核安全公约》	1996.4.9	环保总局
10	《防治荒漠化公约》	1996.12.30	林业局
11	《关于控制危险废物越境转移及其处置的巴塞尔公约》修正案	2001.5.1	环保总局
12	《京都议定书》	2002.8.1	发展改革委
13	《关于消耗臭氧层物质的蒙特利尔议定书》哥本哈根修正案	2003.4.22	环保总局
14	《关于持久性有机污染物的斯德哥尔摩公约》	2004.6.25	环保总局
15	《关于在国际贸易中对某些危险化学品和农药采用事先知情同意程序的鹿特丹公约》	2004.12.29	环保总局
16	《卡塔赫纳生物安全议定书》	2005.4.17	环保总局
17	《〈防止倾倒废物和其他物质污染海洋的公约〉1996 年议定书》	2006.6.29	海洋局

资料来源:国家环保总局. 国家环境环保"十一五"规划[EB/OL]. 2007-11-22. http://env. people. com. cn/GB/1072/6576769. html.

14.1.2 中国参与国际环境合作的方式

从参与国际环境合作国家的数量来划分,中国参与的国际环境合作可以分为多边环境合作、双边环境合作以及区域环境合作三种。多边环境合作是指参与的国家数量较多、针对的环境问题具有广泛的国际影响的一种国际环境合作。中国参与的多边环境合作主要有《保护臭氧层维也纳公约》《蒙特利尔议定书》《生物多样性公约》《生物安全议定书》《关于持久性有机污染物的斯德哥尔摩公约》(POPs 公约)、《联合国气候变化框架公约》《京都议定书》等。双边环境合作是指两个国家之间在环境信息交换、环境技术交流、人员培训、资金、污染控制等方面的环境合作,中国已同美国、加拿大、日本、韩国等 40 个国家签署了双边环境保护合作协议或备忘录,同 9 个国家签署了核安全合作双边协定或备忘录,中国双边环境合作伙伴遍布全球各大洲,合作范围涵盖了污染防治、生态保护、核安全等所有重要领域。区域环境合作是指若干国家就区域间的环境问题进行的合作,中国参与的区域环境合作主要有中、日、韩三国环境合作,大湄公河次区域环境合作,中国与东盟,中日韩与东盟,东北亚地区环境合作,西北太平洋行动计划,中欧环境合作,中非环境合作以及亚欧环境合作。

从参与国际环境合作的国家的经济发展水平来看,国际环境合作可分为水平型的国际合作和垂直型的国际合作①:

水平型的国际合作指的是经济发展水平相近的国家之间的合作,即发达国家与发达国家之间或发展中国家与发展中国家之间在环境方面所进行的合作。目前,水平型的国际合作以发达国家之间的环境合作为主,其合作的广度和深度都远远超出发展中国家之间的环境合作。相对来说,发达国家之间的环境合作比较容易形成一致看法,这主要是因为,发达国家的环境问题出现较早,对生态环境的退化较为敏感,当经济发展到一定水平之后,对环境质量的要求也较高;发达国家的经济发展水平比较高,而且又比较接近,这样就容易制定相对严格的且被各方都能接受的环境标准,如果各国的环境标准高低不同,在国际贸易中就会产生摩擦和冲突;发达国家有雄厚的经济实力来进行环境治理,与发展中国家相比,发达国家在环境管理、资金筹集和运用、污染治理技术、环境保护产业、环境保护人才等方面都具有很强的优势。

水平型的国际合作的主要形式有:签署多边环境协议与国际贸易来解决共同面临的问题;环境无害技术研发方面和环保产业的投资进行合作;环境标准的制定和统一。

垂直型的国际合作指的是处在不同经济发展水平的国家之间的合作,即发达国家与发展中国家之间在环境方面通过一定的途径进行的合作。在环境保护方面,发达国家拥有相对充足的资金、丰富的管理经验与环境治理技术,而这些正是发展中国家所缺乏的,但发展中国家却拥有较为丰富的自然资源,所以发达国家与发展中国家之间的垂直型的国际合作能够发挥各自的优势,取长补短,对双方都是有利的。

垂直型的国际合作的主要形式有:发达国家对发展中国家在技术和资

①徐莹. 加强国际环保合作及其途径[J]. 市场周刊,2006(2):107-108.

金上的支持与援助;发达国家为发展中国家培养环境保护和环境研究方面的高级人才;发达国家与发展中国家在环保法律的制定与完善上的合作;发达国家与发展中国家通过贸易的形式,进行项目合作。

垂直型的国际合作也会面临一些障碍,特别是当参与合作的国家的经济发展水平相差较大时,有学者通过建立双边环境博弈模型来研究技术差异对国际环境合作的影响,其结论是,双方合作可以使得环境资源得以整体优化,但如果技术差异过度,则技术先进的一方不会进行合作,从而环境合作的潜在收益只能外部于系统成员。此时促进环境合作的根本解决办法就是技术落后方大力推进科技进步以缩小技术差异,从而才能通过环境合作更好地优化使用环境资源[①]。

14.2　中国参与国际环境合作的绩效及其评价

自改革开放以来,中国不仅在经济方面取得了举世瞩目的成就,而且在环境与发展领域也取得了巨大成就。在着力解决国内环境问题的同时,中国积极参与国际环境合作。作为一个负责任的环境大国,中国是国际环境合作中的一支重要力量,始终以积极的态度参加全球环境活动,并在国际环境事务中发挥建设性作用。中国在国际环境合作中,坚持公平、公正、合理的原则,有效地维护了中国和发展中国家的正当权益。

下面,分多边环境合作、区域环境合作、双边环境合作三个方面阐述中国参与国际环境合作的绩效及其评价。

14.2.1　多边环境合作

中国在多边国际环境合作中,坚持公平、公正、合理的原则,坚定地维护中国的环境空间和发展空间,与国际社会共同承担环境保护、改善生态环境,促进世界可持续发展的重任。到目前为止,中国已加入22项环境公约、7个议定书、5个修正案,内容涉及大气、危险废物、化学品、海洋环境与生物资源、自然保护和陆地生物资源、核安全等方面。中国采用多种方式利用国际环境公约下的资金和技术转让机制,有效促进了国内生态建设和环境保护。

---

①黄采金,王浣尘,陈明义.技术差异对国际环境合作的影响[J].系统工程理论方法应用,2001(4):328-331.

同时,中国也认真切实履行环境公约和议定书所规定的各项义务。下面,阐述中国在几个重要的国际环境公约和议定书方面的履约情况。

1)《保护臭氧层维也纳公约》和《蒙特利尔议定书》

面对臭氧层被破坏的严峻形势,在联合国环境署的组织协调下,国际社会于1985年制定了《保护臭氧层维也纳公约》,确定了国际合作保护臭氧层的原则。1987年又制定了《关于消耗臭氧层物质的蒙特利尔议定书》,确定了全球保护臭氧层国际合作的框架。根据《蒙特利尔议定书》的规定,各签约国分阶段停止生产和使用CFCs制冷剂,发达国家要在1996年1月1日前停止生产和使用CFCs制冷剂,而其他所有国家都要在2010年1月1日前停止生产和使用CFCs制冷剂,现有设备和新设备都要改用无CFC制冷剂。到目前为止,签署《维也纳公约》的国家共有176个;签署《蒙特利尔议定书》的国家共有175个。保护臭氧层,是迄今人类最为成功的全球性合作。

中国政府于1989年和1991年分别签署了《保护臭氧层维也纳公约》和《关于消耗臭氧层物质的蒙特利尔议定书》,成为缔约国。在《保护臭氧层维也纳公约》及其《蒙特利尔议定书》履约方面,中国做了大量工作。

——制定国家方案 1993年,国务院正式批准了《中国逐步淘汰消耗臭氧层物质国家方案》,作为履行《议定书》的行动纲领。《国家方案》规定,中国将在2010年1月1日实现ODS(臭氧层物质)生产和消费的同步淘汰,根据《国家方案》制定了主要ODS生产和消费行业的淘汰战略,积极开展ODS削减、淘汰、替代品的开发工作。

——建立有效的组织管理体系 相继成立了各相关部门和行业参加的臭氧层领导小组、国家消耗臭氧层物质进出口管理办公室等,环保总局与相关部门建立联合工作组,共同推动保护臭氧层工作。

——引入行业计划 开创性地引入行业计划方式,确保了各行业的淘汰效果。从1997年第一个行业整体淘汰计划获得多边基金批准实施开始,中国所有行业都已转入行业整体淘汰模式并采用了国家执行方式。目前,已获多边基金批准的有哈龙、CFCs生产、汽车空调、烟草、清洗、泡沫、家电制冷、工商制冷、化工助剂一期、甲基溴消费、制冷维修、甲基氯仿生产、加速淘汰计划等13个行业计划。

——建立相关产品的开发和生产基地 国家环保总局2002年6月着手建立了一个消耗臭氧层物质(ODS)产品和其他环保相关产品的开发和生产基地,这是世界上首家为履行国际环境公约而建立的产业园区。

　　——加大开发推广替代品和替代技术的科技投入　国家在《国家环境保护"十一五"科技发展规划》中明确提出,要启动开展臭氧层损耗物质替代品的科学评估研究。今后,要在进一步加大国家投入的同时,鼓励相关企业加大投入,建立具有自主知识产权的替代品和替代技术体系。

　　——加强国际合作　作为一个负责任的大国,中国政府将一如既往地积极参加公约和议定书缔约方大会,参与公约及议定书的谈判,加强与臭氧秘书处的沟通与协调,与各缔约方共同推进臭氧层保护事业。同时,中国将更加重视与多边基金执委会及秘书处的良好合作关系,进一步加强与联合国开发计划署、联合国环境规划署、联合国工业发展组织和世界银行等国际执行机构的合作。

　　中国自1989年加入《保护臭氧层维也纳公约》、1991年加入《关于消耗臭氧层物质的蒙特利尔议定书》以来,政府通过建立履约管理机构、逐步制定完善ODS淘汰的政策法规、积极开展国际合作、大力推进ODS替代品产业的发展、广泛地开展宣传和培训,不断完善工作机制,保护臭氧层工作取得了显著的进展。截止到2005年底,中国的CFC生产和消费比1997—1999年的平均水平下降了63%和74%,哈龙的生产和消费比1997—1999年的平均水平都下降了87%,甲基氯仿的消费比1998—2000年的平均水平下降了72%,25种助剂用途的四氯化碳的生产和消费比1998—2000年的平均水平下降了85%和87%,甲基溴的消费比1995—1998年的平均水平下降了43%,顺利实现了《议定书》规定的2005年履约目标。

　　中国为淘汰消耗臭氧层物质(ODS)所做的工作取得了实质性进展,于2007年,也就是比《议定书》和《国家方案》规定时间提前3年完成淘汰CFC等部分消耗臭氧层物质的国际义务。

　　中国在《保护臭氧层维也纳公约》及其《蒙特利尔议定书》履约方面所取得的成绩,受到国际社会的普遍好评。2003年在肯尼亚首都内罗毕召开的关于消耗臭氧层物质的蒙特利尔议定书第十五次缔约方大会上,中国作为优秀的履约国家,获得了2003年度联合国环境规划署国家保护臭氧层机构杰出贡献奖。2006年,第十二个"9·16国际臭氧日"纪念大会上,由于国家环保总局在保护臭氧层事业中的突出贡献,《蒙特利尔议定书》臭氧秘书处向中国国家环保总局颁发了保护臭氧特别贡献奖奖牌。中国为淘汰消耗臭氧层物质(ODS)所做的工作已成为履行国际公约的典范。

2)《关于持久性有机污染物的斯德哥尔摩公约》

持久性有机污染物(POPs)是一类具有环境持久性、生物累积性、长距离迁移能力和高生物毒性的特殊污染物,它能造成神经损害、免疫系统紊乱、癌症以及许多其他健康问题。目前,POPs 的巨大危害和淘汰削减的必要性已成为国际社会共识。

在联合国环境规划署(UNEP)主持下,为了推动 POPs 的淘汰和削减、保护人类健康和环境免受 POPs 的危害,国际社会于 2001 年 5 月 23 日在瑞典首都斯德哥尔摩共同缔结了《关于持久性有机污染物的斯德哥尔摩公约》。截至 2006 年 6 月底,已有 151 个国家或区域组织签署了 POPs 公约,其中 126 个已正式批准该公约,公约已于 2004 年 5 月 17 日正式全球生效。中国是 POPs 公约的正式缔约方,是 2001 年 5 月 23 日首批签署公约的国家之一。2004 年 11 月 11 日,公约已正式对中国生效。

《关于持久性有机污染物的斯德哥尔摩公约》是继 1987 年《保护臭氧层的维也纳公约》之后第二个对发展中国家具有强制性减排要求的国际公约,有明确的淘汰与控制时间表。公约要求每一个缔约方要制定并递交履约国家实施计划。

中国 POPs 的基本情况和面临的形势比较严峻,《公约》首批控制的 12 种 POPs 中,中国仍有部分在生产和使用。此外,历史遗留下来的大量含 POPs 的废物和污染场地,实现无害化管理的任务也十分艰巨。在控制和削减持久性有机污染物方面,中国开展的主要工作有:

——成立协调组 2005 年 5 月,中国成立了由国家环保总局牵头,发改委、外交部、财政部、商务部、科技部、农业部、卫生部、建设部、海关总署和电监会组成的国家履行《关于持久性有机污染物的斯德哥尔摩公约》工作协调组,负责审议国家 POPs 管理和控制政策、法规和标准,协调国家 POPs 管理和国际 POPs 公约履约等重大事项。

——制定国家实施计划 2006 年底制定了国家实施计划,这是指导中国未来履行公约,实施 POPs 削减、淘汰和控制的纲领性文件。国家实施计划阐述了中国 POPs 污染和管理现状,结合公约义务和要求,明确提出了中国履约战略目标和具体行动计划。

——启动示范项目 国家环保总局同世界银行合作在浙江省开展"中国多氯联苯管理与处置示范项目"。该项目将进行废弃多氯联苯电力设备储存点及其污染物的环境无害化处置,示范应用含多氯联苯电力设备的脱氯技术,并在此基础上制定中国多氯联苯管理与处置的全国推广规划。示范项目总资金为 3 209.7 万美元,实施期四年,2009 年结束。通过该示范项目的实施,中国将获得公约的资金机制、增量成本、全球环境效益和本地环境效益等方面的实践经验,为参与国际谈判提供基础。

——调整产业结构　把国际履约与国内发展有机结合起来,推进相关产业的结构调整,促进清洁生产和循环经济发展;把国际履约与国内重点结合起来,集中力量优先处理处置一些高风险、对人民群众生产、生活危害大的 POPs 污染问题,逐步还清历史欠账;把积极引进与自主开发相结合,在积极引进国外先进治理技术和管理经验的同时,鼓励国内相关产业、行业加大POPs 污染治理与处置技术、替代品与替代技术等的开发和推广力度。

3)《生物多样性公约》

生物多样性是指所有来源的活的生物体中的变异性,这些来源包括陆地、海洋和其他水生生态系统及其所构成的生态综合体.包括物种内、物种之间和生态系统的多样性。简单地说,生物多样性是生物和它们组成的系统的总体多样性和变异性。

生物多样性包括生物种类的多样性、基因的多样性和生态系统的多样性。生物多样性的直接使用价值是生物为人类提供食物、纤维、建筑和家具、药物及其他工业原料,其间接使用价值是指生物多样性具有重要的生态功能。生物物种是否丰富,生态系统类型是否齐全,遗传物质的野生亲缘种类多少,将直接影响到人类的生存、繁衍、发展。一个国家生物多样性的丰富程度和保护水平已成为综合国力和国家可持续发展能力的重要体现。目前,在全球范围内生物多样性正受到威胁,生物多样性保护刻不容缓。

中国国土辽阔,海域宽广,自然条件复杂多样,加之有古老的地质历史,孕育了极其丰富的植物、动物和微生物物种,拥有纷繁多彩的生态组合,是全球 12 个多样性十分丰富的国家之一。不但野生物种和生态系统类型众多,而且具有繁多的栽培植物和家养动物品种及其野生近缘种。此外,中国生物特有属、特有种多,动植物区系起源古老,珍稀物种丰富。

中国生物多样性面临的主要问题是生物物种资源正在加速减少和消亡。据统计,中国濒危或接近濒危的高等植物达 4 000 ~ 5 000 种,占高等植物总数的 15% ~ 20%。联合国《濒危野生动植物种国际贸易公约》列出的740 种世界性濒危物种中,中国占 189 种,为总数的 1/4。生物多样性在生态系统、物种及遗传的多样性三个层面上都受到严重威胁。《中国履行国际环境公约国家能力自评估报告》显示,中国的物种濒危情况远比过去估计的要高。各类生物物种受威胁的比例普遍提高到20%～40%,特别是植物的濒危物种比例远远超出了过去的估计。

外来物种给中国所带来的影响也不容忽视,据统计,中国外来入侵物种共有280多种,其中陆生植物170种,其余为微生物、无脊椎动物、两栖爬行类、鱼类、哺乳类等。这些外来物种主要来源于美洲和欧洲。外来入侵物种中,约40%属于有意引进,约50%属无意引进,经自然扩散而进入中国境内的仅占很少比例。外来有害入侵物种对中国造成的直接经济损失和间接经济损失每年总计达1 200亿元左右,对国家生态安全和生物安全都造成了极大危害。

"十一五"期间,中国将逐步建立科学有效的外来物种防治措施、协调管理和应急机制。对外来物种进行全面调查,开展外来入侵物种对生物多样性和生态环境的影响研究。加大相关部门和地方对外来入侵有害物种的防控力度。加强对转基因生物体、病原微生物的监控管理,努力将转基因生物及其产品在生产、转运、销售和使用过程中可能对生物多样性、人类健康及生态环境产生的影响降低到最低水平。

中国在1992年联合国环发大会上签署了《生物多样性公约》,并于1993年初批准《公约》,成为世界率先加入《公约》的少数几个国家之一。中国政府对《公约》的履行采取了认真的态度,不仅积极参与了联合国环境规划署(UNEP)组织的各种《公约》后续行动和出席《公约》缔约国大会,还在国内组织和实施了一系列的履行《公约》的行动和措施,认真履行了对《公约》义务的承诺。

中国为保护生物多样性和履行公约,开展了大量的工作:

第一,建立和完善保护生物多样性的法律体系。中国已制定和颁布了相关法律、法规20多项,先后颁布了《环境保护法》《野生动物保护法》《森林法》以及《自然保护区条例》《野生植物保护条例》等一系列法律法规,形成了较为完善的法律体系。

第二,建立国家协调机制。成立了由原国家环保总局牵头,国务院20个部门参加的中国履行《生物多样性公约》工作协调组。中国政府已将生物多样性保护列为20世纪90年代和21世纪环境保护工作重点,制定并公布了《中国生物多样性保护行动计划》,在《中国21世纪议程》中也将生物多样性保护列为重点项目。《行动计划》确定了中国生物多样性优先保护的生态系统地点和优先保护的物种名录,并明确了七个领域的目标,包括26项优先行动方案。还根据保护的迫切性和可行性,提出需立即实施的18个优先项目。

第三，加强生物多样性就地保护。1995—1997 年，国家环保局和国家计委同林业、农业、海洋、建设、地矿等有关部门，编制了《中国自然保护区发展规划》(1996—2010 年)，总结了全国自然保护区建设和管理的现状，提出 1996—2000 年和 2001—2010 年两个阶段的自然保护区规划目标，并制定了具体的规划方案。中国 70% 的陆地生态系统、80% 的野生动物、60% 的高等植物、绝大多数国家重点保护的珍稀濒危野生动植物得到了有效保护。截至 2004 年底，全国共建不同类别和级别的自然保护区 2 194 个，陆地自然保护区面积约占国土面积的 14.8%。

第四，防止外来物种入侵。针对外来物种入侵，中国已经建立由农业部等多个相关部门参加的全国外来生物防治协作组，成立了外来物种管理办公室。经过修订的《中华人民共和国农业法》规定从境外引进生物物种资源应当依法进行登记或者审批，并采取相应安全控制措施。国家林业局已在全国建立了 500 多个国家级中心测报点，防范外来有害生物的入侵。有关部门还将加强基础研究和早期预警工作，编制外来有害生物入侵名单，并严格控制新物种的引进，所有的外来物种引入前都必须进行生态风险评估，防止发生新的生物入侵。

4)《联合国关于在发生严重干旱和/或荒漠化的国家特别是在非洲防治荒漠化的公约》

《联合国关于在发生严重干旱和/或荒漠化的国家特别是在非洲防治荒漠化的公约》是属于联合国框架下政府间多边条约，公约宗旨和原则为在发生严重干旱和/或荒漠化的国家，特别是在非洲防治荒漠化和缓解干旱影响，在各级采取有效措施，并在符合《21 世纪议程》精神的基础上建立的国际合作和伙伴关系，协助受影响地区实现可持续发展。中国政府代表于开放签署的当日即 1994 年 10 月 14 日在巴黎签署了《公约》。全国人大常委会于 1996 年 12 月 30 日批准了该《公约》。1997 年 2 月 18 日递交批准书，1997 年 5 月 19 日对中国生效。国内履约主管部门是国家林业局。

《防治荒漠化公约》中国执委会秘书处总结了中国为履行该公约在法制保障体系、机构组织建设及履约具体措施等方面做的大量工作①。

——法制保障体系 2001 年 8 月 31 日九届全国人大常委会第二十三次会议通过了《中华人民共和国防沙治沙法》，并已在 2002 年 1 月 1 日起正

---

①《联合国防治荒漠化公约》中国执委会秘书处,中国履行《联合国防治荒漠化公约》国家报告.

式实施。标志着中国防沙治沙工作从此纳入了法制化轨道,进入依法防沙、依法治沙的新阶段。在国家颁布《防沙治沙法》的同时,国家和地方各级政府颁布实施了一批配套法规,加大了执法力度,使防治荒漠化逐步走向法制化。

中国还颁布了与防治荒漠化有关的其他法律,主要有《中华人民共和国水土保持法》《中华人民共和国环境保护法》《中华人民共和国土地管理法》《中华人民共和国水法》《中华人民共和国草原法》等,国务院 2005 年批复《全国防沙治沙规划(2005—2010 年)》,各级地方政府也制定了防沙治沙的地方法规,形成了由防沙治沙专门法律、相关法律和地方法规组成的法制保障体系。

——机构组织建设　中国政府为了履行《防治荒漠化公约》,建立了各级政府防治荒漠化领导管理机构,强化了防治荒漠化的组织保证。中国成立了"中国防治荒漠化协调小组",它是一个部际协调机构,在研究解决防治荒漠化工作中的重大问题、协调组织有关方面共同搞好防治荒漠化工作中发挥了重要作用。中国组建了"中国防治荒漠化管理中心",其职能是统一管理防治荒漠化工作。此外,中国成立了中国防治荒漠化协调小组高级顾问组,并建立了防治荒漠化独立专家队伍。全国防治荒漠化任务较大的省份也相应成立了防治荒漠化协调或领导小组。

——制定国家行动方案　制定了《中国履行〈联合国防治荒漠化公约〉国家行动方案(2005—2010)》。《方案》提出了中国防治荒漠化的指导思想和原则,确定了到 2050 年三步走的战略目标和战略措施,根据荒漠化土地的类型及其防治方向,将荒漠化地区划分为风沙灾害综合防治区、黄土高原重点水土流失治理区和北方退化天然草原恢复治理区 3 个典型的治理类型区,并将荒漠化防治工程分为国家级重点工程、区域性示范项目和地方工程以及民间和个体防治项目等,按不同层次部署到各个类型区。确立了"建立以国家级重点工程为核心,全社会参与的荒漠化防治体系,建立和完善荒漠化防治政策机制,建立依法防治体系,强化荒漠化防治科技支撑体系,加强荒漠化防治能力建设,建立和完善荒漠化和干旱监测、预警体系和防灾减灾体系,引导和促进沙区初步建立可持续的产业体系"等近期优先领域,并提出了相应的保障措施。

——加强生态建设　国家农业综合开发继续加大了对部门林业建设项目的投资力度,主要用于六大林业重点工程(天然林资源保护工程、退耕还林工程、京津风沙源治理工程、三北及长江中下游地区等重点防护林工程、野生动植物保护及自然保护区建设工程、重点地区速生丰产用材林基地建设工程），共完成营造林任务 70.73 万 hm²。"十五"期间，国家农业综合开发地方项目在着力改造中低产田、提高粮食产量的同时注重林业生态建设，累计人工造林、种草74.24 万 hm²，封山（沙）育林（草）21.96 万 hm²，飞播造林 2.28 万 hm²，低效林改造 5.88 万 hm²，草原（场）建设 100.41 万 hm²，控制水土流失面积7 844.52 km²，新增林地面积46.51 万 hm²，治理沙化土地面积18.65 万 hm²，新增农田林网防护面积462.87 万 hm²。

近年来，中国对草原保护建设的投入大幅度增加，2002—2005 年中国共投入资金80 多亿元。先后实施了天然草原植被恢复与建设、牧草种子基地、草原围栏、退牧还草、京津风沙源治理工程草原生态建设、育草基金、草原防火、草原治虫灭鼠等工程项目，取得了良好的生态、经济和社会效益。截止2005 年底，全国种草累计保留面积超过 2 666.67 万 hm²，草原围栏超过3 333.33 万 hm²，全国禁牧面积超过 3 333.33 万 hm²。通过项目建设，项目区草原生态环境恶化的趋势得到了有效遏制，植被得到明显恢复，防风固沙和水土保持能力显著增强。

第六次全国森林清查结果表明，当前中国森林资源的保护和发展呈良好态势，森林面积持续增长，森林蓄积稳步增加，森林质量得到改善；全国水土流失最新调查监测结果表明，中国水土流失治理取得可喜成效，水土流失面积开始下降，全国 11 条主要江河流域水土流失量大幅减少。

——建立生态建设长效机制　中国政府实施了一系列旨在调动全社会积极性的政策，2004 年财政部、国家林业局正式启动森林生态效益补偿基金，对重点公益林管护者发生的营造、抚育、保护和管理支出给予一定补助的专项资金；2004 年，中央政府拿出 20 亿元人民币，对全国 2 666.67 万 hm²的重点公益林进行森林生态效益补偿。对防治荒漠化发放政府贴息贷款，推行拍卖"四荒"（荒山、荒沟、荒沙、荒地）、"谁造林、谁经营、谁受益"、严重沙化耕地实行退耕还林还草，以及国家对生态林进行财政补贴等政策，调动广大群众的积极性；在大部分地方实行了牧区草原承包责任制，实行草原公有、分户承包、家畜户有户养和社会化服务。

经过多年努力，中国的防沙治沙工作取得了重大成就，荒漠化持续扩展的趋势已得到初步遏制，荒漠化土地已从 1990 年代后期年均扩张 104 万hm²，转变为 21 世纪初年均缩减 75.85 万 hm²。

5)《联合国气候变化框架公约》和《京都议定书》

《联合国气候变化框架公约》于 1992 年 5 月 9 日在联合国纽约总部达

成,并于1992年6月联合国环发大会期间开放签署。中国于1992年联合国环发大会期间签署该公约,1993年1月5日批准该公约,公约于1994年3月21日正式对中国生效。

公约的目标是减少温室气体排放,减少人为活动对气候系统的危害,减缓气候变化,增强生态系统对气候变化的适应性,确保粮食生产和经济可持续发展。《公约》将世界各国分为两组:对人为产生的温室气体排放负主要责任的工业化国家(通常称附录1国家)和未来将在人为排放中增加比重的发展中国家(通常称非附录1国家)。为实现上述目标,公约确立了五个基本原则,一是"共同而区别"的原则,要求发达国家应率先采取措施,应对气候变化;二是要考虑发展中国家的具体需要和国情;三是各缔约国方应当采取必要措施,预测、防止和减少引起气候变化的因素;四是尊重各缔约方的可持续发展权;五是加强国际合作,应对气候变化的措施不能成为国际贸易的壁垒。

根据《公约》第一次缔约方大会的授权(柏林授权),缔约国经过近3年谈判,于1997年12月11日在日本东京签署了《京都议定书》。中国于2002年8月核准了《京都议定书》。该《议定书》确定《公约》附件1国家(工业化国家)在2008—2012年的减排指标,工业化国家在1990年排放量的基础上减排5%,同时确立了三个实现减排的灵活机制,即联合履约、排放贸易和清洁发展机制。随着俄罗斯批准《京都议定书》,议定书于2005年2月16日生效。《京都议定书》生效后,三个灵活机制将正式启动。

中国政府十分重视气候变化问题,在促进经济增长的同时,采取了一系列政策措施,减少温室气体排放。中国在政策制定和体制建设、调整经济结构、发展新能源和可再生能源、增强碳吸收汇等方面做了大量工作,为减缓气候变化做出了自己的贡献。

第一,加强相关政策制定和体制建设。中国颁布了《节能法》等多个法律法规,制定了促进节能、降耗的各种政策措施,为全国的节能工作提供了法律保障。1990年,中国政府成立了国家气候变化对策协调小组,以协调各政府部门关于气候变化的政策和活动,指导对外谈判和国内履约工作。1998年,在中央国家机关机构改革过程中,设立了国家气候变化对策协调小组。国家气候变化对策协调小组是中国政府关于应对气候变化问题的跨部门议事协调机构,其主要职责是讨论涉及气候变化领域的重大问题,协调各部门关于气候变化的政策和活动,组织对外谈判,对涉及气候变化的一般性跨部门问题进行决策。2006年,成立跨部门、跨学科的气候变化专家委员会,从科学层面为政府的决策提供科学咨询与服务,有助于增强政府决策的民主化、科学化和法制化,进一步提高中国科学应对气候变化的能力。

第二,着力提高能源利用效率。大力推进产业结构调整,三次产业的产值结构分别由 1980 年的 30.1∶48.5∶21.4 提高到 2003 年的 14.6∶52.2∶33.2。这种变化带来了显著的节能效果和巨大的环境效益。1980—2000 年,中国单位 GDP 的二氧化碳排放强度下降了 66%,年下降率达 5.4%。按照环比法计算,1991—2005 年的 15 年中,中国累计节约和少用能源达到 8 亿 t 标准煤,相当于减少了二氧化碳排放 18 亿 t,为全球减缓二氧化碳排放做出实质性的贡献。

第三,积极改善能源结构。改善能源结构的标志是逐步降低煤炭的使用比例,它是中国可持续发展能源战略的一项重要内容。1996 年以前,煤炭在中国总的能源消费中占 75%,到 2000 年,煤炭在中国总商业能源消耗中的比例下降到 67%。中国通过政策引导和资金投入加强新能源和可再生能源的开发和利用。中国大力发展低碳能源和可再生能源,加强了水能、核能、煤层气的开发和利用,支持农村边远地区和条件合适地区开发生物质能、太阳能、地热、风能,使优质清洁能源的比重逐年增加。2003 年,新能源与可再生能源的开发利用量达 5 200 万 t 标准煤。特别是 2005 年 2 月颁布的《可再生能源法》,对中国能源清洁化、减少污染排放和减缓气候变化发挥了重要作用。到本世纪下半叶,中国将主要依靠发展可再生能源满足经济和社会发展对新增能源的需求,从而实现二氧化碳排放的零增长乃至负增长。

第四,大力开展植树造林。大力开展植树造林,加强生态环境的保护,中国的森林覆盖率已从 20 世纪 80 年代初期的 12% 增加到现在的 16.65%,吸收了大量二氧化碳。据估计,1980—2005 年,中国造林活动累计净的碳吸收大概是 30.6 亿 t 二氧化碳。另外,中国实施了天然林保护、退耕还林还草、草原建设、自然保护区建设等生态建设和保护措施,改善生态环境。

第五,建立清洁发展机制。《京都议定书》确立了三个实现减排的灵活机制。联合履约、排放贸易和清洁发展机制。其中清洁发展机制同发展中国家关系密切,其目的是帮助发达国家实现减排,同时协助发展中国实现可持续发展,由附件 1 国家向发展中国家提供技术转让和资金,通过项目提高发展中国家能源利用率,减少排放,或通过造林增加二氧化碳吸收,排放的减少和增加的二氧化碳吸收计入发达国家的减排量。2005 年 10 月,中国正式推出《清洁发展机制项目实施和运行管理办法》,要求在中国实施的清洁发展机制项目要有利于国民经济发展,创造新的就业机会;有利于环境保护和减缓温室效应,改进当地大气、水资源和环境质量;有利于当地经济发展和减少贫困;有利于发电资源多样化,支持并帮助加快可再生能源开发;有助于引进先进技术,鼓励科技进步,减排量价格要合理。截至 2006 年 2 月 15 日,在《京都议定书》正式生效的第一年中,国家发改委已经批准了 18 个清洁发展机制项目。另外,国家气候变化对策协调小组办公室出具不反对意见函的项目有 11 个。中国设立了"清洁发展机制基金"。该基金所支持的项目更加关注通过项目实现的社会效益,基金优先支持那些有助于帮助减少贫困、促进西部地区的就业,以及可再生能源开发的项目。该基金首先在新疆、青海等 12 个省区试点,帮助欠发达的西部地区进行绿色投资和减少温室气体的排放。

　　近年来,中国政府一直严格按照公约和议定书的规定认真履行自己的承诺,同时制定了一系列应对气候变化的政策和措施,大力提高能源的效率,节约能源,开发可再生能源,植树造林,增加林业的碳汇,有效减少温室气体的排放。中国在"十一五"规划中明确提出了控制温室气体排放取得明显成效和单位国内生产总值的能耗降低 20% 的目标。另外,还提出在"十一五"期间关停小火电机组 5 000 万 kW,以确保实现节能减排的目标。所有这些都说明中国政府在应对气候变化问题上是认真而负责任的。

14.2.2　区域环境合作

　　中国大力加强和推动与周边国家或相关地区的环境合作,在区域环境合作机制化建设方面发挥了重要作用。目前,中国参与的区域环境合作主要有中日韩区域环境合作、大湄公河次区域环境合作、中欧区域环境合作、中非区域环境合作等。此外,中国还在中国与东盟、中日韩与东盟、东北亚地区环境合作、西北太平洋行动计划以及亚欧环境合作等一系列区域环境事务中发挥着积极作用。这些区域环境合作促进了信息共享、资金与环境保护技术的流动,为区域各国之间互相学习和借鉴彼此的环境管理经验提供了平台,加强了区域和周边国家的可持续发展能力。

1) 中日韩区域环境合作

　　1999 年中日韩三国启动了环境部长会议机制,环境部长会议由三国每年轮流举办,商讨和拟订区域环境保护行动方案的具体原则,以解决共同面临的区域环境问题,促进本地区可持续发展。中国政府一直重视并促进三国环境部长对话,积极支持在环境部长会议框架下就共同关心的全球和区域环境问题开展交流与合作。中国分别于 2000 年、2003 年和 2006 年举办了第二次、第五次和第八次三国环境部长会议。会议作为东北亚地区主要的区域环境合作机制，在沙尘暴监测合作、东亚酸沉降监测网、三国环境教育网络与环境人力资源开发计划、中国西北地区的生态保护、淡水资源保护、环保产业、控制危险废物的非法越境转移和大气污染防治等多方面开展了交流与合作，并取得了一些重要成果。

针对中国、日本和韩国共同面临的沙尘暴和酸沉降问题，中日韩三国加强能力建设和实现监测信息共享，推动东北亚地区沙尘暴监测网络的建设，进一步讨论包括建立联合研究组等具体合作举措。在沙尘暴监测方面，三国气象部门组成沙尘暴联合研究小组，研究了沙尘暴的具体状况及其对气候的影响。中日韩三国积极推进东亚酸沉降监测网的各项活动，对东北亚长距离跨界空气污染物项目开展合作研究。

在海洋污染问题上，三国开展了在海洋垃圾问题上的合作，保护西北太平洋的海洋和海岸环境。三国将主要通过为优先处理数据交换等问题而新建立的工作组，加强东北亚地区及全球海洋观测系统，并通过该系统加强观测网络功能。

在"东亚海洋环境管理伙伴关系"框架下，三方已开始东亚海洋可持续发展合作。2003 年 12 月，包括中日韩三国在内的东亚 12 个沿海国家环境部长通过了《东亚海洋可持续发展战略》，以促进环境管理伙伴关系。

为增进东亚国家对亚洲季风的了解，提高季节性天气预报的准确性，从 1998 年起开始举行"东亚季风季节性预报联合会议"。2003—2004 年，三国气象部门官员以及来自研究机构和大学的专家共举行了三次会议。

三国以环境部长会议机制为平台，分享了各国环境政策、经验及教训。从三方环境部长会议机制建立以来，三国共同协调在国际环境事务上的立场，在沙尘暴研究、东亚酸沉降监测网、环境教育、中国西北地区的生态保护、环保产业等多个方面的合作已取得可喜成果。中日环境合作的领域主要是在酸雨、海洋污染、环保教育和循环经济上合作，中韩环境合作的领域则主要是在沙尘暴、环境信息监测和环境产业方面合作。

在 2006 年第八次三国环境部长会议上，中国建议三国部长会议从以下几方面继续加强合作：一是强化三国环境部长会议工作组机制，巩固落实三方环境部长对话成果，畅通在三国部长会议框架下的沟通渠道，特别是建立固定的工作组会议机制；二是加强与本地区其他合作机制的沟通，努力扩大三方合作的影响，结合地区特点促进三国与东盟的合作；三是进一步加强在环境绩效评估、环境机构建设、相关法规和技术等方面的合作,争取有所进展、有所成果;四是加强对重大多边和区域环境问题的协商,求同存异,为本地区的可持续发展做出贡献;五是广泛吸引三国科技界、大学、研究机构和企业界以及非政府机构的参与,增强三国环境合作的活力。

2)中欧区域环境合作

中国与欧盟间的环境合作,无论是在合作机制上还是在具体合作项目上都取得了重要进展。

在合作机制方面,设立了多层次环境合作对话机制。通过建立中欧环境工作组会议和中欧环境政策部长级对话会机制,定期开展对话和沟通,了解对方的具体合作设想。中欧环境部长级政策对话机制是根据第四次中欧领导人会晤中的提议而设立的,并于 2003 年正式启动,政策对话加强了中欧环境部长间的相互理解与信任,并拓宽了中欧环境合作项目领域。中欧在环境问题上有着共同的利益,开展区域合作不仅可以促进中欧之间的技术转移、人力资源交流以及经济合作,还将促进中欧双方在全球性环境问题上的互相借鉴和进行协调立场,为全球或国际环境问题的解决做出贡献。

在具体项目方面,中欧双方已相继在环境能力建设、中国西部地区开发中的环境保护、生物多样性保护、流域水资源规划、机动车排放标准、贸易与环境问题研究等领域开展了具体项目合作,取得了丰硕成果。

欧盟—中国辽宁综合环境项目是欧盟对中国进行的一个重要的援助项目。根据协议,双方共投资 4 850 万欧元,其中欧盟赠款 3 700 万欧元,中方提供配套资金 1 150 万欧元,分五年实施。欧盟—中国辽宁综合环境项目共包括 7 个子项目,分别涵盖了环境意识建设、沈阳市城市总体规划、水资源管理、大气质量管理与环境系统能力建设、能源效率管理、清洁生产、工业结构调整和投资促进等关系环境的各个重要方面。该项目对提高辽宁的综合环境质量发挥了重要作用。

2004 年起启动了中欧环境管理合作计划项目,按照循环经济的理念和发展模式,重点支持中国发展天津泰达工业经济开发区工业固体废弃物管理系统、山东日照开发区总体规划、上海化学工业园应急反应系统和四川泸州西部化工城清洁生产系统四个生态工业园区项目。全面实践企业、区域、社会层面的"三个循环",促进资源循环利用,依靠技术创新,提高节能消耗和资源综合利用水平,建立循环经济的发展模式。该合作项目欧方出资 1 300 万欧元,中方配套出资 590 万欧元,以帮助中国加强在环境管理方面的机构能力建设和人员的管理水平,支持地方可持续发展的示范项目,特别是在环境无害化技术的转让和环境管理商业化相结合方面,将给以重点资助。同时,欧盟还将帮助中国建立一个有关可持续发展的信息网络与环境信息共享平台。

在中欧双方和联合国发展计划署的共同努力下,2005年11月,三方共同签署了"中国—欧盟生物多样性项目"协议,标志着中国、欧盟与联合国发展计划署在中国生物多样性保护领域战略伙伴关系的建立,该项目已于2006年5月正式启动。根据这个项目,中国将重点关注干旱、半干旱、荒漠、高山、高原、药用植物产区这些中国独有、敏感生物多样性地区。项目总共资助3 000万欧元,其中的2 100万用于地方示范项目,已经取得了阶段性成果。中欧还举办了生物多样性战略研讨会。

"中国—欧盟生物多样性项目"是为了保护中国丰富的生物多样性,加强国家环保总局作为履约协调组牵头单位对《生物多样性公约》的履约能力,为生物多样性保护建立有效的项目监测和信息反馈机制而设立的。项目通过在中国不同的生态类型区和不同的地区开展示范活动,从而创新地建立一种可推广的垂直机构合作机制,使生物多样性在这种机制的运作下得到有效保护。示范项目将积极促进与国际、国内、地方政府和非政府组织等建立多方伙伴关系,并通过项目的具体实施推动相关管理程序的变革。项目还将示范生物多样性保护对促进社会经济发展,如提高当地居民收入和消除贫困等方面的贡献。同时,项目也充分重视环境宣传教育,并将通过项目的实施建立一个环境宣传和教育的整体平台。

中国与欧盟在生物多样性领域在三个方面加强合作与交流。一是生物多样性保护监督体系,即生物多样性保护的法律体系、管理体系和政策制定等;二是生物多样性监测与评价体系,即生物多样性监测网络建设,生物多样性评价方法和生物多样性信息交换机制等;三是生物多样性保护融资,即生物多样性保护国际融资渠道、国内财政机制等。通过这三个方面的合作,在自然保护区建设、生物物种资源保护和生态功能区规划等领域加强合作的广度与深度。以此充分有效地保护中国的生物多样性,建立完善的生物多样性保护能力保障体系。

中国同欧盟在能源和环境保护方面有很多合作计划,中国非常关注技术创新和环境保护,欧盟在这些领域有很多经验、技术和知识可以同中国分享,中欧双方签署了多项再生能源合作的协议。中欧双方将合作建设零污染排放的发电厂,以减少由中国最大能源来源——煤炭所带来二氧化硫的

有害气体的污染。此外,在太阳能、风力、水资源、清洁煤炭等方面也有广泛
的合作。

3)中非区域环境合作

中国和非洲国家在社会、经济、环境的可持续发展方面有许多共同点,
中非环境合作是一种长期的、战略性的合作。双方在平等互利和共同发展
的原则基础上,广泛地开展了多种形式的交流与合作。

在中非合作论坛框架下,为非洲国家举办防治荒漠化培训。近十几年
来,中国先后派出专家协助非洲国家工作。作为《联合国防治荒漠化公约》
签约国,中国政府于1996年和1997年先后在北京承办了"亚非防治荒漠化
论坛"和"防治荒漠化亚洲部长级会议",这使中国在防治沙漠化领域的国际
地位进一步提高。

2005年,启动了中非国家环境合作会议,这为中非双方互相学习、取长
补短提供了一个良好的机会,也为加强发展中国家之间的环保合作积累有
益的经验,中非将在环保交流、环保技术和人才培训方面进一步加强合作。

2005年,中国举办了首期"非洲国家水污染和水资源管理研修班",19
个非洲国家的环境高官参加培训,培训取得了很好的效果,被联合国环境规
划署誉为南南合作的典范。

2006年,启动了"联合国环境署——中非环境中心",通过这个项目,中
国为非洲国家提供了水资源管理尤其是流域治理方面的经验,并为非洲培
训了一批环境管理人员,中国还将在环境污染损失评估、可再生能源利用和
"联合国环境署——中非环境中心"专业人员业务水平提高等方面与非洲进
一步加强合作。

2006年,中国发表了《中国对非洲政策文件》,中国承诺"加强技术交
流,积极推动中非在气候变化、水资源保护、防治荒漠化和生物多样性等环
境保护领域的合作",确定了中国在与非洲进行环境合作工作的重点领域。

14.2.3 双边环境合作

中国积极开展双边环境合作,已同美国、加拿大、日本、德国等40个国家
签署了双边环境保护合作协议或备忘录,同9个国家签署了核安全合作双边
协定或备忘录,中国双边环境合作伙伴既有发达国家,也有发展中国家,双
边环境合作的范围十分广泛,在与发达国家的合作中,重点为积极争取引进
资金与先进技术,并学习和借鉴成功的环境管理政策和经验,在同发展中国

家的环境合作中,强调交流与沟通,互通有无,取长补短。

1) 中日双边环境合作

日本是最早与中国进行双边环境合作的国家之一。1977 年,日本环境代表团访华拉开了两国环境合作的序幕,此后两国间的环境交流与合作的频率和规模逐渐加大,日本成为中国在双边环境合作的重要合作伙伴。

中日之间建立了良好的环境合作机制。首先,1994 年 5 月 28 日,中日两国政府签署了政府间《环境保护合作协定》。此后,中日两国的环境保护部门多次召开中日环境合作联合委员会会议,审议规划合作项目、交流两国环境问题和环境政策。中日环境合作联合委员会会议的主要作用是定期协调并促进两国间在环境领域的交流与合作,并确定和组织实施具体的项目。其次,1996 年,设立了"中日环境合作综合论坛",作为中日环境领域交流与合作的平台。论坛主要由来自两国中央和地方政府、发展援助实施机构、科研机构、民间团体以及其他非政府组织的代表参加,双方代表就两国环境合作的进展情况,展开多层次、多角度的对话,回顾以往环境保护领域所开展的合作,并就今后的合作进行全面的政策性讨论。第三,建设了中日友好环境保护中心,作为中日环境合作的窗口。日本政府提供 105 亿日元无偿资金援助,中方配套 6 630 万人民币,中日中心于 1996 年 5 月竣工并正式投入运行。目前,该中心在污染防治、环境监测、环境信息、环境战略与政策研究、环境宣传教育与人员培训、环境分析测试技术等方面发挥了重要作用,是中日两国环境合作的窗口和基地。以中日友好环境保护中心为依托,中日民间环境合作得到了广泛开展。

在良好的合作机制的基础之上,中日两国又利用多种渠道开展环境领域的交流与合作。首先,利用日元贷款项目。中国是从第四批日元贷款(1996—2000 年)即 1996 年起开始大规模利用日元贷款实施环境保护项目的。为此,国家环境保护总局专门成立了中日合作项目办公室,负责项目的筛选和实施。1996—2000 年,日元贷款环保项目签约金额已达到 3 600 亿日元,用于全国 19 个省、市、自治区的 30 个打捆项目。其次,以中日友好环境保护中心为基地开展中日环境技术合作。第三,开展专项技术培训合作。内容分别有大气污染防治、酸雨及二氧化硫污染控制管理与技术、环境信息技术等。第四,确定中日环境污染防治合作示范城市,1997 年 9 月,中日两国在中国选择 2 个城市开展环境合作的意向交换了意见并初步达成共识。中国政府在深入调查研究的基础上推荐大连市和贵阳市作为中日环境合作示范城市,以可持续发展为主要内容,就环境污染防治效果、规划的制订、大气污染防治、提高能源效率、节能以及废物循环利用项目的实施等内容开展两国间合作,并将所取得的成果作为示范向中国其他城市推广,以推动中国城市环境污染防治和环境质量的改善。后经双方同意又增补了重庆市。

2) 中美双边环境合作

中美两国在环境领域有着广泛的交流与合作。1980 年,中美签署《环境保护科学技术合作议定书》,此后,两国的环境合作有了更加深入的发展,涉及的主要领域有清洁能源、城市空气污染的防治、环境信息、环境管理政策、环境治理技术、环保产业、人员交流、培训和研究等。

1997 年以来,美国环保协会在中国开展了以二氧化硫排污权交易为代表的一系列项目,提倡环境管理中引入市场化的经济手段,探索既有利于环境保护又能促进经济发展的新方法。美国环保协会与国内政府和研究部门合作,开展了排污权交易在中国政策和立法方面的研究。1999 年 9 月,美国环保协会与国家环境保护总局签署协议,在中美合作框架下开展总量控制与排污权交易的研究与试点工作,本溪和南通被确定为首批试点城市。2001 年 9 月,江苏省南通市成功实现了中国首例二氧化硫排污权交易。

在能源方面,中美两国在 20 世纪 90 年代末期已开展了合作。主要是在洁净能源技术合作和环境项目方面。两国企业在石油、天然气、电力、可再生能源(水力发电及太阳能、风能发电等)、民用核能合作、能源使用效率、清洁能源技术等领域都有全面的合作。美国石油公司在中国的投资,涉及多个油气勘探开发项目。随着中美两国政府签署《中美和平利用核能合作协定》《中美能源与环境合作倡议书》《中美能源效率和可再生能源议定书》等协定,两国能源合作进入了一个更深入的层次。2005 年 6 月,中美举行了一次能源政策对话。中美双方同是"清洁技术和气候变化亚太合作计划"的发起国,目前,双方在利用甲烷、提高能源利用效率以及实现燃煤"零排放"方面的合作都正在顺利进行中。

2005 年,中美环境合作联合委员会在美国首都华盛顿召开首届会议,商讨了中美未来合作的优先领域,并批准了中美环保合作备忘录新增附件——危险废物管理以及水和有毒物质两项附件下的合作战略,两国共同签署了《中美环境合作联合委员会联合声明》。中美两国将在水、空气、有毒有害物质和固体废弃物的污染控制方面寻求新的合作伙伴关系。新的合作项目包括天津市的水资源保护项目和寻求并实施有效措施来提高淮河流域水质,这些计划旨在降低中国饮用水系统的风险,合作战略中特别强调了对水资源的保护。

美国环境保护署与中国有十分密切的合作。2006 年,美国环境保护署和中国环保总局通过了《关于危险和固体废弃物管理合作的战略》,并签署《关于危险和固体废弃物管理合作的附件》,其主要内容是在多氯化联苯基(PCB)的放置和处理方面的合作。根据这一协议,中美两国环保机构在中国大约 61 个已经确认的 PCB 掩埋点实施清除计划。双方计划在 2008 年之前在中国建立清除基金,以修复中国以往和现有的危险废弃物污染。

美国环境保护署在云贵两省有两个相关援助的项目。云南丽江的项目由云南省大自然保护协会具体负责实施,目标是在 10 年里将农村对木材的烧用减少 75%,以其他能源代替。而贵州的项目则由中国疾病防控中心涉及环境相关疾病的部门执行,它们都由美国环境保护署提供资金援助。

3)中德双边环境合作

德国是中国在欧洲最重要的双边环境合作伙伴,两国在 1994 年签署了《环境合作协定》,为两国的环境合作奠定了坚实的基础。

两国领导人高度重视双边环境合作,2000 年在北京召开的"中德环境合作大会"上,在两国总理的倡导下,两国政府发表了"中德政府环保合作联合声明",提出两国政府建立环境保护论坛,为两国的地方政府和企业交流技术、政策和经验创造机会。中国先后于 2003 年、2006 年举办了两届环境保护论坛,第一届论坛的主题为可再生能源,第二届论坛的主题扩大为可持续能源、可再生能源、循环经济、环境标志和绿色采购,由此可见,中德环境合作正在不断走向深入和全面。在第二届论坛上,中德两国共同发表了旨在进一步推动与发展双方环境战略伙伴关系的《中德环境论坛青岛倡议》,倡议加强在节约能源、提高能效、可再生能源等方面的合作,通过培训与交流、研讨,强化能力建设,改善技术合作,共同努力推动资源的可持续利用和生存环境的保护,并确定将可持续能源与循环经济作为双方合作的重点和优先领域。

中德财政合作造林项目是中德环境合作的重点项目,在中国的防沙治沙中发挥了重要作用。该项目自 1993 年陕西项目开始实施以来,先后在长江、黄河中上游及"三北"地区实施生态造林项目 22 个,其中北方项目有 11 个。经过中德双方 10 多年的共同努力,项目取得了很大成效,得到了中德两国政府的肯定,成为中国六大生态建设工程可以仿效的示范样板。

　　2006 年,经过中德双方长期筹备,"中德农业生物多样性可持续管理项目"开始在湖南省和海南省两个项目区正式实施。该项目的目标是:考察、收集和妥善保存农业生物多样性;查清农业生物多样性受威胁或丧失的原因;强化以地方社区为基础的农业生物多样性管理;提高全民对农业生物多样性的保护意识;实现项目区农业生物多样性的可持续保护和动态监测;通过开发可持续利用技术或生产示范提高农民收入。

　　德国在可再生能源和循环经济领域都具有丰富且先进的技术和管理经验。德国是世界上可再生能源利用最广、技术最先进的国家之一,中国具有可再生能源开发的巨大潜力和市场,有较强的互补性。两国在环境保护领域的合作,特别是环保产业的合作,具有十分广阔的前景。

　　2000 年以前,中德两国环境合作一直侧重于通过技术援助提高中国环境能力建设。2000 年的中德环境大会使双方意识到了环保经贸方面的巨大潜力。目前德国是对华技术转让最多的国家,2005 年共有 9 049 项,总价值 340 亿美元,占中国进口技术转让总额的 16.9%。其中,有关节能和环保的技术有 12 项,价值 5 400 万美元。2006 年,中德举行了"青岛国际环保产业园——德国园"的开园奠基和签约仪式,该园区的开工建设,将进一步推动德国环保技术与中国环保产业的紧密合作。

展望篇

ZHAN WANG PIAN

15

资源的可持续利用与循环经济发展的展望

改革开放以来,中国经济实现了奇迹般的长期高速增长,然而这种增长是以资源过度投入和生态环境恶化为代价的。随着资源环境问题在全球范围内的日益突出,人类赖以生存的各种资源逐渐由稀缺走向枯竭,传统的经济增长方式已不能满足人类可持续发展的需要。因此,人们开始逐渐改变传统资源观,树立了新资源观,在政府的引导和支持下,通过大力发展循环经济来提高资源综合利用效率,努力提高自主创新能力,不断开发可再生资源;同时,充分利用国际资源市场,为实现中国的可持续发展提供资源保障。

15.1 人类的资源观发生深刻变化

资源观是人们对资源及其各种关系的总体认识,包括资源的范畴、资源的数量和种类、资源的特点以及人们对资源的态度和利用方式等①。资源观是随着时代前进的,在不同的时代,资源观有不同的内涵。在原始社会时期,人类主要依赖原始的自然条件和原始工具来开发利用资源,由于人类对资源的认识十分有限,只能有限地从自然界获取所需资源,因此对某些资源产生崇拜或迷信,从而形成了"天命论"的资源观;在农业社会时期,由于农业社会运行的封闭性和循环特点,矿产资源的范畴和使用范围受到很大的限制,社会发展得不到足够的资源支撑,社会经济发展仍受到资源的限制,"决定论"的资源观在这一时期占主导地位;在工业社会时期,科学技术逐渐上升为提高生产力水平、促进经济增长、增加社会财富的第一要素,人类开

---

①李想娥.科技进步对矿产资源发展观的影响[J].软科学,2003(6):26.

始广泛地认识和利用资源,"征服论"占据了资源观的主导地位。传统资源观在指导人类社会发展的实践中曾有过重要的历史贡献,但已经不能适应现代经济社会发展和人类可持续发展的需要,特别是"征服论"资源观认为资源是"取之不尽,用之不竭",产生了"人定胜天"、"人有多大胆,地有多大产"、"不怕做不到,只怕想不到"等极端唯心主义思想,给中国经济社会建设特别是生态环境造成了灾难性损失。与经济高速增长相伴的人口膨胀、生态环境退化、资源瓶颈凸现等不良现象和生态学、经济学、地球科学、环境科学等相关学科的发展,促进了人类认识水平的提高,催生了人类社会新的资源观。

第一,大资源观。长期以来,人们一般把资源简单等同于自然资源或经济资源,这种传统的资源观有明显的局限性,制约了人类社会的发展。事实上,资源观是随着社会发展而不断从小到大泛化演进的。目前,随着社会的发展,传统资源观正逐步向大资源观演变,相对于狭窄的、有局限性的传统资源观而言,演变后的大资源观对社会发展有更全面、更积极的作用。大资源可分为六大既相互独立又相互联系的子资源系统,它们是:自然资源、经济资源、文化资源、人力资源、政治资源和制度资源。后五种资源是人类社会劳动的成果,又统称社会性资源。另外,人们经常把自然资源和经济资源称为物质性资源、硬资源或有形资源,相应的又把主要以无形形态存在的其他资源称为非物质性资源、软资源或无形资源。其中,自然资源指天然存在于自然界的、在一定技术经济条件下能向人类提供生产生活资料的自然要素和自然条件,包括气候资源、水资源、土地资源、生物资源、矿产资源、生态环境资源;经济资源是指进行经济活动所必须的物质资料(主要是原料、材料和再次利用的废料)、物质财富及其通货;人力资源指包含在人体内的生产能力,是表现在劳动者身上的、以劳动者的数量和质量表示的资源,包括体力资源和智力资源(人才资源);文化资源是人类在社会发展过程中创造并借以进一步从事文化生产和文化活动的各种精神产品的总和,包括物化形态的文化资源(如历史遗迹、博物馆、图书馆等)和精神文化资源(价值观、思想体系、意识形态、科学、技术、信息等);政治资源指维护政治共同体生存和促进政治发展的力量;制度是人们为反映和确立特定社会关系并对这些关系进行整合和调控形成的政治、经济、文化以及日常生活等各方面的规范体系。虽然大资源系统中的各种子资源系统在社会发展中都起到了不同的支撑作用,但是从整体上看,任何子资源系统都无法独立支持社会的综合发展和可持续发展,如果缺少其中的一种或几种资源,大资源的内在结构和联系以及大资源的整体性功能就会遭到破坏或损害,大资源体系的支撑合力就要被极大地削弱,使社会发展受到严重阻碍,甚至导致社会发展的失衡,只有当六大资源作为一个整体共同发展、共同利用、共同配置形成强大的支撑体系时,才能确保社会的全面发展①。

第二,资源可持续利用观。从1972年联合国"人类环境宣言"的发表到1992年联合国环境与发展大会通过的《21世纪议程》,资源可持续利用的思想先后登上学术和政治舞台,以资源可持续利用为核心的全球可持续发展观,逐渐成为人类发展观的主旋律。资源可持续利用观包括:一是资源辩证观,即人类对资源的有限性和无限性、有用性和有害性、质量和数量的对比有一个更正确的认识,开始注重资源的高效合理开发与利用,而且通过科技进步不断地发现和开发新资源,在开发利用资源时,最大限度地开发其有用性,尽可能防御和转化其有害性,综合考虑资源品质的相对性和绝对性,更加恰当地处理资源质和量的问题②;二是节约利用资源,即全社会牢固树立节约资源的观念,在资源开采、加工、运输、消费等环节建立全过程和全面节约的管理制度,建立资源节约型国民经济体系和资源节约型社会,逐步形成有利于节约资源和保护环境的产业结构和消费方式,依靠科技进步推进资源利用方式的根本转变,不断提高资源利用的经济、社会和生态效益,坚决遏制浪费资源、破坏资源的现象,实现资源的永续利用③;三是高效利用资源,即人类意识到原有经济粗放增长方式对资源的过度消耗,开始坚持科学的发展观,强化人类的创新能力,在先进科学技术的支撑下大力发展循环经济,着力转变经济增长方式,最大限度提高资源利用效率;四是公平利用资源,即资源应在本代人中间、代际之间和区域之间公平分配,一部分人的发展不能以损害另一部分人的利益为代价,本代人不能因为自己需要的满足而损害子孙后代的利益,一部分区域的发展不能以损害其他区域的利益为代价;五是资源再生,人类不仅更加高效合理地开发利用现有资源,而且开始涉足太阳能、原子能、地热能、海洋能、风能与生物能等可再生资源的开发。

第三,资源伦理观。资源伦理是指在社会发展中人类和资源的伦理关系,是处理人类与资源关系的价值判断和理性选择。资源伦理观是可持续

---

①韦正球.大资源观初探[J].学术论坛,2006(2):63-66.

②罗丽丽.20世纪资源观的历史回顾与展望[J].经济师,2006(3):256-257.

③欧阳新年.科学发展观与资源经济的可持续发展[J].企业活力,2006(10):94-96.

发展资源观的核心和基础,它是一种在传统伦理观基础上,以人为本,人与人、人与自然和谐相处,协调发展的认识跨越,也是推进可持续发展理念的需要,它既不同于传统的仅限于人与人的关系的伦理道德观,也不同于人与自然关系的"人类中心主义"伦理观,它扩大了人类的道德责任,改变人类利己主义的世界观,注重人与自然和谐相处,尊重自然,关爱资源,协调发展,维护资源的时空公平。资源伦理观要求人类为了自身的发展,增强博爱意识、公平意识、公正意识、防卫意识等,在科学技术和社会经济所带来的新境遇面前,为人类提供一个价值判断和行为选择的方法论指导①。

第四,资源再生观。一方面,从战略高度重视资源再生及再生资源产业的发展,制定并完善资源再生产业发展战略,完善相关法规和政策,积极推动再生资源回收利用体系建设,抓紧培育具有竞争力的资源再生企业和企业集团,发挥循环经济"再利用"原则和"资源化"原则的指导性作用,促进资源的多级循环利用。另一方面,以科学技术进步为先导,推动人类对资源的开发向太阳能、原子能、地热能、海洋能、风能、生物能等可再生资源领域拓展,为人类发展提供更多的清洁、替代能源。

第五,资源安全观。改革开放以来,中国经济高速增长与资源短缺的矛盾日益突出,资源安全成为人们日益关注的焦点。资源安全所关注的根本问题是如何保障关系到国民经济发展命脉的各类资源具有可持续的供给能力,为此,应从以下方面确保经济社会发展中的资源安全:一是高效利用资源,强化资源节约意识,加快建设资源节约型社会,大力发展循环经济,努力提高资源利用效率;二是发现和开发新资源,以科技创新为先导,加大资源勘探力度,力争发现更多可利用资源,努力寻求核能、水能、氢能、太阳能、风能、潮汐能等替代资源,发挥科技创新对突破资源环境约束的推动作用,向空间、海洋和地球深部拓展;三是未雨绸缪,建立政府和企业共同出资的资源储备机制,形成战略性资源储备体系;四是广泛开展国际合作,拓宽资源进口渠道,从国外资源富集地区大量进口所需资源,同时建立区域性合作组织,共同抗击资源供应中的风险,避免对某一地区资源的过分依赖。

第六,资源价值观。传统的观念中,自然资源被视作可以取之不尽、用之不竭的东西,认为其中不含有劳动创造的价值,因而资源是无价的,这种落后观念导致了中国经济增长长期依赖于资源的过度消耗甚至浪费,致使今后经济增长中的资源制约凸显。新的资源价值观要求人们转变传统的"资

---

①梁学庆,陈红霞.关于资源伦理观的思考[J].学习与探索,2003(3):91-93.

源无价"观念,根据价值规律,对资源的社会再生产进行经济核算,确定资源系统内所有要素的价值与价格,把资源的价值纳入到社会生产的成本核算体系之中,形成资源开发利用及对自然环境外部边际效益的补偿机制和良性循环,科学地建构资源的租—税—费体系,用市场经济规律处理资源与环境问题①。

15.2　中国循环经济得到迅猛发展

　　改革开放以来,中国经济实现了长期高速增长奇迹,然而,这种高速增长很大程度上是以资源的过度消耗和生态环境恶化为代价的。中国是一个人口众多、资源相对不足、生态先天脆弱的发展中大国,但目前传统的粗放式经济增长受到了资源短缺和生态环境失衡的制约。中国实现全面建设小康社会和人类可持续发展的目标与满足这些目标所要求的资源环境承载能力的矛盾日益突出,使得发展循环经济的紧迫性和必要性也日益突出,在政府的正确领导和广大群众的共同努力下,循环经济已呈现出良好的发展态势。

　　第一,中国发展循环经济具有紧迫性和客观必要性。从资源拥有角度看,中国的资源总量和人均资源占有量都严重不足。在资源总量方面,中国的石油储量仅占世界的1.8%,天然气占1.7%,铁矿石不足9%,铜矿不足5%,铝土矿不足2%。在人均资源占有量方面,中国人均矿产资源是世界平均水平的1/2,人均耕地、草地资源是世界平均水平的1/3,人均水资源是世界平均水平的1/4,人均森林资源是世界平均水平的1/5,人均能源占有量是世界平均水平的1/7,其中人均石油占有量是世界平均水平的1/10。从资源消耗角度看,中国的消费增长速度惊人。从1990年到2001年,中国石油消费量增长100%,天然气增长92%,钢增长143%,铜增长189%,铝增长380%,锌增长311%,10种有色金属增长276%。中国油气资源的现有储量将不足10年消费,最终可采储量勉强可维持30年消费。在铁、铜、铝等重要矿产的储量上,无论是相对还是绝对,中国已无大国地位。2012—2014年,中国将迎来年2.4亿~2.6亿t钢的消费高峰,未来20年缺口将达30亿t;2019—2023年,将迎来年530万~680万t铜的消费高峰,未来20年缺口将

---

①吕国平.论新资源观[J].资源·产业,2000(9):15-16.

达 5 000 万~6 000 万 t;2022—2028 年,将迎来年 1 300 万 t 铝的消费高峰,未来 20 年缺口将达 1 亿 t。从资源利用效率看,中国仍处于粗放型增长阶段。单位 GDP 产出能耗以日本为 1,则意大利为 1.33,法国为 1.5,德国为 1.5,英国为 2.17,美国为 2.67,加拿大为 3.5,而中国却高达 11.5。中国每吨标准煤的产出效率相当于美国的 28.6%,欧盟的 16.8%,日本的 10.3%。从资源的对外依存度看,未来一个时期,中国的产业结构仍然处于重化工主导的阶段,高耗能、高污染产业仍然具有高需求。由于国内资源不足,到 2010 年,中国的石油对外依存度将达到 57%,铁矿石将达到 57%,铜将达到 70%,铝将达到 80%。到 2020 年,中国石油的进口量将超过 5 亿 t,天然气将超过 1 000 亿立方米,两者的对外依存度将分别达到 70% 和 50%。从资源再生化角度看,中国资源重复利用率远低于发达国家①。2003 年,中国废钢利用量为 5 800 多万 t,占粗钢产量的比例为 26%,而世界平均水平为 43%;再生铜产量为 93 万 t,占铜产量的 22%,而世界平均水平为 37%;再生铝产量为 145 万 t,占铝产量的 21%,而世界平均水平为 40%;轮胎翻新量仅占新胎产量的 4%,而发达国家一般为 10%,其中轿车轮胎基本不翻新,而欧盟翻新率达 18.8%。此外,中国每年还有大量的废旧家电和电子产品、废旧有色金属、废纸、废塑料、废玻璃等,没有实现资源的高效循环利用。因此,中国目前的资源与环境状况难以支撑传统工业文明的持续增长,发展循环经济的形势异常紧迫,任务异常艰巨②。

第二,中国发展循环经济的理念深入人心。自 20 世纪 90 年代末循环经济理念引入中国以来,就得到了政府的高度重视,循环经济被认为是一种新的经济发展模式,是一种新的经济增长方式,是实现可持续发展的必由之路。为了用循环经济理念指导人类经济社会发展,中国政府于 1998 年确立"3R"原则的中心地位;1999 年从可持续生产的角度对循环经济发展模式进行整合;2000 年发展循环经济成为最为人们关注的三个大的发展战略之一;2001 年建立了贵港国家生态工业示范园区,标志着中国循环经济试点工作起步;2002 年从新型工业化的角度认识循环经济发展的意义,辽宁省成为全国第一个探索发展循环经济的试点省,贵阳成为全国第一个循环经济生态试点城市;2003 年将循环经济纳入科学发展观,确立物质减量化的发展战

①冯之浚.循环经济导论[M].北京:人民出版社,2004:18-19.
②马凯.贯彻和落实科学发展观,大力推进循环经济发展[R].全国循环经济工作会议上的讲话,2004-09-28.

略;2004年提出从不同的空间规模——企业、园区、城市、区域、国家层面大力发展循环经济;2005年提出通过发展循环经济,建立节约型、环境友好型社会;2006年研究起草《循环经济法》,有望于2008年出台,各项发展循环经济的专项法规也列入立法计划,循环经济发展逐渐走上了法制轨道。至此,中国循环经济理念逐渐深入人心,各级政府都将发展循环经济的重点、措施和目标写入"十一五"规划,企业将循环经济作为经营理念,人民大众开始积极参与循环经济发展,循环经济正引导着中国向健康、可持续的方向发展。

第三,中国发展循环经济开局良好。在不到十年的时间里,循环经济在中国实现了高速发展,取得了可喜成绩。在循环经济试点方面,确定了包括钢铁、有色、化工等七个重点行业的42家企业,再生资源回收利用等4个重点领域的17家单位,包括天津经济技术开发区、苏州高新技术产业开发区、大连经济技术开发区等13个产业园区,包括北京、辽宁、上海、江苏、山东、贵阳等10个重点省市。在技术研发方面,中共中央先后出台了《国家中长期科学和技术发展规划纲要(2006—2020年)》和《中共中央、国务院关于实施科技规划纲要增强自主创新能力的决定》,对中国未来15年科学和技术的发展作出了全面规划和部署,同时加快创新型城市和创新型国家建设,全面提升中国自主创新能力,为循环经济的发展提供技术支撑。在研究机构建设方面,成立了国家发改委经济体制与管理研究所循环经济研究中心、上海大学循环经济研究院、北京工业大学循环经济研究院、北京现代循环经济研究院、北京循环经济促进会、北京航空航天大学中国循环经济研究中心、南开大学循环经济研究中心、西北大学循环经济研究所、同济大学循环经济研究所等具有较强科研实力的循环经济研究机构。在网站建设方面,建立了中国循环经济网、贵阳循环经济网、南京循环经济网、浙江循环经济网、南方网等有关循环经济的宣传与交流网站,对推动中国循环经济发展起到了积极的宣传促进作用。在人才培养方面,在西北大学设立了中国第一个循环经济博士学位授予点,在其他一些经济研究实力较为雄厚的院校设立了循环经济硕士学位授予点,鼓励国内与循环经济相关领域的专家学者从事循环经济发展的理论与实践研究,为中国循环经济的发展培养更多优秀人才。中国发展循环经济的良好开端为今后循环经济的蓬勃发展奠定了坚实的基础。

第四,发展循环经济得到了各级政府的政策法规支持。1994年3月25日,《中国21世纪议程——中国21世纪人口、环境与发展白皮书》获国务院第十次常务会议通过。1999年10月11日,国家发布了《造纸工业水污染物排放标准》;11月1日,印发了《关于加强农村生态环境保护工作的若干意见》。2001年1月1日,《造纸工业水污染物排放标准》开始实施;10月1日,《上海市一次性塑料饭盒管理暂行办法》实施。2002年6月29日,《中华人民共和国清洁生产促进法》获第九届全国人大常委会第二十八次会议通过;8月29日,《中华人民共和国水法》(修订案)获第九届全国人大常委会第二十九次会议通过,并于10月1日起施行。2003年1月1日,《中华人民共和国清洁生产促进法》开始施行;4月4日,国家环保总局制定下发了《关于贯彻〈清洁生产促进法〉的若干意见》;9月1日,《中华人民共和国环境影响评价法》开始实施;9月22日,国家环保总局发布了《造纸工业水污染排放标准》;12月31日,国家环保总局颁发了《国家生态工业示范区申报、命名和管理规定(试行)》《生态工业示范园区规划指南(试行)》《循环经济示范区申报、命名和管理规定(试行)》《循环经济示范区规划指南(试行)》等文件,即日起试行。2004年2月12日,国家环保总局《关于加强资源开发生态环境保护监管工作的意见》;7月8日,《贵阳市建设循环经济生态城市条例》经贵阳市第十一届人大常委会第十次会议通过,并于11月1日起施行,这是中国第一个地方循环经济法规。2005年2月28日,《中华人民共和国可再生能源法》由第十届全国人大常委会第十次会议通过;4月1日,《中华人民共和国固体废弃物污染环境防治法》公布并施行,同日,《循环经济促进法》被列入立法日程;6月1日,《国务院关于加快发展循环经济的若干意见》获国务院常务会议通过,重庆市《关于发展循环经济的决定》正式实施;6月7日,国务院发布了《国务院关于促进煤炭工业健康发展的若干意见》;7月,《循环经济法》立法程序由全国人大常委会决定启动。2006年1月1日,《中华人民共和国可再生能源法》开始实施;年底,《循环经济法》草案征求意见稿出炉,于2007年8月提请全国人大常委会会议审议①。各级政府对循环经济政策法规方面的支持,使循环经济发展逐渐走上了法制轨道,为中国循环经济发展明确了方向、扫清了障碍。

第五,国外发展循环经济的实践为中国提供了经验借鉴。一是德国的"垃圾经济"。德国的循环经济最初起源于垃圾处理,对垃圾处理和再利用实行双轨制回收系统,并不断完善循环经济法律法规,使循环经济成为企业以及普通民众生活中的一部分和德国的一个重要行业。二是日本的"循环型社会"。日本发展循环经济是以建立"循环型社会"为目标,并将其上升为

①孟赤兵,芶在坪.循环经济要览[M].北京:航空工业出版社,2005:385-411.

基本国策,为此日本从基本法、综合法、具体法三个层面建立了比较健全的循环经济法律体系,增强了公众的节约和有效利用资源的意识。三是美国的"循环消费"。美国倡导可持续性的循环消费模式,不仅重视对废品和垃圾进行处理和加工,使其成为再生资源,而且十分重视循环消费,旧货交易市场和节俭商店遍布全国,循环消费观念的普及和循环消费社会机制的发展使循环经济成为美国社会和经济生活中的重要组成部分。四是丹麦的"生态工业园区"。丹麦卡伦堡工业共生体系是世界上第一个典型的生态工业园区,被誉为工业生态学的经典范例,它的特点不在于技术上的突破,而是极其重视并鼓励企业、政府等建立密切的内部联系来发展经济。五是法国的"行业协会"。行业协会在法国发展循环经济中发挥了重要作用,它们配合政府,组织个人和企业开展资源的综合利用。六是韩国的"废弃物再利用责任制"。规定废旧的家电、轮胎、报纸等18种材料必须由生产单位负责回收和循环利用,而且回收和再利用率必须达到规定的比率,此外,韩国还对垃圾进行收费,实施一种名为"垃圾终量制"的措施。这些国外发展循环经济的成功经验可以使中国少走弯路,推动循环经济迅速发展。

总之,循环经济在中国才刚刚起步,不仅具有发展的紧迫性和必然性,而且具有良好的内部条件和外部环境,因此,未来中国循环经济将得到迅猛发展。

15.3 现有资源利用效率显著提高

改革开放以来,随着中国资源环境压力的日益加剧,各级政府的发展观念有了更加深刻的变化,并采取了积极的改革措施,着力提高资源的利用效率。一是发展观念更趋于合理。邓小平于1992年"南巡讲话"时提出了"发展才是硬道理"的发展观,全面启动了社会主义现代化的进程。在邓小平发展理论的基础上,十六大进一步提出了"发展是党执政兴国的第一要务",将发展贯穿于党执政的全过程,深化发展了"发展才是硬道理"的思想。以胡锦涛为总书记的新一届中央领导集体承接了"发展才是硬道理"、"发展是党执政兴国的第一要务"的理论,从新世纪新阶段的实际出发,在党的十六届三中全会上提出了科学发展观的重要执政理念。科学发展观强调全面发展、统筹发展、可持续发展,是更切合中国现状的发展观,有利于促进资源利用效率和经济增长质量的提高。二是国家加强自主创新。第四次全国科学技术大会于 2006 年 1 月 9 日在人民大会堂召开,这次大会是全面贯彻落实科学发展观,部署实施《国家中长期科学和技术发展规划纲要(2006—2020)》,加强自主创新、建设创新型国家的动员大会,将成为中国科技发展史上的又一个里程碑。为响应国家加强自主创新、建设创新型国家的号召,中国各级政府群策群力,全面提升自主创新能力,积极构建创新型城市,并迎来更多的创新成果,特别是全民观念的转变和技术创新成果将为提高资源利用效率提供观念和技术支撑。三是大力发展循环经济。发展循环经济是提高资源利用效率、推动人类可持续发展的必由之路。循环经济在中国虽然起步较晚,但发展迅速,在各级政府积极引导下,中国已形成了一批循环经济试点企业、示范园区、试点省和研究机构,涌现出一大批循环经济理论研究者,积极探索循环经济发展模式,循环经济在中国将会得到迅猛发展,并将成为节约资源、保护环境、提高资源综合利用效率的主要途径和模式。四是《国民经济和社会发展第十一个五年规划纲要》关于提高资源利用效率目标的提出。《纲要》从中国资源环境对经济发展已构成严重制约的实际情况出发,提出了"十一五"期间提高资源利用效率的四个具体指标,即单位国内生产总值能源消耗降低 20% 左右,单位工业增加值用水量降低 30%,农业灌溉用水有效利用系数提高到 0.5,工业固体废物综合利用率提高到60% 。这些指标将成为"十一五"期间提高资源利用效率的硬约束。五是体制机制创新。鉴于中国自然资源配置、利用效率低、生态环境破坏严重等问题,政府有关资源管理部门正在积极探索资源产权制度、资源资产化管理、资源市场化经营、资源补偿机制创新等一系列体制机制创新,这将为未来资源效率的提高营造更健康的制度环境。因此,未来中国资源效率将会有大幅度的提高。

15.4 可再生资源不断开发

资源短缺是当今世界面临的一个严重问题。中国人口不断增长,经济建设加速发展,对资源的需求量不断增加。中国的资源本来有限,加上开发利用中浪费严重,利用率很低,因此,资源短缺的矛盾十分突出。因此,大力开发利用可再生资源,是解决资源瓶颈问题、促进中国经济发展的必然选择。

中国为了实现可持续发展,一方面节约资源,努力提高资源利用效率,另一方面积极开发可再生资源,大力发展资源再生产业,风能、太阳能、水能、生物质能、地热能、海洋能等非化石能源成为人类新的开发目标。中国制定实施了《中华人民共和国可再生能源法》,编制了《可再生能源中长期发展规划》。《中华人民共和国可再生能源法》明确规定,国家将可再生能源的开发利用列为能源发展的优先领域,通过制定可再生能源开发利用总量目标和采取相应措施,推动可再生能源市场的建立和发展;国家鼓励各种所有制经济主体参与可再生能源的开发利用,依法保护可再生能源开发利用者的合法权益;国家将可再生能源开发利用的科学技术研究和产业化发展列为科技发展与高技术产业发展的优先领域,纳入国家科技发展规划和高技术产业发展规划,并安排资金支持可再生能源开发利用的科学技术研究、应用示范和产业化发展,促进可再生能源开发利用的技术进步,降低可再生能源产品的生产成本,提高产品质量;国家财政设立可再生能源发展专项资金。2007年9月4日,国家发改委公布《可再生能源中长期发展规划》,规划提出,到2010年,中国可再生能源消费量占能源消费总量的比重达到10%,2020年达到15%,形成以自有知识产权为主的可再生能源技术装备能力,实现有机废弃物的能源化利用,基本消除有机废弃物造成的环境污染。根据《可再生能源中长期发展规划》,未来15年,中国约投资2万亿元用于发展可再生能源,预计到2020年,水电总装机达到3亿kW,风电装机目标为3 000万kW,生物质发电达到3 000万kW,沼气年利用总量达到443亿 m^3,太阳能发电装机180万kW,太阳能热水器总集热面积达到3亿 m^2,燃料乙醇的年生产能力达到1 000万t,生物柴油的年生产能力达到200万t[1]。可见,可再生资源将会在中国得到大规模、高速度开发。

据中国900多个气象台站实测资料推测,中国风能丰富,可开发风能资源10多亿kW,居世界第一,其中陆上有2.53亿kW,沿海省份的近海离海面10 m高的风能储量约为7.5亿kW,但目前开发仍属空白。目前,世界风力发电技术基本成熟,1993年增长率为29%,预计到2020年风力发电将占世界发电量的12%,届时,中国风力发电在能源总消费中的比重也会有较大增加,赶上国际发展水平。中国国土辽阔,具有丰富的太阳能资源,全国2/3以上地区年幅照总量大于502万 kJ/m^2,年日照时数在2 200 h以上,陆地面积每年接受的太阳辐射能相当于24 000亿t标准煤,约等于上万个三峡发电

①吴敔.中国未年15年能源结构目标:可再生能源占16%[EB/OL].中国新闻网.[2006-6-18].http://www.chinanews.com.cn//news/2006/2006-06-18/8/745436.shtml。

量的总和。中国水资源总量为 2.8 万亿 m^3，占世界可开发水资源总量的 17%，居世界第一位。中国大陆水力资源理论蕴藏量在 1 万 kW 以上的河流共 3 886 条，技术可开发装机容量 5 416 万 kW，年发电量 24 740 亿 kW·h，经济可开发装机容量 40 180 万 kW，年发电量 17 534 亿 kW·h，但是，目前全国开发水电占水电技术经济可开发容量的比例还不足 25%，远低于美、加、巴西等发达国家平均 60% 以上的开发程度。中国节能投资公司调查的资料显示，全国农村秸秆年产量为 6.5 亿 t，预计到 2010 年将达到 7.25 亿 t，相当于 3.5 亿 t 标准煤；薪柴和林业废弃物资源量中，可开发量每年达到 6 亿 t 以上，折标准煤 3 亿 t，通过农作物秸秆直燃发电及制备乙醇汽油等生物质能的开发潜力巨大①。

可见，中国可再生资源具有巨大的开发潜力，而且得到政府政策、技术、资金等方面的大力支持，可再生能源开发利用将迎来一个前所未有的发展机遇。

15.5 国际资源市场得到充分利用

改革开放以来，中国经济的长期高速发展对能源提出了巨大需求。"十一五"期间，中国国内生产总值仍将以年均 7.5% 左右的速度增长，实现 2010 年人均国内生产总值比 2000 年翻一番。另外，中国将实施能源储备战略，建立矿产资源的储备制度。而中国是一个能源相对贫穷的国家，要满足经济发展的需要和能源储备战略的实施，中国必须要积极寻求能源国际合作，采取更具有前瞻性的外交政策，实施多元化能源进口战略，扩大能源进口，加大对海外能源资源的开发和利用，充分利用国际能源市场，谋取中国在全球能源资源配置中的经济和政治利益，为中国经济发展提供强有力的保障。作为世界级能源消费大国，中国能源消费已经离不开国际能源市场，世界能源市场的价格变动对我国能源消费的影响越来越大。反过来，中国作为国际能源（尤其是石油、天然气）市场的重要参与力量，将加大对国际能源市场的影响。

---

①雷震. 突破能源"瓶颈" 发展可再生资源[J]. 全国商情,2006(11).

16

资源环境管理体制与政策法规调整展望

◆

　　中国的环境保护一直强调并习惯于发挥政府的主导作用,随着体制改革的不断深化,中国环境行政管理体制必将得以不断完善。资源环境政策法规是实施有效环境管理的依据,也将随着经济、社会的发展以及资源环境的实际状况变化而不断修改补充。中央政府提出的树立科学发展观,建设资源节约型、环境友好型社会,构建社会主义和谐社会的重要思想,也是资源环境政策法规制定的根本指导方针。

16.1　资源环境管理体制的调整

16.1.1　中国资源管理体制的调整

　　中国资源管理体制演进与历届政府机构改革相伴而行,走出了一条合—分—合的发展轨迹,表现出下面几个特点:

　　第一,尽管政府机构改革历经精简膨胀再精简的循环,但自然资源管理机构的规模总体上仍呈下降趋势,表明中国自然资源管理在向集中统一方向演进。截至 2008 年机构改革,与自然资源有关的部门为:国家发展与改革委员会、国土资源部、农业部、水利部。

　　第二,资源管理体制服从于同时期的经济体制,长期的计划经济体制为资源管理部门打下了经济管理性质的烙印正在退却,宏观调控部门的作用日显突出。2003 年机构改革就将国土资源管理部门定位为宏观调控部门。

　　第三,政府的职能定位问题作为一条红线贯穿于资源管理体制演进的整个过程,资源管理与产业管理界限始终是历次资源管理机构改革的焦点。是实现资源到产业的纵向管理,还是在横向上集中所有资源的管理而放弃对资源产业的直接管理一直存在分歧。由于定位不同,资源管理的效果也就不同。

第四,自然资源管理体制的调整也是部门利益的调整过程,每次改革都有"平衡"、"过渡"的意味,实现自然资源的统一管理任重而道远①。

中国未来的自然资源管理不再单独作为经济要素而存在,而是经济、社会、生态要素的综合体。科学发展观的提出,赋予未来自然资源管理新的内涵,必须更新管理方式。同时,自然资源产业市场的特殊性与产权的垄断性特征,决定了自然资源市场机制与宏观调控的兼容性,也决定了中国自然资源管理的三大趋势:自然资源综合管理趋势、自然资源管理与生态保护协调发展趋势、自然资源管理与产业管理理性耦合趋势。

与上述发展趋势相对应,中国资源管理体制将面临新的综合与分权:一方面,资源管理与生态保护协调发展的要求,必然使资源管理从传统的单一门类资源管理转向系统资源管理,必然要利用一种综合的运行机制将不同门类的自然资源统一管理,最直截了当的方式是通过合并若干种资源管理职能,并统一到一个部门,实行综合管理基础上的集中管理;另一方面,自然资源管理与产业管理理性耦合的要求,必然创新出与不同资源管理、资源产业相匹配的模式。资源产业的指导性管理以及资源产业的经营性管理在多大程度上分与合,将是中国资源管理面临的重大问题。

16.1.2　中国环境管理体制调整

1)中国环境管理体制调整阶段

中国环境管理体制伴随着中国经济体制改革和政治体制改革的逐步演进而变化。陈汉光等人认为,建国以来,中国环境管理体制大体上经历了从无到有,从弱到强,从不健全到逐步健全的过程,可分为四个发展阶段②:

起步阶段(1972—1978年):1974年12月,国务院成立了由20多个部委组成的环境保护领导小组,下设办公室。国务院环境保护领导小组是一个主管和协调全国环境保护工作的机构,日常工作由下属的领导小组办公室负责,具体的环境保护工作仍由各分管部门进行,但是统筹规划、进行政策和计划指导则由环境保护领导小组统一负责;

初创阶段(1979—1981年):1979年颁布的《中华人民共和国环境保护

①苏迅,方敏.中国资源管理体制特点和发展趋势探讨[J].中国矿业,2004(12):24-26.
②陈汉光,朴光洙.环境法基础[M].北京:中国环境科学出版社,1994:43-46.

法(试行)》,专门用一章规定"环境保护机构和职责",标志着中国环境保护机构建设法制化的开端,为把各级环境保护机构纳入政府组成序列提供了法律依据。随后大部分省级人民政府、国务院有关部门和一些城市人民政府相继设立了环境管理机构,分别负责本地区、本部门的环境管理工作;

徘徊阶段(1982—1987年):1982年的政府机构改革,国务院撤销环境保护领导小组,将其业务并入城乡建设环境保护部,在该部内设立司局级机构环境保护局,作为全国环境保护行政主管部门。1984年5月,国务院发布了《关于环境保护工作的决定》,《决定》规定成立国务院环境保护委员会,其任务是研究审定有关环境保护的方针政策,提出规划要求,领导组织协调全国的环境保护工作。1984年底,经国务院批准,城乡建设环境保护部环境保护局对外称为"国家环境保护局",主要职责是负责全国环境保护的规划、协调、监督和领导工作,随后,一些地方的环境保护监督管理机构也做了相应的调整;

发展阶段(1988年以来):在1988年的政府机构改革中,国务院决定将国家环境保护局从城乡建设环境保护部中独立出来,作为国务院的直属机构和国务院环境保护委员会的办事机构,统一监督管理全国的环境保护工作。

1989年,全国人大常委会颁布的《中华人民共和国环境保护法》第七条规定"国务院环境保护行政主管部门,对全国环境保护工作实施统一监督管理。县级以上地方人民政府环境保护行政主管部门,对本辖区的环境保护工作实施统一监督管理。国家海洋行政主管部门、港务监督、渔政渔港监督、军队环境保护部门和各级公安、交通、铁道、民航管理部门,依照有关法律的规定对环境污染防治实施监督管理。县级以上人民政府的土地、矿产、林业、农业、水利行政主管部门,依照有关法律的规定对资源的保护实施监督管理。"原则规定了中国环境保护的监督管理体制。

为进一步加强环境管理,强化国家环境行政主管部门的职能,中国在1998年将环境保护局升格为部级的国家环境保护总局,作为国务院的主管环境保护工作的直属机构,同时撤销国务院环境保护委员会,把原国家科委的国家核安全局并入国家环境保护总局。

1999年,中共中央组织部发出《关于调整环境保护部门干部管理体制有关问题的通知》(组通字[1999]35号)。调整环境保护部门干部管理体制,地方各级环境保护部门领导干部实行双重管理体制,以地方党委管理为主,上级环境保护部门党组(党委)要按照有关规定和干部管理权限积极配合,协助地方党委做好下级环境保护部门干部管理工作。并对上级环境保护部门党组（党委）协助地方党委管理干部的职责作出具体规定。

为在中央协调环境保护行动，2005 年 9 月 16 日，发出《国务院关于同意建立建设节约型社会部际联席会议制度的批复》，2006 年 1 月 27 日发出《国务院关于同意建立发展循环经济工作部际联席会议制度的批复》，建立部际联席会议制度。

2006 年 7 月 8 日，国家环境保护总局办公厅印发《总局环境保护督查中心组建方案》，根据中央编办批复精神，总局设立华东环境保护督查中心、华南环境保护督查中心、西北环境保护督查中心、西南环境保护督查中心、东北环境保护督查中心。环境保护督查中心（以下简称督查中心）为总局派出的执法监督机构，是总局直属事业单位。

在 2008 年的大部门体制改革中，设立了高层次议事协调机构——国家能源委员会，组建国家能源局，不再保留国家能源领导小组及其办事机构。同时，组建了环境保护部，不再保留国家环境保护总局。

至此，中国已经形成了一个比较适应环境管理需要的监督管理体系。

2）中国环境管理体制的特点

第一，统一监督管理与部门分工管理相结合。国家环境保护部作为国家环境保护主管部门，对全国环境保护工作实施统一的监督管理。在中国县级以上人民政府中，都设有环境保护管理机关，对本辖区的环境保护工作实施统一监督管理；有关部门，如海洋行政主管部门、港务监督、渔政渔港监督、军队环境保护部门和各级公安、交通、铁道、民航管理部门也依照有关法律的规定对环境污染防治实施监督管理。

第二，中央与地方分级管理相结合。适应环境问题的特点，中国环境管理形成了中央政府对环境问题的宏观管理，与地方各级政府，包括省级的宏观管理、市级的宏观与中观管理以及县、乡的微观管理相结合的纵向管理体制，即中央与地方分级管理相结合的体制。

第三，加强了环境保护的部级协调，加强了国家的监督和部分垂直管理。

3）中国现行资源环境管理体制的缺陷

从横向考察，统一管理难以实施，综合协调能力不足。尽管 2001 年国务院批准建立全国环境保护部际联席会议，但该机制目前还不完善，在部门分工和相关法律法规存在不明确甚至相互冲突的情况下,该机制能发挥多大作用还有待检验。同级别环境管理的横向职能配置方面也存在着许多具体规定不符合科学管理的要求;统一监督管理部门与各分管部门相互间的关系不明确,使得这一法律规定的原则在环境管理的实际工作中出现互相推诿或者扯皮现象,统一监督管理最终难以实现。

从纵向考察,上级环境保护行政主管部门对下级环境保护行政主管部门缺乏有效的监督管理。中国的环境行政组织由中央、省(自治区、直辖市)、市、县、乡镇级政府的环境行政部门组成,各级环保部门接受各级政府领导,各级政府对本辖区环境质量负总责,环境保护系统上下级机构间缺乏应有的制约力量,与环境管理具有较强的监督性的特性不相适应,往往受"地方保护主义"的干扰。尽管中共中央组织部1999年发出《关于调整环境保护部门干部管理体制有关问题的通知》,对于具体工作还缺乏有效的监督机制。

16.1.3 中国资源环境管理体制展望

解决中国目前的资源管理问题,一方面要充分了解中国现行体制的情况,另一方面要考察学习国外经验。自可持续发展观念提出以来,许多国家在环境管理方面选择了趋向集中和趋向单一的决策、指导、控制与执行中心的方向,资源环境管理的权力也越来越向一个政府部门集中,越来越向中央政府集中。要解决中国现行资源环境管理体制的缺陷,需要在以下几方面进行完善:

第一,逐步强化国家环境保护行政主管部门的职能。为了强化环境管理的国家职能,首先应该摆正环境保护工作在国家管理工作中的重要位置,提升环境保护工作的管理级别。通过立法,对国家环境保护行政主管部门的设立、地位、性质、运行、变更等作出明确的法律规定,以保持国家环境保护行政主管部门的稳定性和环境管理工作的连续性,强化国家环境保护行政主管部门的统管职能。

第二,加强同级资源环境保护部门的横向联系。目前资源环境多部门管理的体制,既有资源环境多样性的客观原因,也有现行法律规定,成立专门的资源环境管理部门难以行得通,切实的方法是通过完善现行立法,将统一监督管理的职能赋予环境保护行政主管部门,各资源管理部门在涉及资源保护的管理方面接受统一监督管理部门的监督,并明确部门间相互的协调、制约程序和措施。

第三,完善上级资源环境主管部门对下级主管部门的指导和监督职能。目前环境保护的纵向管理上,中国是以地域管理为主的管理体制,不利于约束"地方保护主义",需要通过立法,确定上级资源环境主管部门对下级主管部门的指导和监督的方式、程序以及救济措施,加强纵向资源环境管理。

16.2　资源环境管理政策法规的展望

改革开放以来资源环境政策的发展显示中国资源环境管理逐步从注重经济利益到经济利益、社会利益以及环境利益的协调转变,逐步从单一资源环境的利用与保护向综合、系统开发与保护转变,逐步从末端控制向源头控制转变,逐步从强调个体责任向重视社会共同责任转变,逐步从比较单一的政府控制向政府、企业、公众结合解决资源环境问题转变,同时,资源环境管理的手段和机制逐渐多样化。

16.2.1　政策展望

党的十六大以后,中国提出树立科学发展观、构建社会主义和谐社会的重要思想,提出建设资源节约型、环境友好型社会的奋斗目标。这是中国共产党对社会主义现代化建设规律认识的新飞跃,也是加强环境保护工作的根本指导方针。

2006 年政府工作报告中提出了"加快建设环境友好型社会"的发展目标。中国将不断加强对水源、土地、森林、草原、海洋等自然资源的生态保护;重点搞好"三河三湖"(淮河海河辽河、太湖巢湖滇池)、南水北调水源及沿线、三峡库区、松花江等流域污染防治;大力推行清洁生产,加强工业废水治理工程建设;抓好大气污染防治和重点城市污水处理、生活垃圾无害化处理;综合防治农业面源污染和畜禽养殖污染;继续实施自然生态保护工程,建立生态补偿机制;强化环境和生态保护执法检查,健全环境保护的监测体系、评价考核和责任追究制度。

尽管现行资源环境政策法规对中国资源环境的保护起到重要作用,但现行政策法规配套不足,还存在立法空白、资源环境综合法律位阶不高等问题。结合中国现行的资源环境实际状况,今后的资源环境政策法规发展将集中于以下方面:一是加强综合性资源政策法规建设。协调和指导资源环境保护,加大对资源环境的系统保护,加快资源环境保护基本法的修订。二是完善单项资源环境政策法规。逐渐制定如化学品污染防治、过度包装防止、物种保护、农村环境保护等法律法规，填补立法空白，修订部分现行法律法规，如大气、水、矿产资源等法律解决突出的资源环境问题，加强相关资源环境政策法规的协调。三是加强地方资源环境政策法规建设。地方资源环境政策法规的制订要紧密结合当地实际情况，提高地方政策法规的区域差异性和可行性。四是进一步加强政策法规制定、实施以及监督过程中的公众参与，平衡各方面利益，使资源环境政策法规的可实施性加强。五是完善和制定与中国参加的国际公约、条约相关的资源环境政策法规，保障中国生态环境和经济利益。六是进一步加快跨部门、跨区域资源环境政策法规的建设，促进和加强部门间、区域间的资源环境行动的协调。七是建立和完善环境保护的长效机制，资源环境政策法规要注重行政、科技、经济、教育、法制等手段的综合运用。八是推进资源环境保护产业化，鼓励公众参与资源环境保护行动。

16.2.2　立法展望

中国已经制订了《"十一五"全国环境保护法规建设规划》。《规划》明确中国环境立法到 2010 年必须实现"一个目标"，把握"两个重点"。"一个目标"是指坚持现有环境法律体系，通过立足中国具体国情与借鉴国外成功经验相结合，通过制定新法和修订现有法律的结合，到 2010 年初步建立起促进资源节约型、环境友好型社会和保障可持续发展的环境法律体系。"两个重点"是指在不断完善中国环境法律体系的过程中，在法规体系建设和立法内容两个方面，始终把握重点。在法规体系建设方面，要突出重点：通过修改《环境保护法》，制定中国环境保护的基本法——《国家环境政策法》，构建生态保护、核安全法律框架，完善污染防治法律法规。在立法的内容方面，要力争重点突破：坚持以人为本，尊重公民的环境权益，畅通公众参与渠道，建立信息公开制度；通过环境税费改革，企业环保成本内部化，加大处罚力度，强化执法手段，明确民事责任，解决"违法成本低、守法成本高、执法成本更高"的问题；强化政府环境责任，建立党政领导干部环保政绩考核评价体系；规范行政管理行为，建立环境保护行政问责制度等。

具体而言，主要立法任务包括：

第一，制定环境保护基本法律——《国家环境政策法》。在各单项环境法律逐步到位的基础上，制定一部更高阶位的基本法律——《国家环境政策法》。规定以下基本事项：国家环境保护的目标、原则和基本政策；环境保护的基本制度和体制;环境保护事务与其他经济社会发展事务的协调机制;政府、企业和公众等不同主体的基本环境权利和义务,特别是各级政府的环境责任以及相应的监督考核机制;环境管理的基本权能和执法手段;基本法与其他环境保护单项法律的关系以及其他基本事项。

第二,进一步完善环境保护法律法规体系。主要体现在以下几个方面:一是为建设资源节约型、环境友好型社会,需要制定相关的法律法规,如《循环经济法》;二是为填补生态保护的法律空白,需要制定相关的法律、法规和规章,主要包括《自然保护区法》《生物安全法》《土壤污染防治法》《遗传资源保护法》《生态保护法》等法律,《西部开发生态保护监督条例》《农村环境保护条例》《畜禽养殖污染防治条例》《生物物种资源保护条例》《生态功能保护区建设与管理条例》等行政法规;《生态示范管理办法》《有机产品管理办法》《生态功能区划管理办法》《国家级自然保护区监督检查办法》《环保用微生物环境安全管理办法》《转基因生物环境安全管理办法》等部门规章;三是为完善核安全领域的法律空白,需要制定相关的法律、法规和规章,主要包括:《核安全法》《民用核设备安全监督管理条例》《放射性物质运输安全管理条例》等法律、行政法规和部门规章;四是为填补污染控制领域中某些方面的空白,需要制定相关的法律法规,如《有毒有害化学物质控制法》等;五是为进一步明晰环境侵权的民事责任,需要制定相关的法律法规,如《环境污染损害赔偿法》《环境污染损害评估办法》《跨界环境污染损害赔付补偿办法》等;六是为完善环境管理制度,规范执法行为,需要制定相关的法律法规,如《环境监测管理条例》《环境监察工作条例》《环境行政违法行为行政处分办法》等。

第三,制定配套法规。一是法律法规有明确立法授权的,抓紧完成授权立法,如《排污许可证管理条例》《饮用水水源保护区污染防治条例》《环境污染限期治理管理条例》《利用危险废物经营许可证管理规定》等;二是需要在上位法规定的行政处罚的行为、种类和幅度范围内做细化规定的,如为了明确《环境噪声污染防治法》中"给予罚款"的具体数额和幅度,需要制定《环境噪声污染防治行政处罚办法》;三是对上位法的原则性规定,制定实施性的法规,规定具体制度和措施,如根据《固体废物污染环境防治法》有关废弃产品的生产者延伸责任的规定,需要制定《特种产品和包装物回收利用处置系列规定》,根据《环境影响评价法》有关环境影响后评估制度的规定,需要制定《建设项目环境影响后评价管理办法》;四是需要对法律制定实施细则或者单项法规的,如《防治机动车排放污染管理条例》《社会生活噪声污染防治条例》《建筑施工噪声污染防治条例》。

第四,适时修订法律法规。抓紧完成《水污染防治法》《大气污染防治法》的修改,启动《环境影响评价法》《环境噪声污染防治法》《建设项目环境保护管理条例》等法律法规的修订。

第五,为履行国际环境条约需要配套制定的法律法规。主要包括《固体废物进口管理办法》《消耗臭氧层物质管理条例》《外来入侵物种环境安全管理办法》《生物遗传资源与传统知识获取与惠益分享管理条例》以及《危险化学品进出口环境管理办法》等。

第六,将环境保护工作行之有效的管理模式规范化、制度化、法制化。主要包括:《公众参与环境保护管理办法》《环境友好企业评定办法》《环保模范城市考核办法》《企业环境信息公开管理办法》《生态示范管理办法》等。

第七,积极支持、指导和推动地方环境立法。如《水污染防治法》第 59 条和《固体废物污染环境防治法》第 49 条,分别授权地方制定关于个体工商户水污染防治的办法和关于农村生活垃圾管理的办法。国家环境保护部应当积极支持、指导和推动地方制定相关的地方环境法规或者规章。

第八,参与相关立法,更加重视全国人大、国务院和国务院有关部门与环境保护密切相关的立法活动。全国人大、国务院和国务院有关部门许多立法草案,其内容与环境保护密切相关。按照国家立法程序规定,国家环境保护部有权通过对相关立法草案提出意见等方式,参与相关立法活动。这种参与立法活动也是环境保护立法的重要组成部分。今后对这种参与立法的活动应当更加重视,如《海洋工程建设项目环境管理条例》《民用机场环境保护管理办法》《取水许可证管理办法》等①。

16.3　资源环境管理运行机制的发展

16.3.1　现行资源环境管理运行机制检视

中国的资源环境管理机制完善,与发达国家有着不同。中国是受到世界环境保护活动的影响,而且是由政府的首先觉醒开始,由政府号召和组织

---

① 国家环境保护总局,《"十一五"全国环境保护法规建设规划》.

进行,这使得中国的资源环境管理从一开始就作为公益性活动,并由政府主导。这一特点一直延续至今,并广泛、深刻地影响着包括资源环境政策法规建设在内的全部环境保护活动。

中国在改革开放以来实行的资源环境管理模式,主要是"命令＋控制"的强制管理模式,是在市场经济条件下环境失衡导致政府进行干预的产物。在20世纪90年代前,基本表现为行政强制实施的特征,90年代后,正逐步转向行政强制实施与经济刺激相结合,但行政指导机制和公众参与机制仅只是个别特例。中国环境管理的潜在主导思想把政府作为公共利益的唯一代表,使资源环境管理仅作为政府的行为。这种管理模式,过于强调公共利益和行政措施,注重行政强制机制的运用,对其他机制运用重视不足,可以使资源环境管理行政效率提高,但资源环境利用的公平性却保证不足。导致管理"一刀切",容易造成政府、企业以及公众的对抗的情况,不利于政府、企业以及公众资源环境保护、管理领域的合作,也不利于资源环境政策法规的实施。

资源环境是人生活的必要条件,资源环境问题危害公众共同的环境利益。随着社会的发展,资源环境问题产生因素日益扩大,从生产领域到生产领域和消费领域并重的局面。尤其在消费领域,消费的多元、多样性和多层次性,导致所产生的资源环境问题呈多样性和量大面广的特点。表明公众、政府以及企业是环境问题产生的主体或者潜在主体,这就在客观上要求环境问题在解决过程中,政府、企业以及公众是合作的,而不是仅仅作为政府的责任,更不应当是对抗的关系。因此资源环境问题的解决必须是政府、企业和公众的共同努力,需要社会的广泛参与。

16.3.2　资源环境管理运行机制的改善

2005年的《国务院关于落实科学发展观加强环境保护的决定》明确了要依靠科技、创新机制。大力发展环境科学技术,以技术创新促进环境问题的解决;建立政府、企业、社会多元化投入机制和部分污染治理设施市场化运营机制,完善环保制度,健全统一、协调、高效的环境监管体制。

2006年4月17日在第六次全国环境保护大会上,温家宝总理作了《全面落实科学发展观　加快建设环境友好型社会》的报告。明确指出"做好新形势下的环保工作,关键是要加快实现三个转变:一是从重经济增长轻环境保护转变为保护环境与经济增长并重,把加强环境保护作为调整经济结构、转变经济增长方式的重要手段,在保护环境中求发展。二是从环境保护滞后于经济发展转变为环境保护和经济发展同步,做到不欠新账,多还旧账,改变先污染后治理、边治理边破坏的状况。三是从主要用行政办法保护环境转变为综合运用法律、经济、技术和必要的行政办法解决环境问题,自觉遵循经济规律和自然规律,提高环境保护工作水平。"

这就需要建立新的资源环境管理机制,完善和协调行政强制、行政指导、经济刺激和公众参与资源环境管理机制。这种机制需要政府、企业以及公众的合作,广泛运用市场手段,兼顾环境保护与经济发展和社会进步的关系,在发展中落实保护,在保护中促进发展,坚持节约发展、安全发展、清洁发展,实现可持续的科学发展。具体包括:

1)继续运用和完善行政强制机制在资源环境保护领域的应用

资源环境保护是公共管理的重要领域,市场机制难以有效提供这种服务,必须有政府强制性的机制予以保障,环境保护依然是政府的一项重要职能。并且中国环境状况目前仍不容乐观,离开政府积极干预环境保护,势必导致环境状况快速恶化。

行政强制通常出于维护社会秩序或保护公民人身健康、安全的需要,强调对公益的保护。它是指行政主体为实现一定的行政目的,依法采取强制措施对相对人的人身或财产予以强行处置的行为,具有强制性的特征。在环境保护过程中,行政强制作为调整各方利益的重要机制之一,行政强制确立了污染最低底限,具有刚性。如排放标准为强制性标准,是可容许排污的最大限度(对企业而言),是污染底线(对环境质量而言)。

政府在资源环境保护方面所发挥的基础性作用,主要体现在提出环境保护发展目标、编制发展规划、制定相应政策、法律、制度、标准等,并依照法规进行有效的监督。如对高能耗、高水耗工业产品制定市场准入标准。

2)注重市场机制在资源环境保护领域的应用

市场手段在降低环境保护成本、提高行政效率、减少政府补贴和扩大财政收入诸多方面,具有行政强制机制所不具备的显著优点。需要进一步完善、落实的市场机制包括:

——建立健全以税费为核心的环境经济政策 包括排污费征收和管理、征收资源税、在贷款和税收上的优惠待遇、生态补偿费、资源环境保护基金、相关经济奖惩等。

——积极推行排污权交易 把环境作为资源经营,实行环境容量资源化、资本化和产权化,以降低环境保护成本。其程序为政府机构评估出一定区域内满足环境容量的污染物最大排放量,并将最大允许排放量分成若干规定的排放份额,每份排放份额为一份排污权。政府在排污权一级市场上,采取一定方式,如招标、拍卖等,将排污权有偿出让给排污者。排污者购买到排污权后,可根据使用情况,在二级市场上进行排污权买入或卖出。

——推进环境保护产业化 环境保护产业包括环保设备制造、环境保护服务、清洁生产技术和洁净产品。环境保护产业化的本质是使环境保护特别是环境保护服务成为国民经济再生产过程中的一个环节,引进一般产业的运行机制,按照市场原则参与价值创造和资源分配①。

3)在资源环境管理中发展行政指导机制

行政指导是指行政机关根据行政管理的实际需要,在法律、法规的权限范围内以引导、鼓励等方式,取得相对人同意与协力,而共同有效地实现行政目标的非强制性行政管理手段。行政指导在政府推行资源环境保护的过程中发挥政策导向作用,通过经济、技术、法律、舆论等手段引导企业自觉开展资源节约、环境保护。

——完善清洁生产审计制度 对企业生产全过程中每个单元操作的生产和排污情况进行定量审查,找出高消耗和排污的原因,然后提出对策,制定和实施预防方案。

——完善体系认证的制度 通过环境管理体系认证,提高清洁生产水平;实施经济刺激,对从事清洁生产研究、示范和培训,实施国家清洁生产重点技术改造项目进行扶持,对利用废物生产产品和从废物中回收原料的,减征或者免征增值税等经济措施。

——推行自愿协议环境管理方式 倡导和运用鼓励性方式,以更加灵活的方式,鼓励企业实现比现行环保法规标准更高的环境表现。自愿协议的形式可以多样化,在企业实现协议目标以后,经政府有关部门评估认可,将给以鼓励(如颁发奖状、环境标识,通过新闻媒体宣传等),甚至给以资金补贴,企业从中可以得到直接或间接的经济效益。

——引导适度消费 通过宣传、教育,提倡物质的适度消费、层次消费,

①河南省环境保护市场化、产业化发展构想——"十五"期间河南省环境保护与可持续发展研究报告之五[OL]. http://report. drc. gov. cn/drcnet/series. nsf/0/e7bc8e8de3ff1fbc482569c3002f8db5? OpenDocument.

在消费的同时就考虑到废弃物的资源化,树立循环生产和消费的观念。同时通过税收和行政等手段,限制以不可再生资源为原料的一次性产品的生产与消费,如宾馆的一次性用品、餐馆的一次性餐具和豪华包装等。

4) 在资源环境保护中健全公众参与机制

公众参与之所以成为资源环境保护的重要机制,是因为资源环境是人类生存和发展的物质基础和必要条件。随着对可持续发展认识的深入,国际社会意识到,生产和消费过程都会对环境和资源产生影响,重视可持续的生产和可持续的消费,也就意味着在资源环境保护中,政府、企业和公众都需要负相应的责任,都是改善资源环境状况的主体。公众参与资源环境保护,既可以对自身利用资源环境的行为进行约束,也可以监督和制约企业、政府的与资源环境有关的行动,从而改善资源环境状况。健全公众参与机制需要:

——健全信息公开制度　明确政府、企业信息公开的标准范围,采取多样化的公开形式,完善政府、企业信息公开的监督制度,保障信息免费、方便获取。扩大政府、企业信息公开的义务主体的范围,来提升政府、企业信息公开的广度。

——畅通公众参与的渠道　可以建立公开说明会、社区组织说明会、咨询委员会、公众审查委员会、听证会、手册和简讯、小组研究、民意调查、全民表决、公共通信站、记者会、征求意见函等公众参与方式。

——扩大公众参与的范围　现行法律法规对公众参与作出明确规定的仅包括环境事故应急处理、污染物排放管理和环境影响评价等三个领域。需要扩展至与资源环境开发、利用的决策、行动整个过程。

——健全公众参与的保障措施　一方面通过宣传、教育,提升公众参与的能力;另一方面,制定相关误工补贴、交通补助等经济措施,保障公众可以实际参与;另外,制定相关程序、措施,保障公众合法、合理的建议、意见的反馈和实现。

17

生态产业带来的深刻变化

-------------------------------- ❖ --------------------------------

　　改革开放 30 年来,中国经济社会发展取得了举世瞩目的成就。然而,随着中国人口基数的急剧增长和经济长期粗放式增长,资源浪费和生态环境破坏日趋严重,"人口众多,地大物博"的优势已成昨日黄花。目前,中国人口密度是世界平均值的 3 倍,人均自然资源是世界平均值的 1/2,人均耕地占有量仅为世界平均水平的 1/2,人均淡水占有仅为世界平均水平的 1/6[①]。尽管改革开放以来,党和政府一直高度重视环境保护工作,采取了一系列保护和改善生态环境的重大举措,加大了生态环境建设力度,使一些地区的生态环境得到了有效保护和改善。但生态环境仍处于局部改善、总体恶化的窘境,治理能力远远赶不上破坏速度,水土流失严重,耕地日趋减少,荒漠化快速发展,草原退化加剧,森林和生物资源锐减,生态赤字逐年扩大。目前,生态环境问题成为当今人类社会面临的最突出的问题之一,引起了全世界的普遍关注,加强生态建设,维护生态安全,成为 21 世纪人类面临的共同主题。面对经济社会发展和生态环境恶化的矛盾,中国政府把环境保护、生态建设确立为一项基本国策,并于 1999 年出台了退耕还林政策,将大规模退耕还林工程与产业结构调整相结合,推动了农业生态化、生态产业化的快速发展,初步建立了解决"三农"问题的长效机制,人类社会正在迎接着前所未有的巨大变化。在全球生态环境日趋恶化的时代,生态产业发展成为优化生态环境的有效途径。而且,生态产业发展使三次产业界限、农村人与城市人的界限、生态资源的产权等变得更加模糊,同时还带来了产业规模不断增加、人居环境得到显著改善、人类的生活方式也发生改变等一系列深刻变化。

---

　　①李继云,孙良涛.大力推行绿色 GDP 核算——基于我国生态环境现状的思考[J].生态经济,2006(4):99.

17.1　生态产业规模不断扩大

人类经历了原始文明、农业文明和工业文明之后,进入了生态文明时代,生态理念已逐渐深入人心,面对工业文明带来的一系列负面效应,人类开始越来越关爱生命、关爱生态环境,并体现在具体行动当中。在人类智慧的指引下,传统农业已失去了几千年来的落后模式与经营理念,逐渐向规模化、生态化方向发展,生态退化的速度有望得到控制,生态的潜在优势将逐渐显露。生态产业作为生态文明的产业基础,在中国已具备了发展的基础条件。

从观念转变来看,随着中国市场经济体制的不断完善,人类的传统观念得到前所未有的转变:一是生活观念明显转变,传统的自然经济观念逐渐淡化,现代市场经济新观念逐渐增强,人类不仅开始利用市场机制勤劳致富,而且学会享受生活,为第三产业的发展提出了巨大的市场需求;二是生态观念日趋增强,人类在创造生活、享受生活的同时,逐渐意识到传统经济发展模式带来的严重生态问题,政府也开始制订有关政策法规,有意识地引导人们节约资源、保护生态环境,提高自然生态系统对人类的服务能力;三是树立了新的消费观念,人们的物质消费结构更趋合理,绿色食品、有机食品成为人们的消费时尚,同时对精神生活有了更高的要求,各类保健美容、休闲娱乐活动进入了普通人们生活,生态旅游越来越受到人们的欢迎;四是政府树立了科学的发展观,坚持以人为本,注重经济与生态环境的协调发展,努力提高自主创新能力,加快转变经济增长方式,推动人类可持续发展。

从生态资源占有来看,中国现有林业用地面积 28 493 万 hm^2,草原面积 40 000 万 hm^2,森林面积 17 491 万 hm^2,森林覆盖率达 18.21%[①]。特别是 1999 年中国推行退耕还林政策以来,生态资源占有量得到大大提高,截止 2004 年底,中国共安排退耕还林工程任务 1.91×10^7 km^2,其中退耕地造林 7.87×10^6 km^2,宜林荒山造林 1.13×10^7 km^2[②],使大面积的宜农、宜林荒山荒地得到有效利用,成为中国生态产业化发展的坚实基础。

---

①《中国统计年鉴》(2006 年)。
②张孝卫.退耕还林对农业产业化的影响及对策[J].西北大学学报:自然科学版,2006(1):161.

从生态产品市场需求来看,随着生活水平的提高和消费观念的转变,以及环境污染和资源破坏问题的日益严重,有利于人们健康的无公害食品、绿色食品、有机食品已成为时尚,越来越受到人们的青睐,生态产品已具备了深厚的市场消费基础,无论在国外还是在国内,开发潜力巨大,中国近年来一些地区的生态产品生产已初具规模,显示出强劲的发展势头。

从生态产业基础来看,一是产业链条初步形成并逐渐完善,在生态资源基础上,种植业、畜牧业、水产业等产业初步形成了集生产、储藏、深加工、包装、销售为一体的产业链条,成为新阶段解决"三农"问题的突破口和带动地方经济发展的新动力;二是龙头企业带动作用日趋明显,至2005年底,全国各类农业产业化龙头企业达61 268个(其中销售收入亿元以上的龙头企业达4 010个),实现销售收入18 447亿元,净利润1 182亿元,农户从产业化经营中增加收入总数达到1 166亿元,参与产业化经营的农户比普通农户平均增收1 336元[①];三是生态旅游业蓬勃发展,已成为引领未来旅游的一股新潮流。

从生态示范区建设来看,为了解决当前中国生态环境问题、实现区域经济社会与生态环境的协调发展,在各级党委、政府的重视和关注下,全国生态示范区建设发展迅速。自1995年以来,中国分九批共建成生态示范区建设试点528个,其中部分已通过考核验收,正式挂牌命名为国家级生态示范区[②]。自2000年以来,前国家环境保护总局先后分五批共命名成立了320个国家级生态示范区[③,④,⑤,⑥,⑦]。生态示范区是生态产业发展的必要平台,生态示范区的建设有力地改善了区域生态环境,通过发展生态产业提高了居民生活水平。

从国家政策支持来看,为了保护生态环境,支持生态产业的发展,政府先后出台了一系列政策及措施。一是退耕还林(草)政策的实施,在保障农

---

①李力,朱隽.龙头企业引领农业产业化经营快速发展[N].经济日报,2006-10-17(4).

②国家环保总局网站,全国生态示范区建设试点地区名单(第一批至第九批,共计528个),2007年1月12日。

③国家环境保护总局,国家环境保护总局关于命名第一批国家级生态示范区及表彰先进的决定,2000年3月3日。

④国家环境保护总局,关于命名第二批国家级生态示范区及表彰先进的决定,2002年3月7日。

⑤国家环境保护总局,国家环境保护总局关于命名第三批国家级生态示范区的决定,2004年12月30日。

⑥国家环境保护总局,关于命名第四批国家级生态示范区的决定,2006年3月10日。

⑦国家环境保护总局,关于命名第五批国家级生态示范区的决定,2007年1月9日。

民正常生活的前提下,提高了林草覆盖面积,推动了农业生态化发展,为生态产业的发展奠定了坚实的基础;二是大力发展循环经济,特别是循环型农业的发展,使国民树立了健康的生态观念,提高了资源节约与高效利用意识,为农业生态化、生态产业化提供了具体思路;三是社会主义新农村建设,促进了农业增长方式的转变,提高了农业综合生产能力,推进了政府职能的转变,改善了农村的基础设施,发展了农村的社会事业,为生态产业化经营和农村第二、第三产业的发展营造了良好的氛围。

从生态产业的带动效应来看,一方面,生态产业在"公司＋农户"的产业化经营基本模式上,逐步衍生出"公司＋基地＋农户""公司＋中介组织＋农户""专业市场＋农户""合作社＋农户"等带动模式,拓宽了农民的就业渠道,提高了农民的收入水平,成为解决"三农"问题的有效途径。另一方面,生态产业及生态旅游产业成为落后地区新的经济增长点,甚至成为一些市县的支柱产业,促进当地经济的快速发展,对缩小区域贫富差距、促进区域协调发展做出了贡献。

从生态产业发展的技术条件来看,"十一五"期间,把增强自主创新能力作为科学技术发展的战略基点和调整产业结构、转变增长方式的中心环节,把技术研究与试验发展经费支出提高到国内生产总值的2%,努力提高中国原始创新能力、集成创新能力和引进消化吸收再创新能力,特别是在环境、农业等领域启动一大批关键技术攻关项目,将为中国农业生态化、生态产业化提供强有力的技术支撑。

总之,中国已具备了发展生态产业的基础条件,生态产业发展在中国初露锋芒,正推动着生态资源向产业化方向发展,将潜在的生态优势逐渐转变为现实的经济优势,并在不久的将来为人类带来更多的经济、社会和生态效益。

17.2　三次产业界限更加模糊

按照传统三次产业划分标准,生态产业属于第一产业。然而,在技术进步、人类消费观念及需求、市场经济发展、政府放松管制等因素的作用下,近年来生态产业出现了向第二、第三产业延伸,三次产业逐渐融合的趋势。

生态产业向第二产业的延伸。这一过程是指依托生态资源,运用现代工业生产和经营管理方式,以技术含量较高的物质生产手段和生产设备取代传统小生产方式和手工劳动,实现生态资源多级循环利用、加工增值的制造业发展过程。它涵盖了四个方面:一是生态资源生产资料工业,包括机械工业、设备制造工业等;二是生态资源增值工业,包括生态资源深加工、精加工,延长产业链链条,形成产业集群;三是生态产品后续服务工业,包括冷藏、包装、保鲜等;四是生态生物工程,包括基因工程、细胞工程、酶工程等。生态产业向第二产业的延伸过程覆盖了生态产品的产前、产中和产后各个环节,实质上是生态资源产业化经营、生态产品工业化生产的过程,它是将适宜于生产、深加工和流通的生态产品项目的各个环节,集成一体化产业链条。这样,生态资源不仅仅具有保护环境的功能,也不是单一的生产环节,而是把生态资源的生产、深加工和生态产品的流通等过程相互链接,形成农工贸一体化、产供销一条龙的产业体系,实现经济效益、社会效益和生态效益三赢。

生态产业向第三产业的延伸。生态资源的产业化过程不仅增加了资源的附加价值,而且对第三产业有巨大的带动作用。一是生态资源及其深加工产品的运输带动了当地物流产业的发展,拓宽了当地居民的视野;二是由于生态产业发展的需要,当地居民会逐渐向城镇聚集,国内外客商也将蜂拥而至,对当地餐饮、娱乐、保健等行业提出了巨大的市场需求;三是随着人类生活水平的提高和生活观念的转变,生态旅游已成为旅游热点,为当地吸引了大量资金。

总之,生态产业的发展打破了三次产业的划分标准,它既属于第一产业,又属于第二、三产业,三次产业通过产业渗透、产业交叉和产业重组三种方式,逐渐融合,产业界限变得模糊不清。

17.3 农村人与城市人的界限变得更加模糊

随着市场经济的发展和生态产业化经营的推进,中国农村人与城市人之间的界限变得更加模糊。一方面,农业生态化使大量的农村劳动力得到解放,这些富余的劳动力为了追求更好的生活而走向城市,并不断学习新知识、新技术,开阔了视野,解放了思想,由农村的普通劳动力转变为城市的人力资本,进入城市的制造业和服务业,他们的户口虽然还在农村,但长期在城市中工作和生活已经使他们的理念和生活方式与城市人的理念和生活方式并无明显差异,他们的子女更是完完全全的城市人。因此,很难分辨他们到底是农村人还是城市人。另一方面,农业生态化、生态产业化推动了农村向城市的转变和农村人向城市人的转变。具体表现在:一是地方政府开放的招商引资政策和积极的产业扶持政策,引进和培育了一大批按现代企业制度模式建立的生态资源深加工企业,特别是引进和培育了一批龙头企业,这些企业带来资金、技术和管理人才,以生态产业园区为依托,始终围绕市场配置生态资源,成为生态产业化的载体。这些企业不仅拓宽了当地就业渠道,招聘和培养了一些有能力的农民,将一部分农民转变为工人,而且带动了当地第三产业的发展,一些农民从原来住的地方搬到园区周围,依托企业发展自己,长期发展下去,企业聚集地区就会成为城镇或小城市。二是随着退耕还林政策的贯彻实施,为了巩固退耕还林的成绩和保护生态环境,在政府的鼓励和支持下,将生态脆弱区或居住过于分散的农民集中迁移到生态人口承载能力较高、发展潜力较大的区域,并在这些区域发展市场经济,而这些区域往往又是生态资源深加工企业的首选之地,生态移民和企业及产业的带动加快了农村的城市化进程,使传统意义上的农村逐渐退出人类历史的舞台。因此,随着生态产业的发展,在不久的将来会有很大一部分农民将不再是传统观念上的农民,他们除了户口在农村外,其他都和城市人没什么显著区别。

17.4　生态资源的产权变得更加复杂

中国生态资源的产权制度安排形式都是公共产权,主要是国有产权形式,即属于全体人民所有,名义上人人都是平等的,都是国家的主人,都同等地享受生态资源带来的各种效益。然而,生态资源公共产权是一种比较模糊的产权安排,在实际运作当中,生态资源公有公用,凡是中国公民只要缴纳少量的费用即可使用。然而,人人皆有等于人人皆无,在市场经济条件下,理性经济人必然选择最大限度"损公利己"地使用生态资源,从而引起委托失灵和代理失灵,机会主义和败德行为盛行,导致生态资源过度使用,生态环境快速恶化。中国退耕还林政策的贯彻落实和生态的产业化发展趋势,使生态资源的产权变得更加模糊不清,引起更多产权纠纷。

首先,根据中国的法律规定,农民从集体组织获得土地进行耕种时,也就拥有了所耕种土地的产权,包括土地的使用权、处置权和收益权。而且,退耕还林按照"谁造林草,谁管护,谁受益"的利益分配原则,农民对于商品林、兼用林和公益林都有受益权,都可以对林木、林副产品拥有完全的经营管理权、使用权和处置权。但是,根据《退耕还林条例》规定,生态公益林是不允许砍伐的,农民无法随意对其进行处置,退耕还林的补偿期满后,农民无法从生态公益林中获得任何收益,也无法对它们进行处置、转让,这样仅剩下一个名义上的使用权和处置权。这样,退耕还林形成的部分生态资源的产权对农民来讲是虚构的,他们仅拥有了生态资源所占土地的产权,而土地上的生态资源的产权实际上已属于公共产权,此时农民的土地产权在经济上得不到任何体现。

其次,退耕还林过程中还形成了一部分经济林和牧草资源,如果农民能够像耕地种粮一样在经济林和牧草资源投入大量的精力和财力,那么在生态资源深加工企业的带动下,他们会获得可观的经济收益。实际上,退耕还林政策的实施和生态产业发展将农民从土地的束缚中逐渐解脱出来,由农民转变为工人,由农村人转变为城市人,农民从事第二、第三产业工作所获得的收益远远大于从事农业的收益,因此,他们会将经济林和牧草资源承包给个人或生态资源深加工企业去经营,自己从中获得租金。可见,退耕还林政策的实施和生态资源产业化发展使生态资源的产权归属更加复杂,产权界限更加模糊。

17.5 人居环境得到显著改善

人居环境的改善是社会发展进步的重要标志,在全球人口快速增长和生态环境危机日益加剧的今天,人们期望在天蓝水清、鸟语花香的环境里生活,塑造健康的人居环境已成为大势所趋。中国退耕还林政策的实施和生态产业的快速发展,将迎合人类的物质和精神需要,大大改善现有的人居环境,特别是农村居民的生存环境,从而促进和谐社会建设和人类可持续发展。

首先,生态产业发展带来的劳务输出、生态移民及企业带动使更多的农民从农村走向城市或集中起来组建新的城镇。特别是绿色城市成为当代城市发展的主流,它不仅仅着眼于城市的生态环境等外在的视觉形象,更注重城市的绿色文明、绿色经济、绿色生态等丰富内涵,这样农民们就摆脱了农村艰苦的生存环境,走向各项功能逐渐完善、生态环境逐渐好转的现代城市,享受城市发展中的现代文明。同时,农村剩余劳动力的转移一方面减少了广大农村人类活动对自然环境的破坏,特别是在退耕还林(草)政策的推动下使一大批不适宜耕种的土地还林(草),大力发展草畜业,提高农民经济收入;土地的集中使用发挥了规模优势,提高了单位面积的土地生产能力,使传统农业逐渐向现代农业转变,促进农村人居环境和农民生活水平的持续提高。

其次,生态产业的发展进一步扭转了人类的生态观念。人类的生态意识逐渐增强,开始注重节约资源和保护生态环境,提高了生态资源造福于人类的能力,生态资源的保护和补充促进了天上水、地表水和地下水的正常循环,生态资源能涵养水源、提高水质,减少和节制地表水的径流,从而减少了土壤侵蚀和水土流失;生态资源吸收了大气中的二氧化碳和二氧化硫、氯气等有毒气体,阻挡或吸附大气中的粉尘、飘尘等,在合成自身需要的有机营养的同时,向环境中释放氧气,使空气得到净化;生态资源能降低平均气温和缩小年温差、日温差,使温度变化趋于缓和,气温上升速度减缓;生态资源通过吸收空气中的二氧化碳和地下的有机、无机物质,经过自身的作用,制造物质来营造自己的身体,之后以枯枝落叶方式返回地面,再分解成腐殖质,从而提高土壤的肥力,使土壤得以改良。总之,生态产业的发展从根本上改善人居环境,它不仅改变了人类的居住环境,而且改变了人类所处的自然生态环境,使大自然处处青山绿水、鸟语花香,促进了人与自然的和谐发展和全人类的健康、可持续发展。

17.6 人类生活方式发生明显变化

生态产业发展提高了人类的生活水平,加快了人类的价值观念由传统观念向与环境友好、与自然和谐、与社会融洽的生态观念转变,特别是生态产业链的延伸及第一产业与第二、第三产业融合,为人类特别是农村居民提供了更多的就业和学习机会,同时为人类提供了种类更多、品质更健康的生态产品,在生态文明时代,人类的生活方式正发生着新的变化。

首先,饮食结构发生变化。人类原有饮食结构是以粮食消费为主,以肉类、蔬菜、水果类产品消费为辅,生态产业的发展逐渐提高了人类对肉类、蔬菜、水果、乳品等的消费量。据统计,从1990年至2005年,中国城镇居民家庭平均每人每年鲜菜购买量由138.70 kg下降到118.58 kg(这一现象与科技发展促进粮食增产以及中国人口快速增长有关,从2000年到2005年,农村居民家庭平均每人全年消费蔬菜量由 106.74 kg 增加到 113.36 kg,呈增长趋势),猪肉购买量由 18.46 kg 增加到 20.15 kg,牛羊肉购买量由 3.28 kg 增加到 3.71 kg,家禽肉购买量由 3.42 kg 增加到 8.97 kg,水果购买量由 41.11 kg 增加到 56.59 kg。这些产品的需求增加对粮食具有替代效应,使城镇居民家庭平均每人每年粮食购买量由 1990 年的 130.72 kg 下降到 2005 年的 76.98 kg[①]。

其次,就业结构发生变化。改革开放初,中国就业人口绝大多数集中在第一产业和公有制企业,随着市场经济的推动和生态产业的发展,就业人口逐渐由第一产业向第二、第三产业转移,由公有制企业向非公有制企业转移。据统计,从 1978 年到 2005 年,中国第一产业就业人口比重由 70.5% 下降到 44.8%,第二产业就业人口比重由 17.3% 增加到 23.8%,第三产业就业人口比重由 12.2% 增加到 31.4%[②]。

第三,生活内容发生变化。改革开放初,人类注重的是物质生活水平的提高,盲目追求经济数量的增长,生活的内容主要是参与生产,这与当时中国的国情有关。改革开放近 30 年以来,人类的物质生活水平有了很大的提高,经济数量的增长不再是人类追求的唯一目标,人类开始意识到节约资源、保护环境才能实现经济社会的可持续发展,更加注重经济质量的增长和精神需求的满足,对绿色生活方式的认识逐渐提高,对绿色消费的理解越来越透彻,对绿色产品的需求越来越多,彩色电视机、汽车、电脑、空调等耐用消费品和休闲、娱乐、保健养生等健康活动成为人类生活中的必需品。随着中国市场经济体制的进一步完善和生态产业的进一步发展,人类的生活方式将发生更加深刻、更加多样化的变化。

①《中国统计年鉴》(2006).
②《中国统计年鉴》(2006).

18

资源环境研究的展望

- - - - - - - - - - - - - - - - ❖ - - - - - - - - - - - - - - - -

中国是一个资源相对缺乏的国家。与世界平均水平相比,中国人均能源占有量少,仅为世界的1/5左右。随着中国经济的发展,对能源的需求将持续增长,此外,虽然以煤炭为主的能源结构不尽合理,但在相当长的时间内却无法改变。转变粗放式的经济发展方式,积极调整产业结构,建立反映环境成本的能源价格体系,积极发展可再生能源和新能源成为解决中国能源问题的必然选择。中国的人均水资源占有量仅约为世界各国人均水资源的1/4,从人均角度看,中国属于严重缺水国家。中国需要建立更加健全的水权制度,大力发展节水产业,只有这样才能提高水资源的利用效率。国民经济的快速增长也给环境带来了巨大压力,主要污染物的排放量仍将呈上升趋势。中国将进一步加大环境保护和生态建设的投资力度,依靠科技进步,积极调整产业结构,从而提高环境质量。

18.1　资源研究的展望

18.1.1　能源展望

1)能源需求展望

能源是指能够转换成机械能、热能、电磁能、化学能等各种能源的资源。能源按利用方式可分为一次能源和二次能源,按开发进程和利用程度可分为常规能源和新能源,按可再生性可分为可再生能源和不可再生能源。

与世界平均水平相比,中国人均能源占有量少,仅为世界的1/5左右。

人均煤炭资源约为世界平均水平的1/2,石油约为1/10,天然气则不足1/20,虽然水能资源丰富,居世界第一位,但人均仅为世界的64%。中国目前自产石油仅能维持20年的需求,煤炭也只能维持110余年,总体来说,中国是一个能源相对短缺的国家。

能源是社会经济发展的重要资源,能源的生产、消费与经济增长之间存在着密切关系,一个国家国民经济发展水平和速度往往受到能源供给状况的制约,如果能源供给不足,将会直接影响经济增长的速度。

能源消费弹性系数是研究能源消费和经济增长之间的关系时常用的一个指标,它是年均能源消费增长率与年均GDP增长率的比值。考察发达国家的工业化过程,可以发现能源消费弹性系数有一个特征,即能源消费增长的速度与国民经济增长的速度之间呈一定的比例关系。在工业化初期,能源消费大的重工业部门优先增长,能源消费增长率大于GDP的增长率,能源消费弹性系数大于1,单位社会产品的能源消费量呈上升趋势。当重工业发展到一定规模时,优先增长的趋势开始放缓,能源消费弹性系数也开始回落,在工业化的后期,能源消费弹性系数通常都小于1。

从20世纪80年代初至2000年,中国经济总量翻了两番,GDP的能源强度下降了66%,能源消费弹性系数平均为0.41,节能工作取得巨大成效。进入本世纪后,能源消费弹性系数小于1的良好势头未能得以保持[①]。自2002年以来,能源消费弹性系数连年都在1以上的高位(见表18.1),其主要原因可以归结为工业特别是重化工业在国民经济产业结构中比重的迅速增长,钢铁、水泥、电解铝、有色金属等行业出现了投资过热的现象,导致能源消耗迅速增加。

表18.1 中国近年能源消费弹性系数

年度	GDP增长率/%	能源消费增长率/%	能源消费弹性系数
2001	7.5	3.5	0.47
2002	8.3	9.9	1.19
2003	9.5	15.3	1.61
2004	9.5	15.3	1.61

资料来源:据中国统计年鉴整理。

①何建坤,张希良.中国产业结构变化对GDP能源强度上升的影响及趋势分析[J].环境保护,2005(12):43-47.

2020 年国内生产总值比 2000 年翻两番是中国的一个宏伟战略目标,这一目标的实现是要有能源供给来保障的,经济增长是能源需求增长的直接推动力。据中国环境规划院研究,2010 年,能源需求量将达 23 亿 t(标煤)左右,比 2002 年能源消耗量 14.8 亿 t(标煤)增长 55.4%[①]。表 18.2 为中国近年能源生产总量及构成。

表 18.2　中国近年能源生产总量及构成

年份	能源生产总量(标准煤)/万 t	占能源生产总量的比重/%			
		原　煤	原　油	天然气	水　电
2000	106 988	66.6	21.8	3.4	8.2
2001	120 900	68.6	19.4	3.3	8.7
2002	138 369	71.2	17.3	3.1	8.4
2003	159 912	74.5	15.1	2.9	7.5
2004	184 600	75.6	13.5	3.0	7.9

资料来源:2005 年中国统计年鉴。

从能源结构上看,煤炭是中国最重要的能源产品。到 2010 年,煤炭的需求量将达 22.1 亿 t,比 2002 年的 13.9 亿 t 增长 58.99%。煤炭消耗占一次能源的比例有下降趋势,从 2002 年的 70% 左右下降到 2010 年的 66% 左右,但以煤为主的能源结构仍将长期存在。

对煤炭需求较大的行业主要是电力、黑色金属冶炼、石油加工、水泥制造等,2002 年,这四大行业的煤炭消耗量为 9.31 亿 t,占整个煤炭消耗量的 66.84%。到 2010 年,这四大行业的煤炭消耗量将上升为 17.05 亿 t,占整个煤炭消耗量的比例也将上升为 77.06%。

石油在中国能源生产总量中所占的比例并不高,2004 年仅为 13.5%,但中国的石油并不能自给自足,自从 1993 年中国成为石油净进口国以来,石油进口数量和石油对外依存度逐年上升,2003 年石油对外依存度高达 50%。中国经济的持续增长,特别是汽车工业的迅速发展,将带动石油需求的快速增长,由于国内石油产量不可能大幅度提高,石油进口数量将明显上升。预计 2010 年前,国内石油产量大体维持在 1.60 亿~1.80 亿 t 之间,而需求量可能达到 2.68 亿~3.28 亿 t。石油对外依存度过高,且石油进口来源相对

[①]曹东,於方,等.经济与环境:中国 2020[M].北京:中国环境科学出版社,2005:185-187.

集中(主要来源于中东国家),因而石油安全问题不容忽视①。

2)转变粗放式的经济增长方式,积极调整产业结构

近年来,中国经济增长呈典型的投资推动型,在"十五"期间,固定资产投资率居高不下,2005年全社会固定资产投资比上年增长25.7%,虽然对国民经济的增长起到推动作用,但对资源和环境所产生的压力也是显而易见的。要从根本上改变高投入、高消耗、高污染、低效率的传统增长方式,真正把经济增长转移到主要依靠科技进步、提高资源利用效率、提高劳动者的知识和技能的轨道。必须大力发展资源消耗少、环境影响小的第三产业,在第二产业的发展过程中,逐步降低高耗能产业,如钢铁、有色金属、水泥、化工等产业的比重,用清洁生产技术改造传统产业,大力发展资源消耗低、污染排放少、经济附加值高的高新技术产业,使中国工业化真正走上一条科技含量高、经济效益好、资源消耗低、环境污染少,人力资源优势得到充分发挥的新型工业化道路。

3)建立反映环境成本的能源价格体系

能源的价格不能准确地反映能源开发与利用所带来的环境成本,是造成能源浪费和利用效率低下的主要原因之一,要提高能源的利用效率,除了技术创新,合理确定能源价格体系也是一个有效途径。

目前,中国煤炭价格中没有包括全部环境成本。虽然对煤炭征收资源税,但税率较低,仅为每吨0.3~5元,征收的这部分费用主要用于煤炭资源勘探,远没有达到应有的边际成本。以产煤大省山西为例,2003年全省的煤炭工业环境污染和生态破坏的损失为288.77亿元,约占全省GDP的11.5%,折合吨煤的损失平均为64.23元,约占煤炭2004年出省平均价格的25%,煤炭的成本并没有包括这些损失,因而,煤炭的价格也未能反映相应的环境污染和生态破坏的损失②。

4)积极发展可再生能源和新能源

中国拥有丰富的风能资源,全国理论可开发的风能储量为32.26亿kW,实际可开发的风能储量为2.53亿kW,其中西部地区的风能资源占全国的

①吴季松.循环经济:全面建设小康社会的必由之路[M].北京:北京出版社,2003:179-180.
②王玉庆.建立反映环境成本和持续发展的资源价格体系[J].环境保护,2005(11):13-16.

50%以上。风力发电在可再生能源发电技术中成本最接近于常规能源,因而得到快速发展,截至2003年底,中国风电装机已达56.74万kW。除了技术原因,中国风能发展还面临一些其他障碍,一是风电上网价格偏高,在竞价上网时处于竞争劣势;二是分摊机制不完善,未能得到具体政策的有力支持。

太阳能资源在中国也很丰富,每年中国陆地接收的太阳能辐射总量相当于24 000亿t标煤,全国总面积2/3地区年日照时间超过2 000小时,西北的一些地区甚至超过3 000小时。虽然太阳能在整个能源产业中所占比例不大,但却有非常好的成长性。中国太阳能热水器的生产量、使用量均为世界第一,太阳能热水器的产值年增长率超过20%[1]。

氢能具有广阔的发展前景。氢是自然界中含量最多的元素,且来源非常广泛,水、化石燃料、植物和有机废物中都含有大量的氢,可以说氢能是取之不尽、用之不竭的能源。氢在很多方面都优于传统的化石燃料,氢的燃烧值是煤的5倍,汽油的2.8倍。与传统化石燃料不同,氢燃烧时的产物只有水,不造成严重的环境污染。所以,氢能是一种理想的绿色能源,在替代传统能源上有很大的潜力[2]。

发展氢能的主要障碍是氢能技术的成本过高,包括制氢和储氢的成本都非常高,此外,由于氢气具有的易爆的特点,这就对氢气的制备、储存和运输等环节提出了更高的安全性要求,所有这些都限制了氢能的规模化生产和市场化推广。

发展氢能的关键在于制氢技术,自然界中可以直接利用的纯氢含量非常少,目前氢能只能通过特定的方法从其他能源制备。从现有的技术和市场来看,制氢的主要原料或能源还是化石燃料等一次能源和电力,但这种制氢方式同样要消耗能源,并造成能源枯竭和环境污染。在提供制氢的能源方面,水电和风能可以发挥一定的作用,水电丰富的地区,在丰水期和用电低谷时可以将大量剩余电力通过电解水制备氢,风能丰富的地区,也可将夜间多余的电力通过电解水制备氢。此外,工业副产氢也是制氢的有效途径,如合成氨工业、氯碱工业都可以回收大量的氢,废弃煤矿中地下煤气化也能获取大量的氢。从长远观点看,应以可再生能源为制氢原料,如生物法、生物质气化法和光催化法等,虽然这些方法目前还不成熟,也没有达到产业化的生产规模和商业上的推广,但这些方法却代表了今后发展的方向。

---

①丁丁.可再生能源产业全球升温[J].环境,2004(7):8-9.

②王健,武增华,等.氢经济开创绿色能源新时代[J].环境保护,2004(9):52-55.

18.1.2 水资源展望

1)水资源需求展望

从世界范围看,从20世纪初至20世纪末的一百年间,农业用水增加了5倍,工业用水增加了26倍,人口增长使家庭生活用水增加了18倍。水已经成为世界范围内日益稀缺的一种资源。

虽然中国在世界上水资源的占有量名列第四,仅次于巴西、俄罗斯、加拿大,但由于巨大的人口基数,中国的人均水资源占有量仅为2 300 m³左右,约为世界各国人均水资源的1/4,从人均角度看,中国属于严重缺水国家。2000年中国缺水4 000亿m³,因缺水造成的经济损失高达2 400亿元。除了人均水资源占有量少,中国水资源的另一个特点是在时间、空间分布极不均匀。从时间上看,夏季水量多,冬季水量少,降雨量比较多地集中在夏季的六、七、八这三个月,冬季雨雪相对较少。从空间上看,南方水资源较为丰富,北方十分缺乏,占全国总面积不到一半的长江以南流域的水资源占有量是全国的81%,而占全国总面积多半的淮河以北地区的水资源占有量仅为全国的19%。

据中国环境规划院的研究,在未来的5~15年内,全国总用水量将持续增长[1]。农业用水在全国总用水中占有较大比例,在"十一五"期间农业浇灌用水量仍会有小幅度增加,基本保持在3 700亿m³左右,但从长期角度看,农业用水的比例有逐渐降低的趋势。未来用水需求的压力主要来自工业用水和生活用水的快速增长。根据预测,2010年全国的用水量将达到5 855亿m³,比2003年增加10.3%,其中,工业用水占19.8%,农业用水占66.2%,生活用水占14.0%;2020年全国的用水量将达到6 213亿m³,比2003年增加17.0%,其中,工业用水上升至25.1%,农业用水下降至60.4%,生活用水占14.5%。

从工业行业内部用水结构来看,用水量最大的五个行业分别是电力、纺织、化工、钢铁和造纸,2003年这五大行业的用水需求分别是635.22亿m³、93.42亿m³、101.03亿m³、89.22亿m³、81.55亿m³,未来的若干年中,由于重复用水率提高,电力和钢铁行业的用水需求略有降低,纺织、化工和造纸行业的用水需求将继续增长。与2003年相比,到2010年,电力和钢铁行业由于重复用水率提高,其用水需求分别下降7.31%和4.08%,纺织、化工和

---

①曹东,於方,等.经济与环境:中国2020[M].北京:中国环境科学出版社,2005:173-185.

造纸行业的用水需求分别上升 5.90%、2.72% 和 7.31%,这五大行业的用水需求占全部工业行业用水量的 83.37%。

目前,中国城市化率每年约提高 1.3 个百分点,到 2010 年预计城市化率将达到 46.2%,随着城市化率的提高,城镇居民数量将快速增长,这意味着城镇生活用水的需求也必将同步快速增长,预计 2010 年城镇生活用水量将达 495 亿 m^3,与 2003 年相比增长 52%。

2)建立更加健全的水权制度

由于水权制度不健全,中国水资源的管理效率低下,在水资源的开发、利用过程中存在非常严重的浪费现象,要使水资源在经济和社会发展中发挥最大效用,就必须建立合理的水权制度。

水资源是指具有经济利用价值的自然水,主要是指逐年可以恢复和更新的淡水。它是发展经济、生态平衡和人民生活中不可缺少的重要战略资源,具有稀缺性、不可替代性、可再生性、随机性、市场的区域性、外部性和非排他性等经济属性。

既然水资源是一种日益稀缺的资源,就必须对它进行有效配置。水资源的有效配置是指,在一个特定流域或区域内,以有效的方式,对有限的、不同形式的水资源,通过各种措施在各用水户之间进行科学合理的分配和使用,以使水资源在整个社会利用效率最高。水资源的有效配置主要涉及水资源开发、利用、保护和管理等环节。

水权是指水资源的所有权、使用权和收益权。中国的水资源的所有权属于国家,在中国水权主要是指依法对于地表水、地下水所取得的使用权、相关的转让权、收益权等。与一般的用水相比,水权拥有者的权利得到法律的确认和保护,当他的权利受到侵害时,国家应依法消除侵害或使水权拥有者得到相应的补偿。

水资源的经济属性之一是非排他性,建立不减弱的财产权是解决资源非排他性造成环境问题的有效手段。由于水资源本身是非排他性的资源,难以如同普通商品一样建立不减弱的财产权,但是社会可以建立财产共有的权利,以法律形式规定谁在什么条件下可以取水、用水及其数量,以防止水资源的无序开发和使用,提高水资源使用的公正性和效率。在排他产权无法建立的情况下,水资源财产共有权利是一种有效分配水资源财产权的权利体系。

水权的实质是关于水资源的共有权利和使用规定,在建立水权制度时,应处理好以下几方面问题:一是明晰水权。要明确水权的内容和水权主体,即谁拥有水权,是所有权还是使用权。二是明确水权的计量方式。水权可以根据不确定的径流的一部分,或蓄水层或水库的一部分确定,水权还可以规定为一个时间段的用水量。三是确定分配用水量的协调机制。如果水权是按量分配,当供水量不能满足所有用水户的需求时,必须有一个协调机制。常见的有三种协调机制:顺序协调机制,根据授权的时间、地点或用水类型(如工业用水、灌溉用水、生活用水),给每一种水权规定优先级,当供水不足时,按照优先顺序供水,只有上一个优先级水权的全部用水量都得到满足后才供给下一个优先级水权的用水;二是按比例减少供水的协调机制,根据供水短缺程度按比例减少所有水权的用水量;三是混合协调机制,即同时使用以上两种机制,通常的情形是,优先级高的水权,用水量减少的比例小,优先级低的水权,用水量减少的比例大;四是地下水和地表水的水权要同时建立。如果只建立地表水的水权,必然造成地下水的过度开发,此外,由于地表水和地下水相互影响,地下水的过度开发也会对地表水水权的行使产生负面影响;五是要有行之有效的管理制度保证水权的实施,特别是对违法取水、超标取水等行为要有严厉的处罚措施[①]。

可交易的取水许可证是水权市场化的一种实施方式,它是按一定的标准将水资源以取水许可证的形式分配给社会和个人,规定了每张可交易的取水许可证的标准取水量,这种取水证可以上市交易。在发行取水许可证时,主要考虑分配公平,却难以兼顾效率,也无法满足社会的真实需求。允许取水许可证上市交易,这样,用水需求量大且没有足够数量取水证的用水户可以在市场上买进取水证,用水需求量小且有多余数量取水证的用水户可以在市场上卖出取水证,而取水证交易价格又是由市场上供需关系决定的,由此弥补效率上的不足,提高水资源的配置效率。可交易的取水许可证的数量每年随供水量的变化进行调整。

3)积极进行产业结构调整,大力发展节水产业

产业结构对水资源的消耗量有着重大影响。第一产业的用水量最大,调整的重点是降低第一产业的比重。与第一产业相比,第三产业具有高就业率、高附加值、水资源消耗少和低污染的特点,是需要大力发展的产业,发展第三产业有助于实现经济与环境双赢。2005年,第三产业增加值占国

---

①鲁传一.资源与环境经济学[M].北京:清华大学出版社,2004:218-231.

内生产总值的比重为 40.3% ,随着工业化和城市化进程的推进,第三产业还有广阔的发展空间。

中国农业用水约占总用水量的 70% ,因而农业节水是整个工作的重中之重。农业节水应着重两方面的工作,一是采用先进的灌溉方式,目前中国水利灌溉系数为 0.43,远远低于国际水平,要做好渠道防渗和管道输水,对有条件的农田尽可能采用喷灌、滴灌等节水灌溉方式;二是要优化种植结构,采用优良品种,大力发展节水、抗旱的农作物。

中国工业的水资源利用效率不高,与发达国家相比还有相当大的差距,例如,由于中国钢铁生产的冷却工艺落后与用水浪费,生产 1 t 钢所耗水近 100 m^3 ,而日本等发达国家仅耗用 $8 \sim 9 \text{ m}^3$ 水,中国生产 1 t 钢的耗水量超出发达国家的 10 倍。要控制中国工业用水量可以从两方面入手,一是优化工业内部结构,对耗用水资源量大的行业的发展要有所限制;二是要提高水的重复利用率,提高水资源的利用效率,这需要工业改进工艺和流程。

循环经济是提高水资源利用效率的有效途径,水资源的循环利用既可以在一个企业内部以小循环的形式实现,也可以在生态工业园区内以中循环形式实现,也就是使一个企业排出的废水成为另一个企业的原材料,这就延长了一个企业的产业链,使水资源得到最大效率的利用。

18.2　环境研究的展望

18.2.1　环境污染预测

"十一五"期间,中国的投资率仍将维持在较高的水平上,国民经济也将继续保持平稳较快地发展,国民经济增长率将保持在 8% 左右,国民经济的快速增长也给环境带来了巨大压力。中国环境规划院对"十一五"期间水污染物、大气污染物、固体废物产生量进行了预测,其主要结论如下[1]。

1) 废水和水污染物产生量预测

农业的废水和水污染物主要来自种植业和畜牧业。在种植业方面,由于灌溉面积的增加和高强度的化肥使用量,种植业废水和污染物产生量都

---

①曹东,於方,等.经济与环境:中国 2020[M].北京:中国环境科学出版社,2005:188-263.

呈上升趋势,预计2010年,废水产生量为1 308亿t,比2002年的1 164亿t增加12.37%;COD产生量为1 837万t,比2002年的1 567万t增加17.23%;氨氮产生量为367.4万t,比2002年的313.4万t增加17.23%。减少种植业废水和污染物产生量的重点在于降低单位种植面积用水系数、减少单位种植面积的化肥施用量和改善化肥施用结构。畜牧业废水和污染物产生量也呈上升趋势,2010年废水产生量将达50.1亿t,比2002年的31.9亿t增加57.05%;畜牧业的各种污染物产生量也有明显的上升,2010年,各种污染物如BOD_5、COD_{cr}、NH_3-N、TP、TN的产生量总和将达5 591.89万t,比2002年的3 163.31万t增加76.77%。畜牧业废水和污染物产生量上升的主要原因是畜禽养殖业的快速发展和规模化养殖比例的逐年提高。畜牧业废水和污染物产生量上升的速度大大高于种植业废水和污染物产生量上升的速度。

随着生产工艺的改进和污水处理技术的提高和应用,工业废水和污染物产生系数将有所下降,但由于工业增加值的增速较快,特别是重化工业的发展,工业废水和污染物的产生量仍然随工业增加值的增长而呈逐年上升趋势,但上升幅度低于工业增加值。2010年,工业废水产生量将达483亿t,比2003年增长50.7%;废水产生系数则由2003年的61.09 t/万元下降为2010年的52.17 t/万元,降幅为14.6%;2010年废水中的COD和氨氮产生量分别为2 036万t和105万t,与2003年相比,上涨幅度分别为34%和36%,COD和氨氮产生系数分别为21.99 t/万元和1.132 t/万元,与2003年相比,下降幅度分别为24%和23%。从行业结构来看,废水产生量最多的四个行业分别是化工、造纸、钢铁和电力行业,2010年这四大行业的废水产生量将分别达到74亿t、73.6亿t、67.5亿t和64.0亿t,占整个工业废水产生量的57.8%。

在今后几年中,城镇生活废水和污染物排放量仍呈上升趋势,这主要是由于城镇化水平提高和城镇人口迅速增长所致。从长期观点来看,随着废水回用率和污染物去除率的提高,城镇生活废水和污染物排放量的增长趋势有望放缓。2010年城镇废水排放量将达374亿t,比2003年增长53.9%;COD和氨氮排放量将分别为944亿t和117亿t,分别比2003年增长9.6%和28.6%。

2)大气污染物产生量预测

大气中的主要污染物是二氧化硫、烟尘、粉尘和氮氧化物等。由于城市化、工业化进程对能源的强劲需求,大气中污染物的产生量也将持续上升。中国以煤炭为主的能源结构还将长期存在,二氧化硫产生量将逐年增长,2010 年二氧化硫产生量将达 4 032 万 t,其中,工业占 94.54%,生活及其他占 5.46%,工业中又以电力行业产生的二氧化硫最多,占到整个工业产生二氧化硫的 53.5%,其他产生二氧化硫较多的行业分别是有色金属冶炼、黑色金属冶炼、化学工业、水泥、石油加工等。居民生活产生的二氧化硫有逐年降低的趋势,这主要是由于燃气使用比例逐渐提高,煤炭使用比例逐渐下降所致。

2010 年,烟尘的产生量预计为 24 704 万 t,其中电力行业占到 87.3% 的份额;粉尘的产生量为 10 841 万 t,其中水泥行业和黑色金属冶炼行业分别占 56.8% 和 31.0%;氮氧化物的产生量为 2 078 万 t,其中电力行业占到 53.2% 的份额,其他产生二氧化硫较多的行业是交通运输和冶金等。

3) 固体废物产生量预测

固体废物主要包括工业固体废物和生活垃圾等。工业固体废物主要有煤矸石、粉煤灰、炉碴、冶炼废渣、尾矿废物和危险废物等,这六类主要工业固体废物占全部工业固体废物产生量的比例在 80% 以上,2010 年预计中国工业固体废物产生量为 116 996 万 t,比 2003 年的 89 932 万 t 增长 30.1%。城市化率的提高和城市人口的迅速增长将不可避免地导致城市生活垃圾的快速增长,如果 2010 年城市人口按 5.68 亿计算,那么城市生活垃圾将达 22 029 万 t,比 2003 年的 14 857 万 t 增长 48.3%,此外,人均生活垃圾产生量的上升也是城市生活垃圾急剧增长的一个原因。

18.2.2 环境保护工作的主要任务和重点领域

加强水污染防治。饮水安全和重点流域治理为水污染防治的重点,对工业、规模化养殖业产生的污染物要进行处理,不能直排到饮用水源保护区,严格控制有毒有害物质的水污染,切实保证饮用水源的安全;加大淮河、海河、辽河、松花江、三峡库区及上游、太湖、滇池、巢湖等流域的污染治理力度,使重点流域的水污染状况得到明显改善。

加强大气污染防治。中国是一个以煤为主的能源结构的国家,大气污染的 70% ~90% 来自煤炭燃烧,所造成的经济损失已相当于 GDP 的 2% ~3%。中国大气污染防治工作十分艰巨,"十一五"期间要重点完成以下几方面任务:一是降低二氧化硫的排放量。燃煤发电排放的二氧化硫是大气中的重要污染物,考虑到中国以煤为主的能源结构将长期存在,所以,大气污染防治的重点是降低二氧化硫的排放量,这就要求中国要合理使用煤炭资源,含硫量低的煤优先用于工业锅炉,含硫量高的煤原则上用于配有脱硫设施的燃煤电厂,新建燃煤电厂必须同步建设脱硫设施,老电厂也要分阶段建设脱硫设施。二是加快冶金、有色、化工、建材等行业的大气污染治理。三是大力开发可再生能源、新能源,改善能源结构,提高能源使用效率。

深化城市环境综合整治工作。国务院确定了113个城市作为环保重点城市,这些城市占全国城市人口的50.1%,GDP占全国总量的71.3%,其环保基础设施必须与城市发展同步。城市环保工作的重点主要有以下三方面:一是加强城市污水和垃圾处理。污水尽可能集中处理,提高垃圾无害化处理的比例,限制生活垃圾和工业固体废物挤占耕地。二是改善城市空气质量。将颗粒物作为城市大气污染防治的重点,鼓励发展节能环保型汽车,减少汽车尾气污染。三是在城市建设中注重自然化、人文化和生态化的统一。

合理开发资源,加强生态保护。坚持生态建设与保护并重,将生态建设的重点从人工建设转到自然恢复上来,严格控制破坏地表植被的开发建设活动,防治水土流失,重点控制农牧交错区的土地退化和草原沙化。科学合理开发利用水资源,发展节水产业,提高水资源的循环利用效率,防治水污染,维护健康的河流生态系统。加强对矿产资源开发的环境监管,防治新的破坏①。

自改革开放以来,中国环境保护投资随经济实力的增强而逐步增加。"七五"期间环境保护投资为476.42亿元,"八五"期间的投资达到1 306.57亿元,是"七五"期间投资的2.7倍;"九五"期间的投资上升为3 447.52亿元,是"八五"期间投资的2.6倍;"十五"期间环境保护投资继续大幅增长,超过7 000亿元,同时,环境保护投资占GDP的比例也逐渐上升,1999年首次突破1.0%,最近几年继续保持上升趋势,2004年环境保护投资已占全国当年GDP的1.4%。

根据发达国家的经验,国家工业化、城市化完成的过程往往伴随着比较严重的环境污染问题,环境保护投资要在一定时期内持续稳定占到GDP的1.0%～1.5%,才能有效地控制污染,使环境不再继续恶化;如果要使环境质量得到明显改善,那么,环境保护投资要占到GDP的3.0%。参照这个标准,中国环境保护投资占GDP的比例总体上还是偏低的,与控制环境污染、改善环境质量的需求还存在较大的差异,因而,在"十一五"期间还要继续加

①解振华.构建新时期环保战略[J].环境保护,2005(5):5-8.

大环境保护投资的力度。

　　预计"十一五"期间全社会环境保护投资可达 13 750 亿元,约占同期 GDP 的 1.6%,不仅环境保护投资总量比"十五"期间有大幅增长,而且占 GDP 的比例也有稳步提高①。其中,城市环境基础设施投资约 6 600 亿元, 占了近一半的份额;工业污染源治理投资和新建项目"三同时"环保投资分 别约为 2 100 亿元和 3 500 亿元;生态环境保护投资、核安全和辐射环境安全 投资、环保监督管理能力建设投资分别约为 1 150 亿元、100 亿元、300 亿元。 根据《国家环境保护"十一五"规划》,环境保护资金将主要投资于环境监管 能力建设、危险废物和医疗废物处理、铬渣污染治理、城市污水处理、重点流 域水污染防治、城市垃圾处理、燃煤电厂及钢铁行业烧结机烟气脱硫、重点 生态功能区和自然保护区建设、核与辐射安全、农村小康行动环保等十大重 点工程。②。

---

①周建.未来五年中国环境保护投资需求及其重点领域分析[J].环境保护,2005(12):26-28.
②国家发改委,国家环保总局.国家环境保护"十一五"规划.http://www.gov.cn/zwgk/2007-11/26/content_815498.htm.

附录1 中国资源领域 30 年改革重大事件

1978 年

1978 年,中国修改后的《宪法》规定:"国家保护环境和自然资源,防治污染和其他公害。"

1979 年

2 月 10 日,国务院颁布《水产资源繁殖保护条例》。

2 月 23 日,《中华人民共和国森林法(试行)》在五届人大常委会第六次会议原则通过。

9 月,五届全国人大第十一次会议原则通过了《环境保护法(试行)》。

1981 年

1 月 8 日,中国参加《濒危野生动植物种国际贸易公约》。

3 月 8 日,中共中央、国务院发布《关于保护森林发展林业若干问题的决定》,明确规定保护森林发展林业的方针、政策,提出当前林业调整和今后林业发展的战略任务。

4 月 17 日,国务院发出《关于制止农村建房侵占耕地的紧急通知》。

1982 年

6 月 4 日,国务院发布《中华人民共和国进出口动植物检疫条例》。

8 月 23 日,颁布《中华人民共和国海洋环境保护法》。

11 月 19 日,颁布《中华人民共和国文物保护法》。

1983 年

4 月 13 日,国务院发出《关于严格保护珍贵稀有野生动物的通令》。

1984 年

9 月 20 日,第六届全国人民代表大会常务委员会第七次会议通过颁布《森林法》。

1985 年

6 月 7 日,国务院发布《风景名胜区管理暂行条例》。

6 月 18 日,颁布《中华人民共和国草原法》。

11 月 22 日,中国正式加入《保护世界文化和自然遗产公约》。

1986 年

1 月 12 日,国务院发布《节约能源管理暂行条例》。

1 月 20 日,颁布《中华人民共和国渔业法》。

3 月 19 日,颁布《中华人民共和国矿产资源法》。

3 月 21 日,中共中央、国务院发出《关于加强土地管理、制止乱占耕地的通知》。

5 月 10 日,林业部发布《中华人民共和国森林法实施细则》。

6 月 25 日,颁布《中华人民共和国土地管理法》。

1987 年

10 月 20 日,农牧渔业部发布经国务院批准的《中华人民共和国渔业法实施细则》。

10 月 30 日,国务院发布《野生药材资源保护管理条例》。

1988 年

1 月 16 日,国务院发布《森林防火条例》。

1 月 21 日,颁布《中华人民共和国水法》。

11 月 8 日,颁布《中华人民共和国野生动物保护法》。

11 月 8 日,国务院发布《土地复垦规定》

12 月 29 日,第七届全国人民代表大会常务委员会第五次会议第一次修正《中华人民共和国土地管理法》。

1989 年

10 月 20 日,国务院发布《中华人民共和国水下文物保护管理条例》。

12 月 18 日,国务院发布《森林病虫害防治条例》。

12 月 26 日,颁布《中华人民共和国环境保护法》《中华人民共和国城市规划法》。

1990 年

9 月 1 日,国务院关于(1989—2000 年)全国造林绿化规划纲要的批复公布。

1991 年

6 月 29 日,颁布《中华人民共和国水土保持法》。

7 月 2 日,国务院发布《防汛条例》。

1992 年

2 月 12 日,国务院颁布《中华人民共和国陆生野生动物保护实施条例》。

6 月,联合国环境与发展大会在巴西里约热内卢开幕,李鹏总理代表中国政府在《里约宣言》上签字。

6 月 22 日,国务院发布《城市绿化条例》。

8 月,国务院批准发布《中国环境与发展的十大对策》。

国家环保局、国家计委发表《中国环境保护战略》。

11 月 7 日,第七届全国人民代表大会常务委员会第二十八次会议决定:批准国务院总理李鹏代表中华人民共和国于 1992 年 6 月 11 日在里约热内卢签署的《联合国气候变化框架公约》《生物多样性公约》。

1993 年

7 月 2 日,颁布《中华人民共和国农业法》。

9 月 1 日,国务院发布《取水许可制度实施办法》。

9 月,国务院批准《中国环境保护行动计划》。

10 月 5 日,国务院发布《草原防火条例》。

1994 年

3 月 26 日,国务院发布《中华人民共和国矿产资源法实施细则》。

7 月 4 日,国务院发布关于贯彻实施《中国 21 世纪议程——中国 21 世纪人口、环境与发展白皮书》的通知。

5 月 6 日,国务院发布《关于加强森林资源保护管理工作的通知》。

7 月 5 日,颁布《中华人民共和国城市房地产管理法》。

10 月 9 日,国务院发布《中华人民共和国自然保护区条例》。

1995 年

1995 年,林业部发出《中国林业 21 世纪议程》。

1996 年

1996 年,国家海洋局发出《中国海洋 21 世纪议程》。

1996 年,国务院发出《中国跨世纪绿色工程》。

3 月 17 日,第八届全国人民代表大会第四次会议批准《国民经济和社会发展"九五"计划和 2010 年远景目标纲要》。纲要提出"依法保护并合理开发土地、水、森林、草原、矿产和海洋资源,完善自然资源有偿使用制度和价格体系,逐步建立资源更新的经济补偿机制。加强土地管理。"

5 月 15 日,第八届全国人民代表大会常务委员会第十九次会议决定批准《联合国海洋法公约》。

8 月 29 日,第八届全国人民代表大会常务委员会第二十一次会议通过《中华人民共和国矿产资源法》修正。

8 月 29 日,颁布《中华人民共和国煤炭法》。

1996 年国务院发出《国务院批转国家经贸委等部门关于进一步开展资源综合利用的意见》。

1996 年经八届全国人大四次会议批准的李鹏总理《关于国民经济和社会发展"九五"计划和 2010 年远景目标纲要的报告》明确提出:"尽快完善自然资源有偿使用制度和价格体系,建立资源更新的经济补偿机制。"

12 月 30 日,第八届全国人民代表大会常务委员会第二十三次会议决定批准《联合国关于在发生严重干旱和/或荒漠化的国家特别是在非洲防治荒漠化的公约》。

1997 年

1997 颁布了《中华人民共和国动物防疫法》《中华人民共和国防洪法》《中华人民共和国节约能源法》。

1997 年修订的《刑法》第六章"妨害社会管理秩序罪"的第六节规定了"破坏环境资源保护罪"。

3 月 20 日,国务院发布《植物新品种保护条例》。

4 月发布《中国湿地保护行动计划》。

7 月 3 日,颁布《中华人民共和国动物防疫法》。

1998 年

4 月 29 日,第九届全国人民代表大会常务委员会第二次会议修正《森林法》。

5 月发布《中国海洋政策白皮书》。

6 月 26 日,颁布《中华人民共和国专属经济区和大陆架法》。

8 月 29 日,第九届全国人民代表大会常务委员会第四次会议修订通过《中华人民共和国土地管理法》。

8 月 29 日,第九届全国人民代表大会常务委员会第四次会议决定加入《国际植物新品种保护公约(1978 年文本)》。

11 月 7 日,国务院发出《关于印发全国生态环境建设规划的通知》。

1999 年

12 月 25 日,第九届全国人民代表大会常务委员会第十三次会议修订《海洋环境保护法》。

2000 年

1 月 29 日,国务院发布《中华人民共和国森林法实施条例》。

2001 年

2001 年发布《国民经济和社会发展第十个五年计划纲要》,确定节约保护资源,实现永续利用。

4 月 11 日,国务院批准《全国矿产资源规划》。

5 月 10 日,国土资源部印发《"十五"国土资源生态建设和环境保护规划》。

10月10日,国家经贸委印发《能源节约与资源综合利用"十五"规划》。

10月27日,颁布《中华人民共和国海域使用管理法》。

11月1日,国务院发布《全国生态环境保护纲要》。

12月30日,环保总局、国家计委、国家经贸委、财政部印发《国家环境保护"十五"计划》。

2002 年

3月27日,国家环境保护总局印发《全国生态环境保护"十五"计划》。

3月28日,环境保护总局印发《全国生态环境保护"十五"计划》。

6月26日,环境保护总局印发《国家级自然保护区总体规划大纲》。

8月29日,第九届全国人民代表大会常务委员会第二十九次会议修订通过《中华人民共和国水法》。

9月16日,国务院发出《关于加强草原保护与建设的若干意见》。

10月8日,修订《中华人民共和国文物保护法》。

2003 年

1月14日,国务院印发《中国21世纪初可持续发展行动纲要》。

5月9日,发布《国务院关于印发全国海洋经济发展规划纲要的通知》。

5月18日,国务院发布《中华人民共和国文物保护法实施条例》。

6月25日,中共中央国务院发出《关于加快林业发展的决定》。

2004 年

3月31日,国务院办公厅发出《关于加强生物物种资源保护和管理的通知》。

8月28日,第十届全国人民代表大会常务委员会第十一次会议第二次修正《中华人民共和国土地管理法》。

8月28日,第十届全国人民代表大会常务委员会第十一次会议修订《中华人民共和国渔业法》。

2005 年

2月28日,第十届全国人民代表大会常务委员会第十四次会议通过《中华人民共和国可再生能源法》。

7月15日,修订《中华人民共和国防汛条例》。

2006 年

1月24日,国务院发布《取水许可和水资源费征收管理条例》。

2月14日,国家发展改革委等部门联合发出《关于加强政府机构节约资源工作的通知》。

2月14日,国务院印发《中国水生生物资源养护行动纲要》。

3月14日,第十届全国人民代表大会第四次会议批准了《中华人民共和国国民经济和社会发展第十一个五年规划纲要》,对节约资源、保护修复自然生态、强化资源管理做出规定。

4月29日,国务院公布《中华人民共和国濒危野生动植物进出口管理条例》

9月7日,国家发展改革委等部门联合印发《国家鼓励的资源综合利用认定管理办法》。

9月16日,国务院公布《风景名胜区条例》。

2007 年

9月4日,《可再生能源中长期发展规划》公布,中国将在2020年以前投资2万亿元开发包括水电、风能、太阳能、生物质能的可再生能源。

资料来源:根据历年《中国环境年鉴》整理。

附录2　中国环境领域30年改革重大事件

1978 年

3月5日,第五届全国人民代表大会第十一次会议通过的《中华人民共和国宪法》第十一条明确规定:"国家保护环境和自然资源,防治污染和其他公害。"这是新中国成立以来,第一次在宪法中对环境保护做出规定,为中国环境保护法制建设奠定了基础。

10月16日,国家计委、经委和国务院环境保护领导小组联合发出《关于基建项目必须严格执行"三同时"的通知》。通知规定,从1979年起,凡没有污染防治措施的项目,不予列入计划。

12月31日,中共中央以中发(1978)79号文件转发了国务院环境保护领导小组《环境保护工作汇报要点》。这是中国共产党历史上第一次以党中央的名义对环境保护工作做出指示,引起了各级党组织的重视,推动了我国环境保护事业的发展。

1979 年

3月21—30日,中国环境科学学会在四川成都召开成立大会。大会选举产生了第一届理事会。

9月13日,第五届全国人大第十一次会议原则通过了《中华人民共和国环境保护法(试行)》。这是中国环境保护的基本法,标志着我国的环境保护工作走上了法治轨道。

1980 年

4月1日,根据中共中央中发(1978)79号文件批准的《环境保护工作汇报要点》决定筹建的中国环境科学研究院(包括中国环境监测总站)正式成立。

6月25日,经国务院批准,中国正式宣布加入《濒危野生动植物国际贸易公约》。管理机构设在林业部,名称为"濒危物种进出口管理办公室"。

10月31日,国务院环境保护领导小组和国家统计局以(80)国环字第87号文联合发出关于建立环境保护统计制度的通知。环境保护统计制度建立。

1981 年

2月24日,国务院以国发(1981)27号文发出《关于在国民经济调整时期加强环境保护工作的决定》。

5月11日,国家计委、国家经委、国家建委、国务院环境保护领导小组联合颁发《资本建设项目环境保护管理办法》。该《办法》对建设项目编制环境影响报告书以及执行"三同时"原则作了具体规定。

1982 年

2月5日,国务院以国发(1982)21号文发布《征收排污费暂行办法》,对超过国家规定的排放标准排放污染物,实行征收排污费。自1982年7月起实行。

5月5日,第五届全国人大常委会第23次会议决定,将国家建委、国家城建总局、建工总局、国家测绘总局、国务院领导保护小组办公室合并,组建城乡建设环境保护部,部内设环境保护局作为全国环境保护的主管机构。另外,在国家计划委员会内增设了国土局,负责国土规划与整治工作,形成"城乡建设与环境保护一体化"的管理模式。

11月29日,国务院办公厅发布国办发(1982)79号文通知撤销国务院环境保护领导小组,其业务由城乡建设环境保护部承担。

12月4日,第五届全国人大代表大会第五次会议通过的《中华人民共和国宪法》明确规定"国家保护和改善生活环境和生态环境,防治污染和其他公害","国家保护自然资源的合理利用,保护珍贵的动物和植物,禁止任何组织和个人用任何手段侵占或破环自然资源"。

1983 年

12月31日,国务院召开第二次全国环境保护会议,将环境保护确立为基本国策。把资源的合理开发和充分利用作为环境保护的基本政策。建立

"大家动手、分工合作"的管理体制。制定经济建设、城乡建设和环境建设同步规划、同步实施、同步发展,实现经济效益、社会效益、环境效益相统一的指导方针,实行"预防为主,防治结合"、"谁污染,谁治理"和"强化环境管理"三大政策。

1984 年

5 月,根据《国务院关于环境保护工作的决定》成立国务院环境保护委员会,负责研究审定环境保护的方针、政策,提出规划要求,领导和组织协调全国的环境保护工作。

5 月 11 日,第六届全国人民代表大会常务委员会第五次会议通过了《中华人民共和国水污染防治法》,自 11 月 1 日起施行。

6 月 10 日,城乡建设环境保护部、国家计委、国家科委、国家经委、财政部、中国人民建设银行、中国工商银行联合发出《关于环境保护资金渠道的规定的通知》,明确规定了环境保护资金的八条渠道。

9 月 20 日,第六届全国人民代表大会常务委员会第七次会议通过《中华人民共和国森林法》,从 1985 年 1 月 1 日起施行。

12 月,经国务院批准,城乡建设环境保护部下属的环保局改为国家环保局,同时也是国务院环境保护委员会的办事机构,负责全国环境保护的规划、协调、监督和指导工作。提出城市环境综合整治的思想。

1985 年

1 月 15 日,中国环境保护工业协会在北京召开成立大会。

《中华人民共和国草原法》颁布。6 月 18 日,第六届全国人民代表大会常务委员会第十一次会议通过《中华人民共和国草原法》,10 月 1 日起开始实行。

6 月 30 日,国务院环境保护委员会和国家经委联合发出《工业企业环境保护考核制度实施办法(试行)》的通知。

9 月 30 日,国务院批转国家经委《关于开展资源综合利用若干问题的暂行规定》。

1986 年

3 月 26 日,国务院批准,国务院环境保护委员会、国家计委、国家经委联合颁发了《建设项目环境保护管理办法》。

9 月 23 日,《1985 年环境统计公报》亮相,中国首次发布环境统计数据。

11 月 22 日,国务院环境保护委员会《关于防治污染技术政策的规定》正式颁布实施。

1987 年

4 月 4 日,国家计划委员会、国务院环境保护委员会联合发布《"七五"期间国家环境保护计划》。

9 月 5 日,第六届人大常委会第 22 次会议讨论通过《中华人民共和国大气污染防治法》。该法从 1988 年 6 月 1 日起施行。

1988 年

1 月 21 日,第六届全国人大常委会第二十四次会议审议通过《中华人民共和国水法》,于 1988 年 7 月 1 日实施。

4 月 9 日,第七届人大第一次会议审议通过,批准国务院机构改革方案。在国务院的机构设置中确定国家环境保护局为国务院直属机构。

11 月 8 日,第七届全国人大常委会第四次会议审议通过《中华人民共和国野生动物保护法》,自 1989 年 3 月 1 日起施行。

9 月 13 日,国务院环境保护委员会正式发布《关于城市环境综合整治定量考核的决定》和《关于 32 个重点城市防治烟尘污染的决定》。

1989 年

5 月,国务院召开第三次全国环境保护会议,提出要加强制度建设,深化环境监管,向环境污染宣战,促进经济与环境协调发展,确定了最近一个时期的环境保护目标。正式推出了新的五项环境管理制度:环境保护目标责任制、城市环境综合整治定量考核、排放污染物许可证制、污染集中控制、限期治理。

7 月 12 日,国家环境保护局曲格平局长签发国家环境保护局第 1 号令,公布经国务院批准的《中华人民共和国水污染防治法实施细则》,自 1989 年 9 月 1 日起施行。

9 月 26 日,国务院总理李鹏签署了第四十号令发布《中华人民共和国环境噪声污染防治条例》,自 1989 年 12 月 1 日起施行。

12 月 26 日,中华人民共和国主席杨尚昆发布第 22 号令,公布了由中华人民共和国第七届全国人民代表大会常务委员会第十一次会议通过的《中华人民共和国环境保护法》。该法自公布之日起施行。

1990 年

5 月 26 日,为保护长江水质,防止污染危害,经国家环境保护局批准,我国第一个流域性水污染防治协调机构——长江水污染协调委员会在上海正式成立。

12 月 5 日,国务院国发(1990)65 号颁布《关于进一步加强环境保护工作的决定》。这是指导 20 世纪 90 年代中国环境保护工作的纲领性文件。

12 月 27 日,《中国环境年鉴》第一卷正式出版,在北京举行了首发式。

1990 年中国开始重视海洋污染防治、放射性污染防治、汽车排气污染防治。《中华人民共和国防治陆源污染物污染损害海洋环境管理条例》和《中华人民共和国防治海岸工程建设项目污染损害海洋环境管理条例》颁布,批准 11 个海洋倾废区。国家环境保护局发布了《放射环境管理办法》《环境保护优质产品评选管理办法》等 5 项环境保护部门法规。国家环境保护局与公安部等部门联合发布了《汽车排气污染监督管理办法》。国家海洋局发布了《中华人民共和国海洋石油勘探开发环境保护管理条例实施办法》和《中华人民共和国海洋倾废管理条例实施办法》。

1991 年

6 月 14—19 日,由中国政府发起的"发展中国家环境与发展部长级会议"在北京召开。会议研讨全球环境与发展国际合作重大问题,通过了《北京宣言》。

6 月 29 日,经七届全国人大常委会第十二次会议审议通过,《中华人民共和国水土保持法》颁布施行。

8 月 19 日,《关于消耗臭氧层物质的蒙特利尔议定书》缔约国第三次会议在肯尼亚内罗毕联合国环境署总部举行。中国政府决定加入经过修订的《蒙特利尔议定书》。

9 月 4 日,全国人大常委会批准《控制危险废物越境转移及其处置巴塞尔公约》。

1991 年国务院批准《中华人民共和国陆生野生动物保护实施条例》《中华人民共和国大气污染防治法实施细则》。地矿部、建设部、航空航天部、海洋局、医药局等十个部门制定了 20 多个有关环境保护的法规性文件。国家环保局批准颁布了 30 项国家环境标准。

1992 年

1 月 25 日,国务院环境保护委员会第 21 次会议在北京举行,会议审议并原则通过《国家环境保护十年规划和"八五"计划纲要》。会议还审议并通过《关于我国中、低水平放射性废物处置的环境政策》和《关于 1992 年认真开展〈人类环境宣言〉20 周年纪念活动的意见》。

4 月 22 日,首次全国环境保护产业工作会议召开。会议就环保产业的需求市场、发展环保产业的改革措施、环境标志实施等问题进行讨论。

5 月 15 日,国务院办公厅转发国家环保局和建设部《关于进一步加强城市环境综合整治的若干意见》,对城市工业污染防治、环境基础设施建设、环境质量提出更加严格的要求。

6 月 3—14 日,中国参加在巴西里约热内卢召开的联合国环境与发展大会。

6 月 11 日,李鹏总理代表中国政府签署了《气候变化框架公约》和《生物多样性公约》。中国环境与发展国际合作委员会成立并开始工作。

9 月 26—28 日,国家计委、国家环保局在厦门市联合召开全国环境保护计划会议。会议部署编制 1993 年环境保护计划。1992 年是环境保护被正式纳入中国国民经济和社会发展计划的第一年。

11 月 1 日,国家环境保护局和国家教育委员会联合召开第一次全国环境教育工作会议,提出了环境教育要"面向社会、面向基层、面向青少年"的要求及"基础教育、专业教育、社会教育、岗位培训"同时进行的工作方针。

1992 年,环境统计数据首次列入国民经济与社会发展统计公报。

1992 年,经党中央和国务院批准,中共中央办公厅、国务院办公厅转发了外交部、国家环境保护局《关于出席联合国环境与发展大会的情况及有关对策的报告》,提出了我国环境与发展领域的十大对策,这是中国环境保护工作的纲领性文件,不仅具有现实的指导意义,而且是今后相当长时期内工作的重点和努力方向。中国政府发布环境与发展十大对策,成为首批响应里约热内卢会议《21 世纪议程》的国家之一;《中国环境保护行动计划》出台。中国政府在里约热内卢会议上作出履行《21 世纪议程》的承诺。1992年 7 月,党中央、国务院批准了《中国环境与发展的十大对策》,明确提出执行可持续发展战略的主要对策。

1993 年

3 月 12 日,国务院发布《关于开展环境保护执法检查,严厉打击违法活动的通知》。从 1993 年起,全国人大常委会环境资源保护委员会和国务院环境保护委员会组织全国环境执法大检查。

3 月 29 日,八届全国人大第一次会议决定设立全国人大环境保护委员会。

3 月 31 日,国家环保局发出《关于在我国开展实施环境标志工作的通知》,发布中国环境标志图形,确定环境标志使用范围。

5 月 5 日,中国西北地区 7 万 km^2 的区域发生罕见的特大沙尘暴。这次沙尘暴给灾区人民的生命财产带来巨大损失。

8 月 12 日,国家环保局转发国家计委和财政部联合印发的《关于征收污水排污费的通知》,自 1993 年 8 月 15 日起执行。

10 月 21—25 日,国家环保局与国家经贸委联合召开了第二次全国工业污染防治工作会议,进一步明确了防治工业污染的基本方针:转变传统的发展战略,积极推行清洁生产,走持续发展的道路;适应市场经济新形势,不断深化政府的环境管理职能;工业污染防治的指导思想实行三个转变,即逐步变末端治理为工业生产全过程控制,污染物排放控制由浓度控制变为浓度与总量双轨控制,工业污染治理变分散治理为集中控制与分散治理相结合。

1994 年

2 月 2—4 日,全国环境保护工作会召开,讨论、审议《全国环境保护工作五年纲要》。

2 月 26 日,第三届环委会第三次会议通过《关于我国环境问题的现状与对策的报告》以及《中国生物多样性保护行动计划》。

3 月 2 日,国家环境保护局印发《全国环境保护工作纲要(1993—1998)》,提出环境保护面临的任务,存在的主要问题,环境保护工作的指导思想、目标以及任务。

3 月 25 日,国务院发布《中国 21 世纪议程》,即《中国 21 世纪人口、环境与发展》白皮书。《中国 21 世纪议程》确定了实施可持续发展战略的行动目标、政策框架和实施方案。

5 月 17 日,中国环境标志认证委员会成立,标志着中国的绿色产业进入实质性发展阶段。

1995 年

6 月 23 日,国务院环境保护委员会召开"国务院第三届环境保护委员会第六次会议"。会议原则通过了《淮河流域水污染防治暂行条例》(草案)和《中国自然保护区发展规划纲要》。

8 月 29 日,八届全国人大常委会第十五次会议审议通过《中华人民共和国大气污染防治法》。修订后的《大气污染防治法》对于二氧化硫和酸雨控制提出更严格的要求。

10 月 30 日,八届全国人大常委会第十六次会议通过了《中华人民共和国固体废物污染环境防治法》,自 1996 年 4 月 1 日实施。

1996 年

3 月 17 日,全国人大八届四次会议批准《中华人民共和国国民经济和社会发展"九五"计划和 2010 年远景目标纲要》,明确提出了我国跨世纪的环保目标。

3 月 31 日,国家环保局转发《中国环境标志产品认定证书和环境标志使用规定。》

6 月 4 日,国务院新闻办公室发表《中国的环境保护》白皮书。

7 月 15 日,国务院召开第四次全国环境保护会议,提出保护环境是实施可持续发展战略的关键,保护环境就是保护生产力。

8 月 3 日,国务院发布《国务院关于环境保护若干问题的决定》,提出了保证实现 2000 年环境保护目标必须达到的具体指标和采取的主要措施。《决定》明确提出,在 1996 年 9 月 30 日前,对小造纸、小制革、小染料厂及土法炼焦、炼硫、炼砷、炼汞、炼铅锌、炼油、选金和农药、漂染、电镀、石棉制品、放射性制品等"十五小"企业实行取缔、关闭或停产。

9 月 3 日,国务院批转《环境保护"九五"计划和 2010 年远景目标》和两个补充文件《"九五"期间全国主要污染物排放总量控制计划》和《中国跨世纪绿色工程计划》。关闭污染严重的乡镇企业,共有 62 000 家乡镇企业被关闭。

9 月 30 日,国务院发布《中华人民共和国野生植物保护条例》。该条例自 1997 年 1 月 1 日起施行。

1996 年,环保产业管理工作有较大进展,完成了全国环保产业基本情况调查。

12月30日,中国批准加入《联合国防治荒漠化公约》。

1997 年

3月8日,中央计划生育和环境保护工作座谈会在中南海举行,表明党中央对环境保护高度重视,已经把环境保护与计划生育摆到同等重要的位置,标志着环境管理已经开始进入党和国家最高领导层的重要议事日程。

3月14日,八届人大五次会议通过1997年修订的《刑法》,在《刑法》第六章第六节为"破坏环境资源保护罪"。

9月3日,《中华人民共和国环境噪声污染防治法》实施。

11月11日,《中华人民共和国节约能源法》公布,自1998年1月1日起施行。

1998 年

1月12日,国务院批复国家环保局《酸雨控制区和二氧化硫污染控制区划分方案》。

3月29日,在1998年国务院机构调整中,国家环保局升格为正部级的国家环境保护总局,撤销了国务院环境保护委员会。

9月2日,国务院办公厅发出《关于限期禁止生产和使用车用含铅汽油的通知》,要求自2000年1月1日起在全国执行。

9月11日,国家环境保护总局发布《全国环境保护工作纲要(1998—2002)》(环发〔1998〕289号)。

9月22日,国家环保总局会同建设部、铁道部、交通部、国家旅游局印发《关于加强重点交通干线、流域及旅游景区塑料包装废弃物管理的若干意见》,正式治理白色污染。

11月7日,国务院通过国家计委制定的《全国生态环境建设规划》。

11月29日,国务院公布《建设项目环境保护管理条例》。

1998年,长江、松花江、嫩江出现特大洪水灾害,灾害与生态环境恶化有一定关系。

1999 年

3月13日,中央人口、资源、环境工作座谈会在北京召开。时任中共中央总书记、国家主席的江泽民主持会议并发表重要讲话。江泽民同志指出:人口、资源、环境这三方面的工作,是一个具有内在联系的系统工程。各级党委和政府要加强领导,协调各有关部门,动员全社会的力量,搞好这项系统工程。中央多次强调,对这三项工作,各级党政一把手要负总责、亲自抓。这三项工作搞得如何,成效怎样,要拿一把手是问,任期内要逐年考核,离任时要作出交待,工作失职的要追究责任。

3月16日,国家环保总局决定建立首批三个国家环境保护重点实验室:化学品测试技术研究重点实验室、农药环境评价与污染控制重点实验室、水环境模拟与污染控制重点实验室。

3月31日,国家环保总局颁布《环境保护设施运营资质认可管理办法(试行)》。

6月15日,国务院新闻办发布《1998年的中国环境状况》以及《全国公众环境意识调查报告》。

7月26日,国家环保总局发布《环境保护行政处罚办法》。

11月19日,国家环保总局公布《中国逐步淘汰消耗臭氧层物质国家方案(修订稿)》。

11月29日—12月3日,第十一次蒙特利尔议定书缔约方大会暨第五次维也纳公约缔约方大会在北京召开。会议发表了《北京宣言》。

12月25日,第九届全国人民代表大会常务委员会第十三次会议修订通过了《中华人民共和国海洋环境保护法》,自2000年4月1日起施行。

1999年中国政府加大了经济结构战略性调整力度,继续采用拉动内需的积极财政政策,增加了对城市基础设施建设和环境保护的投入,坚持污染防治与生态保护并重的方针,强化环境综合整治,污染物排放总量得到有效控制,工业污染源达标排放和重点城市环境质量按功能达标工作取得较大进展,滇池和巢湖水污染防治工作完成阶段任务,北京市大气污染防治取得初步成效。

2000 年

3月20日,国务院发布《中华人民共和国水污染防治法实施细则》,自发布之日起施行。

2000年春季,中国北方地区沙尘天气频繁。3—5月中旬前期的两个多月时间内就先后出现了14次较大范围的扬沙、沙尘暴或浮尘天气。沙尘天气出现的频率之高、范围之广为近十多年来罕见。

4月29日,第九届全国人民代表大会常务委员会第十五次会议修订通过了《中华人民共和国大气污染防治法》,自2000年9月1日起施行。

6月5日,全国42个重点城市开始发布空气质量日报。

11月26日,国务院发布《全国生态环境保护纲要》。

自2000年始,国家集中在河北、山西、内蒙古、吉林、黑龙江、河南、湖北、湖南、重庆、四川、贵州、云南、陕西、甘肃、青海、宁夏、新疆等17个省(自治区、直辖市)和新疆生产建设兵团的188个县开展了退耕还林、还草工程试点。投资千亿元的天然林资源保护工程全面启动。

2001年

5月23日,国务院公布《农业转基因生物安全管理条例》,自公布之日起施行。

6月19日,国家环保总局发布《有机食品认证管理办法》,自发布之日起施行。

2—11月,国家环保总局开展了2000年全国环保产业调查。年底发表《2000年中国环境保护相关产业状况公报》。

8月31日,《中华人民共和国防沙治沙法》公布,自2002年1月1日起施行。

10月10日,国家经贸委公布《新能源和再生能源产业发展"十五"规划》。

12月23日,国家环保总局公布《环境保护产品认定管理办法》,自2002年1于1日起施行。

12月26日,国务院批准了《国家环境保护"十五"计划》。"十五"(2001—2005年)国家环境保护目标:到2005年,环境污染状况有所减轻,生态环境恶化趋势得到初步遏制,城乡环境质量特别是大中城市和重点地区的环境质量得到改善,健全适应社会主义市场经济体制的环境保护法律、政策和管理体系。

2002年

1月8日,国务院召开第五次全国环境保护会议,提出环境保护是政府的一项重要职能,要按照社会主义市场经济的要求,动员全社会的力量做好这项工作。

2月5日,国家环保总局印发《国家环境保护"十五"重点工程项目规划》(环发[2002]22号)。

3月28日,国家环保总局印发《全国生态环境保护"十五"计划》(环发

［2002］56 号）。

4 月 29 日,国家农业部和质量监督、检验、检疫总局发布《无公害农产品管理办法》,自发布之日起施行。

6 月 7 日,国家计委、财政部、建设部、国家环保总局《关于实行城市生活垃圾处理收费制度促进垃圾处理产业化的通知》。

6 月 29 日,第九届全国人民代表大会常务委员会第二十八次会议通过了《中华人民共和国清洁生产促进法》,自 2003 年 1 月 1 日起施行。

8 月 1 日,中国批准加入《京都议定书》。

8 月 21 日,为 2002 年联合国可持续发展首脑会议准备的《中华人民共和国可持续发展国家报告》发表。报告全面介绍了我国在社会经济发展、生态建设、环境保护、资源管理、地方 21 世纪议程、公众参与等方面的行动和成就,阐述了我国进一步实施可持续发展战略的部署和政策措施。

8 月 26 日—9 月 4 日,中国参加在南非约翰内斯堡举行的联合国可持续发展世界首脑会议。

10 月 28 日,九届全国人大常委会第三十次会议通过了《中华人民共和国环境影响评价法》,自 2003 年 9 月 1 日起施行。

2003 年

1 月 14 日,国务院批准、公布由国家计委等部门制定的《中国 21 世纪初可持续发展纲要》。《纲要》提出中国可持续发展的目标、重点和措施。

3 月 9 日,胡锦涛总书记在第七次人口资源环境工作座谈会上明确指出:"环境保护工作,要着眼于让人民喝上干净的水、呼吸上清洁的空气、吃上放心的食物,在良好的环境中生产生活"。

4 月 30 日,国家环境保护总局编制印发了《"SARS"病毒污染的污水应急处理技术方案》和《"SARS"病毒污染的废弃物应急处理处置技术方案》（环明传［2003］3 号）。

5 月 23 日,国家环境保护总局发布《生态县、生态市、生态省建设指标（试行）》（环发［2003］91 号）。同日,国家环境保护总局决定开展创建国家环境友好企业活动。

6 月 16 日,国务院颁布《医疗废物管理条例》。

6 月 28 日,全国人大常委会通过了《中华人民共和国放射性污染防治法》,自 2003 年 10 月 1 日起施行。

10 月 14 日,中共十六届三中全会召开,会议提出"坚持以人为本,树立全面、协调、可持续的发展观,促进经济社会和人的全面发展"为核心的科学发展观。

2003 年,全国共发生 17 起特大和重大污染事故,造成人员死亡和集体中毒 10 起,水污染影响社会稳定和较大经济损失 7 起。这 17 起污染事故共造成 249 人死亡(其中重庆开县"12·23"井喷事故死亡 234 人),600 多人中毒,波及群众近 3 万人。

2004 年

3 月 10 日,第八次中央人口资源环境工作座谈会在北京召开。

8 月 16 日,国家发改委和环保总局联合发布《清洁生产审核暂行办法》,自 2004 年 10 月 1 日起执行。

10 月 29—31 日,在北京召开第三届中国环境与发展国际合作委员会第三次会议,会议给中国政府提出构建新时期农村发展的框架、国家粮食安全的框架等六个政策建议。

12 月 29 日,第十届全国人大常委会第十三次会议修订通过了《中华人民共和国固体废物污染环境防治法》,该法自 2005 年 4 月 1 日起施行。

12 月 29 日,国务院办公厅发出《国务院办公厅关于加强淮河流域水污染防治工作的通知》,提出淮河污染治理的分期目标。

2005 年

2 月 28 日,全国人大常委会通过《中华人民共和国可再生能源法》,该法自 2006 年 1 月 1 日起施行。

3 月 12 日,胡锦涛总书记在中央人口环境工作座谈会上提出"努力建设环境友好型、资源节约型社会"。

6 月 26 日,内蒙古自治区辉腾锡勒风电场项目在 CDM 执行理事会成功注册,这是中国执行 CDM 机制获得注册的第一个项目。

7 月 2 日,国务院发布了《国务院关于加快发展循环经济的若干意见》。

10 月 8—11 日,中共十六届五中全会首次把建设资源节约型、环境友好型社会作为国民经济与社会发展中长期规划的一项长期战略任务。环境友好型社会是在社会生活的各个环节都形成珍惜资源、保护环境的意识和行为准则,达到人与自然和谐相处并使二者都达到协调发展的社会形态。环境友好型社会就是在社会形成不损害环境、有利于环境的生产生活方式。环境友好型社会是由环境友好型技术、环境友好型产品、环境友好型企业、环境友好型产业、环境友好型学校、环境友好型社区等组成。主要包括:有利于环境的生产和消费方式;无污染或低污染的技术、工艺和产品;对环境和人体健康无不利影响的各种开发建设活动;符合生态条件的生产力布局;少污染与低损耗的产业结构;持续发展的绿色产业;人人关爱环境的社会风尚和文化氛围。

10月27日,国家发改委、环保总局等六部委联合发布《关于组织开展循环经济试点(第一批)工作的通知》,确定82家单位为全国第一批循环经济试点。

11月13日,中石油吉林石化分公司双苯厂发生爆炸事故,约100吨苯、硝基苯和苯胺进入松花江,形成近百公里的污染带沿松花江下泄并进入黑龙江,导致了严重的松花江水污染事件,对沿江居民的生产生活产生了影响,引起国际国内的广泛关注。

12月3日,国务院颁布《国务院关于落实科学发展观加强环境保护的决定》。《决定》在认真总结国内外环境保护经验教训、深刻认识环境与发展规律的基础上,对今后五年和十五年我国环境保护的目标、方针和任务进行了规划,全面提出了在环保领域贯彻落实科学发展观的基本任务。

2005年,国家环保总局、发改委、统计局联合开展了以2004年为基准年的全国环保相关产业基本情况调查。结果显示,2004年,全国列入调查的年产值200万元以上的环境保护相关产业从业单位11 623家,产业从业人员159.5万人,产业收入总额4 572.1亿元,实现利润393.9亿元,应交税金总额343.6亿元,出口合同额62.3亿美元,人均收入28.7万元,人均利润2.5万元。

2006 年

1月27日,《国务院关于同意建立发展循环经济工作部际联席会议制度的批复》发布,建立部际联席会议制度,国家部委合力推进循环经济。

3月14日,全国十届人大四次会议批准《关于国民经济和社会发展第十一个五年规划纲要》,规划纲要要求在"十一五"时期,加快建设资源节约型、环境友好型社会,单位国内生产总值能源消耗降低20%左右,主要污染物排放总量减少10%。"十一五"期间双控约束性目标确定。

4月17日,第六次全国环境保护会议召开,提出"十一五"期间环境管理要实现"三个转变":从重经济增长轻环境保护向保护环境与经济增长并重转变,从环境保护滞后于经济发展向环境保护和经济发展同步转变,从主要用行政办法保护环境向综合运用法律、经济、技术和必要的行政办法解决环境问题转变。

7月8日,国家环境保护总局办公厅印发《总局环境保护督查中心组建方案》,根据中央编办批复精神,总局设立华东环境保护督查中心、华南环境保护督查中心、西北环境保护督查中心、西南环境保护督查中心、东北环境保护督查中心。环保督查中心的成立是国家环保总局为强化国家环境监察能力、加强区域环境执法监察的重大举措,也是力图扭转环境执法能力偏软,遏止地方保护主义的手段。

9月7日,国家环保总局和国家统计局在京联合发布《中国绿色国民经济核算研究报告2004》。这是中国第一份经环境污染调整的GDP核算研究报告,标志着中国的绿色国民经济核算研究取得了阶段性成果。

2007年

1月7日,国家环保总局发布通知,要求对国家级生态工业示范园区进行评估。评估结果显示,截至2006年底,全国正在建设的24家国家级生态工业示范园区环境、生态、经济效益明显。

1月11日,国家环保总局宣布:将对4个行政区域、4个电力集团所有建设项目实行停批、限批,并建议监察部门追究有关人员行政责任。这是国家环保总局首次启动"区域限批"的行政管理手段。

5月11日,国家环保总局和财政部联合颁布《中央财政主要污染物减排专项资金项目管理暂行办法》。

6月5日,《国务院关于印发节能减排综合性工作方案的通知》发布,要求全国切实执行国家发改委制定的《节能减排综合性工作方案》。《方案》共分十大部分,包括目标任务和总体要求;控制增量,调整和优化结构;加大投入,全面实施重点工程;创新模式,加快发展循环经济;依靠科技,加快技术开发和推广;强化责任,加强节能减排管理;健全法制,加大监督检查执法力度;完善政策,形成激励和约束机制;加强宣传,提高全民节约意识;政府带头,发挥节能表率作用。提出40多条重大政策措施和多项具体目标。

10月28日,全国人大常委会表决通过了修订后的《节约能源法》,修改后的节能法明确规定:"国家实行节约资源的基本国策,实施节约与开发并举、把节约放在首位的能源发展战略。"该法自2008年4月1日起施行。

11月17日,国务院发布《国务院批转节能减排统计监测及考核实施方案和办法的通知》,要求全国认真贯彻执行由发展改革委、统计局和环保总

局分别会同有关部门制订的《单位 GDP 能耗统计指标体系实施方案》《单位 GDP 能耗监测体系实施方案》《单位 GDP 能耗考核体系实施方案》(简称"三个方案")和《主要污染物总量减排统计办法》《主要污染物总量减排监测办法》《主要污染物总量减排考核办法》(简称"三个办法")。

11 月 22 日,《国家环境保护十一五规划》公布。该规划阐明"十一五"期间国家在环境保护领域的目标、任务、投资重点和政策措施,重点明确各级人民政府及环境保护部门的责任和任务,同时引导企业、动员社会共同参与,努力建设环境友好型社会。

12 月 2 日,《中华人民共和国能源法(修订)》(征求意见稿)公布,面向全国广泛征求意见和建议。

资料来源:根据历年《中国环境年鉴》《中国环境状况公报》以及国家环境保护总局网站资料整理。

后　记

　　资源和环境问题是关系中国落实科学发展观、走可持续发展道路的关键问题。在 30 年波澜壮阔的改革进程中,资源和环境管理体制、政策法规、产业发展、理论研究、国际合作五大领域经历重大变革,带来深刻变化,既有令世界瞩目的辉煌成就,也存在尖锐、突出的问题。为了理清中国资源与环境领域 30 年改革的脉络,分析解决资源与环境问题的思路,系统整理有关资源环境问题的重要研究文献,展现资源与环境领域的改革成就,进一步有效化解日趋突出的资源与环境矛盾,西北大学经济管理学院组织在此领域有一定研究基础的学者承担了由重庆市新闻出版局、重庆大学出版社、改革杂志社组织的《中国经济改革 30 年》丛书资源环境卷的编写任务。

　　自 2006 年 8 月接受《丛书》编委会的编写任务以后,我们深感《丛书》的价值和份量远远超出我们的能力,在一年多的时间里对于两个重要领域 30 年改革进程予以梳理、重大事件作出筛选和分析、研究路线和成果进行汇总,难度确实很大。但是,身处西部既饱受环境退化、资源无序开发之苦又经历环境与资源改革带来的经济发展、社会进步巨大变化的我们,认为这是天降大任于斯人,为资源与环境领域的改革鼓与呼,为资源与环境领域的研究做一些铺砖添瓦的工作义不容辞。在《丛书》编委会的指导下,西北大学经济管理学院院长、博士生导师白永秀教授担任主编,西北大学经济管理学院循环经济研究所所长、日本京都大学访问学者徐波副教授担任副主编,率领 8 名从事资源、环境教学研究工作的副教授、博士于 2006 年 8 月底几易其稿,完成资源与环境篇写作大纲,确定本书的框架和分工。全书由四部分 18 章及两个附录组成,具体分工如下:白永秀教授、李伟博士、张会新博士撰写第一部分总论篇第 1、2 章和第四部分展望篇第 15、17 章,岳利萍博士撰写第二部分资源篇第 4、5、7 章,王凤副教授撰写第二部分资源篇第 3、8 章,郭升选副教授、黄政硕士撰写第二部分资源篇第 6 章和第三部分环境篇第 12 章、第四部分展望篇第 16 章以及附录 1,尤华副教授撰写第三部分环境篇第 9、

14 章以及第四部分展望篇第 18 章,徐波副教授撰写第三部分环境篇第 10、11、13 章以及附录 2。全书由白永秀教授和徐波副教授统稿。

在写作过程中,全体作者认真领会编委会的编写指导思想,力求全面反映资源与环境领域 30 年改革的背景、过程、阶段、成就,准确把握解决环境与资源问题的思路与措施的演进过程,清晰梳理有关资源与环境问题理论研究的脉络,以资源与环境管理体制改革以及政策法规制定完善为主线,以资源与环境问题的表现形式、产生原因、发展趋势、研究动态和资源环境产业的发展过程分析为核心内容,同时兼顾资源环境领域的国际合作问题探讨,为读者多角度、全方位系统认识资源与环境领域 30 年改革全貌提供详实的资料和有用的分析工具。当然,是否如愿以偿有待读者的评判。囿于作者的水平而造成的不足也请读者不吝指正。

30 年来众多学者奉献出了许多具有创新价值的学术思想、分析方法、研究结论,这些成果不仅推动了资源与环境领域的改革进程,而且对我们完成著作编写任务提供了巨大的帮助,所有引用文献均已在文中用脚注标出,在此我们对相关文献的作者深表谢意。最后,我们特别感谢重庆市新闻出版局、改革杂志社、重庆大学出版社以及丛书编委会极负责任感的选题、对作者的信任、对编写工作的大力支持!衷心感谢本书责任编辑所付出的辛劳!

白永秀

2007 年 12 月 30 日